Duisburger Betriebswirtschaftliche Schriften

Band 1: Eva-Maria Korbmacher
Organisationsstrukturelle Problemfelder im überbetrieblichen Projektmanagement
Hamburg 1991, ISBN 3-89161-851-4, 362 Seiten, kart., DM 58,–

Band 2: Dirk Ciupka
Strategisches Personalmanagement und Führungskräfteentwicklung
Hamburg 1991, ISBN 3-89161-852-2, 259 Seiten, kart., DM 58,–

Band 3: Stephan Peiffer
Technologie-Frühaufklärung
– Identifikation und Bewertung zukünftiger Technologien in der Strategischen Unternehmensplanung
Hamburg 1992, ISBN 3-89161-853-0, 424 Seiten, kart., DM 78,–

Band 4: Dirk Eisolt
US-amerikanische und deutsche Konzernrechnungslegung
– Untersuchung amerikanischer Vorschriften über den Konzernabschluß und systematischer Vergleich mit ausgewählten Vorschriften des HGB
Hamburg 1992, ISBN 3-89161-854-9, 399 Seiten, kart., DM 86,–

Band 5: Violet Lutz
Horizontale strategische Allianzen
- Ansatzpunkte zu ihrer Institutionalisierung
Hamburg 1993, ISBN 3-89161-855-7, 304 Seiten, kart., DM 78,-

Lutz

Horizontale strategische Allianzen

Duisburger
Betriebswirtschaftliche
Schriften
Band 5

Herausgeber:

Prof. Dr. Klaus Barth
Prof. Dr. Rainer Elschen
Prof. Dr. Bernd Kaluza
Prof. Dr. Günter Müller-Stewens
Prof. Dr. Bernd Rolfes
Prof. Dr. Michael Wohlgemuth

Universität
Duisburg
Gesamthochschule
Lotharstraße 65

47057 Duisburg

Horizontale strategische Allianzen

– Ansatzpunkte zu ihrer Institutionalisierung

von
Dr. Violet Lutz

S + W
Steuer- und
Wirtschaftsverlag
Hamburg

Die Deutsche Bibliothek - CIP-Einheitsaufnahme

Violet Lutz:
Horizontale strategische Allianzen:
Ansatzpunkte zu ihrer Institutionalisierung /
von Violet Lutz. -
Hamburg: S + W Steuer- und Wirtschaftsverl.,
1993
(Duisburger Betriebswirtschaftliche Schriften; Bd. 5)
ISBN 3-89161-855-7
NE : GT

ISSN 0939-6950
ISBN 3-89161-855-7

Hamburg 1993

Druck und Buchbinderei: difo-druck, Bamberg

MEINEN ELTERN

Geleitwort

Horizontale strategische Allianzen werden mit deutlich zunehmender Häufigkeit gebildet. Es sprechen einige Anzeichen dafür, daß die sie begünstigenden Rahmenbedingungen auch in diese Richtung weiterwirken.

Die wissenschaftliche Forschung zu diesen Formen der "konkurrierenden Zusammenarbeit" konnte bislang jedoch nicht mit dieser Entwicklung Schritt halten. Dies ist umso problematischer als empirische Untersuchungen eine hohe Mißerfolgsquote dieser neuartigen Form der unternehmerischen Zusammenarbeit aufdecken. Ursache dürfte die ungenügende interorganisationale Institutionalisierung der Allianzen sein. Wissensbedarf und Wissensstand klaffen somit auseinander.

Mit der vorliegenden Arbeit soll dieses Forschungsdefizit reduziert werden. Sie zeigt die den Institutionalisierungsprozeß erfolgskritisch beeinflussenden Faktoren und Gestaltungs- und Lenkungsbereiche sowie mögliche Wege zu ihrer Institutionalisierung auf. Grundlage bildet ein multiparadigmatischer Bezugsrahmen, welcher so konzipiert wurde, daß eine differenzierte und vielschichtige Betrachtung ermöglicht werden konnte.

Der Verfasserin ist es gelungen, das Problemfeld zu strukturieren und gehaltvoll auszudifferenzieren, was zu einem umfassenderen Verständnis des Implementierungsproblems führen dürfte. Auch werden Gestaltungsempfehlungen nach einer vorher entwickelten Typologie herausgearbeitet, deren Berücksichtigung bei der Gestaltung und Lenkung horizontaler strategischer Allianzen in der Unternehmenspraxis zur Steigerung ihrer Erfolgswahrscheinlichkeit beitragen soll.

Mit der Arbeit wurde sicher das Ziel erreicht, die Diskussion zum Thema Allianzen zu vertiefen und weitere Forschungen anzustoßen. Auch an der Umsetzung interessierte Führungskräfte können hier Hinweise entnehmen, wie sie der Komplexität der Führung von Allianzen besser gerecht werden können.

St. Gallen, im April 1993

Für die Herausgeber
Prof. Dr. Günter Müller-Stewens

Vorwort

Der steigenden Anzahl horizontaler strategischer Allianzen in der Unternehmenspraxis steht ein großes Wissensdefizit in Theorie und Praxis gegenüber. Für letzteres spricht die hohe Mißerfolgsquote strategischer Allianzen in der Unternehmenspraxis. Annähernd jede dritte strategische Allianz erreicht - wie erste empirische Untersuchungen zeigen - nicht die ihr gesetzten Ziele. Die Hauptursache für diese hohe Mißerfolgsquote wird in einer mangelnden Implementierung derartiger Kooperationsstrategien und hierbei im speziellen in einer ungenügenden interorganisationalen Institutionalisierung gesehen. Die Betriebswirtschaftslehre als eine wissenschaftliche Disziplin, die ihre Anwendungsorientierung nicht verloren hat, sollte auch diese Form der Kooperation in ihren spezifischen Wesensmerkmalen erfassen und die mit strategischen Allianzen verbundenen Probleme identifizieren können, um auf dieser Basis Handhabungsmöglichkeiten und theoretisch fundiertes Wissen der Praxis zur Verfügung zu stellen. Obgleich strategischen Allianzen auch von seiten der Wissenschaft zunehmende Bedeutung zugesprochen wird, besteht in der Betriebswirtschaftslehre ein Mangel an theoretischer Fundierung und Durchdringung dieses Phänomens, was nicht zuletzt auf dessen Neuartigkeit und Komplexität zurückzuführen ist.

Die vorliegende Arbeit hat sich vor diesem Hintergrund zur Aufgabe gesetzt, die spezifischen Eigenschaften und Problem- und Risikofelder dieser neuartigen Form der unternehmerischen Zusammenarbeit herauszuarbeiten, um darauf aufbauend schließlich Ansatzpunkte zur interorganisationalen Institutionalisierung strategischer Allianzen aufzuzeigen. Es sollen damit zum einen ein Beitrag zur Reduzierung des existenten theoretischen Wissensdefizits in dieser hochaktuellen Problematik und zum anderen der Praxis Hilfestellungen zur Handhabung der allianzimmanenten Probleme geliefert werden.

Herrn Prof. Dr. Günter Müller-Stewens danke ich, daß er es mir ermöglichte, in diesem hochaktuellen Themengebiet zu forschen; darüber hinaus für seine Hilfsbereitschaft und konstruktive Zusammenarbeit sowie für den mir gewährten Freiraum. Ohne seinen Rückhalt und wohl auch seine diskrete Steuerung wäre diese Arbeit nicht entstanden. Ihm gebührt mein besonderer Dank. Herrn Prof. Dr. Bernd Rolfes gilt mein Dank für die Übernahme des Korreferates. Schließlich danke ich meinem Freund, Frank Grögler, für seine moralische Unterstützung und sein großes Verständnis, das er dieser Arbeit entgegengebracht hat.

München, im April 1993 Violet Lutz

Inhaltsverzeichnis

Abbildungsverzeichnis

Abkürzungsverzeichnis

AER	American Economic Review
AJS	American Journal of Sociology
AMR	Academy of Management Review
ASQ	Administrative Science Quarterly
ASR	American Sociology Review
BKA	Bundeskartellamt
BSR	Business Strategy Review
BW	Business Week
CJWB	Columbia Journal of World Business
CM	Controller Magazin
CMR	California Management Review
DB	Der Betrieb
DBW	Die Betriebswirtschaft
DU	Die Unternehmung
EMJ	European Management Journal
EWGV	Europäischer Wirtschaftsgemeinschafts-Vertrag
FAZ	Frankfurter Allgemeine Zeitung
F&E	Forschung und Entwicklung
Fn.	Fußnote
FT	Financial Times
GM	Gablers Magazin
GWB	Gesetz gegen Wettbewerbsbeschränkung
HBR	Harvard Business Review
HRM	Human Ressource Management
HM	Harvard Manager
HR	Human Relations

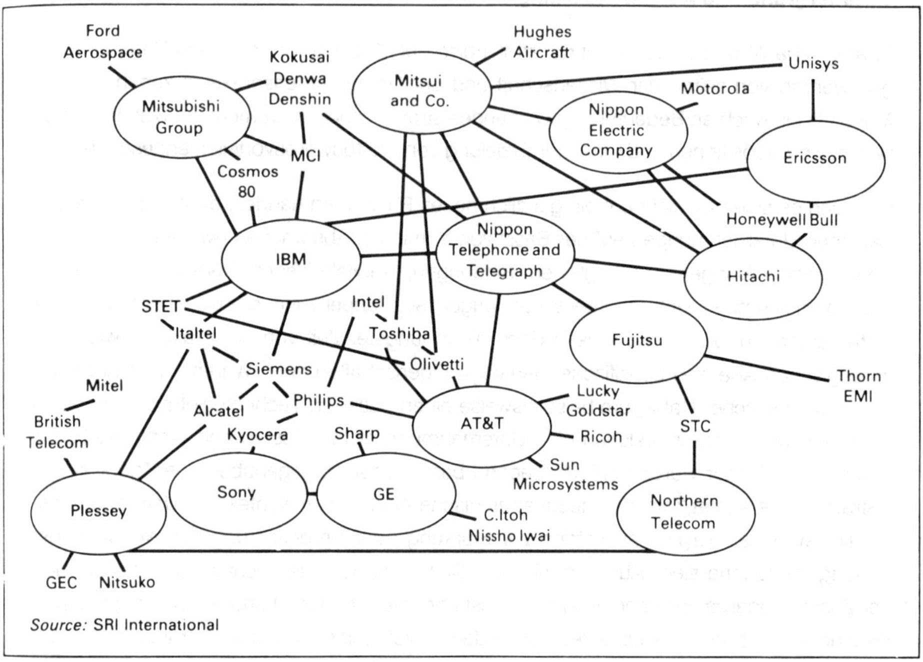

Abb. 1-1: Allianz-Netzwerk in der Telekommunikationsindustrie (Quelle: Delvin, Bleackley (1988), S. 19)

1.1 Aktuelle Entwicklungstendenzen und ihre strategische Herausforderung

Treibende Kräfte der steigenden Anzahl strategischer Allianzen sind insbesondere Entwicklungen im Wettbewerbsumfeld, die Führungskräfte vor neue Probleme stellen, gleichzeitig aber auch Chancen eröffnen, die als Gründe für die Veränderung unternehmenspolitischen Verhaltens zahlreicher Unternehmungen herangezogen werden können.

Die Globalisierung der Märkte durch eine Angleichung der Bedürfnisse und Lebensstile der Nachfrager,[6] gestützt durch den technischen Fortschritt in der Informations- und Kommunikationstechnologie, ermöglichen schnelle und globale Transaktionen. Die damit einhergehende geographische Verteilung der Aktivitäten fördert die Bildung strategischer

6 Insbesondere bei Konsumgütern wie Konsumelektronik und Prestigeartikeln, aber auch im Investitionsgüterbereich in entwickelten Regionen, vgl. Ohmae (1985), ders. (1987), S. 8 ff. und den vielzitierten Aufsatz von Levitt (1983), in welchem er den Zwang zur weltweiten Vereinheitlichung und "das Ende der multinationalen Konzerne" prophezeit. Nach ihm können internationale Unternehmungen nur mit Globalisierungsstrategien überleben.

Allianzen zur weltweiten Penetrierung der Märkte.[7] Ohmae betont in diesem Zusammenhang die Bedeutung von Netzwerken zur annähernd gleichzeitigen Auslieferung neu entwickelter Produkte an verschiedene Punkte auf dem Globus.[8] Strategische Allianzen stellen seiner Ansicht nach die hierfür pragmatischste und produktivste Umsetzungsform dar.[9]

Veränderungen politisch rechtlicher Rahmenbedingungen, weltweiter Abbau von Importbeschränkungen (z.B. Südafrika) und tarifäre Handelshemmnisse lassen Marktbarrieren schwinden,[10] ermöglichen damit grenzüberschreitende Aktivitäten und fördern so die Internationalisierung der Märkte. Von herausragender Bedeutung sind vor allem der herannahende Europäische Binnenmarkt, die neuen Bundesländer und die langsame Öffnung der osteuropäischen Märkte, welche den Zugang zu neuen Kunden öffnen und damit Wachstumsmöglichkeiten eine neue Dimension geben.[11] Spezielle Kenntnisse über den sich neu öffnenden Markt und eine gegebenenfalls dort erforderliche Präsens lassen viele Unternehmungen jedoch an die Grenzen ihrer internen Fähigkeiten und Entwicklungsmöglichkeiten stoßen und legen unter solchen Umständen eine Allianz mit lokalen Partnern nahe. Auch scheint das Wettbewerbsgesetz Bündnisse zwischen Wettbewerbern zu motivieren.[12] Nicht nur die Legislative, sondern auch die Exekutive forciert in zunehmenden Maße Bündnisse zwischen Unternehmen, untermauert von der oft formulierten Ausverkauf-Angst ost-europäischer Länder oder nationaler Wettbewerbsinteressen zur Erhaltung der Kernfähigkeiten.

Darüber hinaus fördert der mit den Internationalisierungs- und Globalisierungstendenzen sowie dem Eintritt von neuen Wettbewerbern aus sogenannten Schwellenländern einhergehende Konkurrenzdruck paradoxerweise Kooperationen zwischen Unternehmen,[13] da eine Intensivierung des Wettbewerbs dazu führt, daß sich der Wettbewerb immer mehr zum

---

7 vgl. Porter (1989), S. 15 ff., welcher darauf hinweist, daß in zunehmenden Maße solche Aktivitäten über Kooperationen koordiniert werden.

8 vgl. Ohmae (1987), S. 13, ders. (1985), S. 44

9 vgl. Ohmae (1987), S. 13 ff., ders. (1985), S. 14 und Perlmutter, Heenan (1986), S. 136 ff., welche gleichfalls in diesem Zusammenhang die Bedeutung von globalen strategischen Partnerschaften unterstreichen. "Strategische Partnerschaften" werden in der vorliegenden Arbeit als ein Synonym für "strategische Allianzen" betrachtet.

10 vgl. auch die Übereinkunft der Vereinigten Staaten, Mexikos und Kanadas eine gemeinsame Freihandelszone zu schaffen. Eine vollständige Abschaffung der Einfuhrzölle sowie der Handelshemmnisse würde einen Wirtschaftsraum von 360 Millionen Verbrauchern entstehen lassen, o.V. (1991), S. 14.

11 vgl. zu strategischen Partnerschaften als Instrument der Wachstumspolitik, Vizjak (1990), S. 13 ff.

12 vgl. Osborn, Baughn (1987), S. 57 f., Bea (1988), S. 2523 ff., Contractor, Lorange (1988), S. 9 Auf weltweiter Ebene gibt es bis dato noch keine rechtlichen Regelungen, die beschränkend auf globale strategische Allianzen wirken können. Es wird jedoch bereits hierüber diskutiert.

13 vgl. Roehl, Truitt (1987), S. 87 f., Osborn, Baughn (1987), S. 57, Ohmae (1985)

Zeitwettbewerb[14] entwickelt, mit der Folge, daß Unternehmen immer weniger Zeit zur Eigenentwicklung bleibt und ein mehr oder weniger starker Zwang zur externen Beschaffung von Ressourcen entweder über Zukauf oder Kooperationen entsteht. Im Hinblick auf "High-tech-Erzeugnisse" (wie z.B. Chips) wird diese Tendenz noch verstärkt durch sich verlängernde Entstehungszyklen aufgrund der Neuartigkeit und Komplexität technologischer Neuerungen,[15] welche die Fähigkeiten und Kenntnisse einzelner Unternehmungen übersteigen. Das "Jessi-Projekt" wurde beispielsweise vor diesem Hintergrund mit dem Zweck eingerichtet, europäischen Unternehmungen mit staatlicher Unterstützung das für die Herstellung von Mikroelektronik-Schaltungen notwendige Know-how und die Fertigungstechnologie zur Verfügung zu stellen, um in der zunehmend härteren Konkurrenz gegenüber japanischen Unternehmen bestehen zu können.[16] Inzwischen haben sich für die Erforschung und Entwicklung der Halbleiter-Chips mehr als hundert im künftigen europäischen Binnenmarkt ansässige Unternehmen angeschlossen.[17] Auch die hohen Forschungs- und Entwicklungsaufwendungen sowie die hohen Produktionskosten geben gemeinschaftlichen Projekten neue Impulse. Die Entwicklung und Produktion eines 64-Mega-Chip beispielweise wird auf ungefähr DM 1 Mrd. geschätzt.[18] Die Allianz von Siemens mit IBM zur gemeinsamen Fertigung von elektronischen Halbleitern (16-Megabit-Dram) wurde u.a. eingegangen, um die Kapitalinvestitionen, welche auf mehrere hundert Millionen DM geschätzt werden, zu teilen.[19] Eine Ursache sprunghaft ansteigender Entwicklungskosten und Risiken ist auch die differenziertere Nachfrage, welche Produktvariantenvielfalt und gleichzeitig eine Verkürzung von Produkt-Marktzyklen nachsichzieht. Die Dynamisierung der Nachfrage allein ist allerdings nicht nur ausschlaggebend für kürzere Marktzyklen. Marktsättigung, staatliche Einflüsse (z.B. langwierige Kliniktests von Pharmazeutika) und insbesondere technologische Fortschritte verursachen, daß Produkte in immer früheren Phasen von neuen oder modifizierten Produkten mit fortschrittlicheren Technologien verdrängt und die Lebensbasis im Markt frühzeitig, "abrupt" entzogen wird. So mußte beispielsweise Rollei im Jahre 1976 eine für die "Photokina" angekündigte halbelektronische Kamera zurückziehen, weil Canon gleichzeitig eine preisgünstigere vollelektronische Kamera präsentierte.[20] Nicht nur Produkttechnologien, sondern auch Prozeßtechnologien zur Flexibilisierung der Produktion, um differenzierterer Nachfrage flexibler und in kürzeren Lieferzeiten nachzukommen, erfordern einen hohen Kapitalbedarf und Aus-

14 vgl.Taucher (1988), S. 86, Hamel et al. (1989), S. 87, Gahl (1990), S. 37, Bronder, Pritzel (1990), S. 45
15 vgl. hierzu Pfeiffer, Dögl (1986), S. 150, Servatius (1985), S. 2
16 vgl. o.V. (1990), S. 20
17 vgl. o.V. (1990), S. 20
18 vgl. Goslich (1990), S. 21.
19 vgl. o.V. (1991f), S. 20
20 vgl. Pfeiffer (1987), S. 22

nutzung vorhandener Produktionskapazitäten. Allianzen zwischen Unternehmen eröffnen die Möglichkeit sowohl die Kosten als auch die Risiken zu teilen.[21]

Ein weiterer Grund dafür, daß die Bedeutung strategischer Allianzen noch zunehmen wird, kann auch in den natürlich und bewußt gesetzten Grenzen, die den Akquisitions- und Fusionsaktivitäten gegenübertreten werden, gesehen werden, da sie die Möglichkeiten der Nutzung dieser alternativen Wachstumswege[22] einschränken werden. Zwar sprechen derzeit noch einige Gründe wie die große Anzahl zu privatisierenden Unternehmen in den neuen Bundesländern der BRD,[23] die in Mittelstandsunternehmungen weit verbreitete Nachfolgeproblematik[24] und der EG-Binnenmarkt für ein Anhalten der seit 1985 steigenden Anzahl von Mergers & Acquisitions - so erfaßte das Forschungsteam des Mergers & Acquisitions (M&A) Reports allein im ersten Halbjahr 1990 schon über 2000 Transaktionen gegenüber 2664 Unternehmensübernahmen im Jahre 1989 -,[25] es zeichnen sich jedoch bereits schon Tendenzen ab, die auf einen quantitativen Rückgang von Unternehmensakquisitionen und -fusionen schließen lassen. Anzeichen hierfür können in der Reduktion der Anzahl noch zum Verkauf stehender attraktiver Targets gesehen werden;[26] in der durch Akquisitions- und Fusionsaktivitäten wachsenden Unternehmensgröße, die bereits rein kapitalmäßig Übernahmeversuche beschränkt; in der bislang im Vorfeld zu gering beachteten Integrationsproblematik[27] und den damit einhergehenden Post Merger Risiken sowie in dem 1990 eingeführten EG-Wettbewerbsrecht, welches Konzentrationstendenzen im Europäischen Binnenmarkt zu verhindern beabsichtigt.[28]

21 vgl. hierzu Abschnitt 2.1.1 dieser Arbeit
22 Zum Begriff Akquisition und Fusion sowie deren begriffliche Abgrenzung zum Terminus strategische Allianz vgl. Abschnitt 2.2.2 und 2.2.3 in dieser Arbeit.
23 Nach Burckhardt könnte der Anteil der auf dieses Gebiet gerichteten Transaktionen für 1991 sich prozentual auf 1/3 und wertmäßig auf 8-10 Mrd. DM belaufen, vgl. o.V. (1991g), S. 9. Die Schätzungen der Treuhandanstalt für 1991 übertreffen diese Prognose noch. Sie erwarten für 1991 Verkaufserlöse in Höhe von 14 Mrd. DM, vgl. Oldag (1991), S. 33.
24 Bei 40% aller Inhaberunternehmen soll weder ein für die Unternehmensführung geeigneter Erbe noch ein am Kauf interessiertes Management zur Verfügung stehen, vgl. Müller-Stewens (1990a), S. 2.
25 vgl. Hermsen et al. (1990), S. 22 sowie zum Anstieg der Unternehmensübernahmen in der Zeitperiode von 1985 bis 1989, Müller-Stewens (1990a), S. 1 ff.
26 vgl. Müller-Stewens (1991), S. 202
27 vgl. hierzu Rock (1987), Jemison, Sitkin (1986), S. 107 ff., Jemison, Sitkin (1986), S. 145 ff. und zu einem Überblick über die im Schrifttum diskutierten Integrationsprobleme, Grüter (1991) und dort angegebene Literatur, zu Akkulturationsproblemen im speziellen, Reineke (1989). Aktuelle Beispiele für unerwartet große Probleme bei der Integration, stellen das niederländische Reederei und Transportunternehmen "Koninklijke Nedlloyd Groep N.V.", Rotterdam dar, welches sich seinem Vorstandsvorsitzenden Rootlieb zufolge bei der Übernahme von Union Transport "verschluckt" hat, vgl. o.V. (1990b), S. 21 oder die Integration der Nixdorf Computer AG in den Unternehmensbereich Daten- und Informationstechnik der Siemens AG, die voraussichtlich Jahre in Anspruch nehmen wird, bis die unterschiedlichen Unternehmenskulturen zusammengewachsen sind, vgl. Schmitz (1990), S. 233.
28 vgl. hierzu Kommission der Europäischen Gemeinschaft (1990)

Auch die Vorteile, die strategische Allianzen gegenüber Akquisitionen aufweisen und sie aus praxisorientierter Sicht unter bestimmten Umständen als eine Alternative zur Akquisition erscheinen lassen,[29] sprechen für die zunehmende relative Bedeutung strategischer Allianzen.[30] In der folgenden Abb. 1-2 sind einige Vor- und Nachteile strategischer Allianzen gegenüber denen von Akquisitionen aufgelistet.

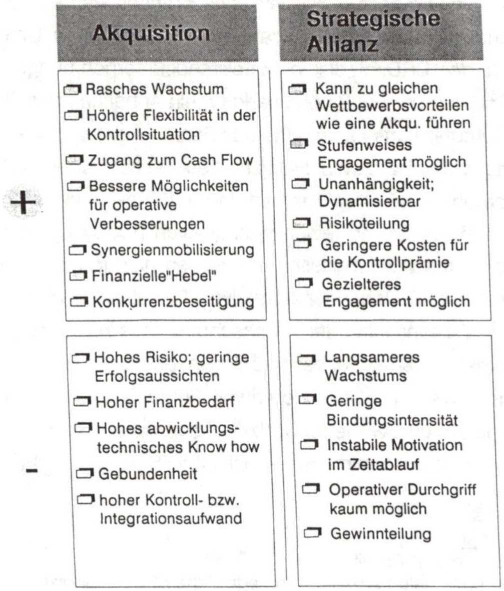

Abb. 1-2: Akquisition versus Allianz (Quelle: Müller-Stewens (1990), S. 17)

Daß sich eine neue Ära zu nähern scheint, zeigt auch die empirische Untersuchung von Morris und Hergert.[31] Auf der Basis von Veröffentlichungen, die zwischen 1975-1986 in "The Economist" und "The Financial Times" erschienen, erfaßte das Autorengespann die quantitative Entwicklung von Kooperationen in der Triade (USA, EG und Japan). Sie kamen zu dem Ergebnis, daß seit ungefähr zehn Jahren die Anzahl von Kooperationen, wie dies in der Abb. 1-3 wiedergegeben ist, von nahe Null explosionsartig gestiegen ist.

29 vgl. hierzu beispielsweise Reuter (1991), S. 204 f.

30 Aber auch gegenläufige Szenarien werden erstellt. So betrachtet Taucher strategische Allianzen nur als eine Übergangslösung, als einen Schritt auf dem Weg zur Fusion der Partner, vgl. Taucher (1988), S. 91.

31 vgl. Morris, Hergert (1987), S. 15 ff.

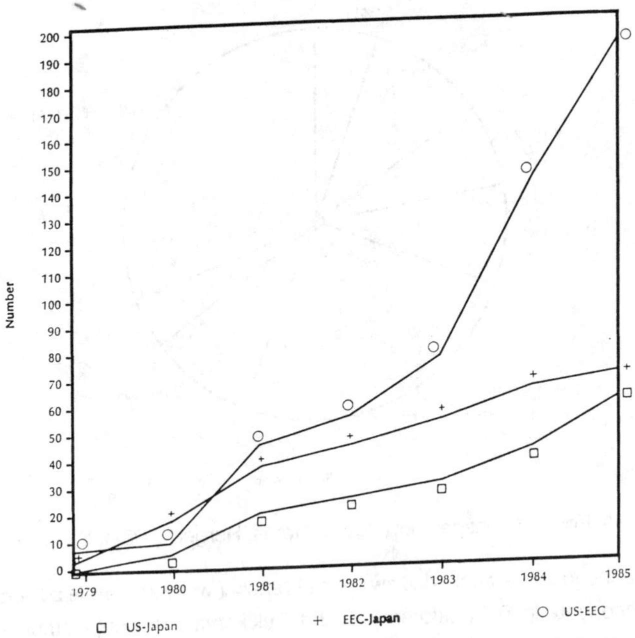

Abb. 1-3: Kooperationsvereinbarungen zwischen USA und Japan, EG und Japan sowie USA und EG (Quelle: Morris und Hergert (1987), S. 17)

Eine nähere Analyse seitens des Autorengespannes brachte hervor, daß der Hauptanteil (30,8%) der 839 erfaßten weltweiten Vereinbarungen zwischen Partnern der Europäischen Gemeinschaft geschlossen wurden sowie bei fast 74% aller Kooperationsvereinbarungen - wie dies Abb. 1-4 zeigt - ein EG-Partner involviert war.

Desweiteren stellten sie fest, daß über *71 %* der erfaßten Kooperationen *zwischen Wettbewerbern* geschlossen wurden.[32] Dies zeigt die empirische Relevanz des Fokusses der vorliegenden Arbeit auf horizontale strategische Allianzen. Unter horizontalen strategischen Allianzen werden in dieser Arbeit jedoch nicht nur strategische Partnerschaften zwischen Unternehmungen derselben Branche (Wettbewerber), sondern auch zwischen Unternehmungen, die technologisch oder absatzseitig miteinander verwandt sind (potentielle Wettbewerber), verstanden.[33]

32 vgl. Morris, Hergert (1987), S. 16 ff.
33 vgl. hierzu Abschnitt 2.3.1 dieser Arbeit.

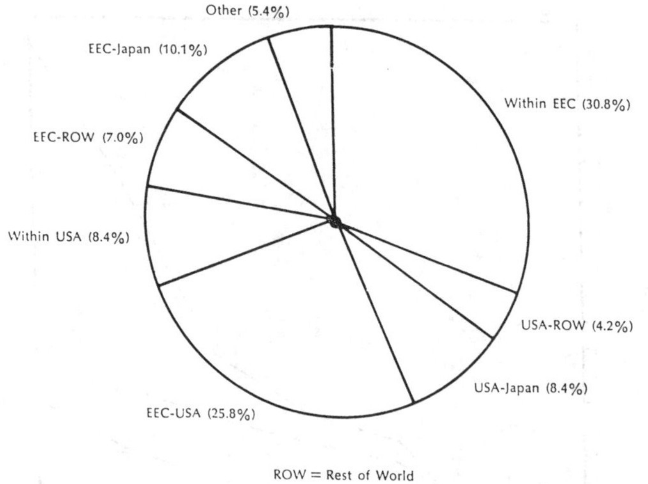

Abb. 1-4: Kooperationspartner (Quelle: Morris, Hergert (1987), S. 18)

Ihrer Untersuchung zeigte auch, daß zwar eine branchenweite Zunahme zu verzeichnen ist, jedoch insbesondere in fünf Sektoren: Luftfahrt, Telekommunikation, Computer und anderen Elektrobranchen sowie der Automobilindustrie 87% aller kooperativen Vereinbarungen getroffen wurden.[34] Charakteristisch für die Aktivitäten deutscher Unternehmen war, daß - in Relation zur Größe und zum Bruttosozialprodukt der BRD - diese prozentual weltweit durch Kooperationen unterrepräsentiert sind, während ihr Anteil innerhalb der EG jedoch mit 57 % überdurchschnittlich hoch ist.[35] Dies untermauert die obige Feststellung, daß der EG-Binnenmarkt sich als eine treibende Kraft für die zunehmende Anzahl strategischer Allianzen erweist und daß insbesondere Unternehmungen, die in einem durch zunehmende Dynamik und Komplexität zu kennzeichnendem Umfeld operieren, aus ökonomischen und technologischen Gründen "gezwungen" sind, neue Wege zur Sicherung und Steigerung ihrer Wettbewerbsfähigkeit zu gehen.

Daß die relative Wettbewerbsposition von Unternehmungen im zunehmenden Ausmaß von ihrer Fähigkeit strategische Allianzen zu knüpfen abhängig werden wird,[36] wird auch durch die bereits heute schon immer enger verflochtenen internationalen Wirtschaftsbeziehungen durch strategische Allianzen, die eine Tendenz zu netzartigen weltumspannenden Kooperationsstrukturen aufweisen[37] und die Wettbewerbsstrukturen erheblich verändern wer-

34 vgl. Morris, Hergert (1987), S. 16 f.
35 vgl. ebd.
36 vgl. auch Lamborghini in Levine, Byrne (1986), S. 98
37 vgl. hierzu beispielhaft Abb. 1-1 in dieser Arbeit.

den,[38] gestützt. Solche strategischen Netzwerke[39] sind u.a. dadurch gekennzeichnet, daß - basierend auf einem "partnerschaftlichen Wettbewerb" - Unternehmungen gegenüber anderen gleichzeitig in einem Wettbewerbs- und partnerschaftlichen Verhältnis zueinander stehen.[40] Eine solchermaßen veränderte Wettbewerbsstruktur wird zur Folge haben, daß sich nicht mehr einzelne Unternehmen gegenüberstehen, sondern Netzwerke von Unternehmen mit eigener Struktur und Dynamik - ein neuer Schritt auf dem Weg zur Integration der Wirtschaftsräume.[41]

Trotz dieser steigenden Bedeutung strategischer Allianzen für die Wettbewerbsfähigkeit zahlreicher Unternehmungen, ist der bisherige Erkenntnisstand in Theorie und Praxis über dieses Phänomen noch als unbefriedigend zu bezeichnen.[42]

1.2 Institutionalisierung strategischer Allianzen - Ein Problemfeld der betrieblichen Praxis und eine Herausforderung für die Wissenschaft

Empirische Untersuchungen zeigen eine hohe Mißerfolgsquote strategischer Allianzen in der Unternehmenspraxis auf. Eine unter der Leitung von Raymond Vernon durchgeführte Studie der Harvard Business School kam zu dem Ergebnis, daß 30 % der 1.100 untersuchten internationalen Joint Ventures[43] sich als instabil erwiesen.[44] Diese institutionalisierten Formen strategischer Allianzen[45] wurden entweder liquidiert, von einem Partner übernommen oder die Kontrolle über das Venture wechselte. Zu einem ähnlichen Ergebnis kommen Killing (1982) und Gomes-Casseres (1987). In der Erhebung von Killing (1982) wurden von 37 Joint Ventures sieben wieder liquidiert und fünf grundlegend reorganisiert[46] und in der vergleichenden Studie von Commes-Casseres (1987), in der 5.000 Tochterunternehmen von 180 multinationalen US Unternehmen erfasst wurden, ist die Instabilitätsrate der untersuchten Joint Ventures mit 30,6 % gegenüber 15,7 % bei in hundert prozenti-

---

38 vgl. Backhaus, Piltz (1990), S. 4 ff.

39 vgl. hierzu Miles, Snow (1986), S. 62 ff., Piore, Sable (1984), Bleicher (1989a), Naisbitt (1984), Müller-Stewens (1990c)

40 Zu einer näheren Charakterisierung vgl. Abschnitt 4.3.1 dieser Arbeit.

41 vgl. hierzu Benedetti (1988), S. 171

42 vgl. auch Borys, Jemison (1989), S. 234 f., welche aus diesem Grunde strategische Allianzen als "Theoretische Waisen" bezeichnen. Zur Kritik an diesem existenten Forschungsdefizits vgl. auch Riordan, Williamson (1985), S. 376

43 Joint Ventures können mit Hermann (1988) wie folgt definiert werden: "Joint Ventures sind separate und rechtliche Einheiten im Eigentum von mindestens zwei rechtlich voneinander unabhängigen parentalen Unternehmungen, welche aktiv in die Führung ihrer gemeinsamen Tochter involviert sind." Ebd., S. 2.

44 Diese Studie ist in Franko (1971) und Stopford, Wells (1972) wiedergegeben, vgl. ebd.

45 Da Joint Ventures mit dem Ziel bestimmte Aufgaben im gemeinsamen Interesse durchzuführen gegründet werden und damit eine Interessengemeinschaft darstellen, vgl. Pausenberger (1989), S. 624, können sie als eine institutionalisierte Form strategischer Allianzen betrachtet werden, vgl. hierzu Müller-Stewens (1991a), S. 316 und Abschnitt 2.3.1 dieser Arbeit.

46 vgl. Killing (1982), S. 120

gen Eigentum befindlichen Tochterunternehmen dieser Konzerne annähernd doppelt so hoch.[47] Die Untersuchung von Porter über Diversifikationsprojekte von 33 US-Konzernen zwischen 1950 und 1986 zeigt ein noch ernüchternderes Bild. Von den in dieser Studie erfaßten Joint Ventures wurden bis Anfang 1987 rund 50 % wieder aufgelöst.[48] Obgleich eine Auflösung nicht unbedingt ein Indikator für den Mißerfolg darstellen muß, da das Projekt von vornherein zeitlich begrenzt sein konnte und/oder das Ziel erreicht wurde, zeigt die Studie von A.T. Kearney (1987), daß in 40 % der von ihnen untersuchten strategischen Allianzen das zu Anfangs gesetzte Ziel sowohl in qualitativer als auch in quantitativer Hinsicht nicht erreicht wurde.[49] In einer Studie von Coopers & Lybrand erfüllten sogar sieben von zehn Joint Ventures die Erwartungen nicht.[50]

Als Gründe für das Scheitern werden veränderte strategische Imperative angeführt und Schwierigkeiten bei den organisatorischen Anpassungsmaßnahmen der Partner, Konflikte zwischen den Partnern aufgrund unterschiedlicher Prioritätensetzung, Unternehmenskulturen und Führungssystemen. Während der Großteil dieser Ursachefaktoren Implementierungsprobleme darstellen, führt Porter die hohe Fehlschlagsquote nicht nur auf eine ungenügend erfolgte Strategieimplementierung zurück, sondern auch darauf, daß den Transaktionen kein klares oder ein falsches unternehmenspolitisches und strategisches Konzept zugrunde gelegt wurde.[51] Daß in der Vernachlässigung der Implementierungsphase jedoch ein wesentlicher Grund für die geringe Erfolgsquote zu finden ist, stellen auch Coopers & Lybrand fest. Nach ihrer - oben angeführten - Studie wenden Führungskräfte 50 % der Zeit für das Zustandebringen der strategischen Allianz auf und nur 23 % für die Entwicklung eines Planes, 19% für die Konzipierung der Vertragsunterlagen bzw. für die dort als verbindlich zu erklärenden Rechte und Pflichten der Partner und geringe 8% für die Errichtung von Managementsystemen. Auch Delvin und Bleackely betrachten Implementierungsprobleme aufgrund unterschiedlicher Unternehmenskulturen, Führungssystemen und Kontrollgraden als die wesentliche Ursache für die hohe Mißerfolgsquote von strategischen Allianzen.[52]

Daß ein sorgfältig erarbeitetes strategisches Konzept im Kontext der jeweiligen Unternehmenspolitik und eine zweckgerichtete Partnerauswahl und Bewertung eine wesentliche Voraussetzung für den Erfolg von strategischen Allianzen darstellen, ist sicherlich unumstritten. Allein führen sie - wie obige Untersuchungen u.a. zeigen - jedoch nicht zum Erfolg. Erst eine erfolgreiche Umsetzung des strategischen Konzepts, läßt aus potentiellen Vor-

47 vgl. Gomes-Casseres (1987), S. 97
48 vgl. Porter (1987), S. 43 ff., Porter (1987), S. 30 ff.
49 Da diese Studie nicht veröffentlicht wurde, vgl. hierzu die Ausführung von Pekar (1989), S. 34 ff.
50 vgl. Coopers & Lybrand (1986), S. 99
51 vgl. Porter (1987), S. 43 ff.
52 vgl. Devlin, Bleackley (1988), S. 18

teilen tatsächliche Vorteile werden. Als eine wesentliche Voraussetzung hierfür wird die Erarbeitung und Implementierung einer organisatorischen Konzeption angesehen in deren Rahmen die Allianz sich entwickeln kann, die involvierten Aktoren den zu verfolgenden Zielen in einer unterstützenden Atmosphäre nachgehen können und die potentielle Problem- und Risikofelder so weit als möglich reduziert.

Wie eine solche organisatorische Konzeption erarbeitet werden kann, kann als ein in der Organisations- und Managementtheorie angesiedeltes Problem betrachtet werden. Eine Durchleuchtung "klassischer" Ansätze im Schriftum zeigte jedoch, daß eine Konzentration der Forschungsbemühungen auf organisationsinterne Problemstellungen erfolgte[53] und monoorganisationale Ansätze das Schriftum beherrschen.[54] Auch die Offenen-System-Ansätze,[55] die das aktuelle Bild der Organisations- und Managementtheorie prägen, richten ihren Fokus primär auf einzelne Organisationen[56] und ihre Subsysteme wie Organisationsstrukturen, -prozesse, interne Regel- bzw. Lenkungsstrukturen[57] und organisationale Anpassungserfordernisse an eine "extern" vorgegebene Umwelt.[58] Strategische Allianzen

53 vgl. hierzu die Forschungsarbeiten von Taylor (1911), Weber (1910), ders. (1920), ders. (1956), Fayol (1916), ders. (1929), die der Vertreter des administrativen Ansatzes wie Urwick (1938), Gulick (1938), Nordsiek (1931), ders. (1934), Ulrich (1949), Kosiol (1962), die Forschungen von Mayo (1945) und Roethlisberger, Dickson (1939), welche die Human-Relations-Bewegung in den dreiziger Jahren auslösten, die daran folgenden Motivationstheorien von Maslow (1954), Herzberg et al. (1959), Trist et al. (1963), Argyris (1957), ders. (1960), ders. (1964), Mc Gregor's X-Y-Theorie (1960), ders. (1966), Likert (1961), ders. (1967), die Forschungsarbeiten der Vertreter der mathematisch-entscheidungstheoretischen Ansätze wie Alexis, Wilson (1967), die Spieltheorie von Neumann, Morgenstern (1944), die auf kleine Gruppen ohne Zielkonflikte beschränkte Teamtheorie von Marschak (1955), die der Vertreter der verhaltenswissenschaftlichen Schule wie Barnard (1938), Simon (1947), ders. (1957), March, Simon (1958), Cyert, March (1963) und Leavitt (1962)

54 Dies ist sicherlich darauf zurückzuführen, daß in früheren Zeiten andere Probleme im Vordergrund standen, sodaß sich das Forschungsinteresse dementsprechend auch auf andere Bereiche richtete.

55 Das offene Systemverständnis dient in entscheidungsorientierten Ansätzen, verhaltensorientierten Ansätzen sowie in den system-/strukturorientierten Ansätzen der Organisationstheorie als grundlegendes Modell. Vgl. bspw. hierzu die Forschungsarbeiten von March, Simon (1958), Cyert, March (1963), Thompson (1967), Pfeffer, Salancik (1978), Lawrence, Lorsch (1967), Woodward (1965). Zum Verständnis von Organisationen als offene Systeme, wonach diese als in Beziehungszusammenhängen zu ihrem Umfeld stehende Systeme betrachtet werden, vgl. Buckley (1967), Heinen (1985), S. 19 ff., ders. (1984), S. 22 ff., ders. (1985), S. 72 ff.

56 vgl. hierzu auch Astley (1984), S. 526 und Kapitel 3 dieser Arbeit.

57 vgl. hierzu die organisationssoziologischen Ansätze der Systemtheorie in Mayntz (1963) und zur allgemeinen Systemtheorie, auf welcher diese Ansätze basieren, Bertalanffy (1956). Zu den systemorientierten kybernetischen Ansätzen, die zudem als konzeptionelle Grundlage auch auf dem regelungstechnischen Ansatz der Kybernetik, als dessen Begründer Wiener (1948) gilt, aufbauen, vgl. Heinen (1991), S. 21 ff., Ulrich (1968), Krieg (1971), Bleicher (1972), Kirsch, Maaßen (1989) und zu den Ansätzen zum Strategischen Management vgl. Ansoff (1979), Trux et al. (1985), Ulrich, Krieg (1974), Ulrich (1983)

58 Repräsentativ für letzteres steht die sogenannte Kontingenztheorie, da der Hauptfokus ihrer Vertreter darauf gerichtet ist, Unterschiede zwischen formalen Strukturen durch Unterschiede in ihrer Situation zu erklären, um daraus differenziertere theoretische Erkenntnisse und/oder Orientierungshilfen für die praktische Organisationsgestaltung zu gewinnen. Zu den einzelnen Varianten dieser - auch als situativer Ansatz bezeichneten - Forschungsrichtung vgl. Kieser,

als ein interorganisationales Phänomen bleiben damit jedoch außen vor. Obgleich solche Ansätze daher keinen Beitrag zur vorliegenden Problemstellung erwarten lassen, können sie durch eine Übertragung ihrer Forschungsergebnisse nutzbar gemacht werden.[59] Eine Übertragung kann insofern gerechtfertigt werden, als strategische Allianzen soziale Systeme sind, die jedoch im Unterschied zu dauerhaften Institutionen - wie noch hervorzuheben ist - von temporärer Natur sind und sich durch ihre Einmaligkeit differenzieren.[60] Strategische Allianzen können insofern als Quasiorganisationen betrachtet werden.[61] Ein alleiniger Bezug auf monoorganisationale Ansätze kann dennoch nicht als ausreichend betrachtet werden, da diese die spezifischen Eigenschaften und interorganisationalen Problemfelder - allein aufgrund der ihnen zugrundegelegten Analyseebene - nicht gänzlich zu erfassen vermögen.[62]

Auch in der sogenannten Interorganisationstheorie,[63] liegen interorganisationale Beziehungen im allgemeinen und strategische Allianzen im speziellen zwischen privatwirtschaftlichen Unternehmungen weitgehend außerhalb der Forschungsbemühungen.[64] Empirische Untersuchungen bezogen sich sogar ausschließlich auf öffentlich-rechtliche und/oder gemeinnützige Organisationen.[65] Die wenigen existenten Untersuchungen über interorga-

---

Kubicek (1983), S. 46 f. Zu den Vertreter dieses Ansatzes sind die sogenannte Aston Gruppe, die Forschergruppe um Pugh an der Universität Aston, die mittlerweile zwei Generationen umfaßt, zuzurechnen sowie Woodward (1958), ders. (1965), Burns, Stalker (1961), Lawrence, Lorsch (1967). Zu einer umfassenderen Bestandsaufnahme der Vertreter dieses Ansatzes, vgl. Kieser, Kubicek (1983) und Welge (1987)

59 So kann beispielsweise bei der Diskussion über die Ziele der Allianz auf die koalitionstheoretische Betrachtung von Cyert und March (1963) zurückgegriffen werden und zur Handhabung der Stabilitätsproblematik auf die Anreiz-Beitrags-Theorie von March und Simon (1958).

60 Zur Charakterisierung überbetrieblicher Projekte als Quasi-Organisation, vgl. Korbmacher (1991), S. 12 f.

61 Zur Übertragungsform "Analogie", vgl. Semmel (1984), S. 28 f. Die Validitätsbelegung muß letztlich jedoch der empirischen Überprüfung vorbehalten bleiben. Zur Charakterisierung strategischer Allianznetzwerke als Quasi-Organisationen vgl. Eccles (1981), S. 335 ff. und zu strategischen Partnerschaften, welches ein Synonym für strategische Allianzen ist, Vizjak (1990), S. 1

62 vgl. hierzu auch Abschnitt 3 dieser Arbeit, wo dies noch näher belegt wird und die damit verbundenen Konsequenzen für die weitere Abarbeitung der Problemstellung offengelegt werden. Vgl. hierzu auch Ochsenbauer (1988), welcher aufgrund anderer Ursachen (der zugrundegelegten Hierarchievorstellung) nach einer kritischen Auseinandersetzung mit den etablierten Ansätzen der betriebswirtschaftlichen Organisationstheorie zu dem Schluß kommt, daß diesen Grenzen zur Erfassung innovativer Organisationsformen gesetzt sind. Sowie zu Knyphausen (1988), welcher gleichfalls konstatiert, daß die etablierte Organisationstheorie die Entstehung des Neuen nicht zu erfassen vermag. Dieses Defizit nimmt er zum Ausgangspunkt seiner Vorüberlegungen zu einem evolutionären Konzept für die Organisationstheorie.

63 vgl. hierzu Warren (1967), S. 396 ff., Whetten (1977), Van de Ven, Walker (1979), S. 19 ff., Van de Ven (1976), S. 24 ff., Pfeffer (1978), S. 1 ff., Rogers, Whetten (1982)

64 vgl. hierzu auch Whetten (1982), S. 107

65 vgl. hierzu z.B. Litwak, Hylton (1962), Black, Kase (1963), S. 26 ff., welche die Gründe für den Abbruch eines Joint Ventures zwischen einer sozialen Einrichtung und einem Rehabilitationsinstitut untersuchten und Aiken, Hage's Untersuchung von Joint Ventures zwischen Gesundheitsorganisationen, ders. (1968), S. 912 ff., Hall et al. (1977), Schmidt, Kochan (1977), S. 220, Benson (1975), van de Ven (1976), van de Ven et al. (1979), Warren (1967)

nisationale Verbindungen zwischen privatwirtschaftlichen Unternehmungen in der "Interorganisationstheorie" erstrecken sich ausschließlich nur auf "interlocking directorates".[66] Den Grund für diese Vernachlässigung sieht Whetten darin, daß von seiten der Wissenschaft angenommen wird, daß zwischen privatwirtschaftlichen Unternehmungen vornehmlich Wettbewerbsbeziehungen bestehen.[67] Daß aufgrund dieses "competitive paradigm" Denken kooperative Verbindungen zwischen Wettbewerbern und insbesondere solche Zusammenarbeitsformen mit strategischer Bedeutung nicht in das wissenschaftliche Denken vordringen konnten, wird auch von Jarillo und Astley als ursächlich dafür angesehen, daß diese innerhalb der Managementlehre weitgehend ausgeblendet bleiben.[68]

Einzelne organisationstheoretisch fundierte Ansätze, die interorganisationale Phänome in den Fokus des Forschungsinteresses rücken wie die von Pfeffer (1972), Pfeffer, Nowak (1976), Pfeffer, Salancik (1978) lassen sich in der angelsächsischen Organisations- und Managementliteratur finden.[69] Auch der aus der Volkswirtschaft stammende sogenannte Transaktionskostenansatz, dessen Schöpfer der Nobelpreisträger Coase[70] ist, richtet seinen Fokus explizit auf interorganisationale Phänomene. Williamson, welcher diesen Ansatz vertiefte und durch seine Werke das dahinterstehende Gedankengut verbreitete, berücksichtigte bislang jedoch nur vertikale Verflechtungen.[71] In vertikalen Zusammenarbeitsformen - darüber herrscht in der Literatur Übereinstimmung - verbinden sich im Unterschied zu horizontalen Verflechtungen Unternehmungen verschiedenartiger, aufeinanderfolgender Produktions- und/oder Handelsstufen.[72] Im Hinblick auf die Richtung der vertikalen Erweiterung des Tätigkeitsbereiches wird dabei unterschieden zwischen "backward" gerichteten Unternehmensverbindungen, bei denen vorgelagerte Produktions- und/oder

66 vgl. stellvertretend Dooley (1969), S. 314 ff., Pennings (1980), Palmer (1983), S. 40 ff, Selznick's Strategie der "Kooptation" als Mechanismus der Einbindung externer Interessengruppenvertreter in den Entscheidungsprozeß zur Sicherstellung der politischen Unterstützung, Selznick (1949) sowie Pfeffer (1972), S. 218 ff., Pfeffer, Salancik (1978), S. 161 ff. Pfeffer's Untersuchungen, die an späterer Stelle in den politischen Ansätzen vorgestellt werden, gehen jedoch über diese eine mögliche Form der interorganisationalen Verbindung - daß sei hier bereits vorweggenommen - hinaus.

67 vgl. Whetten (1982), S. 107

68 vgl. Jarillo (1987), S. 83, ders. (1988), S. 31 f., Astley (1984), S. 526 ff.

69 Die Forschungsarbeiten von Peffer basieren auf der "Ressource Dependence Perspective", vgl. hierzu Pfeffer (1972), S. 382 ff., Pfeffer, Nowak (1976), S. 398 ff., Pfeffer, Salancik (1978), Pfeffer (1982), S. 192 ff. Obgleich Pfeffer auch auf dem Offenen-System-Ansatz aufbaut, erstrecken sich seine Überlegungen nicht nur darauf, wie die Umwelt Organisationen beeinflußt, sondern auch wie Organisationen erstere beeinflussen können. Er geht damit, im Gegensatz zu den vorher angeführten Ansätzen wie beispielsweise der Kontingenztheorie, von einer wechselseitigen Beziehung zwischen Organisation und Umwelt aus. Auf die Forschungsergebnisse von Pfeffer et al. wird in der weiteren Arbeit zurückzukommen sein.

70 Coase (1937), S. 386 ff., Coase (1960), S. 1 ff.

71 vgl. Williamson (1970), ders. (1975), ders. (1979), S. 233 ff., ders. (1979a), S. 953 ff., ders. (1985), ders. (1990). Zum Stand der Diskussion und Aussagewert des Transaktionskostenansatzes für die Organisationstheorie, vgl. auch Picot (1982), S. 267 ff.

72 vgl. stellvertretend Schubert, Küting (1981), S. 22, Kappler, Wegmann (1981), S. 216, Pausenberger (1989), S. 622

Handelsstufen auf der Beschaffungsseite mit einbezogen werden und "forward" gerichteten" Vereinigungen, wenn eine Angliederung nachgelagerter Stufen (absatzseitig) erfolgt.[73] Auch die auf den Forschungsarbeiten von Williamson aufbauenden Studien konzentrierten sich auf vertikale Verflechtungen entweder mit nachgelagerten Wirtschaftsstufen[74] oder mit vorgelagerten Wertschöpfungsstufen.[75] Eine Konzentration auf vertikale Verflechtungen erfolgt auch in den in der jüngsten Zeit die organisationstheoretische Literatur bereichernden Netzwerkansätzen.[76] Horizontale strategische Allianzen unterscheiden sich jedoch von vertikalen strategischen Allianzen insofern, als erstere eine Verbindung zwischen aktuellen und/oder potentiellen Wettbewerbern (Unternehmungen gleicher Produktionsstufe) ist und damit ihr Wesen u.a. darin liegt, daß die Partner gleichzeitig in einem kooperativen und aktuellen oder potentiellen kompetetiven Verhältnis zueinander stehen.[77] Zudem ist von einem ex ante geringeren Interdependenzgrad auszugehen.[78] Diese Unterscheidungen sind insbesondere für die Institutionalisierung insofern von herausragender Bedeutung, da sich in vertikalen Allianzen oder Netzwerken Möglichkeiten zur Koordination eröffnen, die für horizontale Allianzen nicht in Frage kommen.[79] So beispielsweise die vielhervorgehobene Netzwerkkultur[80] oder die Einrichtung eines "Schaltbrett- oder Broker-Unternehmens als zentrale Koordinationsstelle.[81]

---

73 vgl. Schubert, Küting (1981), S. 22, Kappler, Wegmann (1981), S. 216, Pausenberger (1989), S. 622, Möller (1983), S. 88 f., Grimm (1987), S. 10 f.

74 vgl. beispielsweise Reve, Stern (1979)

75 vgl. beispielsweise Imai, Itami (1984), S. 285 ff., Frazier et al. (1988), S. 52 ff., Baur (1990)

76 vgl. stellvertretend Thorelli (1986), S. 37 ff., Jarillo, Ricart (1987), S. 17 ff., Jarillo (1988), S. 31 ff., Miles, Snow (1986), S. 62 ff., Piore, Sabel (1985), Johnston, Lawrence (1989), S. 81 ff., Kutschker (1980). Zu Netzwerkansätzen vgl. auch Abschnitt 4.3.1 dieser Arbeit und dort angegebene weitere Literatur.

77 Obgleich die Geschäftspraktiken zwischen vertikal verflochtenen Transaktionspartnern realiter in einzelnen Transaktionsbeziehungen von kompetetiven Zügen gekennzeichnet sein mögen, da das Verhalten von dem weitverbreiteten Wettbewerbsmodell, vgl. hierzu Porter (1988), S. 25 ff., wonach die Verhandlungsmacht von Unternehmen geschwächt wird, wenn Lieferanten und Kunden an Verhandlungsmacht gewinnen, geprägt ist, so zeigen doch neuere Untersuchungen, daß vereinzelt ein Wandel in Sicht zu sein scheint, vgl. hierzu Piore, Sabel (1985), Johnston, Lawrence (1989), S. 81 ff., von Oetinger (1989), S. 147 ff.

78 vgl. Akinbode, Clark (1976), S. 101 ff., Davidson (1976), S. 117 ff, Van de Ven (1976), S. 24 ff.

79 Im Hinblick auf die a priori Interdependenz gehen Akinbode, Clark (1976), S. 101 ff., Davidson (1976), S. 117 ff. und Van de Ven (1976), S. 24 ff. davon aus, daß eine wesentliche Voraussetzung zur interorganisationalen Koordination ein Bewußtsein partieller Interdependenz ist und das dieses Bewußtsein sich als ein koordinationsfördernder Faktor erweisen wird. Dieses Bewußtsein ist in vertikal verflochtenen Unternehmungen eher anzunehmen.

80 Es kann davon ausgegangen werden, daß eine gemeinsame Netzkultur sich bei temporären strategischen Allianzen (wie dies für horizontale strategische Allianzen charakteristisch ist), nicht entwickeln kann, da dies zum einen Zeit braucht und zum anderen da sich Wettbewerber gegenüberstehen, die zudem noch durch eine spezifische Kultur gekennzeichnet sind.

81 Einem Koordinator-Unternehmen sind insofern Grenzen gesetzt, als in horizontalen strategischen Allianzen die Partner ex definitione in einem Gleichordnungsverhältnis zueinander stehen, welches ein Koodinator-Unternehmen praktisch insofern bedeutungslos werden läßt, da die formale Weisungsbeziehung ad definitione fehlt und damit ihm selbst aus struktureller Perspektive keine große operative Durchschlagskraft zugeschrieben werden kann.

Zwar erscheinen insbesondere in jüngster Zeit Veröffentlichungen, die einen Beitrag zur Verringerung des existenten Forschungsdefizites zum Phänomen strategische Allianzen liefern, jedoch konzentrieren sich diese ersten Beiträge primär auf die Planungsphase von strategischen Partnerschaften: auf Wachstumspotentiale durch strategische Partnerschaften,[82] kollektive Strategien[83] oder deskriptiv auf strategische Allianzen als Instrument zur Umsetzung von Globalisierungs- und Internationalisierungsstrategien,[84] als neue Form kooperativer Marktstrategien[85] und von seiten der Beratungspraxis auf Erfahrung beruhenden checklistenhaften, allgemeinen Empfehlungen über die Partnerwahl und mögliche Erfolgsfaktoren.[86] Obgleich in einzelnen in jüngster Zeit erschienenen Veröffentlichungen bereits fragmentarisch einzelne Institutionalisierungsprobleme identifiziert wurden,[87] liegt eine systematische, theoretisch fundierte Untersuchung zu der Problemstellung "wie strategische Allianzen zur Steigerung der Erfolgswahrscheinlichkeit institutionalisiert werden können" noch nicht vor.

1.3 Aufgabenstellung und Gang der Untersuchung

Vor diesem Hintergrund hat sich die vorliegende Arbeit zur Aufgabe gesetzt, das Wesen, die spezifischen Problem- und Risikofelder horizontaler strategischer Allianzen sowie ihre erfolgskritischen interorganisatorischen Gestaltungs- und Lenkungsbereiche herauszuarbeiten und darüber hinaus auch Ansatzpunkte zu ihrer Institutionalisierung aufzuzeigen.

Die Konzentration auf horizontale strategische Allianzen erfolgt zum einen, da dieser Bereich am weitgehendsten in der Theorie vernachlässigt ist und zum anderen wegen seiner zunehmenden Bedeutung - wie empirische Untersuchungen zeigen - in der Unternehmenspraxis. Zudem soll hierdurch eine tiefergehende Erkenntnisgewinnung möglich werden. Aber auch für vertikale strategische Allianzen, in Form von Wertschöpfungspartnerschaften, kann die vorliegende Arbeit partiell neue Erkenntnisse liefern. Desweiteren richtet sich der Fokus der vorliegenden Arbeit auf interorganisationale Strukturen und Prozesse, da gerade hier das theoretische Defizit am größten ist und die wesentlichsten Probleme in praxi zu identifizieren sind. Schließlich gilt in dieser Untersuchung das Forschungsinteresse

---

82 vgl. Vizjak (1990), welcher zwar Implementierungsprobleme und Absicherungsmaßnahmen thematisiert, das Ziel seiner Untersuchung war jedoch im Kontext der Wachstumspolitik "Aussagen zur strategischen Planung strategischer Partnerschaften zu treffen", ebd. S. 13.

83 vgl. Astley, Fombrun (1983) S. 576 ff., Astley (1984), S. 526 ff., Bresser, Harl (1986), S. 408 ff., Bresser (1989), S. 545 ff.

84 vgl. stellvertretend Ohmae (1985), ders. (1987), S. 13 ff., Servatius (1987), S. 217 ff., ders. (1990), S. 49 ff.

85 vgl. Backhaus, Piltz (1990), S. 1 ff.

86 vgl. stellvertretend Wink (1987), S. 30 ff., Merkli (1988), S. 166 ff., Pekar (1989), S. 34 ff., Jagoda (1990), S. 10 ff., Flöter (1990), S. 29

87 Diese sollen hier nicht im einzelnen angeführt werden, da sie im Laufe der Arbeit Berücksichtigung finden werden.

horizontalen strategischen Allianzen zwischen Industrieunternehmungen. Unabhängig dieser Fokussierung können die abgeleiteten Empfehlungen für eine erfolgssteigernde Institutionalisierung auch für Dienstleistungsunternehmungen eine handlungsleitende Funktion verkörpern.

Methodologisch wird die Erkenntnisgewinnung theoretisch deduktiv erfolgen und multidisziplinär anzugehen sein. Um nicht nur Strukturen zu diskutieren und zu konzeptionalisieren, sondern auch Prozesse und Entwicklungen verstehen zu können, wird dabei eine holistische Sichtweise zum Ausgangspunkt zu nehmen sein. Der Wissensgewinnungsprozeß wird durch Fallbeispiele aus der Unternehmenspraxis unterstützt.

Aufgrund des aufgezeigten Theoriedefizites kann die vorliegende Arbeit nur von explorativer Natur sein.

Der Untersuchung wird folgende Vorgehensweise zugrundegelegt:

In *Kapitel 2* soll das Wesen strategischer Allianzen durch eine vertiefende Auseinandersetzung mit diesem Phänomen herausgearbeitet werden. Hierbei werden die begrifflichen Grundlagen erarbeitet und systematisiert sowie die vielfältigen Erscheinungsformen anhand von Gestaltungsmerkmalen erschlossen und differenziert. Auf der Basis des erarbeiteten Erscheinungsformen-Menues wird abschließend eine Typologie zur Veranschaulichung und Vereinfachung der vielschichtigen, komplex verflochtenen realen Erscheinungen strategischer Allianzen einerseits und zur Differenzierung von Problem- und Risikofeldern als auch Anforderungen an die Institutionalisierung andererseits entwickelt. Die hier gewonnenen Erkenntnisse bilden die Basis, das Einordnungsraster und die Relevanzbetrachtung der weiteren Vorgehensweise.

Der grundlegenden Untersuchungsfrage der vorliegenden Arbeit, wie strategische Allianzen institutionalisiert werden können, kann nicht nachgegangen werden, ohne vorher einen theoretischen Bezugsrahmen zu entwickeln. Diesem Erfordernis wird in *Kapitel 3* zu entsprechen sein. Hier wird ein theoretischer Bezugsrahmen erstellt, welcher die Grundlage für eine systematisierte Exploration von erfolgskritischen Problem- und Risikofeldern und die Ableitung von Gestaltungsempfehlungen bilden wird. Dabei werden die grundlegenden metatheoretischen Annahmen der vorliegenden Untersuchung expliziert und ein Multiperspektivenansatz vorzustellen sein, welcher die weitere Untersuchung durchziehen wird. Auf dieser metatheoretischen Grundlage wird, dieses Kapitel abschließend, der theoretische Bezugsrahmen dieser Arbeit visualisiert und die weitere Forschungsstrategie anhand dieses Denkrahmens offengelegt werden.

Auf diesem theoretischen Fundament baut das *4. Kapitel* auf. Im Kontext des grundlegenden Denkrahmens erfolgt hier die Untersuchung von externen Einflußfaktoren auf die Institutionalisierung strategischer Allianzen. Dies wird insofern vorzunehmen sein, als es für eine erfolgreiche Institutionalisierung strategischer Allianzen in einem ersten Schritt erforderlich ist, mögliche Einflußfaktoren zu identifizieren. Denn nur auf dieser Basis können potentielle Problem- und Risikofelder entdeckt und antizipative Maßnahmen gegen potentielle Mißerfolgsfaktoren ergriffen werden. Hierzu und für die in Kapitel 5 zu diskutierenden Gestaltungs- und Lenkungsbereiche strategischer Allianzen ist die Kenntnis über beeinflußbare und weitgehend nicht beeinflußbare kritische Faktoren wichtig. Zu dieser Differenzierung wird eine Unterscheidung in transaktionsspezifische und externe Einflußfaktoren getroffen. Die Einbettung strategischer Allianzen in Umwelt, Netzwerke und Partnerorganisationen wird die externen Einflußfaktoren aufzeigen, die sich der Institutionalisierung als Rahmenbedingungen stellen.

Transaktionsspezifische Einflußfaktoren und damit verbundene Problem- und Konfliktfelder sowie ihre Handhabungsmöglichkeiten werden in *Kapitel 5* diskutiert. Mit den gewonnenen Erkenntnissen der vorangehenden Kapitel der Untersuchung können Anforderungen an die Konzeption abgeleitet werden und als zentrale und kritische und damit wesentliche interorganisationale Gestaltungs- und Lenkungsbereiche: Die Gestaltung des organisatorischen Rahmens, der Führungspositionen, der Entscheidungsprozesse, der interpersonellen Beziehungen, des Informations- und Kommunikationsflusses sowie die eines Anreiz- und Sanktionssystems identifiziert werden, mögliche Ausgestaltungsmaßnahmen diskutiert sowie - falls erforderlich - typbezogen differenziert und damit Ansatzpunkte für eine interorganisationale Institutionalisierung erarbeitet werden.

Auf den Erkenntnissen der vorangehenden Kapiteln baut das abschließende *Kapitel 6* auf. Hier werden die Ergebnisse der vorliegenden Untersuchung zusammengefaßt und als Leitfaden für eine erfolgreiche interorganisationale Institutionalisierung horizontaler strategischer Allianzen für die Unternehmenspraxis formuliert werden.

2. Begriffsabgrenzung und Arten strategischer Allianzen

Der für die vorliegende Untersuchung als zentral anzusehende Begriff der strategischen Allianz soll im nachfolgenden Kapitel schrittweise einer Präzisierung zugeführt werden. Den Ausgangspunkt hierfür bildet eine Betrachtung des Phänomens im Lichte der Kooperations- und M&A-Literatur. Da strategische Allianzen jedoch eine spezifische Form der Kooperation darstellen, sich im Fokus und Reichweite von herkömmlichen Kooperationen und in ihren Eigenschaften - wie noch zu zeigen ist - von Akquisitionen und Fusionen unterscheiden, werden auch Ansätze der Organisations- und Managementtheorie, die einen Beitrag zur begrifflichen Fassung des Phänomens zu leisten versprechen, hinzugezogen. Damit kann eine Annäherung an das Phänomen "strategische Allianz" theoretisch fundiert erfolgen und der Übernahme mangelnder Begriffsklärungen im Schriftum entgegengewirkt werden. Dabei wird sich dem Wesen strategischer Allianzen durch charakteristische Merkmale genähert, da sich strategische Allianzen aufgrund ihrer Vielfältigkeit nicht einfach definieren lassen, ohne mit einer a priori Festlegung auf eine Definition den Zugang zum Wesen von solchen Bündnissen zu verstellen. Das Verständnis von den spezifischen Eigenschaften strategischer Allianzen, welches eine wesentliche grundlegende Voraussetzung für eine erfolgreiche Implementierung ist, würde so verkannt. Zudem sind strategische Allianzen - wie noch zu zeigen sein wird - durch eine begriffsimmanente Paradoxie (Autonomie und Interdependenz) gekennzeichnet, die sich nur umschreiben läßt.[1] Mit dieser Wahl der Vorgehensweise wird darüber hinaus die Basis gebildet für eine Begriffsabgrenzung im Hinblick auf die im Schriftum partiell synonym verwendeten Begriffe und/oder unter dem Terminus "strategische Allianzen" subsumierten Erscheinungsformen, mit welcher weitere begriffliche Klarheit geschaffen werden kann.

Da eine Ausgestaltung und Implementierung abhängig von Art und Erscheinungsform der jeweiligen strategischen Allianz ist, bedarf es im Anschluß daran einer Systematisierung möglicher Arten und Erscheinungsformen von strategischen Allianzen. Grundlegende Gestaltungsdimensionen und ein Ansatz zur Typisierung sowie ein eigenständiger Versuch, welcher der weiteren explorativen Untersuchung zugrundegelegt wird, werden dieses Kapitel beenden. Die entwickelte Typologie zur differenzierten Betrachtung wird im weiteren durch die identifizierten Gestaltungsoptionen situativ ergänzt, wenn letztere als relevante Einflußfaktoren für eine erfolgreiche Institutionalisierung zur Wirkung kommen könnten.

---

1 vgl. in diesem Zusammenhang allgemein zu Knyphausen (1988), S. 276 welcher darauf hinweist, daß erst im Laufe der Zeit ein Gefühl entwickelt werden kann, welche Informationen in einem Paradoxon eingeschrieben sind und daß erst das Hin und Her zwischen den Polen des Paradoxons Zeit produziert.

2.1 Charakteristische Merkmale strategischer Allianzen

Der Begriff "Strategische Allianzen" steht für eine Vielfalt unterschiedlicher Formen der Zusammenarbeit zwischen Organisationen.[2] Dabei unterscheiden sich die in jüngster Zeit von der Praxis entwickelten strategischen Allianzen nicht nur in ihren Erscheinungsformen, sondern auch in ihren Zielsetzungen und Strategien. Obgleich unterschiedliche Ziele verfolgt werden können, ist allen Allianzformationen gemein, daß durch Verbindung der Stärken zweier oder mehrerer Unternehmungen strategische Wettbewerbsvorteile in bestehenden oder neuen Geschäftsfeldern aufgebaut werden sollen[3] und/oder die Wettbewerbsposition gestärkt werden soll.[4] Dies impliziert, daß sich die Partner auf gemeinsame Ziele der Allianz einigen müssen.

2.1.1 Gemeinsame strategische Ziele und Ziele der Partner

Im Schriftum herrscht weitgehend Übereinstimmung darüber, daß dem Begriff "strategische Allianz" **gemeinsame Ziele**[5] immanent sind.[6] Hinsichtlich dieser Annahme weist Auster auf die Problematik hin, daß zwar "... alliance ... suggest that the firms involved are working together to pursue common goals", in der Realität jedoch mögen die Ziele "... range from shared, to mixed, to conflicting and the underlying nature of these relationships may range from cooperative to exploitive."[7] Empirische Untersuchungen stützen diese Aussage.[8]

Es kann vor diesem Hintergrund daher nicht die Annahme, daß als Ziel solcher Bündnisse ein sogenannter "joint competitive advantage"[9] angestrebt wird, als ein allgemein gültiges Merkmal aufrechterhalten werden. Vielmehr werden - wie später noch zu zeigen sein wird - eine Vielzahl strategischer Allianzen von Partnern eingegangen, die unterschiedliche Wettbewerbsziele verfolgen. Dies ist beispielsweise der Fall, wenn ein Partner Zugang zum

2 vgl. zu den unterschiedlichen Formen Abschnitt 2.3 dieser Arbeit.

3 Zum Begriff strategisches Geschäftsfeld als kleinste Dekompositionseinheit des sozio-ökonomischen Feldes, Trux et al. (1985), insbesondere S. 73. Zur geschäftsfeldspezifischen Ausrichtung horizontaler strategischer Allianzen vgl. auch Backhaus (1987), S. 127, Gahl (1989), S. 4 ff., ders. (1990), S. 36 ff., Backhaus, Piltz (1990), S. 3, Plinke (1990), S. 32, Backhaus, Plinke (1990), S. 28 ff. sowie die "Hausdefinition" von Daimler-Benz nach Reuter (1991), S. 204

4 vgl. stellvertretend Müller-Stewens (1990b), S. B 1, Devlin, Bleackley (1988), S. 18, Vizjak (1990), S. 29

5 Als "Ziele" sollen hier mit Kirsch "... die Beschreibung eines zukünftigen Zustandes, der angestrebt wird bzw. >gesollt< ist" verstanden werden, Kirsch (1990), S. 205.

6 vgl. Auster (1987), S. 3 f., James (1985), S. 77 ff., Delvin, Beackley (1988), S. 18, Harrigan (1988), S. 53 f., Johnston, Lawrence (1988), S. 99, Borys, Jemison (1989), S. 234 ff., Vizjak (1990), S. 25. Obgleich gemeinsame Ziele der Allianz den Ausgangspunkt für strategische Allianzen verkörpern oder verkörpern sollten, können diese sich im Zeitverlauf jedoch aufgrund veränderter Rahmenbedingungen verändern und Zieldivergenzen die Allianz charakterisieren.

7 Auster (1987), S. 4

8 vgl. hierzu die Fallbeispiele in Hamel et al. (1989), S. 87 ff., Hamel, Prahalad (1989), S. 90 ff.

9 Backhaus, Plinke (1990), S. 32

technologischen Know-how des anderen Partners intendiert, während letzterer vom ersteren im Gegenzug Marktkenntnisse erhalten möchte, die ihm den Zugang zu einem für ihn neuen Markt erleichtern. Dabei kann es auch - wie empirische Untersuchungen zeigen[10] - zu einer einseitigen Zielverfolgungsstrategie kommen. Es ist also zwischen **Zielen der Partner** und **Zielen der Allianz** zu unterscheiden, analog zu der in der politischen Perspektive der Organisationstheorie vorgenommenen Differenzierung.[11] Vertreter dieser Richtung teilen die grundlegende Auffassung, daß Organisationen als Koalitionen zu betrachten sind, zu denen sich Individuen zur Realisierung ihrer eigenen Zielvorstellungen zusammenschließen, wenn ihre eigenen Interessen durch dauerhafte arbeitsteilige Kooperation in höherem Maße verwirklicht werden können als durch singuläre Aktivitäten.[12] Die theoretische Erklärungskraft dieser Perspektive für strategische Allianzen als Quasiorganisationen[13] ist unmittelbar ersichtlich, denn es kann davon ausgegangen werden, daß Unternehmungen letztlich deshalb kooperieren, weil sie erwarten, ihre Ziele durch eine solche Verbindung besser zu erreichen als ohne diese.[14] Es ist vor dieser Hintergrundperspektive, wenn vereinzelt strategische Allianzen als "Koalitionen" bezeichnet werden.[15]

Die **Ziele der Partner** können - wie bereits angeführt - höchst unterschiedlich sein und sich im Zeitverlauf ändern. Darüber hinaus werden in der Regel mehrere Ziele verfolgt, so daß es nicht möglich ist, ein Katalog sämtlicher Ziele aufzulisten und überschneidungsfrei darzustellen.[16] Im Schriftum werden im einzelnen folgende Ziele angeführt:[17]

---

10 vgl. hierzu insbesondere die Fallstudien von Hamel et al. (1989), S. 87 ff., Hamel, Prahalad (1989), S. 90 ff.

11 vgl. zum Koalitionsmodell, Cyert, March (1963), Kirsch (1971), S. 129 ff. sowie die Ausführungen im Rahmen der politischen Perspektive, in Abschnitt 3.2.4 dieser Arbeit. Organisationen als Koalitionen zu begreifen, bedeutet letztlich, daß vorgegebene Ziele grundsätzlich ausgeschlossen werden. Vgl. auch zu dieser Differenzierung in Ziele der ... und Ziele für ... im Kontext von Unternehmenskooperationen, Tröndle (1987), S. 39 ff. Darüber hinaus werden noch Individualziele von Zielen für die Organisation und Zielen der Organisation unterschieden, vgl. hierzu Kirsch (1990), S. 205 ff. Im Kontext strategischer Allianzen können als Individualziele, die einen inhaltlichen Bezug zur Organisation haben, beispielsweise Machtstreben und Prestige angeführt werden.

12 vgl. hierzu auch die Ausführungen in dieser Arbeit zur Reziprozität und zur Anreiz-Beitrags-Theorie, die eine Präzisierung und Unterstützung für die Übertragung dieses Koalitionstheoretischen Ansatzes liefern.

13 Inwiefern strategische Allianzen als Quasiorganisationen bezeichnet werden können, vgl. Abschnitt 1.2 dieser Arbeit.

14 vgl. hierzu Porter, Fuller (1989), S. 372, welche davon ausgehen, daß Unternehmen dann eine Allianz eingehen, wenn diese als für sie vorteilhaft erscheint.

15 So z.B. Porter (1989), Porter, Fuller (1989), S. 364 ff., Gahl (1989), S. 4, Backhaus, Piltz (1990), S. 2, Servatius (1990), S. 57

16 vgl. hierzu auch im Kontext von Unternehmenskooperationen, Küting, Zink (1983), S. 5

17 vgl. Mariti, Smiley (1983) S. 437 ff., James (1985), S. 77 ff., Levine, Byrne (1986), S. 98 f., Auster (1987), S. 4, Harrigan (1987), S. 67 ff., Taucher (1988), S. 86 f., Devlin, Bleackley (1988), S. 19 f., Bea (1988), S. 2523 f., Hamel et al. (1989), S. 88 f., Porter, Fuller (1989), S. 365 ff. und dort angegebene Literatur empirischer Forschungsarbeiten, Lei (1989), S. 104 f., Bleicher (1989), S. 78 f., Gahl (1989), S. 8 ff., ders. (1990), S. 36 ff., Pohle (1990), S. 68 ff., Norbrun, Schoenberg

- Marktzutritt
- Zugang zu neuen Technologien
- Risikoreduzierung
- Kostenreduzierung
- Realisierung von Synergieeffekten[18]
- Reduzierung des Wettbewerbs sowie Umgehung von Wettbewerbsgesetzen oder Handelsbarrieren.

Als Quelle hierfür kommen mit Porter (1986/1988) sämtliche funktionalen Segmente von Unternehmungen infrage, die in Anlehnung an Porter als "Wertschöpfungskette" bezeichnet werden sollen. Die **Ziele für die Allianz**, verstanden mit Thompson (1967) als angestrebte zukünftige Zustände für die Organisation,[19] können sich folglich auf ein oder mehrere der in Abb. 2-1 angeführten Wertaktivitäten beziehen.[20]

(1990), S. 76 f., Lewis (1990), S. 29 ff., Lorange, Roos (1991), S. 25, Bronder, Pritzel (1991), S. 45, Pate (1969), S. 96 ff. Pfeffer (1972), ders. (1976), S. 405

18 Der Terminus "Synergie" läßt sich etymologisch aus dem griechischen "syn", was soviel bedeutet wie "mit" oder "zusammen" und "ergon", "Werk", "wirken" herleiten. Wörtlich übersetzt bedeutet "Synergie" dann "zusammenwirken", vgl. Welge (1975), Sp. 3801. In der Betriebswirtschaftslehre fand das Konzept der Synergie Einzug im Rahmen der Unternehmensbewertung zur Bezeichnung des Phänomens, daß der Wert des Ganzen größer ist als die Summe seiner Teile, vgl. Ansoff (1965), Böckel (1971), was auch zu dem viel zitierten "2 + 2 = 5"-Effekt führte. Welge (1975), Sp. 3801 kritisiert jedoch im Hinblick auf diese weitverbreitete Synergiedefinition die damit implizit unterstellte positive Begriffsbestimmung und verweist darauf, daß es auch negative Synergien gibt, welche mit dieser Begriffsbestimmung nicht in das Blickfeld rücken können.

19 vgl. Thompson (1967), S. 127

20 Die von Porter angeführten sogenannten "flankierenden Maßnahmen" Infrastruktur (zu denen er das allgemeine Management, das Rechnungswesen, die Rechtsabteilung, den Finanzbereich, etc. rechnet) und das Personalmanagement werden hier nicht angeführt, da nicht nur strategische Allianzen zwischen Industrieunternehmen sich im allgemeinen nicht auf diese Sekundäraktivitäten richten, sondern da keine direkten strategischen Wettbewerbsvorteile in diesen flankierenden Bereichen erreicht werden können. Darüber hinaus kann davon ausgegangen werden, daß Verflechtungen im Verwaltungsbereich erst bei Akquisitionen und Fusionen zu erwarten sind und nicht bei strategischen Allianzen, die diese sich zielgerichtet auf eine oder mehrere Wertaktivitäten beziehen und zum größten Teil "loosley coupled" sind, (vgl. hierzu auch die Ausführungen in Abschnitt 4.3.1 dieser Arbeit). Während bei Klein- und Mittelstandsunternehmen durchaus das Ziel sein kann, Kapital von größeren Partner zu erhalten, ist bei Großunternehmen der Kostenteilungsaspekt nur ein Ziel unter anderen.

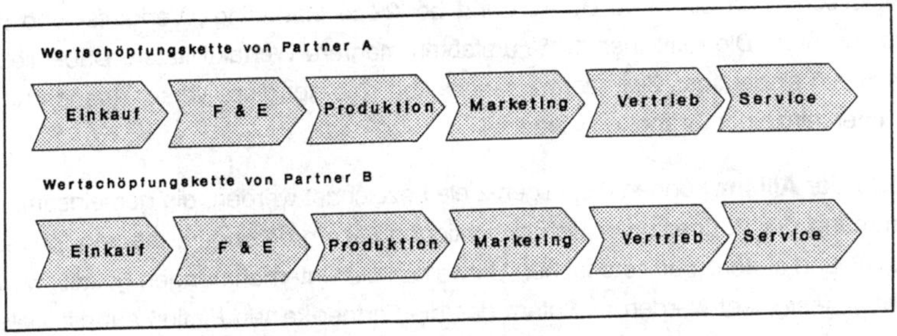

Abb. 2-1: Reduzierte Wertschöpfungskette (verändert entnommen aus Müller-Stewens (1990), S. 29)

Eine empirische Untersuchung von Ghemawat et al., welche u.a. die Zielsetzung internationaler Koalitionsaktivitäten auf der Basis von Veröffentlichungen, die zwischen 1970 und 1982 im Wall Street Journal erschienen, untersuchten, stellten fest, daß in 20 % der Fälle die technologische Entwicklung das verfolgte Ziel bei der Koalitionsbildung war, bei 42 %

Branche	*Techno-logische Entwicklung* (%)	*Ablauf organisation u. Logistik* (%)	*Marketing, Verkauf und Kunden-dienst* (%)	*Multiple Ziele* (%)	*Gesamt-zahl der Mutter-gesell-schaften* (%)
Landwirtschaft inkl. vor- u. nachgelagerte Bereiche	12	47	22	19	74
Metalle und Mineralien	41	44	10	6	199
Energieversorgung	65	29	3	3	298
Baugewerbe	7	75	9	9	57
Textilien, Bekleidung und Lederwaren	0	40	25	36	45
Papier und Holzindustrie	10	69	10	10	39
Chemieindustrie	9	58	23	10	292
Computerindustrie	17	31	25	28	127
Sonstige Elektronik	5	33	33	29	76
Sonstige Elektrobranche	10	40	34	17	48
Kraftfahrzeuge	5	63	17	16	112
Raumfahrt	31	35	19	15	52
Sonstiger Maschinenbau	4	39	32	26	248
Sonstiges güterverarbeitendes Gewerbe	8	59	17	16	177
Trasnportwesen	0	41	50	10	42
Kommunikations-, Verlags- und Freizeitindustrie	22	33	17	28	36
Distribution	0	24	60	16	50
Finanzwesen	9	16	53	23	88
Dienstleistungen	13	38	38	12	95
Gesamtzahl der untersuchten Fälle	423	929	475	328	2.155

Bemerkung: Die Prozentzahlen ergeben horizontal jeweils 100 Prozent.

Abb. 2-2: Koalitionsziele in den einzelnen Branchen (Quelle: Ghemawat et al. (1989), S. 417

der logistische und operative Bereich und bei 22 % Marketing-, Verkaufs- und Kundendienstaktivitäten. Die restlichen 16 % umfaßten mehrere Wertaktivitäten. Dabei ließen sich bei 94 % ein eindeutiges Ziel nachweisen.[21] Abb. 2-2 gibt diese verschiedenen Koalitionsziele in den einzelnen Branchen wieder.

Als **Ziele der Allianz** können diejenigen Ziele bezeichnet werden, die gemeinsam, in Übereinstimmung der Partner unter Berücksichtigung der Forderungen, die von Interessenten der inner- und außerorganisatorischen Umwelt an die Unternehmungen gestellt werden, für die Allianz festgelegt werden.[22] Sofern der/die Partner keinen Einfluß auf die Ziele für die Allianz ausüben oder wenn die Ziele der Partner gleichgerichtet sind und es hierdurch zu einer kompromißlosen Festlegung der Ziele der Allianz kommt, sind die Ziele für die Allianz und die Ziele der Allianz identisch.[23] Dies trifft jedoch nur dann zu, wird dem Modell von Easton (1965) gefolgt, sofern kein weiterer Einfluß eine Zieländerung hervorruft.

Eine empirische Untersuchung von Morris und Hergert, welche auf den Veröffentlichungen in "The Economist" und "The Financial Times" über die Zeitperiode von 1975 bis 1986 basiert, brachte hervor, daß die häufigsten internationalen Kooperationsvereinbarungen zwecks gemeinsamer Produktentwicklung geschlossen wurden.[24] Werden Vereinbarungen mit einbezogen, die zusätzlich noch Produktion und/oder Marketing beinhalten, so steigt der prozentuale Anteil sogar auf rund 64 % (vgl. Abb. 2-3). Differenziert nach Nationalität der Partner stellten sie fest, daß Kooperationen zwischen japanischen Unternehmen und europäischen oder amerikanischen häufiger zwecks Marketing oder Produktion geschlossen werden, während überwiegend europäische Firmen untereinander und inneramerikanische Bündnisse sowie europäische mit amerikanischen Unternehmungen häufig Kooperationsvereinbarungen zur gemeinsamen Produktentwicklung eingegangen sind.[25]

---

21 vgl. Ghemawat et al. (1989), S.402 ff.

22 vgl. zum Zielbildungsprozeß das Modell von Easton (1965) und die ansatzergänzenden Überlegungen von Kirsch (1990), S. 90 ff., wonach neben den Partnerunternehmungen auch Interessenten der inner- und außerorganisatorischen Umwelt - verstanden als aktiv Einfluß ausübende Individuen - den Zielbildungsprozeß beeinflussen oder zu beeinflussen versuchen. Obgleich dieses allgemeine Modell für Organisationen entwickelt wurde, kann es auf strategische Allianzen, welche gleichfalls soziale Systeme darstellen, übertragen werden. Das Bundeskartellamt beispielsweise beeinflußt den Zielsetzungsprozeß oder die Ziele der Allianz. Dieser Einfluß ist in wettbewerbsrechtlich kritischen Situationen sogar von entscheidungsbestimmenden Ausmaß. Zur rechtlichen Dimension als externer Einflußfaktor vgl. Abschnitt 4.1.2 dieser Arbeit. Auch andere Unternehmungen, sonstige Betroffene oder Länder können zu Interessenten werden. Die Reaktion der USA auf die Kooperationsgespräche zwischen Daimler-Benz und Mitsubishi im Jahre 1990, bei denen unter anderem geprüft wurde, in welchen Geschäftsfeldern Allianzen vereinbart werden, steht beispielhaft für letztere. In einer Pressekonferenz in Tokio versicherte diesbezüglich Marohashis Vize Yoshio Taniguchi, daß eine Zusammenarbeit im Rüstungsbereich von beiden Seiten ausgeschlossen wird, vgl. Satori, Schmitz (1990), S. 215 ff.

23 Ähnlich Tröndle (1987), vgl. ebd.

24 vgl. Morris, Hergert (1987), S. 15 ff.

25 vgl. ebd. S. 21

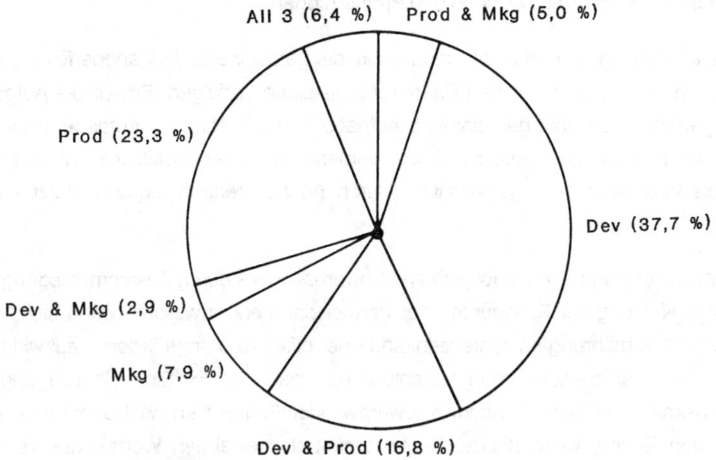

Abb. 2-3: Ziele für Kooperationen (Quelle: Morris, Hergert (1987), S. 21)

Für strategische Allianzen ist spezifisch - wie eingangs konstatiert und das Attribut "strategisch" bereits impliziert -, daß das Ziel strategischer Allianzen im allgemeinen, der Aufbau von Wettbewerbsvorteilen ist. Zur näheren Konkretisierung von Zielen der Allianz ist daher zu prüfen, wie Wettbewerbsvorteile erzielt werden können.

Mit Porter (1988/1986) können grundsätzlich zwei generische Strategietypen zur Erzielung von Wettbewerbsvorteilen unterschieden werden, die auch für strategische Allianzen Gültigkeit besitzen.[26] Zum einen Kostenführerschaft und zum anderen Differenzierung.[27] Kostenführerschaft zielt auf der Basis einer relativ niedrigen Kostenposition auf Niedrigpreise ab, während Differenzierung durch Qualität, Design, Marke oder Image, ein Produkt (oder eine Dienstleistung) in der Wahrnehmung der Kunden als einzigartig erscheinen zu lassen anstrebt, was die Durchsetzung höherer Verkaufspreise erlaubt.[28] Kosten- und Differenzierungsvorteile durch strategische Allianzen lassen sich grundsätzlich durch

- eine Zusammenlegung oder gegenseitige Nutzung der Ressourcen der Partner oder

26 vgl. Porter (1986), S. 31 ff., ders. (1988), S. 62 ff. und zu Kostenführerschaft und Differenzierung als generische Strategietypen globaler strategischer Partnerschaften, vgl. Perlmutter, Heenan 81986), S. 137 f. am Beispiel der Allianzen von Phillips. (Strategische Allianzen werden auch von diesem Autorenteam synonym zum Begriff "strategische Partnerschaften" verwendet.) Zu Wertschöpfungspotentiale durch strategische Partnerschaften/Allianzen, vgl. Vizjak (1990), Gahl (1989), S. 8 ff.

27 vgl. Porter (1986), S. 31 ff., ders. (1988), S. 62 ff., welcher zusätzlich noch die Fokussierungsstrategie (die Ausrichtung auf ein begrenztes Wettbewerbsfeld innerhalb einer Branche) mit den Varianten Kosten- und Differenzierungsschwerpunkt anführt.

28 vgl. Porter (1988), S. 63 ff.

- einem Know-how-Transfer zwischen den Partnern oder

durch beides erzielen. Bei ersterem kann dabei die gemeinsame Aufgabenerfüllung an einem Standort oder getrennt in den Partnerorganisationen erfolgen. Erfolgt die Aufgabenerfüllung getrennt, kann die gemeinsame Aufgabe durch horizontale Aufgabenteilung mit anschließendem Austausch oder durch Zusammenführung der Arbeitsergebnisse zur gemeinsamen Verwertung - gegebenenfalls durch Ressourcentransfer unterstützt - erfüllt werden.

Vor diesem Hintergrund können folglich Wettbewerbsvorteile durch Zusammenlegung oder gegenseitige Nutzung der Ressourcen der Partner dann erzielt werden, wenn sich "... die gemeinsame Durchführung so kostensenkend oder differenzierungsfördernd auswirkt, daß sie die Kosten der gemeinsamen Durchführung übersteigt."[29] Eine Übertragung von wettbewerbskritischen Informationen, Know-how oder Fertigkeiten wird dann zu Wettbewerbsvorteilen führen, wenn hierdurch die Kosten der jeweiligen Wertaktivität reduziert werden können oder diese einmaliger werden und damit eine Differenzierungsbasis bilden, die alle Transferkosten der Transaktion aufwiegt, oder beides.[30]

Da die erzielbaren Wettbewerbsvorteile je nach Allianzformation unterschiedlich sein können und Kosten- und Differenzierungsvorteile mit Porter (1986) in allen Wertaktivitäten geschaffen werden können,[31] empfiehlt sich eine Systematisierung anhand der "reduzierten Wertschöpfungskette". Entlang dieser in Abb. 2-1 wiedergegebenen, verkürzten Wertschöpfungskette können folgende Ziele strategischer Allianzen verfolgt werden.

Ein gemeinsamer **Einkauf** wird in erster Linie zur Erzielung von Kostenvorteilen durch günstigere Bezugspreise und eine Verbesserung allgemeiner Lieferkonditionen[32] durchgeführt.[33] Voraussetzung hierfür ist, daß die Partner gleiche oder ähnliche Inputs benötigen,

---

29 Porter (1986), S. 413 ("es" wurde im Zitat - den Regeln der Grammatik gemäß - durch "sie" ersetzt). Porter bezieht obige Aussage zwar auf Verflechtungen zwischen Unternehmenseinheiten innerhalb einer Unternehmung oder eines Konzerns, sie kann jedoch unverändert auf Verflechtungen zwischen Unternehmenseinheiten zwischen Unternehmungen übertragen werden, vgl. hierzu auch die Ausführungen von Porter (1986), S. 414 f. zu Konkurrentenverflechtungen. Gleiches gilt für die folgenden Ausführungen.

30 In Anlehnung an Porter (1986), S. 413 f. In Bezug auf letzteres ist jedoch anzumerken, daß Porter seine Strategietypen alternativ verstanden wissen will und daß ein "stuck in the middle" nach Porter nicht zu nachhaltigen Wettbewerbsvorteilen führt, vgl. Porter (1988), S. 71. Aus den Wettbewerbserfolgen japanischer Unternehmungen wurde jedoch deutlich, daß eine Unternehmung durchaus zunächst erst eine Kostenführerschaft und in Folge durch hohe Qualität Wettbewerbsvorteile erzielen kann. Die japanische Automobilindustrie steht hierfür beispielhaft. Vgl. auch Komatsu als Fallbeispiel in Hamel, Prahalad (1989), S. 96 sowie Canons Strategien um sich gegen Xerox im Markt für Kleinkopierer zu behaupten, ebd., S. 94

31 vgl. Porter (1986), S. 59 ff.

32 Welche auf die steigenden Bezugsmengen aufgrund des gemeinsamen Einkaufs zurückzuführen sind, vgl. Knappe (1976), S. 184, Straube (1972), S. 168

33 vgl. Vizjak (1990), S. 107

die zudem von einem Lieferanten bezogen werden können. Hierbei ist jedoch zu beachten, daß durch einen solchen gemeinsamen Einkauf nicht nur die Verhandlungsmacht der Partner gegenüber dem Lieferanten gesteigert werden kann, sondern auch der Lieferant an Verhandlungsmacht gewinnen kann, wenn eine sogenannte "small numbers" Situation vorliegt.[34] Eine ex ante "small-numbers" Situation ist dann gegeben, wenn der Beschaffungsmarkt für die zu beziehenden Inputs durch wenige alternative Transaktionspartner gekennzeichnet ist und somit die Partner von dem Lieferanten, wenn es sich um kritische Ressourcen[35] handelt, in einem gewissen Grad abhängig sein können.[36] Technologische Barrieren wie patentrechtlich geschützte Produkte und Verfahren oder "Unfähigkeit" der Organisationen potentielle weitere Transaktionspartner zu finden, können gleichfalls eine "small numbers" Situation bedingen.[37] Ex post "small numbers" Situationen entstehen dagegen erst durch die Transaktionsbeziehung selbst. Im vorliegenden Kontext wäre ein Entstehungsgrund hierfür mit Anderson, Weitz (1986) die Produktionskostenvorteile des Lieferanten aufgrund von Größendegressionsvorteilen.[38]

Ziele strategischer Allianzen im **Forschungs- und Entwicklungsbereich (F&E-Allianzen)** sind in erster Linie:

(1) Risikoreduzierung[39]
(2) Kostensenkung[40]
(3) Zugang zu einer bestimmten Technologie[41]
(4) Erzielung von Zeitvorteilen[42] und

---

34 vgl. Williamson (1975), S. 27 f., ders. (1981), S. 555 f.

35 vgl. Pfeffer, Salancik (1978), S. 46 f. Wobei Ressourcen mit Pfeffer, Salancik (1987), S. 46 dann als "kritisch" bezeichnet werden, wenn diese für die Aufrechterhaltung der Operationen benötigt werden. Sie determinieren die Abhängigkeit von dem Lieferanten nicht, wenn die Partner fähig sind, ihre Operationen in Abwesenheit dieser Ressourcen oder des Marktes, an welchen der Output abgesetzt wird, aufrechtzuerhalten. Ob Ressourcen kritisch sind oder nicht ändert sich mit der Umwelt.

36 Eine Abgrenzung eines "Small-numbers-Marktes" von einem "Large-numbers-Markt" wird jedoch der Willkür überlassen bleiben müssen, da "Small-numbers-Verhältnisse" durch die Möglichkeit von Absprachen zwischen den Lieferanten auch auf Märkten mit mehreren alternativen Transaktionspartnern bestehen können.

37 vgl. Dorow, Weiermair (1984), S. 200 f.

38 vgl. Anderson, Weitz (1986), S. 9 f.

39 vgl. James (1985), S. 78, Auster (1987), S. 4, Bea (1988), S. 2523, Gahl (1989), S. 9 f., Porter, Fuller (1989), S. 383, Pohle (1990), S. 71, Haase (1990), S. 31, Lewis (1990), S. 31, Vizjak (1990), S. 110, Bronder, Pritzel (1991), S. 45

40 vgl. Auster (1987), S. 4, Porter, Fuller (1989), S. 382 f., Backhaus, Plinke (1990), S. 27, Pohle (1990), S. 71 f., Lewis (190), S. 31, Selwyn, Valigra (1991), S. 26 ff.

41 vgl. hierzu Harrigan (1987), S. 67 f., Auster (1987), S. 4, Porter Fuller (1989), S. 383, Pohle (1990), S. 71, Lewis (1990), S. 12 ff.

42 Zur Erzielung von Zeitvorteilen als ein Ziel strategischer Allianzen, vgl. Gahl (1989), S. 17 ff., ders. (1990), S. 37 f. und dort angegebene Literatur, Backhaus, Piltz (1990), S. 27, Norburn, Schoonberg (1990), S. 77, Lewis (1990), S. 91 f. und dort angegebene Fallbeispiele, Bronder, Pritzel (1991), S. 45

(5) die Setzung von Technologiestandards[43]

Diese Ziele sind dabei nicht als voneinander unabhängig zu sehen. Obgleich ein Ziel dominieren kann, wird in der Regel ein ganzes Zielbündel die Allianz leiten. Eine grundlegende technologische Voraussetzung für solche Allianzformationen ist ein hoher technologischer Verwandschaftsgrad.[44]

(1) Der Risikograd von F&E-Allianzen ist insbesondere bei explorativen Forschungsprojekten aufgrund des großen Entwicklungs- und Vermarktungsrisikos bei gleichzeitig enormen F&E-Aufwendungen besonders hoch. Die dadurch induzierte Unsicherheit ist mit Schätzle (1965) in der Regel dabei umso größer, je höher der technologische Neuigkeitsgrad des Forschungsprojektes ist. *Risikoreduzierung*smöglichkeiten durch eine strategische Allianz können sich insofern ergeben als sich zum einen durch die Vereinigung oder des Austausches von komplementären Kenntnissen und Fähigkeiten das technologische Know-how gesteigert werden kann oder nur auf diesen Wege ein Zugang zu spezifischen Fähigkeiten und Kenntnissen gewährleistet wird, welche die Partner erst zur Invention befähigen. Das europäische Forschungsprojekt "Jessi" steht hierfür beispielhaft.[45] Zum anderen wird der Risikograd durch die Teilung der Investitions- und sonstigen Kosten zur Erforschung und Entwicklung des Produktes oder des Verfahrens gesenkt.[46] Die Unsicherheit, die durch den technologischen Wandel induziert wird, kann dagegen nur - wenn überhaupt - geringfügig reduziert werden.[47] Das Wettbewerber zeitlich vorgelagert ihre Invention umsetzen und damit ihre Forschungs- und Entwicklungsergebnisse früher auf den Markt bringen, kann nicht direkt beeinflußt werden. Gleiches gilt für das Prognoseproblem der Nachfrage (Vermarktungsrisiko), welches sich bei technologieinduzierten Innovationen potenziert.[48]

(2) Kostensenkung als ein Ziel strategischer F&E-Allianzen gewinnt insbesondere im High-Tech-Bereich aufgrund der steigenden F&E-Aufwendungen[49] und dem internationalen

---

43 vgl. Backhaus (1987), S. 122 ff., Gahl (1989), S. 10, ders. (1990), S. 38 Backhaus, Piltz (1990), S. 6 f., Backhaus, Plinke (1990), S. 24 f.,

44 Porter (1986), S. 441 f., Jacquemin (1988), S. 552. Porter verweist in diesem Zusammenhang darauf, daß viele Produkte nur oberflächlich technologische Ähnlichkeiten aufweisen, was die Ermittlung echter technologischer Verflechtungen erschwert, vgl. ebd., S. 441 f.

45 Zum Jessi-Projekt vgl. o.V. (1990), S. 20, durch welches Europäer das notwendige Wissen und die Fertigungstechnologie für Mikroschaltungen zu erlangen beabsichtigen, um ihre Wettbewerbsposition gegenüber den Japanern und den Amerikanern zu stärken.

46 vgl. zu Kostensenkung als Ziel die Ausführungen hierzu weiter unten in dieser Arbeit und dort angegebene Literatur.

47 vgl. zum Einflußfaktor "Technologische Dimension" die Ausführungen in Abschnitt 4.1.4 dieser Arbeit.

48 vgl. zu technologieinduzierten Innovationen ("Technology Push") gegenüber bedarfsinduzierten Innovationen ("Need Pull"), Servatius (1986), S. 102 f.

49 vgl. stellvertretend Backhaus, Plinke (1990), S. 27

Preisverfall[50] bei vielen technologieintensiven Produkten und Komponenten an zunehmender Bedeutung. Durch strategische Allianzen lassen sich die Kosten teilen und die notwendige Größenordnung erreichen.

(3) Zugang zu einer bestimmten Technologie stellt ein weiteres Ziel strategischer F&E-Allianzen dar.[51] Der Zugang zu technologischen Fähigkeiten und Kenntnissen des Partners (oder der Partner) in einem vereinbarten Ausmaß oder die Bündelung der Fähigkeiten und Kenntnisse der Partner in Rahmen einer strategischen Allianz kann die Wettbewerbsposition der Partner gegenüber dritten stärken oder Wettbewerbsvorteile schaffen. Das europäische Projekt "Jessi" steht hierfür beispielhaft. Ergänzende Beiträge der Partner, insbesondere qualitativer Art, sind hierfür eine notwendige aber nicht hinreichende Voraussetzung.

(4) Im Hinblick auf die Entwicklung des Wettbewerbs hin zu einem Zeitwettbewerb[52] wird die Erzielung von *Zeitvorteilen* gegenüber dritten in zunehmenden Maße zu einem wettbewerbsrelevanten Erfolgsfaktor.[53] Durch Zusammenführung der Ressourcen der Partner im Rahmen einer strategischen F&E-Allianz, kann eine Verkürzung der Forschungs- und Entwicklungszeit erreicht werden. Insbesondere für High-Tech-Projekte gewinnt dieser Faktor an zunehmender Bedeutung; nicht nur aufgrund der Möglichkeiten zur Reduzierung des Risikogrades sondern auch zur Verkürzung der verlängerten Entstehungszyklen[54] von High-Tech-Erzeugnissen.

(5) Durch *Setzung von Technologiestandards* kann die Wettbewerbsposition erheblich beeinflußt werden. Standards bezeichnen mit Backhaus, Piltz (1990) "... das Ergebnis eines Prozesses, an dessen Ende bestimmte Produktmerkmale allgemein als verbindlich akzeptiert werden."[55] Eine Voraussetzung hierfür ist die Erreichung eines hohen Penetrationsgrades im Markt.[56] Die Setzung von Technologiestandards ist insbesondere in Branchen, in denen die Kompatibilität eine entscheidende Rolle spielt, von herausragender Bedeutung

---

50 Dies gilt insbesondere für nahezu homogene Güter, wie z.B. Personalcomputer oder Komponenten wie Halbleiter, vgl. zum Preisverfall auf dem Computermarkt, o.V. (1991b), S. 18 und bei Halbleitern o.V. (1991a), S. 18. So betrug nach Siemens-Vorstand Jürgen Knorr der Preis für einen 1-Megabit-Chip 1989 noch DM 24,-, während bereits 1990 hierfür nur noch DM 6,50 bezahlt wurde, vgl. o.V. (1990a), S. 18. Zum Preisverfall von Chips über den Zeitraum von 1979 bis 1986 vgl. auch Backhaus (1987), S. 122 und dort angegebene Quelle.

51 vgl. Harrigan (1984), S. 12 f. Auster (1987), S. 4, Porter Fuller (1989), S. 383, Pohle (1990), S. 71, Lewis (1990), S. 12 ff.

52 vgl. zur Entwicklung des Wettbewerbs in Richtung eines Zeitwettbewerbs die Ausführungen in Abschnitt 1.1 dieser Arbeit und dort angegebene Literatur zum Faktor "Zeit" als neue Dimension im Wettbewerb.

53 vgl. hierzu die Literaturangaben in der Fn. 45 zu: "Erzielung von Zeitvorteilen" weiter vorne in diesem Abschnitt sowie im allgemeinen Murray (1985), S. 23, Simon (1989), S. 79 ff.

54 vgl. hierzu Abschnitt 1.1 dieser Arbeit und dort angegebene Literatur.

55 Backhaus, Piltz (1990), S. 6 in Anlehnung an Kleinaltenkamp (1987), S. 6 f.

56 Backhaus, Piltz (1990), S. 6 sowie Ohmae (1985), S. 31 ff. am Beispiel des Videomarktes.

wie beispielsweise in der Computer-Industrie, der Video-Recorder-Industrie und im Systemgeschäft.[57] Die angekündigte weitreichende strategische Allianz zwischen den Konkurrenten IBM und Apple verkörpert ein solches Potential zur Verdrängung des de-facto-Weltstandards von MS-DOS bei gleichzeitiger Schaffung eines neuen Weltstandards für Betriebssysteme.[58]

Ziele strategischer Allianzen im **Produktionsbereich** können sein:

(1) die Erzielung von Kostendegressionseffekten[59]
(2) Kapazitätsauslastung[60]
(3) Marktzugang[61]
(4) Zugang zu Fertigungs-Know-How[62]

(1) Kostendegressionseffekte können bei Beibehaltung getrennter Standorte durch Zusammenlegung der Produktionsaufträge oder Spezialisierung der jeweiligen Partner mit eventuell verbundener gegenseitiger Zulieferung erzielt werden. Die Vereinbarungen können sich dabei auf Komponenten oder Endprodukte beziehen. Bei ersterem ergeben sich Kostendegressionseffekte durch Vergrößerung der Produktionsmenge; bei letzterem neben eventueller Verringerung der Rüstkosten aufgrund der Reduzierung der Typenvielfalt (Auflagendegression), verminderter Werkzeugkosten, geringerem Lagerhaltungsbedarf für Rohstoffe und Zwischenprodukte[63] durch Spezialisierung der Arbeitskräfte und/ oder Verbesserungen im Produktionsablauf.[64] Werden die Aktivitäten an einem gemeinsamen Standort gebündelt läßt sich durch Größendegression (Erzielung von "economics of scale") eine relativ günstige Kostenposition im Wettbewerb erreichen.[65] Größere Produktionsmengen ermöglichen zudem eine frühzeitigere Amortisation der hohen Investitionen in neue Fertigungstechnologien. Die Herstellung eines gemeinsamen Endproduktes kann darüber hinaus durch Arbeitsteilung erfolgen, in der jeder Partner ein spezielles Element pro-

57 vgl. zu letzterem Backhaus (1987), S. 122, Backhaus, Piltz (1990), S. 6 f., Gahl (1989), S. 10 ff., ders. (1990), S. 38
58 Zur angekündigten strategischen Allianz von IBM und Apple vgl. Büschemann (1991), S. 29, o.V. (1991c), S. 35, o.V. (1991d), S. 20, o.V. (1991e), S. 22
59 vgl. James (1985), S. 78, Tröndle (1987), S. 45 Taucher (1988), S. 87, Gahl (1989), S. 21, Norburn, Schoenberg (1990), S. 76, Pohle (1990),S. 73 Vizjak (1990), S. 99 ff.
60 vgl. Tröndle (1987), S. 45, Vizjak (1990), S. 99
61 vgl. Porter, Fuller (1989), S. 385
62 vgl. Porter, Fuller (1989), S. 385
63 vgl. Barein (1969), S. 39, Alsmöller (1982), S. 277 f.
64 vgl. hierzu Sigloch (1974), S. 90
65 vgl. hierzu Vizjak (1990), S. 63 ff. und dort angegebene Literatur. Economics of scale beschreibt die Beziehung zwischen Größenordnung und Wirtschaftlichkeit, nach der mit steigender Produktionsmenge, die Produktionskosten sinken.

duziert und als Komponente in das Endprodukt einbringt. Beispielhaft hierfür stehen die Projekte und Joint Ventures in der Luft- und Raumfahrt Industrie.[66]

(2) *Kapazitätsauslastung* kann insbesondere in stagnierenden oder schrumpfenden Branchen ein Ziel von Produktions-Allianzen sein. Hierzu können die Produktionsaufträge der Partner mit übernommen werden und damit Größendegressionseffekte erzielt werden oder durch Einsatz der Produktionskapazitäten der Partner überhaupt erst die Übernahme von Großaufträgen erfolgen.[67]

(3) *Marktzugang* kann bei Cross-border-Allianzen ein Ziel von Produktions-Allianzen sein.[68] Dieses kann durch Eröffnung gemeinsamer Produktionsstätten in einem Land erfolgen, um auf diese Weise sich Zugang zum Binnenmarkt zu verschaffen und bei dessen Bedienung Größenvorteile auszuspielen.[69] Marktzugang kann jedoch auch nur das Ziel eines Partners sein, wenn ein Partner in einem protektionistischen Land die Fertigung der Produkte des anderen Partners mit übernimmt. Ziele letzterer Art verfolgten beispielsweise japanische Automobilunternehmungen mit ihren strategischen Allianzen mit europäischen Automobilunternehmungen, um antizipativ protektionistische Maßnahmen seitens der Europäer für den Europäischen Binnenmarkt zu umgehen.

(4) *Zugang zu Fertigungs-Know-How* kann jedoch nur dann ein Ziel strategischer Allianzen sein, wenn beide Partner die Übernahme des Fertigungs-Know-How's des anderen beabsichtigen. Realiter wird Zugang zum Fertigungs-Know-How eher das Ziel nur eines Partners sein. Es sei denn, daß dieses in unterschiedlichen Geschäftsbereichen angestrebt wird.

Strategische Allianzen im **Bereich Marketing** werden in erster Linie

(1) zur Erleichterung der Einführung eines neuen Produktes und/oder
(2) zur Senkung der damit verbundenen Kosten

geschlossen.[70] Nach Pohle (1990) werden Marketing-Allianzen insbesondere von der Größe des jeweiligen Regionalmarktes und von der Fokussierung auf die jeweiligen Zielgruppen bestimmt.[71] Aus strategischer Perspektive wird dabei mit Pohle (1990) eine strategische Allianz selbst bei großen Märkten dann nicht empfehlenswert sein, wenn eine Konzentration auf eine bestimmte Zielgruppe erfolgt. Gemeinsame Marktforschung kann über eine Projektgruppe, deren Mitglieder sich aus Mitarbeitern der Partnerunterneh-

---

66 vgl. zum europäischen Joint Venture "Airbus", Chanut (1987), S. 67 ff. und zu überbetrieblichen Projekten in der Luft- und Raumfahrt mit öffentlichen Auftraggebern, Korbmacher (1991)
67 vgl. Vizjak (1990), S. 99 f.
68 vgl. Porter, Fuller (1989), S. 385
69 vgl. Porter, Fuller (1989), S. 385
70 vgl. Pohle (1990), S. 72
71 vgl. Pohle (1990), S. 72

mungen zusammensetzen oder lediglich durch einen Informationsaustausch zwischen den Partnern erfolgen.[72]

(1) Der Zugang zum Marketing-Know-How eines Partners zur Erleichterung einer Produkteinführung wird insbesondere bei Cross-border-Allianzen dominieren. Die strategische Allianz des englischen Unternehmens Glaxo mit der amerikanischen Tochter von Hoffmann La Roche wurde zu diesem Zweck eingegangen.[73]

(2) *Kostenreduzierung*smöglichkeiten ergeben sich insbesondere durch Teilung der Kosten zwischen den Partnern.

Ziele strategischer Allianzen im **Vertriebsbereich** sind insbesondere

(1) Kostenreduzierung[74]
(2) Zugang zu neuen Märkten (Cross-Distribution)[75] und
(3) Zeitvorteile[76]

Voraussetzung für aufeinander abgestimmte Aktivitäten oder einen gemeinsamen Vertrieb ist ein hoher absatzwirtschaftlicher Verwandtschaftsgrad der abzusetzenden Produkte.[77]

(1) In Bezug auf die physische Distribution (Transport und Lagerhaltung), welche jedoch nur von geringer strategischer Bedeutung ist, erzeugt eine Mitbenutzung von Lager- und Transportkapazitäten eines Partnerunternehmens einen verbesserten Auslastungsgrad vorhandener Kapazitäten, während der andere Partner durch Desinvestitionen seine Kapazität verringern kann und dadurch seinen Fixkostenblock reduziert.[78] Auch durch Bündelung der Transportkapazitäten und Errichtung eines gemeinsamen Fuhrparks können Kosten geteilt und damit für die Partner reduziert und eine rentable Mindestgröße erreicht werden.[79] Rationalisierungsvorteile ergeben sich auch im Hinblick auf Absatzwegeentscheidungen (akquisitorische Distribution) durch ein gemeinsames Vertriebssystem.[80] Die Optimalgröße eines Vertriebsapparates liegt nach Alsmöller (1982) erheblich über der größenoptimalen Produktionskapazität.[81]

---

72 vgl. Vizjak (1990), S. 105
73 vgl. zur dieser strategischen Allianz, Pohle (1990), S. 72 f.
74 vgl. Gahl (1989), S. 22 Vizjak (1990), S. 103, Pohle (1990), S. 73
75 vgl. Porter, Fuller (1989), S. 386 f.
76 Ohmae (1985), S. 31 f., ders. (1987), S. 13, ders. (1989), S. 145 f., Gahl (1989), S. 19 f., Lewis (1990), S. 31
77 vgl. Porter (1986), S. 430 f., Knappe (1976), S. 190
78 vgl. Straube (1972), S. 269
79 vgl. Sigloch (1974), S. 94
80 vgl. Vizjak (1990), S. 103
81 vgl. Alsmöller (1982), S. 268 und die dort angegebene Literatur.

(2) Cross-Distributions-Allianzen zur *Erschließung neuer Märkte* beinhalten vertragliche Vereinbarungen, die partnerschaftlichen Produkte auf den jeweiligen Markt über das eigene Vertriebsnetz zu bringen. Insbesondere bei globalen strategischen Allianzen übersteigt das Erfordernis einer weltweiten Penetrierung der Märkte[82] die internen Fähigkeiten, Kenntnisse und Entwicklungsmöglichkeiten zahlreicher Unternehmungen. Aber auch nationale Markteintrittsbarrieren stehen häufig einer weltweiten Vermarktung entgegen. Durch Vertriebs-Allianz-Formationen können diese Hindernisse überwunden werden. Zudem entfallen durch die Mitbenutzung der Vertriebsnetze der Partner Investitionen in den Aufbau von Vertriebskanälen.

(3) Durch die Mitbenutzung existenter Vertriebskanäle können die Partner in relativ kurzer Zeit sich ein Marktzugang verschaffen und damit *Zeitvorteile* gegenüber der Konkurrenz erzielen. In globalen strategischen Allianzen wird der Zeitfaktor in zunehmenden Maße sogar zum kritischen Element globaler Strategien.[83]

Auch im **Service** können Differenzierungs- und Kostenvorteile erzielt werden.[84] Ziele können damit Leistungssteigerung und/oder Kostensenkung sein. Dabei kann sich die Allianz nicht nur auf Verbesserungen bestehender Kundendienste erstrecken, sondern auch auf ihren grundlegenden Aufbau beziehen. Unabdingbare Voraussetzung für ein gemeinsames Servicenetz ist dabei jedoch ein technologischer Verwandtschaftsgrad.[85] Verbesserungen bestehender Kundendienste können von quantitativer und/oder qualitativer Art sein.[86] Erstere lassen sich durch Erhöhung der Kundendienstdichte erzielen und letztere durch gemeinsame Investitionen in verbesserte Ausrüstungen und/oder gemeinsame Schulungen der Mitarbeiter. Darüber hinaus ergibt sich durch ein gemeinsames Servicenetz eine bessere Kapazitätsauslastung, wenn die Nachfrage nach Kundendienstleistungen negativ korreliert. Dem "after sales service" kommt insbesondere bei relativ homogenen langlebigen Wirtschaftsgütern besondere Bedeutung zur Steigerung des Wertes der Produkte aus der Sicht der Kunden zu. Das Ausmaß an zu erzielenden Wettbewerbsvorteilen von Industrieunternehmungen durch ein gemeinsames Servicenetz wird in der Regel jedoch geringer sein als das bei den anderen angeführten Wertaktivitäten. Der Aufbau eines gemeinsamen Servicenetzes kann auch eine Folgeerscheinung strategischer Allianzen vorgelagerter Wertaktivitäten sein, wenn z.B. eine gemeinsame Produktion eines gemeinsamen Produktes die gemeinsame Verwertung nachsichzieht.

---

82 vgl. hierzu die Ausführungen in Abschnitt 1.1 dieser Arbeit und dort angegebene Literatur.
83 vgl. Ohmae (1989), S. 145
84 vgl. Porter (1986), S. 437, Lewis (1990), S. 33
85 vgl. Vizjak (1990), S. 103
86 vgl. hierzu ausführlich Straube (1972), S. 261 ff. sowie Vizjak (1990), S. 103

2.1.2 Autonomie und Interdependenz

Das gleichzeitige Vorhandensein von Autonomie und Interdependenz, auch als "Paradoxon der Kooperation" bezeichnet,[87] kennzeichnet die konstitutiven Dimensionen strategischer Allianzen.

Autonomie von Organisationen im allgemeinen liegt mit Probst (1987) vor, "... wenn die Beziehungen und Interaktionen, die das System als Einheit definieren, nur das System selbst involvieren und keine anderen Systeme. Autonomie bedeutet folglich Selbstgestaltung, -lenkung und -entwicklung ..."[88] Wird mit diesem Vorstellungsinhalt der Begriff "Autonomie" definiert, ist die Übernahme dieser Begriffsfestlegung zur Bestimmung des Autonomiebegriffes im Kontext strategischer Allianzen nicht möglich, da sich gerade durch eine strategische Allianz Beziehungen und Interaktionen zwischen zwei oder mehreren Unternehmungen (Systeme) ergeben. Zudem sind einzelne Partnerorganisationen zumindest im Hinblick auf die Gestaltung und Lenkung der Allianz nicht autonom. Vielmehr bedürfen diese Aktivitäten der gegenseitigen Abstimmung. Wird Probst (1987) gefolgt, wonach es sich bei der Autonomiediskussion immer nur um eine relative Autonomie handeln kann und diese nur in Bezug auf gewisse Kriterien gegeben ist, so müssen folglich andere Definiens dem Definiendum "Autonomie" zugeordnet werden.

Als Indikatoren für das Vorliegen von Autonomie, werden in der Kooperationsliteratur häufig die Freiheit der Eintrittsentscheidung in und der Austrittsentscheidung aus der Kooperation[89] sowie die wirtschaftliche und rechtliche Selbständigkeit herangezogen. Es wird zu klären sein, ob diese Indikatoren auch für strategische Allianzen als eine Form der Kooperation valide sind.

Wird die *Freiheit der Eintrittsentscheidung* in eine strategische Allianz als ein Merkmal von Autonomie von Unternehmungen betrachtet und damit die Annahme vertreten, daß keine Regierung oder andere Unternehmungen eine Unternehmung zum Eingehen einer strategischen Allianzen zwingen kann,[90] würden damit gleichzeitig politisch erzwungene Allianzen

87 vgl. Boettcher (1974), S. 42. Zu Autonomie und Interdependenz als konstitutive Dimensionen von Kooperationen, vgl. auch Tröndle (1987), S. 24 ff., im Kontext strategischer Partnerschaften, Vizjak (1990), S. 23 ff. Der Begriff strategische Partnerschaften ist - wie bereits angeführt - ein Synonym für strategische Allianzen.

88 Probst (1987), S. 82

89 vgl. auch Vizjak (1990), S.27/32, welcher in Anlehnung an Tröndle (1987), S. 29 im Kontext strategischer Partnerschaften die Autonomie anhand der Ein- und Austrittsfreiheit der Partner in und aus der Kooperation festmacht.

90 Als ein aktuelles Fallbeispiele hierfür steht der gescheiterte Versuch der indischen Regierung Coca Cola und IBM, die bereits im indischen Markt vertreten waren, zum Eingehen strategischer Allianzen mit einheimischen Unternehmungen zu bewegen, obgleich durch die Wahrnehmung der Freiheit der Eintrittsentscheidung die genannten Unternehmungen Marktanteile verloren bzw. sich in Folge ganz aus dem indischen Markt trotz vorhandener Marktpotentiale zurückzogen, vgl. hierzu Negandi, Dohowe (1989), S. 29 ff.

ex definitione ausgegrenzt. Die Freiheit der Eintrittsentscheidung kann vor diesem Hintergrund nicht als ein allgemeingültiges Merkmal strategischer Allianzen angesehen werden. Diese beschränkte Gültigkeit ist jedoch für die weitere Arbeit nicht mehr von Bedeutung, da politisch erzwungene Allianzen im folgenden ausgegrenzt werden, da diese unter anderen Rahmenbedingungen stehen.

Im Hinblick auf die im Schriftum unterstellte Austrittsfreiheit[91] bedarf es gleichfalls, obgleich eine formal-rechtliche Kündbarkeit besteht, einer differenzierteren Betrachtung. Wird davon ausgegangen, daß unter *Reversibilität der Kooperationsentscheidung* eine Autonomie, im Sinne einer jederzeitigen für beide Partner bestehende Möglichkeit zum Austritt aus der Allianz, zu verstehen ist, so kann de facto Autonomie nur dann vorliegen, wenn es nicht zu einseitigen Interdependenzverschiebungen im ongoing process der Zusammenarbeit kommt und kein hoher Interdependenzgrad zwischen den Partnern vorliegt, da im ersteren Fall ein Partner gegenüber dem anderen Machtvorteile aufbaut, mit dessen Einsatz er den Partner in der Allianz halten kann und im letzteren, weil die Reversibilitätsmöglichkeit der Partnerschaftsentscheidung aufgrund der gegenseitigen Abhängigkeit sich verringert. Letzteres besteht in einem ausgeprägten Maße bei gegenseitiger Spezialisierung, denn so stärker eine Konzentration auf spezifische Wertaktivitäten erfolgt, desto größer wird die gegenseitige Abhängigkeit und desto eingeschränkter wird im wirtschaftlichen Sinn die Möglichkeit des Austritts.[92] Im Extremfall kann die Spezialisierung sogar soweit führen, daß eine alleinige Exsistenz ohne Partner nicht mehr möglich ist bzw. nur unter erheblichen Zeit- und Kostenaufwand wieder herzustellen ist.[93] Die Reversibilität der Entscheidung kann damit zumindest aus wirtschaftlicher Sicht nicht undifferenziert und uneingeschränkt als ein konstitutives Merkmal konstatiert werden. Es ist vielmehr eine empirische Frage, im welchem Ausmaß Austrittsfreiheit gegeben ist, auch wenn diese das Wesen von strategischen Allianzen - insbesondere bei kurz- oder mittelfristig orientierten Verbindungen - im Einzelfall zu kennzeichnen vermag.

---

91 vgl. stellvertretend Straube (1972), S. 3, Plaßmann (1974), S. 22, Tröndle (1987), S. 26, implizit Vizjak (1990), S.27.

92 vgl. auch die Ausführungen in Abschnitt 4.3.2 dieser Arbeit, wo gestützt auf unterschiedliche Organisations- und Managementansätze potentielle Austrittsbarrieren identifiziert und diskutiert werden.

93 vgl. hierzu z.B. das dynamische Netzwerkkonzept von Miles und Snow, indem jeder der Partner sich auf eine Wertaktivität spezialisiert (Einkäufer, Produzent, Designer, Distributor). Miles, Snow (1986) und Johnston, Lawrence's (1989) Wertschöpfungspartnerschaften, in denen sich Unternehmungen auf bestimmte Wertschöpfungsaktivitäten spezialisieren, vgl. auch Bruderer(1989), S. 79, welcher im Rahmen vertikaler Disaggregation auf den Verlust von Konstruktions- und Fertigungs-Know-How im Laufe der Zeit hinweist und James (1985), welcher gleichfalls auf die Gefahr verweist, daß Partner ihre Fähigkeiten und Kapazitäten zur Produktion eines integrierten Produktes verlieren können.

Auch die in der Kooperationsliteratur zur Kennzeichnung der Autonomie der Partner angeführten Merkmale "*wirtschaftliche und rechtliche Selbständigkeit* der Partner"[94] können für strategische Allianzen nicht uneingeschränkt übernommen werden. Während *rechtliche Selbständigkeit* zwischen den Allianz-Partnern gewahrt bleibt,[95] schränken die Partner ihre *wirtschaftliche Selbständigkeit* in Teilgebieten "freiwillig" ein, da die individuelle Entscheidungs- und Handlungsfreiheit in dem dem Bündnis unterliegenden gemeinsamen Bereich zugunsten kollektiver Entscheidungen eingeengt wird.[96] Auch kann nicht von einer ex ante wirtschaftlichen Selbständigkeit der Partner ausgegangen werden, da die in der Praxis häufig anzutreffenden strategischen Allianzen zwischen Tochterunternehmen von Konzernen[97] damit ex definitione aus dem Phänomenbereich strategischer Allianzen herausfallen würden, weil diese aufgrund der einheitlichen Leitung wirtschaftlich nicht selbständig sind.[98] Wirtschaftliche Selbständigkeit der Allianz-Partner kann damit nicht als allgemein gültiges konstitutives Merkmal von strategischen Allianzen angesehen werden kann. Der Grad, inwieweit wirtschaftliche Abhängigkeit im Rahmen der strategischen Allianz besteht, ist vielmehr situativ zu betrachten. So ist beispielsweise das Ausmaß der Zusammenarbeit, die Intensität im Sinne wie eng diese erfolgt, der Wert für die jeweiligen Partner im Hinblick auf die gesamtbetrieblichen Aktivitäten und deren Einflußpotential sowie von der vereinbarten Organisationsform abhängig.

Die bisherige Autonomiediskussion zeigte, daß die Allianz-Partner für die hier im Fokus der Betrachtung stehenden strategischen Allianzen autonom sind in Bezug auf:

- Ihre Eintrittsentscheidung in die Allianz und
- ihre rechtliche Selbständigkeit gegenüber den Partnern.

---

94 vgl. stellvertretend Küting, Zink (1983), S. 1, Benisch, (1973), S. 68, Häussler, (1977), S. 13, Tröndle (1987), S.25, Vizjak (1990), S. 28

95 Damit werden ex definitione Fusionen (Mergers) und Akquisitionen, im Gegensatz zur angelsächsischen Literatur, vgl. hierzu stellvertretend Borys, Jemison (1989), S. 234 ff., ausgeklammert. Zur Begründung vgl. Abschnitt 2.2 in dieser Arbeit.

96 vgl. Tröndle (1987), S. 25 und die Ausführungen zu den Interdependenzformen weiter hinten in diesem Abschnitt.

97 wie beispielsweise die strategische Allianz der Tochterunternehmung MTU vom Daimler-Benz-Konzern mit Pratt & Whitney im Triebwerksbau, vgl. o.V. (1991r), S. 10

98 vgl. zum Konzernbegriff aus rechtlicher Sicht dessen wesentliches Merkmal das der "einheitlichen Leitung" ist, § 18 AktG. Aus betriebswirtschaftlicher Sicht erfolgt die Begriffsbestimmung nach Kappler, Wegmann (1981) überwiegend anhand des Merkmales "wirtschaftliche Einheit", d.h. "... die einzelnen Konzernmitglieder werden als unselbständige Betriebsabteilungen der wirtschaftlichen Einheit >Konzern< angesehen." Kappler, Wegmann (1981), S. 224. Konzernunternehmungen selbst können mit Kappler, Wegmann (1981), nur rechtlich selbständige Unternehmungen sein. Von einer Fusion unterscheidet sich der Konzern dadurch, daß die einzelnen Konzernunternehmen rechtlich selbständig bleiben, während bei einer Fusion neben dem Verlust der wirtschaftlichen Selbständigkeit auch die rechtliche Selbständigkeit zugunsten der neuen Einheitsunternehmung vollständig aufgegeben wird, vgl. Kappler, Wegmann (1981), S. 224

Weitere Erkenntnisse über Autonomiemerkmale lassen sich erarbeiten, wenn an die in jüngster Zeit gewonnenen Forschungsergebnisse evolutionär orientierter Theoriekonzepte für die Organisations- und Managementtheorie im allgemeinen angeknüpft wird.[99] Ein konzeptioneller Baustein, welcher auf der Ebene von Organisationen diesen neue Impulse gibt, ist Maturana/Varelas "Autopoiese-Konzept". Anfang der siebziger Jahre versuchten die Kognitionsbiologen Maturana und Varela eine "Theorie der Organisation lebender Systeme als autonomer Gebilde" und eine "Theorie der Organisation des Nervensystems als eines geschlossenen Netzwerkes interagierender Neuronen, das mit dem lebenden System, zu dessen Verwirklichung es beiträgt, strukturell verkoppelt ist"[100] zu entwickeln. Lebewesen sollten nicht mehr als Maschinen erklärt und verstanden werden, sondern als autopoietische[101] Systeme, welche in der Lage sind sich selbst zu produzieren. Autopoietische Systeme definiert Maturana

> "... as unities as networks of productions of components that (1) recursively, through their interactions, generate and realize the network that produces them; and (2) constitute, in the space in which they exist, the boundaries of this network as components that participate in the realization of the network".[102]

Ein autopoietisches System ist demnach in gewisser Weise ein geschlossenes System in dem Sinne, als das es als organisationell geschlossenes sich reproduzierendes System angesehen wird, indem die Komponenten durch ihre Interaktionsbeziehungen rekursiv das Netzwerk derjenigen Interaktionen regenerieren, das sie hergestellt hat.[103] Auf diese Weise kann die Einheit des Systems aufrechterhalten werden.[104] Die Geschlossenheit des Systems schließt jedoch nicht Umweltoffenheit aus, sondern bezieht sich vielmehr auf diesen Prozeß der Selbsterneuerung (operationelle Geschlossenheit).[105] Autonomie ist folglich unter dieser Perspektive insofern zu verstehen, als das System zur Selbsterhaltung fähig ist. Die Grenzen werden dabei um die Komponenten gezogen, die an der Realisierung des Netzwerkes partizipieren.

Eine Übertragung des Autopoiese-Konzepts auf soziale Organisationen im allgemeinen und Unternehmungen im speziellen, ist nicht nur ein schwieriges Unterfangen, sondern

---

99 Zu einer Klassifizierung und kritischen Bestandsaufnahme evolutionärer Ansätze der Organisations- und Managementtheorie vgl. Semmel (1984), welcher diese nach der Analyseebene auf die der Forscher seinen Fokus richtet, nach der "Weltsicht" (ob eine deterministische oder voluntaristische Position eingenommen wird) und letztlich nach der Erfassung der Umwelt (subjektiv oder objektiv) gruppiert. Zur deterministisch, voluntaristisch orientierten Theorien vgl. auch die Ausführungen in Abschnitt 3.1 dieser Arbeit.

100 Maturana (1982), S. 138

101 "Autos" kann mit "selbst" und "poiein" mit "produzieren" übersetzt werden, vgl. Maturana (1982), S. 141

102 Maturana (1981), S. 21

103 vgl. Varela (1987), S. 121

104 vgl. Varela (1987), S. 122

105 vgl. Maturana (1982), S. 158 f. sowie Schmidt (1987), S. 22, welcher auf organisationelle Geschlossenheit trotz materiell-energetischer Offenheit verweist sowie Probst (1987), S. 79

auch umstritten.[106] Die vielfältigen Versuche lassen sich vereinfacht nach Kirsch in zwei große Klassen von Ansätzen unterscheiden. Hiernach können diejenigen Forscher, die den Begriff "Autopoiese" ohne Modifikation also im Sinne Maturanas einführen und in der Regel zu dem Schluß gelangen, daß soziale Systeme keine autopoietischen Systeme sind von denjenigen Forschern unterschieden werden, die zwar an Maturana anknüpfen, jedoch eine Begriffswelt schaffen, die eine Charakterisierung sozialer Systeme als autopoietische Systeme erlaubt.[107] Zu letzteren kann der Übertragungsansatz von Gomez und Probst (1984) gerechnet werden, welche das Konzept des geschlossenen Systems auf die Unternehmenskulturelle-Ebene transferieren und auf dieser Ebene die Autonomie von Organisationen diskutieren. Jedoch geht es hierbei nicht wie in biologischen Systemen um die Selbstreproduktion, sondern um jene geistig sinnhaften Elemente, die einen humanen sozialen Bereich spezifizieren.[108] Den Hintergrund hierfür bildet die Annahme, daß die Lebensfähigkeit eines Systems weit mehr von ihrem internen Zusammenhalt abhängig ist, als vom Input der Umwelt.[109] Autonomie wird folglich an der Beibehaltung der *Unternehmenskultur* festgemacht.[110] Dieses Autonomiemerkmal läßt sich auf strategische Allianzen übertragen. Es ist für strategische Allianzen charakteristisch, daß nur eine partielle Zusammenarbeit über einen begrenzten Zeitraum erfolgt. Während des Zusammenarbeitsprozesses wird es dabei in der Regel nicht zu Akkulturationsprozessen[111] zwischen den Unternehmungen kommen, sodaß die Partner ihre unternehmensspezifische Kultur beibehalten können.[112]

Diesen Autonomiemerkmalen stehen gegenseitige Abhängigkeitsbeziehungen gegenüber. **Interdependenzen** zwischen zusammenarbeitenden Unternehmungen können von vielfältiger Natur sein. Das Fehlen eines einheitlichen Interdependenzbegriffes und dessen Charakterisierung in der organisationstheoretischen und allianzspezifischen Literatur steht nicht nur einer kurzen Abhandlung entgegen, sondern erfordert vielmehr zur Beschreibung und Erklärung möglicher Arten und Formen von Interdependenzbeziehungen zwischen

106 vgl. Roth (1986), Bühl (1987), Nocke (1986)

107 vgl. Kirsch (A-1987), S. 8 f., welcher Luhmann und Teubner stellvertretend zu letzteren anführt. Während jedoch nach Luhmann soziale Systeme ex definitione autopoietische Systeme sind, sieht Teubner dies als eine empirische Frage an. "(1) Gesellschaftliche Teilsysteme gewinnen an Autonomie in dem Ausmaß, wie es ihnen gelingt, die Anzahl ihrer Systemkomponenten in selbstreferentiellen Zyklen zu konstituieren. (2) Autopoietische Autonomie erreichen sie erst dann, wenn ihre zyklisch konstituierten Systemkomponenten miteinander zu einem Hyperzyklus verkettet werden." Teubner (1987), S. 4

108 vgl. Probst (1987), S. 80

109 vgl. hierzu Gomez, Probst (1984), S. 4

110 vgl. hierzu auch Gomez (1988), S. 390

111 Eine Ausnahme kann bei einem niedrigen kulturellen Verankerungsgrad in den Partnerunternehmungen und einer geringen kulturellen Distanz zwischen den Partnern gegeben sein, wenn darüber hinaus die Partner eng über einen längeren Zeitraum zusammenarbeiten. Zu Akkulturationsprozessen bei Auslandsakquisitionen, vgl. Reineke (1989)

112 vgl. zu diesem hierdurch bedingten Problemfeld von strategischen Allianzen Abschnitt 4.4.3 dieser Arbeit und die dort getroffenen begrifflichen Festlegungen.

zusammenarbeitenden Unternehmungen die Heranziehung von unterschiedlichen organisationstheoretischen Ansätzen, um sich aus mehreren Perspektiven an das Phänomen anzunähern.

Aus der Populationsperspektive der "Collective Action View"[113] wird in Anlehnung an Hawley häufig zwischen *symbiotischer Interdependenz* und kompetetiver Interdependenz unterschieden. Hawley definiert "symbiosis" als "a mutual dependence between unlike organizations."[114] Unter "unlike organizations" versteht er Organisationen auf vor- und nachgelagerten Wertschöpfungsstufen, deren Abhängigkeitsbeziehungen dadurch zu kennzeichnen sind, daß der Output oder die Aktivitäten eines Aktors der Input eines Anderen ist (klassische Zulieferungsbeziehung). *Kompetetive Interdependenz* wird dagegen zwischen gleichartigen Unternehmungen, also auf horizontaler Ebene zwischen Wettbewerbern, angenommen.

Diese auf der Populationsebene vorgenommene Differenzierung kann zur Beschreibung von Interdependenzen zwischen Partnerunternehmungen in strategischen Allianzen nutzbar gemacht werden. Da diese jedoch nicht nur in aktuellen oder potentiellen Wettbewerbsbeziehungen zueinander stehen (kompetetive Interdependenz), sondern auch in Transaktionsbeziehungen, bedarf es einer Erweiterung des symbiotischen Interdependenzbegriffes. Mit Pfeffer, Nowak (1976) können *symbiotische Interdependenzbeziehungen* nicht nur zwischen vertikal verflochtenen Unternehmungen existieren, sondern auch zwischen Unternehmungen der gleichen und unterschiedlichen aber verwandten Branchen.[115] Miles und Snow (1986) weisen in diesem Zusammenhang daraufhin, daß Wettbewerber auf Branchenebene gleichfalls auch eine synergetische Rolle einnehmen, welche das Autorengespann als implizite Interdependenz bezeichnet.[116] Symbiotische Interdependenzen zwischen Wettbewerbern und Organisationen verwandter Branchen können damit mit Miles und Snow (1986) aufgrund von *Synergiepotentialen* bestehen. Diese implizite Interdependenz wird jedoch in strategischen Allianzen explizit, wenn die Partner Synergiepotentiale[117] gemeinsam zu realisieren versuchen, was - wie bereits angeführt -[118] ein Ziel der Partner strategischer Allianzen ist. Positive Synergieeffekte (Verbundeffekte)[119] in strategischen Allianzen entstehen durch ein koordiniertes Zusammenwirken sich ergänzender Unternehmungen respektive ihrer Elemente zur weiteren Differenzierung und/oder

113 vgl. hierzu Abschnitt 3.1.5 dieser Arbeit.
114 Hawley (1950), S. 36
115 vgl. Pfeffer, Nowak (1976), S. 405
116 vgl. Miles, Snow (1986), S. 66
117 Als "Potentiale" werden sie insofern bezeichnet, als ihre Freisetzung nicht zwangsläufig erfolgt, sondern vielmehr der Aktivierung und gestalterischen Einflußnahme seitens des Managements bedürfen.
118 vgl. hierzu Abschnitt 2.1.1 dieser Arbeit und dort angegebene Literatur.
119 Der Begriff "Verbundeffekte" wird in der Literatur synonym zum Begriff "Synergieeffekte" verwendet, vgl. Welge (1975), Sp. 3802 und die dort angegebene Literatur.

Kostensenkung.[120] Dieses kann zum einen durch Zusammenlegung oder Nutzung der Ressourcen der Partner und/oder zum anderen durch Übertragung kritischer Fähigkeiten (Know-how-Transfer) erfolgen.[121] Werden Ressourcen miteinander verbunden oder genutzt, so kann entweder die Zielrealisierung durch gemeinsame Aufgabenerfüllung oder horizontale Aufgabenteilung mit anschließendem Austausch der Arbeitsergebnisse oder gemeinsamer Verwertung erfolgen und gegebenenfalls durch Ressourcenaustausch unterstützt werden. Findet ein wechselseitiger Kompetenztransfer statt, so ist ein Ressourcenaustausch von Informationen, Know-how und/oder Human-Ressourcen unmittelbar Gegenstand der Transaktion. *Aufgaben- und Ressourceninterdependenzen* sind damit nicht nur eine Folge, sondern kennzeichnen solche Verknüpfungen. In Anlehnung an Thompson (1967)[122] und in Erweiterung von van de Ven et al. (1976) können diese Arten von Interdependenzen wie folgt näher klassifiziert werden:

- *"pooled" Interdependenz*, bei der sich die Partner auf einen gemeinsamen Ressourcenpool stützen und einen abgrenzbaren Beitrag zur Gesamtzielerreichung leisten (indirekte Interdependenz)[123],
- *"sequential" Interdependenz*: Output des einen ist Input des anderen,
- *"reciprocal" Interdependenz*: Jeder erhält Input von und gibt Output an den anderen (gegenseitiger Leistungsaustausch)

  und als Sonderfall einer "reciprocal" Interdependenz, in welcher eine konkrete Richtung des Input-Output-Flusses nicht beobachtet werden kann:

- *"teamorientierte" Interdependenz*[124] (interaktive Aufgabenbewältigung)

Diese Formen der Interdependenz stehen nach Thompson (1967) in Reihenfolge der vorstehenden Nennung in einer kumulativen Beziehung zueinander.[125] Der Interdependenzgrad steigt dabei nach Thompson (1967) in der angeführten Reihenfolge. Transformiert auf die vorliegende Problematik können vertikale Allianzen durch "sequential"[126] und horizon-

---

120 In Anlehnung an Porter (1986), welcher seine Ausführungen jedoch auf interne Synergien zwischen Unternehmenseinheiten einer Unternehmung oder Konzern bezieht, vgl. ebd., S. 407.

121 vgl. hierzu Abschnitt 2.1.1 dieser Arbeit.

122 vgl. Thompson (1967), S. 54 f. Obgleich sich Thompson bei seiner Unterscheidung auf drei Hauptformen innerbetrieblicher Arbeits- und Ressourcenkoppellungen bezieht, können diese allgemein formulierten Interdependenzbeziehungen auf interorganisationale Zusammenarbeit im allgemeinen und strategische Allianzen im speziellen übertragen werden, vgl. hierzu auch Borys, Jemison (1989), S. 241 f.

123 Diese von Thompson vage erläuterte Interdependenzform wurde hier für Allianzen entsprechend angepaßt. Thompson bezieht sich auf einen abgrenzbaren Beitrag eines Teilbereichs zur Gesamtunternehmung, welcher selbst wieder durch die Gesamtunternehmung unterstützt wird.

124 Von van de Ven et al. (1976), dem Thompsonschen Konzept hinzugefügt, vgl. ebd., S. 325

125 Diese von Thompson angegebene Beziehung in Form einer Guttman-Skala wird jedoch nicht widerspruchsfrei akzeptiert, vgl. Ven de Ven et al. (1976), S. 330

126 vgl. hierzu auch die Ausführungen zur symbiotischen Interdependenz in Anlehnung an Hawley (1950) weiter vorne in diesem Abschnitt dieser Arbeit.

tale Allianzen durch "reciprocal" oder "teamorientierter" Interdependenz und "pooled" gekennzeichnet werden.

Neben diesen auf Ressourcen und gemeinsame Aufgabenerfüllung bzw. horizontale Aufgabenteilung bezogenen Interdependenzbeziehungen[127] zwischen Partner-Organisationen bestehen - wie die Autonomiediskussion zeigt - auch Interdependenzbeziehungen aufgrund von Entscheidungsfeldüberlagerungen, da bestimmte abstimmungspflichtige Geschäfte kollektiv entschieden werden. *Entscheidungsinterdependenzen* liegen nach Frese vor, "... wenn die Entscheidung einer Einheit das Ergebnis der Entscheidung einer anderen Einheit beeinflußt."[128] Zielrelevante Beeinflussung ist dabei nach Frese Bedingung für das Vorliegen von Entscheidungsinterdependenzen.[129] Als Ursache für Entscheidungsinterdependenzen führt er neben den bereits angeführten Ressourceninterdependenzen, bedingt durch Leistungsverflechtungen zwischen einzelnen Wertaktivitäten oder gemeinsamer Nutzung knapper Ressourcen,[130] Marktinterdependenzen aufgrund von Marktüberschneidungen an, die nach ihm dann existent sind, "... wenn die Aktivitäten der betrachteten Einheit auf den gleichen Marktsektor ausgerichtet sind."[131] Von einer zielrelevanten Beeinflussung kann bei strategischen Allianzen insofern ausgegangen werden, da die Partner in Bezug auf ihre Zielerreichung voneinander abhängig sind.

Zielinterdependenzen ergeben sich unmittelbar aus dem Erfordernis gemeinsamer Ziele einer Allianz.[132] Obgleich davon auszugehen ist, daß Partner eigene Ziele verfolgen, ist zu Beginn einer strategischen Allianz ein Zielkonsens zu erzielen, damit es zu einer gemeinsamen Definition der Ziele der Allianz kommen kann. Zur näheren Spezifizierung und Klassifizierung von Zielbeziehungen und in Folge von Zielinterdependenzformen kann zum einen auf die in der Betriebswirtschaftslehre weitverbreitete und akzeptierte Zielbeziehungscharakterisierung von Heinen zurückgegriffen werden und zum anderen auf die "Theory of cooperation and competition" von Deutsch.

Ziele können nach Heinen grundsätzlich in drei verschiedenen Beziehungen zueinander stehen:[133] in einer komplementären, konkurrierenden oder indifferenten. Eine Zielbeziehung ist *komplementär*, wenn die Erfüllung eines Zieles einen positiven Zielbeitrag für die Erreichung eines anderen Zieles liefert. Führt dagegen die Erfüllung eines Zieles zur Verminderung des Zielerreichungsgrades bei einem anderen Ziel, so stehen diese Ziele in

127 vgl. auch Pfeffer (1978) und Emery (1969), S. 22 f.
128 Frese (1988), S. 166
129 vgl. Frese (1988), S. 193
130 Die Subsumierung von Ressourceninterdependenzen als eine Form von Entscheidungsinterdependenz ist darauf zurückzuführen, daß Frese von einem entscheidungsorientierten Ansatz aus argumentiert.
131 Frese (1988), S. 194
132 vgl. hierzu Abschnitt 2.1.1 dieser Arbeit und die dort angeführte Literatur.
133 vgl. hierzu und im folgenden Heinen (1982), S. 101 ff.

konkurrierender oder konfliktärer Beziehung. *Indifferent* oder neutral sind zwei Ziele dann, wenn die Erfüllung eines Zieles keine Auswirkungen auf die Erreichung eines anderen Zieles hat. Letztere Zielbeziehung hat für strategische Allianzen keine Bedeutung, da die Partner in Bezug auf ihre Zielerreichung voneinander abhängig sind, wie auch noch mit Deutsch zu zeigen ist.

Die verbleibenden komplementären und konkurrierenden Zielbeziehungen greift Deutsch in seiner "Theory of cooperation and competition" auf und verwendet sie als Grundlage seiner Analyse sozialer Interaktionen.[134] Nach Deutsch verfolgen *in einer kooperativen Beziehung* die Aktoren jeweils *Ziele, die sie als komplementär wahrnehmen*, d.h. daß sie der Ansicht sind, daß die Verfolgung des Zieles von Aktor A gleichzeitig die Erreichung des Zieles von Aktor B fördert und vice versa. Aus diesem Grunde werden A und B ihre Anstrengungen koordinieren, um gemeinsam ihre Ziele zu erreichen. Im Gegensatz zu in kompetetiven Beziehungen (Wettbewerbsbeziehung) verstrickte Unternehmungen, in denen Aktoren Ziele verfolgen, die sie als konkurrierend wahrnehmen. Verbinden sich Wettbewerber in einer strategischen Allianz und werden die von Deutsch gewonnenen Erkenntnisse transferiert, sind demnach aufgrund der nur punktuellen Zusammenarbeit solche Beziehungen sowohl von komplementären als auch von konkurrierenden Zielbeziehungen gekennzeichnet.

Für die einzelne Unternehmung hat dies zur *Folge*, daß ein Partner ohne den anderen nicht nur das Ziel der Allianz nicht erreichen, sondern auch sein Zielerreichungsgrad bei Erfüllung des Zieles des anderen gemindert werden kann. Diese kritischen Zielbeziehungsformen charakterisieren die Zielinterdependenzen der Partner in horizontalen strategischen Allianzen.

Zusammenfassend läßt sich festhalten, daß

- Aufgaben- und Ressourceninterdependenzen
- Entscheidungsinterdependenzen und
- Zielinterdependenzen.

strategische Allianzen charakterisieren. Diese Interdependenzarten und -formen wirken restringierend auf den Entscheidungs- und Handlungsspielraum und letztlich auf den Zielerreichungsgrad der Betroffenen und schränken damit die Autonomie der Partner ein. Das Ausmaß der Restriktionen wird je nach Allianzformation unterschiedlich sein und mit der jeweiligen Bindungsintensität[135] variieren. Dabei kann allgemein von dem Beziehungs-

---

134 vgl. hierzu und im folgenden Deutsch (1949a), S. 129 ff. Eine empirische Evaluierung dieser Theorie findet sich bei Deutsch (1949b), S. 199 ff.
135 vgl. hierzu Abschnitt 2.3.1 dieser Arbeit.

zusammenhang ausgegangen werden, daß je geringer die Bindungsintensität ist, desto größer wird die Autonomie der Partner sein. Die Bedingungen jedoch, welche durch diese Beziehungszusammenhänge geschaffen werden, können in ihrem Ausmaß nicht vollkommen seitens der Partner beeinflußt und unter Kontrolle gebracht werden. Sie lassen sich nicht einmal aufgrund der Gegebenheit, daß strategische Allianzen dynamische Gebilde sind, im vollen Umfang ex ante prognostizieren.

Interdependenzen können aber nicht nur die Autonomie einschränken, sondern sie auch erweitern. Eine allianzübergreifende Betrachtung läßt diese paradoxe Beziehung deutlich werden, welche sich beispielhaft an strategischen Allianzen, die einem Know-how-Transfer dienen, aufzeigen läßt. Sofern die Partner die Chance erhalten und auch wahrnehmen vom anderen zu lernen, erhöhen sie ihre Fähigkeiten und Kenntnisse und damit ihren Handlungsspielraum, welcher neue Dimensionen eröffnet und je nach Lerneffekt nach Beendigung der Allianz ein vollständig autonomes - vom Partner unabhängiges - agieren ermöglicht. Durch das bewußte Eingehen von Interdependenzen kann also auch die Autonomie der Partner gesteigert werden, wird der temporäre Charakter strategischer Allianzen berücksichtigt. Zentrale Voraussetzung hierfür ist jedoch, daß die Partnerunternehmungen lernfähig und lernwillig sind.

2.1.3 Zeitlicher Bezug

Strategische Allianzen sind auf Zielerreichung und nicht auf Dauer angelegt.[136] Obgleich strategische Allianzen auch von langfristiger Natur sein können,[137] sind sie *temporäre Gebilde*. Die zeitliche Beschränkung kann dabei entweder stillschweigend von einem Partner vorgesehen oder explizit Vertragsbestandteil des Allianzabkommens sein.[138] Ersteres ist beispielsweise der Fall, wenn ein Partner eine Marketing- und Vertriebs-Allianz mit einem anderen Partner eingeht, um sich die ihm fehlenden Kenntnisse zum Aufbau eines eigenen Vertriebssystems anzueignen. In einem solchen Fall wird dieser die Allianz nur auf den Zeitraum konzipieren, den er für den Know-how-Transfer zu benötigen glaubt. Letzteres schließt ersteres zwar nicht aus, jedoch ist hier die zeitliche Terminierung explizit mit in den Vertrag aufgenommen, was einen vorherigen Konsens über den Zeitraum zwischen den Partnern voraussetzt. Ein ex ante festgelegter Zeitraum muß dabei nicht mit dem tatsächlichen Lebenszyklus der Allianz übereinstimmen. Externe oder interne Veränderungen können eine Revision erfordern oder nahelegen.

---

136 vgl. Müller-Stewens (1990), S. 16
137 vgl. Reuter (1991), S. 204
138 Diese Differenzierung wurde auch im Kontext von Joint Ventures von Weder (1989), S. 50 vorgenommen. Zur Differenzierung von Unternehmenszusammenschlüssen in befristete und unbefristete vgl. Pausenberger (1989), S. 622 und für Kooperationen Boehme (1986), S. 36 f.

2.1.4 Zusammenfassung und Definition

Zusammenfassend läßt sich festhalten, daß horizontale strategische Allianzen unabhängig ihrer Erscheinungsform definiert werden können als eine auf den Aufbau strategischer Wettbewerbsvorteile und/oder auf die Stärkung der Wettbewerbsposition der Partner gerichtete, zeitlich begrenzte Form der Zusammenarbeit auf einem oder mehreren, aber nicht sämtlichen, strategischen Geschäftsfeldern zwischen mindestens zwei formal-rechtlich in einem Gleichordnungsverhältnis zueinander stehenden und voneinander rechtlich selbständig bleibenden Unternehmungen derselben Branche oder Unternehmungen, die technologisch oder absatzseitig miteinander verwandt sind.

Zum Wesen horizontaler strategischer Allianzen gehört zudem - wie die Autonomie- und Interdependenzdiskussion zeigte -, daß ein Partner ohne den anderen nicht nur das Ziel der Allianz nicht erreichen, sondern auch sein Zielerreichungsgrad bei Erfüllung des Zieles des anderen gemindert werden kann. Ziel-, Entscheidungs-, Aufgaben- und Ressourceninterdependenzen bei gleichzeitiger Beibehaltungsmöglichkeit der jeweiligen Unternehmenskultur kennzeichnen horizontale strategische Allianzen. In den nicht der Zusammenarbeit unterliegenden Geschäftsfeldern stehen die Partner in aktuellen oder potentiellen Wettbewerbsbeziehungen zueinander.

2.2 Einordnung strategischer Allianzen in alternative Formen der unternehmerischen Zusammenarbeit

Die vorgenommene Annäherung an das Wesen strategischer Allianzen durch die diskutierten charakteristischen Merkmale erlaubt in Folge eine begriffliche Abgrenzung von verwandten und/oder unter diesem Terminus im Schriftum subsumierten Zusammenarbeitsformen sowie eine systematische Herausarbeitung der Spezifika dieser Kooperationsform.

2.2.1 Strategische Allianzen als Form der Kooperation

Der Begriff "Kooperation" stammt aus dem Lateinischen und bedeutet "Zusammenarbeit".[139] Obgleich sich weder in der Wirtschaftspraxis noch in der Betriebswirtschaftslehre eine einheitliche Begriffsbestimmung durchsetzen konnte, dienen überwiegend folgende *Begriffsmerkmale zur Definition von Kooperationen*:[140]

139 vgl. Tröndle (1987), S. 15

140 vgl. Rasche (1970), S. 14, Gerth (1971), S 11, Grochla (1972), S. 1, Benisch (1973), S. 68, Gerth (1975), Sp. 2258, Blohm (1980), Sp. 1112 f., Schubert, Küting (1981), S. 118 f., Lützig (1982), S. 18, Tröndle (1987), S. 13, Rath (1990), S. 9 ff. zu letzterem ausschließlich Rasche (1970), S. 15

- Rechtliche Selbständigkeit und in den nicht der Zusammenarbeit unterworfenen Bereichen auch wirtschaftliche Selbständigkeit der Partner,
- die Zusammenarbeit erfolgt freiwillig,
- gemeinschaftliche Erfüllung von Aufgaben durch Ausgliederung oder kollektiver Ausübung,
- gemeinsames Ziel,
- partielle Zusammenarbeit (die Zusammenarbeit umfaßt nur Teilbereiche der Partner),
- die Zusammenarbeit ist terminiert.

Werden diese zusammengestellten Begriffsmerkmale von Kooperationen den angeführten Begriffsmerkmalen von strategischen Allianzen gegenübergestellt tritt das Spezifische von strategischen Allianzen durch zwei Merkmale hervor:

(1) Die wirtschaftliche Selbständigkeit und auch ihre Beibehaltung kann nicht als allgemein gültiges charakteristisches Merkmal strategischer Allianzen betrachtet werden.[141]

(2) Der Strategiebezug: Strategische Allianzen sind auf den Aufbau von Erfolgspotentialen gerichtet und beziehen sich nicht auf irgendwelche Aufgaben.[142]

Darüber hinaus werden (3) durch den Einbezug einer größeren Anzahl von Partnern Netzwerke aufgebaut, die nicht nur Branchengrenzen überspannen, sondern auch ein neuartiges globales Ausmaß annehmen können.[143]

2.2.2 Strategische Allianzen versus Akquisitionen

Allgemein wird unter Akquisition der Kauf von Unternehmungen oder Unternehmensteilen verstanden.[144] Unter "Unternehmensteile" werden dabei abgrenzbare Subeinheiten von Unternehmungen, die als Unternehmung in der Unternehmung bezeichenbar sind, verstanden (Abteilungen/Tochtergesellschaften). Der Erwerb kann von Unternehmungen, Investoren (z.B. Banken, Versicherungen, Investmentgesellschaften, Venture Capital Gesellschaften) oder Personen erfolgen.[145] Erfolgt eine Übernahme durch eine Person, so wird eine solche Transaktion in der angelsächsischen Literatur als "Buyout" bezeichnet; sind dies leitende Mitarbeiter des zu übernehmenden Unternehmens, als "Management Buyout". Einigkeit scheint im Schriftum auch darüber zu herrschen, daß ein mehrheitlicher Anteil an der zu übernehmenden Unternehmung erworben werden muß,[146] so daß eine

141 vgl. hierzu Abschnitt 2.1.2 dieser Arbeit.
142 vgl. hierzu Abschnitt 2.1.1 dieser Arbeit.
143 vgl. hierzu Abb. 1-1 und Abschnitt 4.3 dieser Arbeit.
144 vgl. Bressmer et al. (1989), 5 ff., Grüter (1991), S. 26 ff.,
145 vgl. hierzu und im folgenden Bressmer et al. (1989), S. 5 ff.
146 vgl. Reineke (1989), S. 8, Grüter (1991), S. 35, Krystek, Minke (1990), S. 30

vorher gegebene wirtschaftliche Selbständigkeit verlorengeht (Merkmal der einheitlichen Leitung).

Anhand der bisherigen Begriffsfestlegung lassen sich strategische Allianzen insofern von Akquisitionen abgrenzen, als Kapitalbeteiligungen an Partnerunternehmungen sich in strategischen Allianzen nur auf einseitige oder wechselseitige *Minderheitsbeteiligungen*, durch die keine Kontrollmehrheit entsteht, erstrecken können. Würde eine Partnerunternehmung die andere beherrschen, so würde dies im Widerspruch zu dem für strategische Allianzen konstitutiven Merkmal des "Gleichordnungsverhältnisses" stehen.

Für eine detailliertere Differenzierung und vergleichende Gegenüberstellung bedarf es der Analyse weiterer charakteristischer Merkmale von Akquisitionen. Hierzu kann die Systematisierung von Grüter (1991) herangezogen werden, welcher in Anlehnung an die im Schrifttum zu findenden Klassifizierungen von Unternehmungszusammenschlüssen folgende Merkmale und damit verbundene Akquisitionsarten - wie in Abb. 2-4 wiedergegeben wird - zusammengestellt hat. Potentielle Arten von Akquisitionen sind in der Abb. 2-4 durch Schraffierung gekennzeichnet.

	Merkmale	Akquisitionsarten		
1.	Ausmass der Zusammenarbeit	Teilbereiche	alle Unternehmungsbereiche	
2.	Dauer	vorübergehend	dauerhaft	
3.	Partner	grosse	kleine	
4.	Verhältnis der Partner	Gleichordnung	Ueber- und Unterordnung	
5.	Bindungsmittel	mit	ohne Kapitalbeteiligung	
6.	Bindungsintensität	Spektrum von losen bis straffen Akquisitionen		
7.	Erhaltung der wirtschaftlichen Selbständigkeit	bleibt erhalten	wird aufgegeben	
8.	Erhaltung der rechtlichen Selbständigkeit	bleibt erhalten	wird aufgegeben	
9.	Ziele	diverse Zielkategorien, z.B. funktionenbezogene und strategische Kategorien		
10.	Richtung	vertikal	horizontal	lateral
11.	Grundlage der Zusammenarbeit	freiwillig	zwangsweise	
12.	Rechtsbeziehung nach aussen	Innenverhältnis (ohne Beziehung nach aussen) / Aussenverhaltnis (mit Beziehung nach aussen)		
13.	Auswirkungen auf den Wettbewerb	beschränkend	neutral	
14.	Institutionalisierung	ohne	mit eigenem Geschäftsbetrieb	

Abb. 2-4: Akquisitionsarten (Quelle: Grüter (1991), S. 31)

Anhand der in der Abbildung aufgelisteten Merkmalsausprägungen lassen sich Unterschiedlichkeiten zu aber auch Gemeinsamkeiten mit strategischen Allianzen feststellen. Strategische Allianzen unterscheiden sich wie folgt von Akquisitionen:

(1) Strategische Allianzen erstrecken sich ex definitione nur auf Teilbereiche und nicht über alle Unternehmensbereiche.

(2) Strategische Allianzen sind gegenüber Akquisitionen nicht auf Dauer angelegt, sondern temporäre Gebilde.

(3) Das Verhältnis der Partner ist durch Gleichordnung zu kennzeichnen und nicht durch Über- und Unterordnung.

(4) Strategische Allianzen können sowohl mit als auch ohne Kapitalbeteiligung gebildet werden. Jedoch darf die Kapitalbeteiligung im Gegensatz zu Akquisitionen nicht zu einer Kontrollmehrheit führen.

(5) Strategische Allianzen sind gekennzeichnet durch eine geringe Bindungsintensität. Während eine lose Bindungsintensität vorliegen kann, ist eine "straffe" im Gegensatz zu Akquisitionen auszuschliessen.

(6) Die rechtliche Selbständigkeit der Partnerunternehmungen bleibt bei strategischen Allianzen immer erhalten.

(7) Laterale strategische Allianzen bilden keinen Sinn. Es sei denn, daß es konzentrische (markt- und/oder technologiekonzentrische) Allianzen sind.[147]

(8) Die Rechtsbeziehung nach außen kann sich im Gegensatz zu Akquisitionen auch auf das Innenverhältnis ohne Beziehung nach aussen erstrecken.

Damit unterscheiden sich strategische Allianzen in entscheidenden Merkmalen von Akquisitionen. Gemeinsam sind ihnen nur die von Grüter (1991) angeführten Merkmalsausprägungen der Merkmale: Partner, Ziele, Grundlage der Zusammenarbeit, Auswirkungen auf den Wettbewerb und "Institutionalisierung". Die obig angeführten Unterscheidungsmerkmale differenzieren jedoch strategische Allianzen von Akquisitionen so wesentlich (vgl. insbesondere:(1)/(3)/(5)/(6)), daß eine terminologische Trennung erforderlich ist. Akquisitionen werden daher hier und im folgenden nicht unter dem Begriff "strategische Allianzen" subsumiert, sondern explizit ausgegrenzt.

2.2.3 Strategische Allianzen versus Fusionen

Eine Abgrenzung strategischer Allianzen von Fusionen (Mergers) ergibt sich nicht nur aus der Gegebenheit, daß in der Literatur "Mergers" meist unbegründet unter dem Terminus "strategische Allianzen" eingeordnet werden, sondern auch da letztere vereinzelt als "Quasifusionen" oder "Partialfusionen" bezeichnet werden.

147 vgl. hierzu Abschnitt 2.3.1 dieser Arbeit.

Unter Fusionen (Mergers) - im Schriftum auch als Verschmelzung bezeichnet - wird die wirtschaftliche und rechtliche Vereinigung zweier oder mehrerer rechtlich selbständiger Unternehmungen verstanden.[148] Dieser Prozeß kann entweder durch Aufnahme einer Unternehmung in die andere (Fusion durch Aufnahme) oder durch beidseitige Vermögensübertragung an eine neugegründete Unternehmung (Fusion durch Neubildung) vollzogen werden.[149] *Von Akquisitionen unterscheiden sich Fusionen (Mergers)* demnach erstens dadurch, daß in letzterer die fusionierenden Unternehmungen sich zu einer rechtlichen Einheit zusammenschließen. Die Transaktionspartner also neben ihrer wirtschaftlichen Selbständigkeit[150] auch ihre rechtliche Selbständigkeit zugunsten der neuen Einheitsunternehmung verlieren,[151] und zum anderen durch die Transaktionssubjekte. Während mit Merger (Fusion) nur die Übernahme von Unternehmungen durch Unternehmungen bezeichnet wird, können bei Akquisitionen Unternehmungen nicht nur von Unternehmungen, sondern auch von Investoren oder Personen erworben werden.

Die begrifflichen Ausführungen liefern drei zentrale Merkmale mit denen Mergers (Fusionen) von strategischen Allianzen abgegrenzt werden können:

(1) Eine Unternehmensfusion bezieht sich auf die gesamte Unternehmung. In strategischen Allianzen erfolgt dagegen nur eine partielle Zusammenarbeit in einzelnen Geschäftsfeldern.

(2) Während in Mergers (Fusionen) die rechtliche Selbständigkeit zugunsten einer Einheitsunternehmung von den sich zusammenschließenden Unternehmungen aufgegeben wird, bleiben die Transaktionspartner in strategischen Allianzen rechtlich selbständig.

(3) Strategische Allianzen sind durch ein Gleichordnungsverhältnis gekennzeichnet und die Führungszentren der Partnerunternehmungen bleiben außerhalb der vereinbarten Zusammenarbeitsbereiche "autonom". In einer Fusion dagegen werden die vereinigten Unternehmungen unter einer einheitlichen Leitung (wirtschaftliche Vereinigung) zusammengefaßt.

Die Begriffsmerkmale des Terminus "Fusion" und ihre Gegenüberstellung zu denen strategischer Allianzen zeigt, daß Mergers wesensverschieden zu strategischen Allianzen und daher abzugrenzen sind. Gerade das kooperative Element strategischer Allianzen und der Wegfall des Koordinationsinstrumentes "Weisungsbefugnis", welches jedoch in Fusionen zur Anwendung kommen kann (Begriffsmerkmal der einheitlichen Leitung), läßt strategische Allianzen für die Führung diffizil werden. Das die Alliierten in horizontalen strategischen Allianzen einerseits Partner und anderseits aktuelle oder potentielle Konkurrenten

---

148 vgl. Pausenberger (1989), S. 624, Kappler, Wegmann (1981), S. 224, Wöhe (1981), S. 315,
149 vgl. Pausenberger (1989), S. 624, Wöhe (1981), S. 315
150 vgl. hierzu die Ausführungen in Abschnitt 2.1.2.
151 In Akquisitionen dagegen kann muß aber nicht - wie oben angeführt - die rechtliche Selbständigkeit erhalten bleiben.

sind, erschwert die Zusammenarbeit darüber hinaus in bislang unbekannter Weise. Daher ist es von zentraler Bedeutung, die spezifischen Wesensmerkmale strategischer Allianzen zu erkennen und von verwandten Erscheinungsformen abzugrenzen, statt jegliche Formen unternehmerischer Zusammenarbeit einfach unter dem Terminus "strategische Allianzen" zu subsumieren. Strategische Allianzen sind kein "alter Wein in neuen Schläuchen".

In Abb. 2-5 wird abschließend die vorgenommene begriffliche Einordnung des Terminus "horizontale strategische Allianzen" graphisch veranschaulicht.

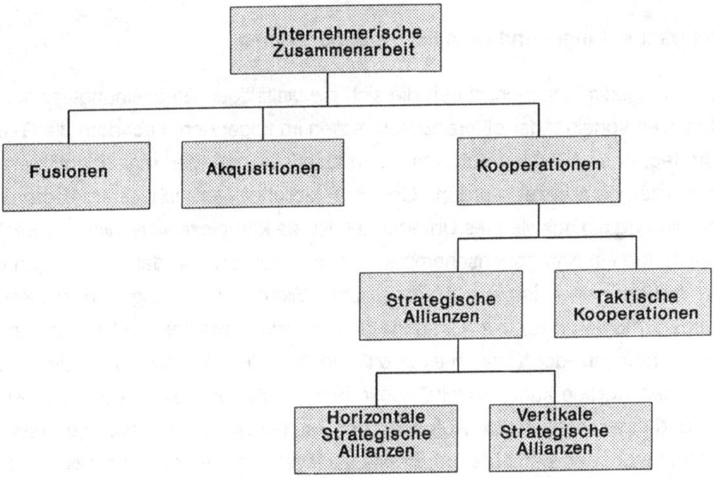

Abb. 2-5: Einordnung strategischer Allianzen in alternative Formen der unternehmerischen Zusammenarbeit

Da ein Wesensmerkmal von Allianzen der Strategiebezug ist, wurde für diejenigen Kooperationen, die hier ex definitione nicht dem Terminus "strategische Allianzen" zuordenbar sind, der Begriff "taktische Kooperation" gewählt. Die vielfältigen Formen, die strategische Allianzen annehmen können, werden im folgenden zu untersuchen sein.

2.3 Erscheinungsformen und Arten strategischer Allianzen

Die vielfältigen Erscheinungsformen, die in Theorie und Praxis unter dem Begriff "Strategische Allianzen" gefaßt werden, sind von unterschiedlich weitreichender Natur. Während in deutschsprachigen Beiträgen im allgemeinen vertikale Kooperationsformen wie Lizenz-, Zulieferungsabkommen, Vertriebsverträge, Franchising neben gemeinsamen Forschungsprojekten oder allgemein projektorientierte kooperative Verbindungen und Joint Ventures angeführt werden,[152] erstreckt sich das Spektrum unterschiedlicher Erscheinungsformen in angelsächsischen Beiträgen darüber hinaus auch auf "Mergers" und "Acquisitions".[153] Eine reine Aufzählung von in der Empirie vorfindbaren Erscheinungsformen birgt jedoch über den Tatbestand hinaus, daß dieser Weg wohl kaum erschöpfend beschritten werden kann, den Nachteil in sich, daß eine Festlegung auf bestimmte vorfindbare Formen die Möglichkeit innovativer Umsetzungsformen beschränkt. Einer systematischen Erarbeitung von Erscheinungsformen durch eine Differenzierung von Gestaltungsmerkmalen und deren Ausprägungen wird daher den Vorzug gegeben.

2.3.1 Unterscheidungs- und Gestaltungsdimensionen

Unterscheidungsdimensionen, durch die sich die vielfältigen Erscheinungsformen strategischer Allianzen voneinander differenzieren, sollen im folgenden, nachdem die Gemeinsamkeiten strategischer Allianzen durch ihre charakteristischen Merkmale identifiziert und aufgezeigt wurden, erarbeitet werden. Obgleich jeglicher Versuch einer Abgrenzung und Systematisierung ein schwieriges Unterfangen ist, da komplexe vielschichtige Beziehungen sich nicht einfach in Kategorienschemata einordnen lassen und damit in einigen Fällen die Grenzen fließend sind, ist aus pragmatischer Sicht ein Katalog von Merkmalen (Erscheinungsformen-Menue) zur Charakterisierung der jeweiligen Allianzformen nützlich. Auch wenn damit nur der Versuch einer differenzierenden Durchdringung des Phänomens vorgenommen werden kann, so wird zumindest ansatzweise eine begriffliche Klarheit geschaffen und einer traditionellen Aufgaben der Betriebswirtschaftslehre, die Erscheinungen und Tatbestände der betrieblichen Praxis zu systematisieren, konzeptionell Rechnung getragen.[154] Hierfür werden folgende Dimensionen herangezogen:

* Richtung
* Ziele
* Art der verknüpften Wertaktivitäten
* Bindungsintensität
* Größe
* Nationalisierungsgrad

Nach der **Richtung** der Verbindung lassen sich in Anlehnung an bei Unternehmenszusammenschlüssen vorgenommenen Differenzierung horizontale und vertikale strategische Allianzen unterscheiden.[155] Der Begriff *"horizontal"* wird in der Literatur unterschiedlich ver-

152 vgl. Harrigan (1988), S. 53, Hamel et al. (1989), S. 87, Hofmann (1988), S. 18, Bleicher (1989b), S. 4, Taucher (1988), S. 87 f., Haase (1990), S 31 f.

153 vgl. stellvertretend für den amerikanischen Raum, Borys, Jemison (1989), S. 235 ff. und für europäische Beiträge de Benedetti (1988), S. 173

154 vgl. zu den "traditionellen" Aufgaben der Betriebswirtschaftslehre die Erscheinungen und Tatbestände der betrieblichen Praxis zu systematisieren, zu erklären und zu gestalten, Heinen (1981), S. 6 f., ders. (1982), S. 17 f.

155 In Bezug auf Unternehmenszusammenschlüsse werden neben den angeführten horizontalen und vertikalen noch konglomerate, die häufig auch als heterogene, diagonale, laterale oder

wendet. Während weitgehende Einigkeit darüber herrscht, daß die *Leistungstiefe konstant bleibt*, d.h., daß bei horizontalen Zusammenschlüssen sich Unternehmungen gleicher Produktionsstufe verbinden,[156] wird hinsichtlich der Produktionsbreite (Produktprogramm) unterschiedlich abgegrenzt. So versteht Bühner unter horizontalem Unternehmensverbund den Zusammenschluß von Unternehmungen mit identischem Produkt-Markt-Programm,[157] das Bundeskartellamt hingegen darüber hinaus auch Unternehmenszusammenschlüsse mit Produktausweitung.[158] Wird eine geographische Markterweiterung mit berücksichtigt[159] und diese Begriffsvorstellung auf strategische Allianzen transferiert, können aus erweiterter Sichtweise folgende Arten horizontaler Allianzen unterschieden werden:

- *Horizontale Bündnisse ohne Produkt- und Marktausweitung*
  Eine solche Verbindung liegt vor, wenn Unternehmungen zusammenarbeiten, die gleichartige Produkte oder Dienstleistungen produzieren und diese auf geographisch gleichen Märkten vertreiben. (Das Bundeskartellamt nennt hier als Beispiel "Brauerei erwirbt Brauerei")

- *Horizontale Bündnisse mit Marktausweitung*
  Die sich verbindenden Unternehmungen produzieren zwar gleichartige Produkte oder Dienstleistungen, der Vertrieb findet jedoch auf anderen geographischen Märkten statt.

- *Horizontale Bündnisse mit Produktausweitung*
  Darunter werden Partnerschaften zwischen Unternehmungen des gleichen Wirtschaftsbereichs, die auf benachbarten Märkten tätig sind, verstanden wie beispielsweise bei einer Allianz zwischen einer Brauerei und einer Fruchtsaftfabrik.

Noch etwas weitgehender fassen andere Autoren den Begriff "horizontale Unternehmenszusammenschlüsse" indem auch Verbindungen mit eingeschlossen werden, bei denen "...

---

branchenfremde Unternehmenszusammenschlüsse bezeichnet werden, angeführt, vgl. Bea (1988), S. 2521, Pausenberger (1989), S. 623, Schubert, Küting (1981), S. 21 ff., Küting, Zink (1983), S. 21, Kappler, Wegmann (1981), S. 216. Werden unter konglomeraten Zusammenschlüssen Verbindungen zwischen Unternehmungen verstanden, die nicht nur branchenfremd, sonderen darüber hinaus auch in keinerlei Verwandtschaftsbeziehung ("unrelated") zueinander stehen, wie beispielsweise bei Bühner (1985), S. 177 (vgl. auch Möller (1983)), so wäre eine Übertragung nicht nur nicht zweckmäßig, sondern unsinnig. Es konnte bereits festgestellt werden, daß in strategischen Allianzen komplementäre Fähigkeiten, Kenntnisse und/oder Kapazitäten ausgetauscht oder mit einander verknüpft werden. Wie könnte beispielsweise ein Werftunternehmen und ein Schokoladenproduzenten sich ergänzen oder eine gemeinsame Produktion durchführen. Ganz abgesehen von gemeinsamer Forschung und Entwicklung. Der Begriff "konglomerate Unternehmenszusammenschlüsse" wird jedoch nicht immer in seiner "reinen" Form verwendet. Vielmehr werden vereinzelt absatz- und technologiekonzentrische und/oder Zusammenschlüsse mit Produkt- und Markterweiterung (vgl. Grimm (1987), S. 11f. und dort angegebene Literatur) mit eingeschlossen. Diese Arten werden hier - wie noch zu zeigen ist - unter horizontalen Allianzen subsumiert.

156 vgl. Kappler, Wegmann (1981), S. 216, Schubert, Küting (1981), S. 28, Pausenberger (1989), S. 623, Rock (1987), S. 5, Kitching (1967), S. 85

157 vgl. Bühner (1985), S. 177 zu diesem Begriffsverständnis auch Grimm (1987), S. 10

158 vgl. Bundeskartellamt (1987), S. 119

159 vgl. Möller (1983), S. 88

ein gewisser Zusammenhang (nicht nur; Anm.d.Verf.) mit dem bestehenden Sortiment (sondern auch mit; Anm.d.Verf.) ... der bisherigen Technologie"[160] besteht.[161] In der angelsächsischen Literatur werden diese Verwandtschaften mit dem Terminus "related" oder "concentric" belegt. Als "related" werden Geschäfte bezeichnet, die gleichartig bzw. ähnlich (verwandt) sind hinsichtlich der Ausrichtung auf ähnliche Märkte, der Verwendung gleichartiger Distributionssysteme, der Nutzung ähnlicher Fertigungstechnologien oder Forschungsergebnissen.[162] Besteht eine Ähnlichkeit in Hinblick auf Technologien wird diese mit dem Begriff "*technologiekonzentrisch*" (ähnliche Technologie) zum Ausdruck gebracht, liegt eine absatzbereichsbezogene Verwandtschaft vor, mit dem Terminus "*absatzkonzentrisch*" (Gemeinsamkeiten bei Marketing und Verkauf). Während Kitching (1967) sowie Rock (1987) technologiekonzentrische und marketing- bzw. absatzkonzentrische von horizontalen - verstanden als rein bracheninterne Verbindungen - abgrenzen, sind bei Ansoff und Weston horizontale und vertikale Zusammenschlüsse eine Teilgruppe der "konzentrischen".[163] In dieser Arbeit wird mit Schubert, Küting (1981) und Knappe (1976) ein erweitertes Begriffsverständis von "horizontal" zugrunde gelegt und *technologie- und absatzkonzentrische zu den horizontalen strategischen Allianzen gerechnet.*[164] Damit werden unter horizontalen Allianzen nicht nur Allianzen zwischen Unternehmungen derselben Branche verstanden, sondern auch Allianzen zwischen Unternehmungen, die technologisch und/ oder absatzseitig miteinander verwandt sind.

Strategische Allianzen vertikaler Art (vertikale strategische Allianzen), in denen sich Unternehmungen verschiedenartiger, aufeinanderfolgender Produktions- und/oder Handelsstufen verbinden, reichen über langfristige Lieferabkommen hinaus und erstrecken sich von auf enger Koordination in Produktentwicklung, Qualitätssicherung und Logisitk[165] beruhenden Kooperationsformen über Joint Ventures[166] bis zu auf gemeinsamen Normen

160 Jäger (1974), S. 254
161 vgl. beispielsweise Schubert, Küting (1981), S. 28 f., Küting, Zink (1983), S. 21, Möller (1983), S. 88, Pausenberger (1989), S. 622
162 vgl. Salter, Weinhold (1978), S.167
163 vgl. Kitching (1967), S. 85, Rock (1987), S. 5 f., Ansoff, Weston (1963), S. 51
164 vgl. Schubert, Küting (1981), welche als entscheidendes Kriterium für das Vorliegen eines horizontalen Zusammenschlusses allein den Tatbestand heranziehen, "... daß sich Unternehmungen mit einem gleichen oder verwandten (ähnlichen) Tätigkeitsbereich zusammenschließen." ebd. S. 29 und auch Knappe (1976), S. 43, welcher gleichfalls marketing- und technologiekonzentrische Zusammenschlüsse zu den horizontalen Zusammen-schlüssen rechnet.
165 vgl. hierzu Bowersox (1990), S. 36 ff, Frazier et. al. (1988), S. 52 ff.
166 Zu Allianzen dieser Form von Bosch mit Zuliefern, vgl. Bierich (1990), S. 78 ff.

und Werten basierenden Netzwerkkonzeptionen;[167] in der Literatur auch als Wertschöpfungspartnerschaften[168] bezeichnet.[169]

Über die Richtung hinaus lassen sich strategische Allianzen nach den **Zielen** unterscheiden bzw. kategorisieren.[170]

Nach der **Art der verknüpften Wertaktivitäten** können mit Porter, Fuller (1989) strategische Allianzen danach unterschieden werden, ob gleichartige Wertaktivitäten (z.B gemeinsame Produktion) oder verschiedenartige Wertaktivitäten (ein Partner ist z.B. für die Produktion zuständig, der andere für den Vertrieb) mit der Allianz verknüpft werden.[171] Systematisiert entlang der reduzierten Wertschöpfungskette (vgl. Abb. 2-1) können dabei Einkauf, Forschung- und Entwicklung, Produktion, Marketing, Vertrieb oder Service gleichartig[172] oder verschiedenartig verknüpft werden.

Unter **Bindungsintensität** kann ganz allgemein der Grad verstanden werden, in welchem Ausmaß die Allianz-Partner ihren Entscheidungs- und Handlungsspielraum einschränken.[173] Sie steht damit in einem engen entgegengerichteten Zusammenhang zum Merkmal "Autonomie".[174] Dem Merkmal "Bindungsintensität" kommt damit und mit Küting, Zink (1983) eine zentrale Bedeutung zur Charakterisierung der zahlreichen Kooperationsformen zu.[175] In partieller Anlehnung an Küting, Zink (1983) können folgende Indikatoren zur Operationalisierung herangezogen werden:[176]

---

167 vgl. zu vertikalen strategischen Allianzen, Gerlach (1987), S. 126, Jarillo's strategisches Netzwerkkonzept, Jarillo (1988), S. 31 ff., Jarillo, Ricart (1987), S. 17 ff., Miles und Snow's dynamisches Netzwerkkonzept, Miles, Snow (1986), S. 62 ff., Piore und Sable's Konzept der flexiblen Spezialisierung, Piore, Sable (1985), Thorelli (1986), S. 37 ff., Wilson (1986), S. 60 ff., Hakansson's empirische Forschungsergebnisse, Hakansson (1987) und Sydow (1991), S. 238 ff.

168 vgl. Johnston, Lawrence (1989), S. 81 ff., von Oetinger (1989), S. 147 ff.

169 Das es vertikale strategische Allianzen gibt, wird nicht von allen Autoren geteilt. Gahl (1989) versteht unter strategischen Allianzen ausschließlich horizontale Kooperationen zwischen aktuellen bzw. potentiellen Konkurrenten. Obgleich ihm hier begrifflich nicht gefolgt wird, vielmehr in Wertschöpfungspartnerschaften und strategischen Netzwerken - mit obig angegebenen Autoren - Arten strategischer Allianzen gesehen werden, ist es für die weitere Untersuchung insofern irrelevant, als die vorliegende Arbeit ihren Fokus auf horizontale strategische Allianzen richtet.

170 Da unterschiedliche Ziele bereits in Abschnitt 2.1.1 dieser Arbeit untersucht wurden, vgl. die dortigen Ausführungen zu den Arten der Ziele.

171 vgl. Porter, Fuller (1989), S. 389 ff.

172 vgl. hierzu auch Pohle (1990), S. 70 ff.

173 Ähnlich Küting, Zink (1983), S. 2, Pausenberger (1989), S. 623 ff., Tröndle (1987), S. 25, Bronder, Pritzl (1991), S. 48

174 vgl. hierzu Abschnitt 2.1.2 dieser Arbeit.

175 vgl. Küting, Zink (1983), S. 2. Nicht zuletzt aus diesem Grunde wurde dieses Merkmal bereits zur Abgrenzung strategischer Allianzen von Akquisitionen und Fusionen mit verwendet

176 vgl. Küting, Zink (1983), S. 2

(1) Juristischer Verbindungsgrad

(2) Reichweite der strategischen Allianz (Reichweite)

(3) Art und Ausmaß der allianzgebundenen Ressourcen (Input Ressourcen)

(4) Zeitdauer (Zeithorizont)

Die angeführten Indikatoren stehen gleichfalls als Gestaltungsparameter mit den folgenden Ausprägungen zur Disposition:

(1) Nach dem *juristischen Verbindungsgrad* erstreckt sich das Spektrum horizontaler strategischer Allianzen von der losen Absprache (wechselseitige Kooperationserklärung unter Ausschluß der Rechtsverbindlichkeit) über vertragliche Bindungen, kapitalmäßige Verflechtungen (Kapitalbeteiligung) bis zur gemeinsamen Unternehmensgründung (Joint Venture). Dabei kann von einer kumulativen Beziehung - wie dies in Abb. 2-6 graphisch veranschaulicht ist - ausgegangen werden. In der Reihenfolge der vorstehenden Nennung schließen Nachfolgende die Vorgenannten also mit ein. Die Bindungsintensität steigt entlang des Spektrums.

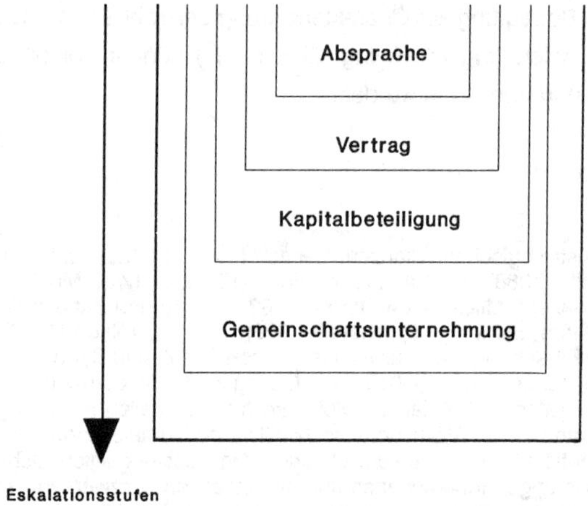

Abb. 2-6: Erscheinungsformen strategischer Allianzen nach dem juristischen Verbindungsgrad

(2) Nach der *Reichweite* können strategische Allianzen danach unterschieden werden, ob sich die Kooperation auf eine oder mehrere Wertaktivitäten erstreckt. Dabei darf die Zusammenarbeit jedoch nicht in sämtlichen Wertaktivitäten der Partner erfolgen, da bei strategischen Allianzen es sich ex definitione um eine partielle Zusammenarbeitsform

handelt. Die Bindungsintensität steigt mit der Anzahl der Wertaktivitäten, die mit der Allianz verknüpft werden.

(3) Eng mit der Anzahl der Wertaktivitäten und der Art der Verknüpfung sind Art und Ausmaß der in der Allianz gebundenen Ressourcen verbunden. Nach den *Inputressourcen* kann danach unterschieden werden, ob nur Informationen fließen oder auch materielle, personelle und finanzielle Ressourcen. Die Bindungsintensität ist bei reinem Informationsaustausch[177] geringer als bei zusätzlichen materiellen, personellen und kapitalmäßigen Verflechtungen.

(4) Als letzter Indikator für die Bindungsintensität kann die zeitliche Bindung herangezogen werden. Nach der *Zeitdauer* der Allianz kann zwischen kurz- bis mittelfristig begrenzten und eher langfristig orientierten Allianzen unterschieden werden.[178] Strategische Allianzen sind zwar grundsätzlich nicht auf Dauer, sondern auf Zielerreichung angelegt,[179] der zeitliche Horizont kann jedoch längerfristig orientiert sein. Zu denken wäre hier beispielsweise an ein Joint Venture oder eine mehrstufige Vereinbarung, die in einem ersten Schritt ein gemeinsames Forschungs- und Entwicklungsprojekt umfaßt und bereits zum Zeitpunkt dieser Vereinbarung eine gemeinsame Produktion des gemeinsam entwickelten Produktes oder der Fertigungstechnologie in Aussicht stellt, sofern ersteres Projekt gemeinsam erfolgreich zum Abschluß gebracht werden kann. Die geplante Zeitdauer für die Allianz muß nicht mit dem de facto Zeitraum übereinstimmen.

Zum Merkmal "Bindungsintensität" kann abschließend insgesamt festgehalten werden, daß *je stringenter der juristische Verbindungsgrad, je größer die Reichweite, je mehr Inputressourcen zur Verfügung gestellt werden und je weiter der Zeithorizont ist, desto größer ist die Bindungsintensität und vice versa.*

Nach der **Größe** der Allianz lassen sich strategische Allianzen nach der Anzahl der involvierten Partnerunternehmungen unterscheiden. Während es zur Errichtung im Minimum zweier Unternehmungen bedarf (ein Partner), sind zahlenmäßig nach oben einer strategischen Allianz - wird von der damit verbundenen Koordinations- und Wettbewerbsproblematik abgesehen - keine Grenzen gesetzt. Welche Dimension eine Allianz annehmen kann, zeigt beispielhaft das Jessi Projekt auf, in welchem inzwischen mehr als hundert Unternehmen involviert sind.[180] Die Entscheidung wieviele Partner einbezogen werden, ist von einer Reihe von Faktoren abhängig, wie von dem Gegenstand der Kooperation, den vorhandenen Ressourcen, Fähigkeiten und Kenntnissen sowie der gewünschten Zeitspanne.

177 Hierbei muß es sich jedoch um wettbewerbskritische Informationen handeln.
178 vgl. Küting, Zink 1983), S. 2, Schubert, Küting (1981), S. 7, Pausenberger (1989), S. 623 f., Gahl (1989), S. 7, Bronder, Pritzl (1991), S. 48
179 vgl. Müller-Stewens (1990), S. 16
180 vgl. o.V. (1990), S. 20

Letztlich lassen sich die unterschiedlichen Erscheinungsformen strategischer Allianzen nach ihrem **Nationalisierungsgrad** differenzieren. Obgleich die Aktivitäten von nationaler, internationaler, multinationaler oder globaler Dimension sein können, lassen sich grundsätzlich nationale strategische Allianzen im folgenden "Inborder-Allianzen" von "Cross-border-Allianzen" unterscheiden.

Abb. 2-7 zeigt zusammenfassend die herangezogenen Dimensionen mit ihren möglichen Ausprägungen.

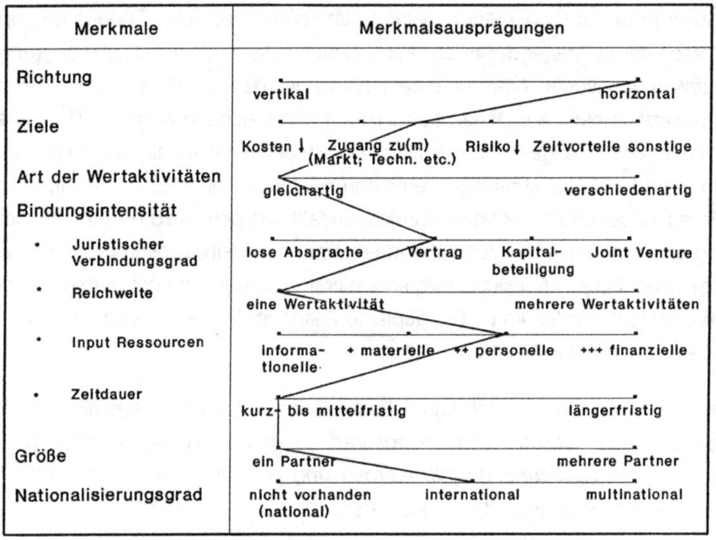

Legende: ↓ : Senkung/Reduzierung; — Bsp. Gemeinsames Forschungsprojekt

Abb. 2-7: Erscheinungsformen-Menue

Die Kombination einzelner relevanter Merkmalsausprägungen miteinander ermöglicht es, denkbare Allianzformen anschaulich in einem Polaritätenprofil darzustellen. Exemplarisch ist dies anhand eines Forschungsprojektes in der Abb. 2-7 eingezeichnet. Dabei sind die verwendeten Merkmale als Dimensionen zu begreifen, die Raum für mittlere nicht eindeutig einordenbare Formen bieten. So zeigt das Beispiel in der Zieldimension, daß das Forschungsprojekt sowohl zur Reduzierung des Risikos geschlossen wurde als auch um Zugang zu einer bestimmten Technologie zu erhalten. Das Menue soll die Charakterisierung einzelner Erscheinungsformen erleichtern und eine Differenzierung ermöglichen. Gleichzeitig werden grundlegende Gestaltungsdimensionen aufgezeigt. Die Wahl der Kooperationsform ist letztlich situationsabhängig und für den jeweiligen Einzelfall zu treffen.

2.3.2 Ein Typisierungsansatz

Vor dem Hintergrund der erarbeiteten Unterscheidungs- und Gestaltungsdimensionen strategischer Allianzen kann nun ein Klassifizierungsversuch erfolgen. Die Abstraktion von Einzelfällen durch eine Typologiebildung ist zur weiteren Systematisierung nützlich sowie von heuristischem Wert. Dabei ist die vorzunehmende Typisierung für die vorliegende Untersuchung nicht nur deshalb von Bedeutung, als eine solche dazu beitragen kann, die vielschichtigen, komplex verflochtenen realen Erscheinungen durch Vereinfachung und Veranschaulichung der Zusammenhänge zu verdeutlichen sowie ihre Unterschiede offenzulegen,[181] sondern es ist davon auszugehen, daß unterschiedliche Typen von strategischen Allianzen in unterschiedlichem Ausmaß die zu diskutierenden Problem- und Risikofelder verkörpern oder mit sich bringen und unterschiedliche Anforderungen an die Partnerunternehmungen stellen, an denen sich die Institutionalisierung auszurichten hat. Die bislang in der Literatur vorhandenen eindimensionalen Klassifizierungsansätze bieten zu deren Offenlegung wenig Raum.[182]

Einen interessanten Ansatz, der jedoch nicht auf die damit verbundenen Implikationen für die Institutionalisierung eingeht, stellen Backhaus und Plinke vor.[183] Auf der Basis der zugrundeliegenden Ziele oder Motive[184] unterscheiden sie zwischen "Markterschließungs-Allianzen", "Volumen-Allianzen", "burden sharing-Allianzen" und "Kompetenz-Allianzen".[185] Das Problem dieser motiv- oder zielgeleiteten Typisierung liegt jedoch darin, daß durchaus

181 Zu diesem Zweck wurde bereits das Erscheinungsformen-Menue erarbeitet.

182 Da einige Systematisierungsansätze bereits im vorangegangenen Abschnitt 2.3.1 mit verarbeitet wurden, wird hier auf eine erneute Wiedergabe verzichtet. Es werden nur die Tyisierungsansätzen im Schriftum vorzustellen und zu diskutieren sein, die neue Erkenntnisse zu liefern versprechen.

183 vgl. Backhaus, Plinke (1990), S. 21 ff.

184 Ob Ziele oder Motive von Backhaus und Plinke (1990) zur Systematisierung herangezogen werden, ist aus den Ausführungen nicht eindeutig ersichtlich, da zum einen dabei explizit der Bezug auf die Ziele der Allianz und zum anderen auf die zentralen Motive der Allianz genommen wird. Diese damit einhergehende terminologische Verwirrung ist charakteristisch für die Beiträge im Schriftum zum Themenkomplex "strategische Allianzen". Dieser Arbeit wird zugrunde gelegt, daß *Motive Beweggründe des Verhaltens sind*, vgl. Schönpflug (1983), S. 8. *Ziele* beschreiben mit Kirsch (1990), S. 205 *einen zukünftigen Zustand, der angestrebt wird*. Motiv und Ziel stehen dabei in folgender Beziehungen: *Ein Motiv ist der Beweggrund des auf die Verwirklichung eines Zieles gerichteten Verhaltens*. Mit Heckhausen (1980), S. 24 verkörpern Motive eine inhaltliche Klassifikation von angestrebten Zielzuständen. Motive können demnach Aufschluß über die verfolgten Ziele geben; sind jedoch nicht mit diesen gleichzusetzen. Im Kontext strategischer Allianzen ist im Hinblick auf die Motive analog der Zieldifferenzierung zu systematisieren nach: Motive der Partner und Motive der Allianz, die nicht identisch sein können.

185 vgl. Backhaus, Plinke (1990), S. 32 f.

mehrere Motive und Ziele einer strategischen Allianz zugrunde liegen können und damit von vornherein die heuristische Funktion sich selbst zerstört. So können F&E-Projekte nicht nur als "burden sharing-Allianzen" ("... Teilung von Kosten und Risiken gigantischer Entwicklungsprojekte ..."[186]) kategorisiert werden, sondern gleichfalls als "Kompetenz-Allianzen" "... zur Sicherung komplementärer Kompetenzen ...".[187] Als Beispiel hierfür läßt sich das Jessi Projekt anführen.[188] Ähnliches kann auch für die sogenannten "Markterschließungs-Allianzen" angeführt werden, die auf der Grundlage eines Kompetenztransfers basieren[189] sowie für "Volumen-Allianzen", die nicht nur auf die Erzielung von "economics of scale" gerichtet, sondern gleichzeitig auch "burden sharing-Allianzen" sind. Motiv- oder zielgeleiteten Typisierungsversuchen sind folglich Abgrenzungsprobleme immanent, sofern nicht auf ein höheres Abstraktionsniveau abgestellt wird.[190] Die Vielfalt möglicher Motive und Ziele strategischer Allianzen und die Gegebenheit, daß mehrere Motive und Ziele einer strategischen Allianz zugrunde liegen können, läßt jedoch auch einen solchen Versuch als wenig aussagekräftig und zu stark vereinfachend wirken. Daraus folgt unmittelbar, daß andere Dimensionen zur Typisierung heranzuziehen sind. Um den wissenschaftlichen Anforderungen an eine Typologie zu genügen sind dabei mit Scott (1986) folgende Konstruktionsprinzipien zu beachten:[191]

1. Es sind diejenigen Dimensionen zu bestimmen, welche die wichtigsten Aspekte von Organisationsstrukturen oder -funktionen erklären.
2. Die Dimensionen, um die herum die Typologie konstruiert werden soll, sind klar zu definieren und ihre Operationalisierung zu spezifizieren.
3. Die Dimensionen sollten im statistischen Sinne voneinander unabhängig sein.

Auf der Basis der bisherigen Ausführungen und unter Beachtung der angeführten Anforderungen an die Typologiebildung können zwei Dimensionen identifiziert werden. Diese sind zum einen **die Art der Verknüpfung der Wertaktivitäten**[192], welche die Organisationsfunktion bestimmt und zum anderen **der Zeithorizont**, welcher wesentlich die Organisa-

186 Backhaus, Plinke (1990), S. 32
187 Backhaus, Plinke (1990), S. 32
188 vgl. Abschnitt 1.1 dieser Arbeit.
189 vgl. hierzu die Allianzen von Bosch in Bierich (1990), S. 78 ff. Nach Bierich (1990) wird die Mehrzahl der Joint Ventures von Bosch im Unternehmensbereich "Kraftfahrzeugausrüstung" zur Erschließung neuer Märkte eingegangen. Den Partnern wird dabei Produkt- und/ oder Fertigungstechnologie von Bosch zur Verfügung gestellt. Die Allianzen basieren demnach auf einem Kompetenztransfer zwischen verschiedenartigen Wertaktivitäten: "Wir verfügen über die Produkte und Technologien und brauchen den Partner für den Marktzugang." Bierich (1990), S. 80
190 Damit soll solchen Versuchen der heuristische Wert nicht gänzlich abgesprochen werden, sondern nur auf zu berücksichtigende Anwendungsbegrenzungen verwiesen werden.
191 vgl. hierzu Scott (1986), S. 74 ff.
192 Welche wiederum nach der Art der verknüpften Wertaktivität disaggregiert werden können und im folgenden durch die Konstruktion von Sub-Allianzen Rechnung zu tragen ist.

tionsstruktur der Verbindung beeinflußt.[193] Unter *"Verknüpfung"* soll hier eine Verbindung durch Zusammenlegung oder gemeinsamer Nutzung der Ressourcen der Partnerunternehmungen verstanden werden. Nach der **Art der Verknüpfung der Wertaktivitäten** können strategische Allianzen danach klassifiziert werden, ob die Vereinbarung auf eine "Poolung" *gleichartiger Wertaktivitäten* gerichtet ist (*"Pool-Allianzen"*), oder auf einen wechselseitigen Know-how-Transfer (Kompetenztransfer) zur Ergänzung *verschiedenartiger Wertaktivitäten* (*"Transfer-Allianzen")*.[194] Während bei *Pool-Allianzen* eine oder mehrere gleichartige Wertaktivitäten gemeinsam genutzt (z.B. gegenseitiger Vertrieb) oder zusammengelegt werden (z.B. gemeinsame Produktion an einem Standort), ist der raison d'être von *Transfer-Allianzen* die Übertragung von Know-how zwischen den Partnern. Mit einer *Pool-Allianz* soll durch Verbindung gleichartiger Wertaktivitäten die Stärken gebündelt oder die einzelnen Schwächen verringert werden, um die Wettbewerbsfähigkeit zu sichern oder Wettbewerbsvorteile gegenüber dritten zu erlangen. Demgegenüber verbinden sich in einer *Transfer-Allianz* Partner, die über unterschiedliche Stärken und Schwächen verfügen,[195]

---

193 Im Hinblick auf die anderen in Abschnitt 2.3.1 angeführten Unterscheidungs- und Gestaltungsoptionen ist folgendes zu konstatieren: Eine Differenzierung nach der *Richtung* der Verbindung (vertikal oder horizontal) ist für die weitere Untersuchung nicht von Interesse, da der Fokus dieser Arbeit auf horizontale strategische Allianzen gerichtet ist. Eine Differenzierung nach den *Zielen* ist wie die Diskussion zur Systematisierung von Backhaus, Plinke zeigte ungeeignet, da mehrere Ziele einer strategischen Allianz zugrundeliegen können und die heuristische Funktion sich damit selbst zerstört. Die *Art der verknüpften Wertaktivitäten* wird im folgenden durch die Bildung von Sub-Allianzen Berücksichtigung finden. Im Hinblick auf die *Bindungsintensität*, welche anhand der Indikatoren juristischer Verbindungsgrad, Reichweite, Ressourcenzuordnung für die Allianz und Zeithorizont operationalisiert wurde, wird der juristische Verbindungsgrad insofern als nicht geeignet betrachtet - wird von einer zielgeleiteten Institutionalisierung ausgegangen -, da mit Porter, Fuller (1989) die rechtliche Form der Allianzvereinbarung in keinem offensichtlichen Zusammenhang zu den Zielen der Allianz steht, vgl. ebd., S. 365. Die getroffene Differenzierung nach einer oder mehreren Wertaktivitäten im Kontext der Reichweite der Verbindung fällt insofern weg, da die Frage ob eine oder mehrere Wertaktivitäten Gegenstand der Allianz sein sollen, nicht unabhängig von der Zeitdauer der Allianz gesehen werden kann, da davon ausgegangen werden kann, daß je mehr Wertaktivitäten in die Allianz involviert sind, desto länger wird auch der Zeithorizont in der Regel sein. Unabhängig davon, wie stark diese Dimensionen im einzelnen korrelieren, kann nicht ex ante von einer Unabhängigkeit im statistischen Sinne ausgegangen werden; dies bedarf vielmehr der empirischen Überprüfung. Die Ressourcenzuordnung für die Allianz ist eng mit der Art der Wertaktivitäten der Allianz und der Reichweite verknüpft. Die *Größe* der Allianz operationalisiert durch die Anzahl der Partner - ist von einer Reihe von Faktoren abhängig, wie von dem Gegenstand der Allianz und damit der Art der Wertaktivitäten und vor allem von den vorhandenen Ressourcen, Fähigkeiten und Kenntnissen sowie den zeitlichen Erfordernissen. Der *Nationalisierungsgrad* ist direkt von den Zielen der Partner und der verfolgten Strategie abhängig.

194 Diese Unterscheidung lehnt sich an Richardson's (1972), S. 883 ff. Systematisierung an, welcher diese jedoch nur auf vertikale Kooperationen - begrifflich von ihm mit Allianzen gleichgesetzt - bezieht. Porter, Fuller (1989) dagegen, welche sich gleichfalls an Richardson's Systematisierung anlehnen, dehnen diese auf sämtliche Allianzen aus und setzten für die hier als Pool-Allianzen bezeichnete Allianzen den Terminus "Y-Koalitionen" und für Transfer-Allianzen den Begriff "X-Koalitionen", vgl. Porter, Fuller (1989), S. 389 ff.

195 Zur "asymmetrischen Position" der Partner in einem Wertaktivitätsbereich in der Anfangsphase einer "X-Koalition", vgl. Porter, Fuller (1989), S. 390

ihr Komplementaritätspotential sie jedoch zusammenbringt. Zweck ist: Durch die Stärken des Partners die eigenen Schwächen zu verringern.

Wie strategische Allianzen institutionalisiert werden können und welche Auswirkungen sie damit auf die Allianz und die Partnerorganisationen haben oder welche Anforderungen damit an sie gestellt werden, hängt auch von dem beabsichtigten oder erforderlichen Zeithorizont der Bündnisse ab.

Hinsichtlich des **Zeithorizontes** kann zwischen *kurzfristig* und *eher langfristig orientierten* strategischen Allianzen unterschieden werden.[196] Als zentrales *Abgrenzungskriterium* dieser dichotomen Ausprägung ist jedoch nicht allein die Zeitdauer maßgeblich, da einmalige von vornherein zeitlich begrenzte Projekte[197] bei komplexen Aufgabenstellungen sich über mehrere Jahre erstrecken können und damit eine reine Zeitangabe als Indikator zur Operationalisierung und Abgrenzung ungeeignet erscheint, sondern entscheidend ist, ob die Allianz sich auf eine sachlich und zeitlich eindeutig abgegrenzte Aufgabe beschränkt. Die hier als Zeithorizont bezeichnete Dimension enthält also neben einer *zeitlichen auch eine sachliche Dimension*. Demzufolge werden hier als kurzfristig orientierte strategische Allianzen diejenigen Bündnisse bezeichnet, deren Partner *ex ante* die Vereinbarung nur auf eine zeitlich und sachlich eindeutig abgegrenzte Aufgabe beschränken. Das damit automatisch eine "kurzfristige" Partnerschaft - die je nach Komplexität und Reichweite auch mehrere Jahre beinhalten kann - eingegangen wird, ist offensichtlich. Projekte, die das Potential zur Erzielung von Wettbewerbsvorteilen haben, stehen hierfür beispielhaft.[198] Entsprechend werden als eher langfristig orientierte strategische Allianzen, diejenigen Bündnisse bezeichnet, die zum Zeitpunkt der Vereinbarung bereits eine längerfristig orientierte Partnerschaft beabsichtigen - unabhängig davon ob dies auch realiter eintritt - und dabei zukünftige Aufgabenbereiche inhaltlich in dem Sinne offen lassen, als eine detaillierte Spezifizierung zum Zeitpunkt der Vereinbarung noch nicht möglich oder nötig ist. Eine mögliche Ursache für ersteres kann zum einen ein hoher Grad an Komplexität der gemeinsamen Aufgabe sein, der eine detaillierte ex ante Spezifizierung verhindert und/oder zum anderen ein hoher Grad an Unsicherheit.[199] Eine Nichtnotwendigkeit kann insbesondere bei mehr-

196 vgl. Abschnitt 2.3.1 dieser Arbeit.

197 Projekte sind ex definitione zeitlich begrenzt und damit durch einen definierten Anfang und ein definiertes Ende gekennzeichnet, vgl. stellvertretend für viele, Pinkenburg (1980), S. 107, Schröder (1969), S. 15 f., Kutschker, Gabele (1974), S. 286, Bleicher (1981), S. 61 ff., Fronz (1972), S. 175 und transferiert auf überbetriebliche Projekte Korbmacher (1991), S. 11 f. sowie dort angegebene Literatur.

198 Aufgrund der inhaltlich eindeutig konkretisierten Aufgabe zu Beginn der Projektarbeit, wird von Korbmacher (1991) ein überbetriebliches Projekt sogar als "... eine Form von wohldefinierter, überbetrieblicher Zusammenarbeit ..." bezeichnet. "Wohldefiniert" wird dabei in dem Sinne verstanden, "... daß zu Beginn der Projektarbeiten feststeht, auf welche Art und Weise die überbetriebliche Zusammenarbeit erfolgen soll." Vgl. ebd., S. 11

199 vgl. zu diesen Einflußfaktoren Abschnitt 4.2.2 sowie zur transaktionsspezifischen Komplexität und Unsicherheit Abschnitt 5.1.1 dieser Arbeit.

stufigen Vereinbarungen (offenen Rahmenverträgen) langfristig orientierter strategischer Allianzen - werden die damit verbundenen Transaktionskosten nicht berücksichtigt[200] - gegeben sein, in denen weitere Aktivitäten von dem Erfolg der Vorangehenden abhängig gemacht werden.

In **Kombination** ergeben die beiden Dimensionen mit ihren genannten Ausprägungen drei generische Typen von strategischen Allianzen. Visualisiert in Matrixform läßt sich das entwickelte Klassifikationsschema mit der Abb. 2-8 darstellen. Langfristig orientierte Transfer- und Pool-Allianzen sind dabei unter dem Terminus *"General-Allianz"* subsumiert.[201]

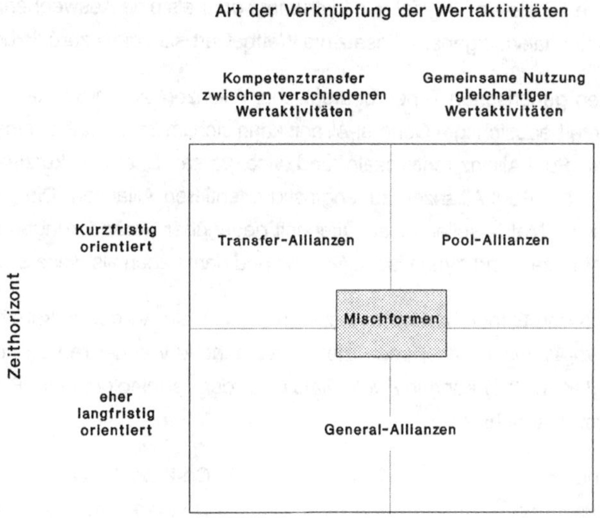

Abb. 2-8: Generische Typen strategischer Allianzen

Die Abbildung 2-8 zeigt, daß auch *Mischformen* möglich sind, die sich nicht eindeutig in eines der Felder einordnen lassen. Mit der Hereinnahme von "Mischformen" soll kenntlich gemacht werden, daß die Matrix nicht von vornherein keinen Raum für mittlere Positionen bietet. Insbesondere bei komplexen weitreichenden Beziehungsgefügen können sowohl gleichartige *Wertaktivitäten* als auch verschiedenartige Wertaktivitäten verbunden werden und damit die strategische Allianz sich sowohl aus einer Transfer-Allianz als auch aus einer

200 vgl. hierzu Abschnitt 5.1.1 dieser Arbeit und die dort diskutierten Handhabungsmöglichkeiten.

201 In der weiteren Untersuchung werden, wenn dies zur Differenzierung erforderlich ist, aus Eindeutigkeitsgründen General-Allianzen wieder in langfristige Transfer- und Pool-Allianzen disaggregiert.

Pool-Allianz zusammensetzen. Beispielhaft hierfür kann die Allianz zwischen AT&T und Olivetti angeführt werden. Gegenstand dieser Allianz war nicht nur die Verbindung der Marketingstärken von Olivetti mit den technologischen Fähigkeiten in der Entwicklung neuer Produkte von AT&T (Transfer-Allianz), sondern auch der gegenseitige Vertrieb der Büroautomationsprodukte (Pool-Allianz) und der Versuch der gemeinsamen Beschaffung auf einigen Gebieten (Pool-Allianz).[202]

Was den *Zeithorizont* betrifft, so kann davon ausgegangen werden, daß realiter die Partner nicht immer von einem gleichen Zeithorizont ausgehen - auch wenn dies als wünschenswert zu betrachten wäre[203] - und ein Partner die strategische Allianz nur auf den Zeitraum konzipiert, den er glaubt zu benötigen, um die ihm fehlenden Fähigkeiten zu erlernen, während der andere sie als ein langfristiges Instrument oder als eine Ausweghandlung betrachtet, um unter minimalem eigenem Einsatz die Wettbewerbsfähigkeit zurückzuerlangen.[204]

Die angeführten generischen Typen strategischer Allianzen sind nicht statisch zu betrachten. Eine ex ante beabsichtigte General-Allianz kann sich im Zeitablauf zu einer kurzfristigen Transfer- oder Pool-Allianz entwickeln und vice versa: Ehemals kurzfristig orientierte Transfer- und/oder Pool-Allianzen zu langfristig orientieren Allianzen. Die gestrichelten Linien innerhalb der Matrix sollen diese Offenheit gegenüber Veränderungen symbolisieren. Strategische Allianzen sind dynamische Gebilde und damit auch als diese zu betrachten.

Transfer-, Pool- und General-Allianzen lassen sich über die Art der verknüpften Wertaktivitäten durch *Sub-Allianzen* näher spezifizieren. Ausgehend von der reduzierten Wertschöpfungskette (vgl. Abb. 2-1) können *Pool-Allianzen* in der Terminologie von Pohle (1990) die *folgenden Formen* annehmen[205]:

- Co-Einkauf
- Co-Forschung
- Co-Entwicklung
- Co-Produktion
- Co-Marketing
- Co-Vertrieb und Co-Kundenservice

---

202 Zum Allianzabkommen von AT&T und Olivetti vgl. Taucher (1988), S. 88 ff., welches zudem eine Kapitalbeteiligung von AT&T an Olivetti in Höhe von 25 Prozent umfasste, welche später um weitere 15 Prozent aufgestockt werden sollte, die Gründung von Koordinationsgruppen auf relativ niedriger Ebene, gemeinsame Schulungen der Führungskräfte sowie Aufsichtsratsverflechtungen.

203 Für eine erfolgreiche Beziehung und Gewährleistung einer ausgewogenen Anreiz-Beitrags-Struktur sind gleiche Zeithorizonte eine Voraussetzung; vgl. zur Sicherstellung einer ausgewogenen Anreiz-Beitrags-Struktur als eine Anforderung an die Konzeption, Abschnitt 5.2.1 dieser Arbeit.

204 vgl. Müller-Stewens (1990), S. 26, welcher eine solche Situation als "Komplementaritätsfalle" bezeichnet sowie Hamel et al. (1989), S. 89, am Beispiel der strategischen Allianz zwischen Rover und Honda.

205 vgl. Pohle (1990), S. 70 ff.

Die Abb. 2-9 symbolisiert diese Pool-Allianz-Formen. Eine Co-F&E-Allianz ist dabei beispielhaft schraffiert.

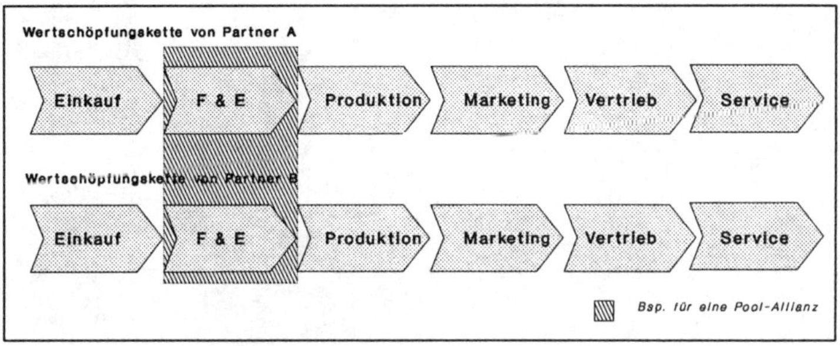

Abb. 2-9: Allianzformationen von Pool-Allianzen

Bezüglich der *Transfer-Allianzen* lassen sich gleichfalls jeglich denkbare Formen zwischen verschiedenen Wertaktivitäten als Sub-Allianzen formieren. Die Abb. 2-10 zeigt beispielhaft eine F&E-/Vertriebs-Allianz auf, in welcher Partner A sein Vertriebsnetz Partner B und Partner B seine Forschungs- und Entwicklungsergebnisse Partner A mit zur Verfügung stellt.

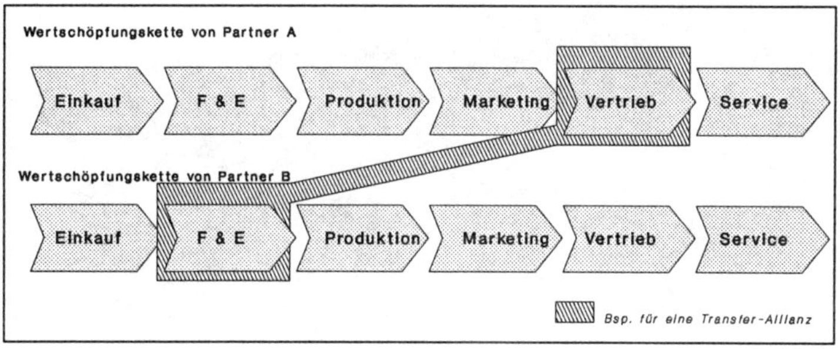

Abb. 2-10: Allianzformationen von Transfer-Allianzen

Wie können nun diese Allianztypen mit ihren unterschiedlichen Formationen so institutionalisiert werden, daß die Erfolgswahrscheinlichkeit erhöht und ein Abfluß an Wettbewerbskompetenz vermieden werden kann. Um eine Antwort hierauf zu finden, bedarf es der Hinzuziehung eines theoretischen Bezugsrahmens, vor dessen Hintergrund potentielle Problem- und Risikofelder identifiziert und ihre Handhabungsmöglichkeiten diskutiert werden können.

3. Ein Multiperspektivenansatz als theoretischer Bezugsrahmen für die Entwicklung einer organisatorischen Konzeption

Da zum derzeitigen Zeitpunkt aufgrund der bereits aufgezeigten weitgehenden Vernachlässigung horizontaler strategischer Allianzen in der Organisations- und Managementtheorie[1] noch kein theoretischer Bezugsrahmen im Schriftum existent ist, vor dessen Hintergrund potentielle Problem- und Risikofelder des Institutionalisierungsprozesses erfaßt, beschrieben und Lösungs- respektive Handhabungs- oder Vermeidungsoptionen hierfür erarbeitet werden können, wird im nachfolgenden Kapitel ein solcher zu entwickeln sein.

Vor dem Hintergrund der bisherigen Untersuchungsergebnisse kann dieser nicht allein auf der Grundlage monoorganisationaler Ansätze beruhen, da diese nur von begrenzter Reichweite für die Erfassung der interorganisationalen Problematik strategischer Allianzen sind. Vielmehr sollte er auch auf der Grundlage von multiorganisationalen Ansätzen entwickelt werden. Zur Konstruierung eines solchen Multiperspektivenansatzes wird auf die im Schriftum erschienenen Systematisierungs- und Klassifizierungsansätze von Astley, Van de Ven (1983) und Bolman, Deal (1984) aufgebaut, welche die vielfältigen, fragmentarischen Ansätze der Organisationstheorie auf der Basis eines Merkmales eines Paradigmas:[2] der Gemeinsamkeiten der zugrundeliegenden Annahmen und "Weltbilder" klassifizieren.[3]

---

1 vgl. hierzu Abschnitt 1.2 dieser Arbeit.

2 Der *Paradigmabegriff* geht auf Kuhn zurück, (vgl. Kuhn (1976)) welcher den Paradigmabegriff ausschließlich anhand von Beispielen aus der Naturwissenschaft entwickelte. Deshalb herrscht derzeit im Schriftum auch Uneinigkeit darüber, ob innerhalb der "Organisationstheorie" überhaupt Paradigmen unterschieden werden können. Diese Frage hängt unmittelbar mit dem Paradigmabegriffsverständnis zusammen. Masterman (1970) hat bei Kuhn insgesamt 21 verschiedene Verwendungsweisen des Paradigmabegriffs gezählt. Im 1976 erschienenen deutschsprachigen Werk hat sich Kuhn jedoch auf zwei unterschiedlich weitreichende Definitionen festgelegt. Wird in der engeren Sichtweise nur auf Forschungsinhalte und gemeinsame Weltsichten abgestellt, können zahlreiche Ansätze unterschieden werden (vgl. beispielsweise Kieser, Kubicek (1978) und den noch vorzustellenden Ansatz von Astley, Van de Ven (1983). Kuhns Paradigmabegriff bezieht sich jedoch darüber hinaus auch auf grundlegende Vorgehensweisen und Forschungsmethoden, welche die Disziplin anleiten. Wird diese erweiterte Sichtweise zugrunde gelegt, so kann nach Ritzer (1975) und Burell, Morgan (1979) durchaus ein "herrschendes" Paradigma in der Organisationsforschung ausgemacht werden, welches Ritzer als "social fact paradigm" bezeichnet und Burell, Morgan als "funktionalistisches Paradigma". Werden die von Burell und Morgan (1979) ausgearbeiteten Paradigmen in den Sozialwissenschaften zur Analyse der etablierten organisationstheoretischen Literatur zugrunde gelegt, so fällt auf, daß sämtliche dort wiedergegebenen Ansätze ausschließlich dem "functionalist paradigm" zugerechnet werden können, vgl. Welge (1987), S. 5 und Kieser, Kubicek (1983) und daß gleichfalls auch der hier zum Ausgangspunkt genommene noch vorzustellende Systematisierungsansatz organisationstheoretischer Ansätze von Astley, Van de Ven (1983) allein dem "funktionalistischen Paradigma" zugeordnet werden kann, vgl. hierzu auch Ochsenbauer (1988), S. 159. Deshalb wird im vorzustellenden Ansatz von Astley, Van de Ven *nicht von einzelnen Paradigmen* gesprochen, sondern in Anlehnung an Scott (1986) und Pfeffer (1982), von *Perspektiven*.

3 vgl. Astley, Van de Ven (1983), S. 245 ff., Bolman, Deal (1983)

Mit dem im folgenden vorzustellenden Ansatz von Astley, Van de Ven kann Anschluß an die aktuelle organisationstheoretische Diskussion gefunden und neuere angloamerikanische organisations- und managementtheoretische Ansätze, die für die weitere Abarbeitung der Problemstellung herangezogen werden, systematisiert vorgestellt werden. Darüber hinaus können hierauf aufbauend die grundlegenden metatheoretischen Annahmen der vorliegenden Arbeit durch eine Selbstpositionierung dieser in ihrem Klassifizierungsansatz offengelegt werden. Der heuristische Wert des Klassifizierungsansatzes von Astley, Van de Ven (1983) wird damit schließlich genutzt, um die eigene Sichtweise aus einer Außenperspektive zu beschreiben und eine Forschungsstrategie für den zu entwickelnden theoretischen Bezugsrahmen zu konzipieren.

3.1 Der Klassifizierungsansatz von Astley, Van de Ven als metatheoretischer Ausgangspunkt

In ihrem Aufsatz zu den zentralen Perspektiven und Diskussionsfeldern in der Organisationstheorie[4] klassifizieren Astley und Van de Ven die "Haupt"-Schulen der Organisations- und Managementtheorie anhand der diesen zugrundeliegenden metatheoretischen Annahmen und untersuchen in diesem Kontext durch systematische Gegenüberstellung der auf diese Weise identifizierten Perspektiven sechs theoretische, die aktuelle Literatur kennzeichnenden, bislang weitgehend isoliert geführten Debatten. Ausgehend von der grundlegenden Überzeugung, daß erst das Wechselspiel zwischen den verschiedenen Perspektiven ein umfassenderes Verständnis der Realität vermittelt, da jegliche Schulen nur einen Teilaspekt der Realität ausfiltern, versuchen sie damit einen Beitrag zur "Integration" der verschiedenen Perspektiven zu leisten bei gleichzeitiger Bewahrung ihrer Unterschiedlichkeiten. Gestützt auf der Annahme, daß verschiedene Perspektiven verschiedene Bilder von dem gleichen organisationalem Phänomen geben ohne sich gegenseitig aufzuheben, sehen die beiden Autoren die Möglichkeit einer solchen Form der "Integration" gegeben, praktiziert durch die Nutzung verschiedener analytischer "Linsen". Dies setzt jedoch ein Bewußtsein der den Ansätzen zugrundeliegenden Weltsichten voraus, die maßgeblich das bestimmen, was gesehen wird und wie etwas gesehen wird.

3.1.1 Grundlegendes zum Konzept

Die unterschiedlichen den organisationstheoretischen Ansätzen zugrundeliegenden metatheoretischen Annahmen können nach Astley, Van de Ven anhand von zwei Dimensionen festgemacht werden:

---

4 Astley, Van de Ven (1983), S. 245 ff.

(1) Nach der Analyseebene, auf die die jeweiligen Ansätze bzw. ihre Vertreter ihren analytischen Fokus richten. Hierbei unterscheiden sie zwischen einer *Mikro-* und einer *Makro-Ebene*.

(2) Ob den Ansätzen eher eine *deterministische* oder *voluntaristische* Sichtweise zugrunde liegt.

Auf der Grundlage dieser Dimensionen können nach Astley, Van de Ven die meisten Ansätze klassifiziert werden.[5] Zu den Mikroansätzen werden diejenigen Ansätze gerechnet, die ihren Fokus auf einzelne Organisationen richten und zu den Makro-Ansätze, diejenigen Schulen, deren grundlegende Analyseebene die der Population ist. Aus einer Makrobetrachtung stellt die einzelne Organisation nur ein Element einer wie auch immer definierten Population dar.[6] Innerhalb dieser Mikro- und Makro-Perspektiven werden Schulen als deterministisch orientiert bezeichnet, wenn von einer prinzipiellen "Fremdbestimmung" menschlichen Verhaltens ausgegangen wird und damit Menschen und ihre Institutionen als von exogenen Kräften bestimmt angesehen werden. Als voluntaristisch orientiert werden diejenigen Schulen verstanden, die von einem grundsätzlich freien menschlichen Willen ausgehen und Organisationen als von Menschen geschaffene und gelenkte Institutionen begreifen. Anhand dieser Ausprägungen, Mikro/Makro und Determinismus/Voluntarismus klassifizieren Astley, Van de Ven die diversen Schulen und erhalten so vier Perspektiven, die sie als

- System-Structural View (Mikro-Level/deterministisch),
- Strategic-Choice View (Mikro-Level/voluntaristisch),
- Natural Selection View (Makro-Level/deterministisch) und
- Collective Action View (Makro-Level/voluntaristisch)

bezeichnen. Diese vier Perspektiven, aus denen heraus hauptsächlich organisationstheoretische Forschung betrieben wird, stellten Astley, Van de Ven in einer Vierfelder-Matrix, welche in der Abb. 3-1 wiedergegeben wird, einander gegenüber.

Die Abbildung 3-1 zeigt die "Haupt"-Schulen der Organisations- und Managementtheorie klassifiziert nach den ihnen zugrundeliegenden metatheoretischen Annahmen, eingeordnet in die vier Perspektiven und damit verbundenen unterschiedlichen Sichtweisen über Struktur, Wandel, Verhaltensannahmen und die Rolle des Managements.

---

5 vgl. hierzu und im folgenden Astley, Van de Ven (1983), S. 246 ff.

6 Populationen werden innerhalb der Populationsperspektive - wie noch zu zeigen ist - je nach Ansatz unterschiedlich definiert. Statt Populationsebene wird im Schriftum häufig auch der Terminus "ökologische Ebene" verwandt, so z.B. Scott (1986), S. 33.

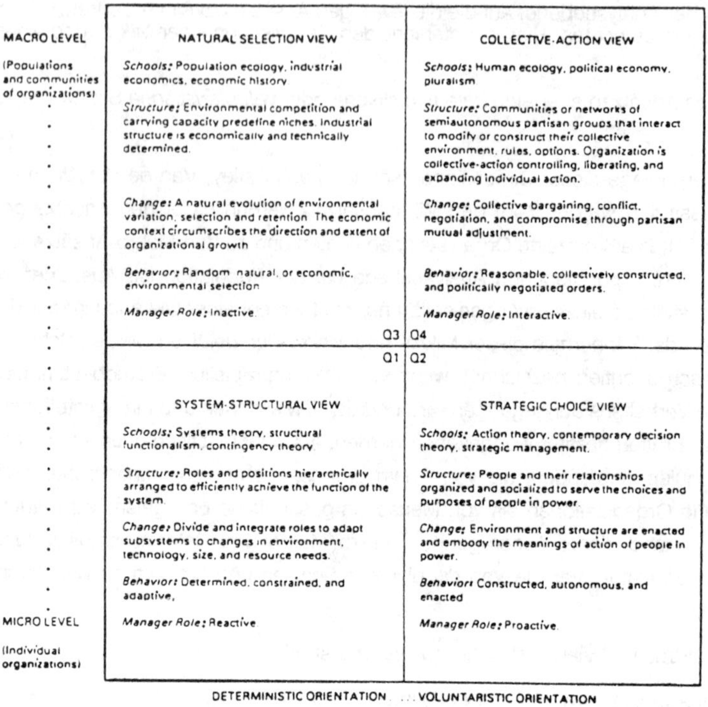

Abb. 3-1: Vier Sichtweisen von Organisation und Management (Quelle: Astley, Van de Ven (1983), S. 247)

Eine nähere Betrachtung bringt hervor, daß sämtliche "etablierten" Ansätze der Organisations- und Managementtheorie von Astley, Van de Ven der Mikro-Ebene zugeordnet werden.[7]

3.1.2 Zum System-Structural View

Unter "System-Structural View" subsumieren Astley, Van de Ven die "Systemtheorie", die "Strukturfunktionalistischen-Ansätze" und die sogenannte "Kontingenztheorie", deren Gemeinsamkeiten nach dem Autorengespann neben ihrer Analyseebene darin liegt, daß einer deterministischen Sichtweise gefolgt wird, da organisationales Verhalten als Ergebnis interner sachlicher Mechanismen (Strukturen, technokratische Koordinationsformen wie generelle Regelungen) und externer von der Umwelt ausgehenden Zwängen erklärt wird.

7 Dies führte auch bereits in Abschnitt 1.2 zu der Feststellung, daß allein aufgrund der Analyseebene diese Ansätze interorganisationale Verbindungen vernachlässigen.

Innerorganisatorisch werden Systemelemente als so miteinander verbunden angesehen, daß sie instrumental der Erreichung organisationaler Ziele dienen oder dienen sollen (*"Strukturfunktionalismus"*). Mitglieder der Organisation werden als Rollenträger verstanden und folglich sind es Rollen, die zu definieren und zu strukturieren sind. Verhaltenserwartungen, Pflichten und Verantwortung sind zu spezifizieren und Positionen hierarchisch so zu strukturieren, daß auf eine effiziente Weise die Funktion des Systems erfüllt werden kann. Mitglieder des Systems müssen ihrer Position entsprechend sorgfältig ausgewählt, ausgebildet und kontrolliert werden, damit sie den Anforderungen der jeweiligen Stelle gerecht werden oder werden können.[8] Dem Management wird insofern eine reaktive Rolle zugesprochen, da - ausgehend von der grundlegenden deterministischen Annahme - eine einseitige Abhängigkeitsbeziehung unterstellt wird: Organisationen müssen sich, um zu überleben, an Ihre Umwelt anpassen. Wandel wird entsprechend auf Anpassungsmaßnahmen seitens der Organisation an veränderte Umweltbedingungen zurückgeführt. Die sogenannte "Kontingenztheorie" basierend auf dem Offenen-System-Ansatz steht repräsentativ für diese Sichtweise.[9] Kritik an dieser deterministischen Sichtweise sind von eher voluntaristisch orientierten Wissenschaftlern angeführt worden.

3.1.3 Zum "Strategic-Choice View"

Aus der Perspektive des "Strategic Choice View" gestalten Organisationsmitglieder maßgeblich das organisationale Verhalten und ihre Umwelt mit. Die einseitige Anpassungsthese und die damit einhergehende Vernachlässigung von Einflußmöglichkeiten der Organisationsmitglieder auf die Struktur und der Unternehmung auf ihre Umwelt wird insbesondere von unternehmenspolitischen Ansätzen abgelehnt. Nach der sogenannten "Action Theory"[10] sind es Individuen die Organisationen konstruieren, aufrechterhalten und verändern. Nicht die objektiv gegebene Umwelt determiniert die Struktur, sondern Aktoren als Verbindungsglieder zwischen der Umwelt und dem Verhalten der Organisation. Weick's Konzept der "enacted environment" (Weick, (1969)) steht hierfür und gegen die deterministische Sichtweise beispielhaft.[11] Theorieansätze in der Organisations- und Managementtheorie, denen die Grundgedanken der "Action Theorie" zugrunde liegen, sind nach Astley,

8 Diese Sichtweise liegt den in Abschnitt 1.2 angeführten Ansätzen zugrunde, vgl. hierzu Taylor (1911), Fayol (1916), Urwick (1938), Gulick, Urwick, (1937) und die in Abschnitt 1.2 dieser Arbeit angegebenen Vertreter der organisationssoziologischen Ansätze der Systemtheorie, die von einem institutionalen Organisationsbegriff ausgehen.

9 vgl. zur Kontingenztheorie Abschnitt 1.2 dieser Arbeit und dort angegebene Vertreter wie die Aston Gruppe (die Forschergruppe um Pugh an der Universität Aston). Von dieser Gruppe liegen die methodisch anspruchsvollsten Ergebnisse zur Konzeptionalisierung und Operationalisierung von Organisationsstruktur und Situation (Kontext) vor, zu monovariaten Ansätzen, vgl. Forscher wie Woodward (1958), ders. (1965), Burns, Stalker (1961), Lawrence, Lorsch (1967).

10 vgl. Silvermann (1970)

11 "The human creates the environment to which the system then adapts. The human actor does not react to an environment, he enacts it.", Weick (1969), S. 64

Van de Ven neuere Entscheidungsorientierte-Ansätze[12] und Ansätze zum Strategischen Management.[13] Child's Konzept der strategischen Wahl,[14] von dem Autorengespann zu den neueren entscheidungsorientierten Ansätzen gerechnet, verkörpert zentrale richtungsweisende Annahmen der gegen den Systemdeterminismus gerichteten, eher voluntaristisch orientierten Forschern. Basierend auf einer politischen Betrachtung der Organisation als Koalition[15] geht Child (1972) davon aus, daß die maßgeblichen Entscheider, die dominierende Koalition oder Kerngruppe, über Spielräume bei der Gestaltung der Organisation verfügen, die ihnen eine mehr oder weniger große Wahlfreiheit eröffnen. Gestaltungsspielräume sind nach Child insofern gegeben, als der Kontext seitens der Unternehmung beeinflußt werden kann. Nicht technische Kriterien geben der Organisation Gestalt, sondern politische Überlegungen. Nicht an eine extern vorgegebene Umwelt paßt sich die Organisation intern mit ihrer Struktur an, sondern an eine durch strategische Aktionen mit beeinflußte Umwelt. Kunden, Konkurrenten und andere Elemente der Aufgabenumwelt können mit adäquaten Strategien beeinflußt und dadurch auf die Umwelt eingewirkt werden. Daß die Umwelt nicht als ein Aggregat schwer zu behandelnder Zwänge zu betrachten ist, sondern als veränderbar und manipulierbar durch politische Verhandlungen[16] und Strategien,[17] kann als ein grundlegender gedanklicher Ausgangspunkt von Ansätzen zum strategischen Management betrachtet werden. Den Umweltdeterminismus von sich weisend, werden Unternehmungen die Fähigkeit zugesprochen in aktiver Weise ihre Lebensbedingungen zu gestalten.[18] Managern wird folglich eine proaktive Rolle zuerkannt.

Kritisiert und herausgefordert werden diese mikroorientierten Perspektiven insbesondere in jüngster Zeit von einigen Wissenschaftlern, die davon ausgehen, daß Populationen bestimmte Eigenschaften und Dynamiken aus sich heraus hervorbringen, die nicht in das Blickfeld rücken können, wenn die Analyseebene nicht auf Populationsebene (Makro-Ebene) hochgezogen wird.

3.1.4 Zum "Natural Selection View"

Aus der Perspektive des "Natural Selection View" ("natürliche Auslese") zählen Aktionen einzelner Organisationen auf lange Sicht nicht. Sie sind "blind" in Bezug auf das langfristige

---

12 wie March, Olson (1976), welche der herrschenden Annahme der Zweck- und Systemrationalität organisationaler Entscheidungen das "Mülleimermodell" gegenüberstellen, und Child (1972), welcher sein Konzept der strategischen Wahl dem Systemdeterminismus entgegenstellt.

13 Astley, Van de Ven führen hier Pfeffer, Salancik (1978) und Lorange (1980) an.

14 vgl. hierzu und im folgenden Child (1972)

15 Zu diesem Begriffsverständnis vgl. Abschnitt 1.2 dieser Arbeit und Child (1972) selbst.

16 vgl. hierzu Cyert, March (1963) sowie Pfeffer, Salancik (1976)

17 vgl. hierzu Pfeffer, Salancik (1976) und allgemein zu Strategiekonzepten vgl. Porter (1986), ders. (1988), welcher wesentlich die Managementtheorie prägt.

18 Uneinigkeit herrscht jedoch über das Ausmaß der Machbarkeit, vgl. hierzu die Ausführungen in dieser Arbeit zur Position des "gemäßigten Voluntarismus" in Abschnitt 3.1.6.

Überleben von Populationen.[19] Historische, politische, ökonomische und soziale Faktoren bestimmen das Schicksal der gesamten Population.[20] In dieser umweltdeterministischen Sichtweise stimmt diese Perspektive mit der Kontingenztheorie des "System-Structural-View" überein:

> "The population-ecology and contingency views of organization both view organizations as existing in a state of tension or struggle with their environment. Both presume that organizations and environment are seperate phenomena."[21]

Ein Unterschied zwischen diesen beiden deterministischen Perspektiven besteht jedoch darin, daß "Populationsökologen"[22] nicht wie Vertreter der "System-Struktur-Perspektive" davon ausgehen, daß die Umwelt Veränderungen direkt kausal bewirkt, sondern daß diese vielmehr vorhandene Organisationen einem Ausleseprozeß unterzieht. Organisationen, die nicht in ihrer Form der Umwelt entsprechen, werden ausselektiert:[23] "It is the environment which optimizes".[24] Überleben werden nur solche Organisationen, die an ihre jeweilige Nische angepaßt sind.[25] Da Populationen als Aggregate von Organisationen, die durch eine relative Homogenität gekennzeichnet sind, definiert werden,[26] richtet sich der Fokus konsequenterweise primär auf in kompetetive Interaktionen verstrickte Organisationen. Eine Parallele zum Nischenkonzept der "Populationsökologen" sehen Astley, Van de Ven in den Branchenkonzepten von "Industrieökonomen",[27] da nach ihnen Wettbewerb analog dem Nischenkonzept im Kontext der jeweiligen Marktstruktur auftritt.[28] Den Fokus der Analyse auf die gesamte Industrie bzw. Branche richtend - und damit der Makro-Ebene zugerechnet - unterscheiden sich nach Porter "Industrieökonomen" von Vertretern des strategischen Managements einerseits dadurch, daß letztere mehr an den Problemen der einzelnen Unternehmungen interessiert sind und damit die einzelne Organisation als Analyseeinheit mit

---

19 vgl. hierzu Mc Kelvey (1982), S. 111 ff. und 446 ff., welcher von kurzsichtigen Aktionen seitens des Managements spricht.

20 vgl. Aldrich (1979)

21 Morgan (1986), S. 69

22 Hannan, Freeman (1977), Aldrich (1979), Mc Kelvey (1982), Mc Kelvey, Aldrich (1983), Kaufmann (1973). Das Interesse dieser Vertreter ist auf die Beschreibung von Populationen, ihren Veränderungen und zugrundeliegenden Variationsmechanismen gerichtet. Durch Übertragung biologischer Erkenntnisse auf soziale Systeme und ganze Populationen soll ein Zugang zu ihren spezifischen Problemen und Dynamiken gefunden werden.

23 Zurückgeführt wird dieser Prozeß der natürlichen Auslese auf vier evolutionäre Prozesse: Variation, Selektion und Retention (Bewahrung), vgl. hierzu Hannan, Freeman (1977), S. 939, Aldrich (1979), S. 32 ff. sowie Abschnitt 4.3.2 dieser Arbeit, in welchem auf diese Mechanismen zurückzukommen sein wird.

24 Hannan, Freeman (1977), S. 939

25 vgl. Hannan, Freeman (1977), S. 946 ff., Hannan, Freeman definieren Nische als "... that area in constraint space (the space whose dimensions are levels of resources, etc.) in which the population outcompetes all other populations", ebd., S. 947.

26 vgl. Hannan, Freeman (1977). Die "relative Homogenität" bezieht Mc Kelvey auf grundlegende für das Überleben notwendige Grundfähigkeiten, Wissen und Fertigkeiten sogenannte "dominant competence", vgl. Mc Kelvey (1982), S. 24 und 192 ff.

27 vgl. Astley, Van de Ven (1983), S. 250

28 vgl. stellvertretend Caves (1977)

ihren einzigartigen Stärken und Schwächen den Forschungsbemühungen zugrunde legen und andererseits dadurch, daß "Industrieökonomen" eher eine deterministische Sichtweise verfolgen, die auf ihre statische Analyse von Industriestrukturen oder auf ihre Annahme, daß Strategien durch die jeweilige Branchenstruktur bestimmt werden und alle Organisationen entsprechend gleich auf den ökonomischen Kontext reagieren werden, zurückgeführt wird. Während Vertreter des Strategischen Managementansatzes, eher voluntaristisch orientiert, davon ausgehen, daß Unternehmungen in kreativer Weise einzigartige Wege finden und damit die Spielregeln innerhalb der Branche durchaus verändern können.[29] Eine deterministische Sichtweise über die Evolution von Industriestrukturen wird seitens dieser Autoren auch Williamson zugeschrieben, da dieser davon ausgeht, daß Organisationen als Antwort auf Umwelt- und ökonomische Zwänge entstanden sind und sich entsprechend auch wandeln.[30] Williamson selbst bestätigt, daß der Transaktionskostenansatz in einer informalen Weise "in the long run" auf der Perspektive der "Natürlichen Auslese" beruht.[31] Ein Rekurs auf das Modell der "Natürlichen Auslese" kann insofern gesehen werden, als es der theoretische Hintergrund für die Annahme darstellt, daß transaktionskostengünstiger operierende Unternehmungen diejenigen Unternehmungen mit einer gewissen Wahrscheinlichkeit ersetzen, die höhere Transaktionskosten aufweisen.[32]

In Konsequenz zu der dargelegten deterministischen Sichtweise des "Natural Selection Views" wird dem Management eine inaktive oder symbolische Rolle[33] zugeschrieben.[34]

Eher voluntaristisch orientiert ist der "Collectiv-Action View", welcher mit dem "Natural Selection View" die Analyseebene gemeinsam hat, da Populations- und Humanökologen[35] ihren Fokus auf Populationen richten, und mit dem "Strategic Choice View" die voluntaristische Sichtweise.

---

29 vgl. Porter (1981), S. 613
30 vgl. hierzu insbesondere Williamson (1981a) S. 1551 ff.
31 vgl. Williamson (1981), S. 574
32 Williamson (1981), S. 574
33 vgl. auch Kaufmann (1973), welcher in diesem Zusammenhang die traditionelle Organisations- und Managementtheorie als eine vom "myth of managerial omnipotence" geprägte Perspektive kritisiert, ebd., S. 307.
34 Obgleich sich Vertreter der "Natural Selection" Perspektive nicht explizit mit Individuen beschäftigen, können aus ihren Ansätzen Rollen für das Management abgeleitet werden: "Although selection always involves things which happen to individuals the effort is directed toward understanding the range of variations in morpholgical characteristics as displaced in some populations...", Freeman (1982), S. 3.
35 Nach Hawley (1950) beschäftigt sich die "Ökologie" vorrangig mit der vergleichenden Beschreibung von Gestalten bzw. Formen von Kollektiven: "Ecology ... is a study of the morphology of collective life", ebd. S. 67.

3.1.5 Zum "Collective-Action View"

Aus der Perspektive des "Collective-Action View" stellen Organisationen zuallererst ein Element einer interorganisationalen Gemeinschaft dar. Zentraler Ausgangs- und damit gleichzeitig auch zentraler Abgrenzungspunkt zu den "Populationsökologen" ist das Begriffsverständnis von Populationen seitens der sogenannten "Humanökologen",[36] welche Populationen nicht anhand ihrer gemeinsamen Beeinflußbarkeit durch die Umwelt definieren, sondern anhand ihrer internen Beziehungsstruktur. Für "Human-Ökologen" sind Populationen keine unzusammenhängende Agglomeration von Organisationen, sondern ein miteinander verbundenes integriertes System mit einem gewissen Grad an Einheitscharakter.[37] Erst ein gewisser Grad an organisationaler Einheit oder interorganisationalem Zusammenhalt transformiert eine Ansammlung von Organisationen zu einem Kollektiv und erst dann ist aus humanökologischer Sicht das Populationsphänomen gegeben. Das Entstehen eines solchen Zusammenhaltes wird auf funktionale Interdependenzen zurückgeführt, die sich aus komplementären Unterschiedlichkeiten zwischen verschiedenen Einheiten ergibt; speziell zwischen solchen Einheiten, die eine sogenannte "symbiotische"[38] Beziehung haben (vertikal verflochtenen Unternehmungen).[39] Im Gegensatz zu den "Populationsökologen", die Organisationen durch direkte Konfrontation mit der natürlichen oder exogenen Umwelt als in einen kompetetiven Überlebenskampf gedrängte Elemente betrachten, deren Schicksal durch exogene Kräfte bestimmt werden, sehen "Sozialökologen"[40], "Humanökologen"[41] und "Theoretiker der gesellschaftlichen Planung"[42] Organisationen aus einer mehr voluntaristischen Sicht, die durchaus durch kollektive Aktionen regulierend und kontrollierend auf die Umwelt einwirken und durch Zusammenarbeit ihre Umwelt gestalten können und damit gemeinsam Überleben. Konsequenterweise wird das Augenmerk nicht wie bei den "Populationsökologen" auf die Evolutionsmechanismen gerichtet, sondern auf die Mechanismen, die das kollektive Überleben von Organisationen sicherstellen. Der Schlüssel hierfür ist das interorganisationale Netzwerkkonzept.[43] Ein Netzwerk ist nach Astley, Van de Ven (1983) "... an interlocking system of exchange relationships negotiated between members of different organizations as they jointly shape their environments."[44] Ein interorganisationales Netzwerk aus der Perspektive des "Collective-

---

36 Prominentester Vertreter ist Hawley (1950)
37 vgl. Hawley, (1968), S. 328 ff.
38 Hawley definiert "symbiosis" als eine "mutual dependence between unlike organizations." Hawley (1950), S. 36
39 vgl. Astley, Van de Ven (1983), S. 258 f. sowie Cook (1977), S. 69 f. und Pfeffer, Nowak (1976), S. 402
40 Emery, Trist (1973)
41 Hawley (1950), ders. (1968)
42 Vickers (1965), Schon (1971), Warren et al. (1974)
43 Auf strategische Netzwerke wird in Abschnitt 4.3 dieser Arbeit zurückzukommen sein.
44 Astley, Van de Ven (1983), S. 251, vgl. auch Cook (1977), S. 62 ff., Benson (1975), S. 230 f., Emerson (1972), S. 70

Action View" ist folglich ein System von Austauschbeziehungen, hervorgebracht und ausgehandelt von symbiotisch interdependenten (vertikal verflochtenen) Organisationen. Dabei wird angenommen, daß Netzwerkteilnehmer im Laufe der Zeit spezialisierte Rollen einnehmen.[45] Die interne politische Struktur des Netzwerkes wird jedoch innerhalb der Perspektive des "Collective-Action View" unterschiedlich gesehen. Während aus einer eher harmonischen Sichtweise "Theoretiker der gesellschaftlichen Planung" Netzwerke als pluralistische Beziehungsstrukturen ansehen, in denen die Machtmittel tendenziell gleich verteilt sind und durch "negotiated order" die Ziele anderer Netzwerkmitglieder berücksichtigt werden oder werden sollten,[46] stellt sich Benson (1975) ein interorganisationales Netzwerk "as a political economy concerned with the distribution of two scarce resources, money and authority"[47] vor und eher marxistische Vertreter gehen sogar von hegemonistischen Beziehungsstrukturen aus, in denen vorherrschaftliche Kontrolle dominiert, d.h. mächtige Organisationen auf Kosten der Schwachen ihre Interessen durchsetzen.[48] Ob in Netzwerken unterschiedliche Machtverteilungen vorliegen oder sich entwickeln und eher Selbstinteressen statt kollektiven Zielen gefolgt wird, kann sicherlich nicht allgemein gültig konstatiert werden. Erst die Empirie kann hierüber Aufschluß geben.

Dem Management wird der Sichtweise entsprechend eine zentrale interaktive Rolle zugeschrieben.

3.1.6 Implikationen für die weitere Vorgehensweise und metatheoretische Positionierung

Wird Astley, Van de Ven (1983) gefolgt, wonach organisationstheoretische Forschung im Kontext der beschriebenen vier Perspektiven erfolgen kann, so erscheint es zunächst, als daß aufgrund der unterschiedlichen metatheoretischen Annahmen sich ein Forscher für eine der Perspektiven entscheiden muß. Wird davon ausgegangen, daß als *Analyseebene* diejenige zu wählen ist, auf der das zu untersuchende Phänomen "Strategische Allianzen" anzusiedeln ist,[49] dann rücken *"Makro-orientierte-Perspektiven"*[50] zunächst in den Vordergrund.

---

45 vgl. Van de Ven et al. (1974), S. 113 ff., zu einem solchen Netzwerkkonzept, in welchem die Partner sich sogar nur auf eine Wertaktivität spezialisiert haben, vgl. Miles, Snow (1986), S. 62 ff.

46 Vgl. Astley, Van de Ven (1983) in Bezug auf Schon (1971), Metcalfe (1974) und Trist (1979)

47 Benson (1975), S. 229

48 vgl. Clegg (1981), Perrow (1981)

49 vgl. Scott (1986), S. 32 f. sowie Pfeffer (1982) S. 14 ff.

50 Organisationstheoretische Ansätze, denen eine Makroorientierung zugrunde liegt, sind nach Astley, Van de Ven innerhalb der "Natürlichen Selektionsperspektive": "Populationsökologische Ansätze", "Industrieökonomische Ansätze" und "ökonomisch orientierte Historiker". Zur Perspektive des "Collective Action View" zählen sie "Human-Ökologen", "Sozial-Ökologen", Vertreter der gesellschaftlichen Planung und aus politischer Sicht argumentierende Ökonomen, vgl. Astley, Van de Ven (1983), S. 247 ff.

Eine Beleuchtung "strategischer Allianzen" im Kontext dieser Ansätze setzt in einem ersten Schritt eine Auseinandersetzung mit dem Populationsbegriff voraus, da Populationen die grundlegende Analyseeinheit dieser Perspektiven darstellen und die Begriffsbestimmung innerhalb der beiden Makro-Perspektiven unterschiedlich vorgenommen wird. Aus Sicht der "Natural Selection" Perspektive werden Populationen von Vertretern des "Population-Ecology-View" definiert als Aggregate von Organisationen, die durch eine relative Homogenität gekennzeichnet sind und in einem kompetetiven Beziehungsverhältnis zu einander stehen, während "Humanökologen" erst dann von einer Population sprechen, wenn Organisationen miteinander verbunden sind und zwar so, daß entweder ein bestimmter Grad von organisationaler Einheit gegeben ist oder ein interorganisationaler Zusammenhalt ihr zugeschrieben werden kann. Zum Wesen horizontaler strategischer Allianzen gehört einerseits, daß ein gewisser Grad von relativer "Homogenität" im Sinne eines Verwandtschaftsgrades[51] zwischen den Partnern besteht oder bestehen sollte und die Alliierten in den nicht der strategischen Allianz unterliegenden Geschäftsfeldern ex definitione in aktuellen oder potentiellen Wettbewerbsbeziehungen (kompetetive Beziehung) stehen; andererseits jedoch die Partner in unterschiedlichen Graden miteinander verbunden sind. Obgleich nicht eine organisationale Einheit gegeben ist,[52] wird durch horizontale Organisation der gemeinsamen Aktivitäten und Interaktionen eine temporäre Organisation geschaffen. Damit kann das Phänomen strategische Allianzen partiell *sowohl im Kontext der Perspektive der "Natürlichen Auslese" als auch in der Perspektive des Collective-Action View"* diskutiert werden. Die konträren deterministischen und voluntaristischen Sichtweisen können dabei durch eine *Position des gemäßigten Voluntarismus*[53] aufgelöst werden, die mit Kirsch et al. (1979) wie folgt zu kennzeichnen ist:

> "Für einen gemäßigten Voluntaristen stellt sich nicht die Frage, ob man komplexere Systeme überhaupt planen und lenken kann. Soziale Systeme, vor allem Organisationen, sind grundsätzlich durch Willensakte veränderbar. Für einen gemäßigten Voluntaristen bleibt jedoch die Frage offen, wie viel man unter Einsatz welcher Mittel durch Willensakte bewältigen kann."[54]

Die Einnahme dieser Position ist für die vorliegende Arbeit insofern von Notwendigkeit, da zum einen ohne die grundsätzliche Möglichkeit der gestalterischen Einflußnahme seitens der Individuen bzw. Organisationen, der Entwurf und die Diskussion einer organisatorischen Konzeption, die Gestaltungsentwürfe respektive Bausteine explizieren soll, nicht nur für die unternehmerische Praxis, sondern auch für die betriebswirtschaftliche Theorie nur von bedingten Nutzen wäre; und zum anderen, weil nicht von einer grundsätzlichen Machbarkeit ausgegangen werden kann, da strategische Allianzen komplexe Gebilde sind und

51 vgl. hierzu Abschnitt 2.3.1 dieser Arbeit.
52 vgl. hierzu Kapitel 2 dieser Arbeit.
53 vgl. hierzu Kirsch (1977), Kirsch et al. (1979), S. 232 f.,
54 Kirsch et al. (1979), S. 232

ex definitione kein Autorisierungsrecht der Partner gegeben ist (kein Unternehmen beherrscht die anderen). Im Hinblick auf die Umweltbeziehungen bringt der gemäßigte Voluntarismus zum Ausdruck, daß die Entwicklungen im Umfeld nur begrenzt steuerbar sind.[55] Aufgrund der Gegebenheit, daß strategische Allianzen in einem durch Dynamik und Komplexität zu kennzeichnendem Umfeld operieren - wie empirische Untersuchungen zeigen[56] - und in interorganisationalen Beziehungsnetzen eingebettet sein können, wird die begrenzte Steuerbarkeit der externen Entwicklungen sichtbar. Auf die damit verbundenen Konsequenzen wird in Abschnitt 3.3 dieses Kapitels zurückzukommen sein.

Makroorientierte Perspektiven behandeln jedoch aufgrund ihrer Analyseebene Organisationen als "black boxes". Einer Untersuchung der Forschungsfrage "wie strategische Allianzen institutionalisiert werden können", kann nicht umfassend nachgegangen werden, wenn die an ihnen beteiligten Organisationen als "black boxes" betrachtet werden, da strategische Allianzen durch die Verbindung zweier oder mehrerer Organisationen entstehen, welche u.a. durch ihre spezifischen Kulturen, Organisationen und Führungssysteme diese Formation beeinflussen. Zudem hängt der Erfolg oder Mißerfolg strategischer Allianzen wesentlich von den an ihnen beteiligten Individuen ab. Mikroorientierte Ansätze thematisieren unstreitig individuenbezogene Problemfelder. Folglich ist ein theoretischer Bezugsrahmen zu entwickeln, der sowohl *makro- als auch mikroorientierte Perspektiven* als theoretische Bausteine zu beinhalten erlaubt. Die Makro/Mikro-Dichotomie läßt sich dabei mit Jantsch (1979) durch das Konzept der *Koevolution* auflösen.

> "Es (das Koevolutionsprinzip, Anm.d.Verf.) besagt ..., daß jedes System mit seiner Umwelt über Kreisprozesse verbunden ist, die eine Rückkoppelung in der Evolution beider Seiten bewirken. ... Der ganze Komplex System-plus-Umwelt evolviert als ein Ganzes."[57]

Wird im folgenden von einem koevolutionären Zusammenhang ausgegangen bedeutet dies gleichzeitig, daß den Extrempositionen Determinismus und Voluntarismus nicht gefolgt werden kann. Was den Determinismus betrifft, insofern nicht, als damit der Annahme eines einseitig verhaltensbestimmenden Einflusses exogener Kräfte die These der wechselseitigen Abhängigkeit gegenübergestellt wird[58] und dem Voluntarismus insofern nicht, als die Umwelt mit Jantsch nicht einseitig einem machtvollen eingreifenden System angepaßt werden kann.[59] Die hier und im folgenden eingenommene Position eines gemäßigten Voluntarismus kann damit als kompatibel mit dem im folgenden unterstellten Prinzip der Koevolution betrachtet werden.

---

55 vgl. Maaßen (1986), S. 6
56 vgl. Abschnitt 1.1 dieser Arbeit.
57 Jantsch (1979), S. 130
58 vgl. Jantsch (1979), S. 130
59 vgl. Jantsch (1979), S. 130

Wird durch die damit eingenommene metatheoretische Position in der Mitte der Klassifizierungsmatrix von Astley, van de Ven (vgl. Abb. 2-1) nicht etwas unmögliches angestrebt ?

(1) Astley, Van de Ven (1983) gehen selbst - wie eingangs hervorgehoben - davon aus, daß erst das Wechselspiel zwischen den verschiedenen Perspektiven ein umfassendes Verständnis der Realität vermittelt, da jegliche Schulen nur einen Teilaspekt der Realität ausfiltern. Sie plädieren damit letztlich für einen multiperspektivischen Ansatz.

(2) Der Klassifizierungsansatz von Astley, Van de Ven (1983) bietet Raum für mittlere Positionen, sowohl im Hinblick auf die Analyseebene als auch im Hinblick auf die unterschiedlichen weltanschaulichen Standpunkte über die Freiheit menschlichen Handelns. Die punktierten Linien an den Längsseiten der Matrix, welche in Abb. 3-1 wiedergegeben ist, zeigen, daß Astley, Van de Ven die jeweiligen Extremas als Endpole eines Kontinuums auffassen. Würde den Dimensionen eine mittlere Ausprägung hinzugefügt, könnte die Position eines gemäßigten Voluntarismus in der Mitte zwischen Determinismus und Voluntarismus positioniert werden und das Prinzip der Koevolution zwischen der Makro- und Mikro-Ebene. Hiermit öffnen sich dann auch die einzelnen abgegrenzten Matrixfelder und bieten Raum für mittlere Positionen. Anhand einzelner in der Matrix angeführten organisationstheoretischen Schulen läßt sich beispielhaft aufzeigen, daß diese auch eher in der Mitte zu positionieren wären als an den Extrempunkten.

Die Verwischung der Mikro-Makro-Grenzen läßt sich beispielhaft an den neueren Systemtheoretischen Ansätzen (System-Structural View), den Ansätzen zum Strategischen Management (Strategic Choice View), welche nicht als voneinander unabhängig zu sehen sind und dem Transaktionskostenansatz (Natural Selection View) aufzeigen. Neuere Systemtheoretische Ansätze betrachten Organisationen als eingebettet in die Umwelt bzw. als ein Element eines größeren Systems wie Branchen, Regionen, Gesellschaften und Ökosysteme[60] und erarbeiten entsprechende Gestaltungsempfehlungen im Einklang mit der relevanten Systemumwelt. Auch die Ansätze zum Strategischen Management, die sich vereinzelt auf die Systemtheorie stützen, thematisieren seit den bahnbrechenden Arbeiten von Porter in den achtziger Jahren, welcher die Erkenntnisse aus der "industrial economics" auf die Managementtheorie übertrug,[61] Wettbewerbsaspekte auf der Branchenebene. "Industrieökonomen" werden von Astley, Van de Ven jedoch dem "Natural Selection View" auf der Makro-Ebene zugeordnet. Eine klare und eindeutige Trennung zwischen Mikro und Makro ist vor diesem Hintergrund nicht mehr möglich, vielmehr schiebt sich eine "semimikroanalytische"Ebene dazwischen, in welche auch Williamson (Transaktionskostenan-

---

60 vgl. bspw. Dyllick (1982), Ulrich (1988), Probst, Gomez (1989). Zu einem Überblick über evolutionäre Ansätze der Organisations- und Managementtheorie vgl. Semmel (1984)

61 vgl. insbesondere Porter's "Competitive Strategy" (1980) und Porter (1981), S.609ff. sowie zu den Trends im strategischen Management, Müller-Stewens (1984), S. 106 ff.

satz/"Natural Selection View") eingeordnet werden kann und sich selbst auch einordnet.[62] Selbst die Hinweise über die Rolle des Managements zeigen, daß aus makroorientierten Perspektiven individualistische Rollenaspekte abgeleitet werden können (vgl. Abb. 3-1).

Auch hinsichtlich der Extrempositionen "Determinismus" und "Voluntarismus" können bei den klassifizierten Schulen Ansätze mit mittleren Positionen identifiziert werden. Am deutlichsten zeigt sich die Verschwimmung der Grenzen zwischen Determinismus und Voluntarismus bei den Ansätze zum Strategischen Management. Kirsch[63] wie auch das St. Galler Modell[64] lassen sich eher in der Mitte einordnen und dadurch, daß auch "makroökonomische" Aspekte mit in ihre Konzeptionen einbezogen werden, wandern sie gleichzeitig auch noch nach oben und damit in die Mitte der Matrix. Die angeführten Ansätze sprengen damit das ihnen von Astley, Van de Ven zugeordnete Feld. Die Klassifizierungsmatrix öffnet sich hierdurch zur Mitte hin und bietet Raum für mittlere Positionen, wie sie hier eingenommen wurden. Damit zerstört sich die Heuristik jedoch bis zu einem gewissen Grad[65] selbst. Ein systematisierter Multiperspektivenansatz sollte insofern von einer anderen Systematisierung ausgehen.

Der im folgenden vorzustellende Ansatz von Bolman, Deal (1984) verspricht eine in sich konsistentere Klassifizierung. Darüber hinaus verkörpert er ein Potential zur Einordnung der hier vorgestellten "Haupt"-Schulen der Organisations- und Managementtheorie,[66] auf die im Laufe der Untersuchung zurückzukommen sein wird.

3.2 Der Systematisierungsansatz von Bolman, Deal als Multiperspektivenansatz der Untersuchung

In ihrem Werk "Modern Approaches to Understanding and Managing Organizations" verbinden Bolman und Deal die verschiedenen organisationstheoretischen "Haupt"-Schulen in relativ kohärente Perspektiven, legen ihre grundlegenden Sichtweisen, Annahmen und darauf basierenden Empfehlungen, Anwendungsmöglichkeiten und Grenzen offen und geben praktische Anleitung - untermalt von Fallbeispielen - wie Manager sich aus verschiedenen Perspektiven an Probleme annähern können.[67]

62 vgl hierzu Williamson (1981), S. 574

63 vgl. Kirsch, Esser, Gabele (1979), S. 232 f., Kirsch (1984), S. 605 ff., Trux, Müller, Kirsch (1985), Kirsch, Maaßen (1989), Kirsch (1990)

64 vgl. Ulrich, Krieg (1974), Ulrich (1982), Probst (1981), Malik, Probst (1981)

65 Es verbleibt insofern noch ein heuristischer Wert, als die eigene Sichtweise mit Hilfe ihrer Klassifizierungsmatrix aus einer Außenperspektive - wie hier beabsichtigt und erfolgt - beschrieben und legitimiert werden kann.

66 Im Systematisierungsansatz von Bolman, Deal (1984) finden einige hier angesprochenen und später heranzuziehenden Ansätze keine Berücksichtigung, so z.B. die unter dem "Collective-Action View" subsumierten Ansätze, vgl. ebd.

67 vgl. Bolman, Deal (1984)

3.2.1 Grundlegendes zum Konzept

Von der gleichen grundlegenden Annahme wie Astley, Van de Ven ausgehend, daß die jeweiligen Perspektiven nur einen Teilaspekt der Realität ausfiltern, da jede ihre eigene Vorstellung über die Welt hat und deshalb erst die verschiedenen Sichtweisen ein umfassenderes Verständnis von Organisationen und ein breiteres Spektrum von Optionen für das Management offenlegen, plädieren sie letztlich für einen Multiperspektivenansatz. In ihrem Systematisierungsansatz spezifizieren sie im Gegensatz zu Astley, Van de Ven (1983) nicht explizit Unterscheidungs- bzw. Klassifizierungsdimensionen, sondern nach ihnen ergibt sich die Gruppierung anhand der den Ansätzen zugrundeliegenden gemeinsamen Vorstellungen bzw. Sichtweisen von Organisationen, ihren grundlegenden Annahmen und Lehrsätzen. Als zentrale metatheoretische Klassifizierungskriterien können jedoch Begriffsschemata und die damit verbundenen Fokusse, auf welche sich das Forschungsinteresse richtet, identifiziert werden. Ausdrücklich gehen auch Bolman und Deal dabei davon aus, daß eine Mikro/Makro-Dichotomie den Pluralismus des Feldes zu sehr vereinfachen würde und den Gedanken nahelege, daß eine von beiden die richtigere wäre.[68] "Makroorientierte-Schulen" - sofern sie überhaupt berücksichtigt[69] werden - werden in ihrem konzeptionellen Ansatz im Kontext der Perspektiven erfaßt, die Bolman, Deal als: "Strukturelle Perspektive", "Human-Ressourcen Perspektive", "Politische Perspektive" und "Symbolische Perspektive" bezeichnen.[70]

3.2.2 Die Strukturelle Perspektive

Organisationstheoretische Schulen, die zur "Strukturellen Perspektive" gerechnet werden, sind sämtliche klassischen organisationstheoretischen Ansätze, die in Astley, Van de Ven's Terminologie die "System-Struktur Perspektive" konstituieren.[71] Ihr Fokus auf Strukturen verleiht Ihnen diese Bezeichnung. Ausgehend von der Annahme, daß Organisationen zielgerichtete Organisationen sind, die primär existieren, um aufgestellte Ziele zu erfüllen,[72] wird das Forschungsinteresse vorrangig auf die Suche nach Wegen gerichtet, wie organi-

---

68 vgl. Bolman, Deal (1984), S. 233

69 So wird zwar das Konzept der "Natürlichen Auslese" der "Populationsökologen" thematisiert, jedoch nicht das der "Humanökologen" und obgleich explizit "public organizations" gleiche Beachtung geschenkt wird - vgl. Bolman, Deal (1984), S. Xii - auch nicht die Ansätze der sogenannten "Interorganisationstheorie" oder allgemein nach Astley, Van de Ven's Terminologie der "Collective Action View".

70 vgl. Bolman, Deal (1984)

71 vgl. Bolman, Deal (1984), S. 30 ff. Bolman, Deal führen hier u.a. die bereits in Abschnitt 1.2 dieser Arbeit angeführten Forscher wie Taylor (1911), Fayol (1919), ders. (1949), Gulik, Urwick (1937), Max Weber (1947) an sowie Vertreter der sogenannten Kontingenztheorie wie Lawrence, Lorsch (1967), und vgl. ebd. S. 191 ff. Burns, Stalker (1961), Woodward (1970). Aber auch entscheidungsorientierte Ansätze, die von einer rationalen Perspektive heraus argumentieren. Hier werden Simon (1947), March, Simon (1958) angeführt.

72 vgl. Bolman, Deal (1984), S. 31

sationale Strukturen zu entwickeln sind, die am besten zu den Zielen der Organisation und den Anforderungen der Umwelt passen.[73] Geleitet von einer rationalen Perspektive (im Sinne eines Mittel-Zweck-Denkens) wird dabei davon ausgegangen, daß Organisationen am effektivsten (zielwirksam) arbeiten, wenn Ziele und policies klar sind, Aufgaben klar definiert sind, Verantwortung klar verteilt ist, Kontrollsysteme installiert sind und Mitarbeiter sich rational verhalten, d.h. relevante Informationen untersuchen und die beste Entscheidung anhand von Fakten treffen.[74] So werden Erscheinungen wie beispielsweise, daß Mitarbeiter keine rationalen Entscheidungen treffen darauf zurückgeführt, daß Aufgaben nicht klar definiert sind. Folglich sind Jobbeschreibungen, strenge Kontrollen oder bessere Überwachung von Nöten, um dieses Problem zu lösen. Grundsätzlich entstehen aus dieser Perspektive Probleme, wenn die Struktur nicht der Situation entspricht.[75] Konsequenterweise werden Restrukturierungsmaßnahmen als Lösung für alle möglichen Probleme von Organisationen angesehen.

Das damit nicht strukturellen Faktoren zu wenig Beachtung geschenkt wird, liegt auf der Hand. In Bezug auf die Human Ressourcen kritisiert z.B. Argyris[76] die Vernachlässigung von individuellen Bedürfnissen nach Selbstbestimmung und Unabhängigkeit. Diesen keinen Raum gebend, vergessen "Strukturalisten" häufig, daß Strukturen nur dann organisationales Verhalten steuern können, wenn diese von den Betroffenen auch akzeptiert werden. Nach Argyris führt die Strukturperspektive zu Ineffizienz und organisationalem Verfall.[77] Im Extrem kreiert die Strukturlogik maschinenähnliche Monotonie und unvernünftige Inflexibilität durch Bürokratismus. Die Sichtweise des Strukturfunktionalismus von Organisationen entspricht vor diesem Hintergrund metaphorisch der einer "Maschine".[78]

3.2.3 Die Human-Ressourcen Perspektive

Aus Sicht der Human-Ressourcen Perspektive können Organisationen erst dann effektiv operieren, wenn die Organisation nach den Menschen ausgerichtet ist.[79] Grundlegender Hintergrund hierfür ist die Annahme, daß Menschen die kritischen Ressourcen einer Organisation sind. Ihre Fähigkeiten, Ideen, Energie und comittments lassen die Organisation entstehen und vergehen.[80] Organisationen existieren nicht in erster Linie, um aufgestellte

---

73 vgl. ebd., S. 2 und S. 31
74 vgl. ebd. S. 23
75 vgl. hierzu die Ausführungen zur Kontingenztheorie in Abschnitt 1.2 dieser Arbeit.
76 vgl. Argyris (1957), ders. (1964)
77 vgl. auch Mc Gregor's harte Version der "Theorie X", welche nach ihm zu geringer Produktivität, militanten und antagonistischen Mitarbeiterverhalten führt. Zentrale Annahme der "Theorie X" ist, daß es Aufgabe des Managements ist, aktiv die Arbeit von Untergebenen zu steuern und zu kontrollieren durch Druck, straffe Kontrollen und Bestrafungen. Vgl. Mc Gregor (1960)
78 vgl. hierzu auch Neuberger, Kompa (1987), S. 22 f.
79 vgl. Mc Gregor (1960), Argyris (1957, ders. (1964)
80 vgl. Bolman, Deal (1984), S. 64

Ziele zu erfüllen, wie dies aus struktureller Perspektive angenommen wird, sondern um menschlichen Bedürfnissen zu dienen, aber nicht umgekehrt.[81] In Konsequenz liegt der Fokus auf Beziehungen zwischen Individuen und der Organisation, auf der Suche nach Wegen, einen besseren Fit zwischen individuellen Bedürfnissen, Fähigkeiten und Werten und den formalen Rollen und Beziehungsstrukturen, welche auch in ihre Sichtweise notwendig für eine kollektive Zielerreichung sind, zu entwickeln. Gestützt auf der grundlegenden Annahme, daß ein Misfit zwischen Individuen und Organisationen für beide Seiten von Nachteil ist, da Individuen ausgebeutet werden oder versuchen die Organisation auszubeuten oder beides,[82] ein Fit hingegen für beide Seiten von Vorteil wäre. Für die Mitarbeiter, da diese dann eher sinnvolle und zufriedenstellende Arbeiten verrichten können, weil die Organisationen sich an den Individuen ausrichtet und für die Organisation, da Ressourcen und "bessere" Arbeitsergebnisse geliefert würden, welche diese für die Erfüllung ihrer Mission braucht. Organisationen und Menschen brauchen sich damit gegenseitig; Organisationen die Ideen, Energie, Fähigkeiten und Talente der Menschen, während anderseits den Menschen Entgelt, Arbeits- und Karrieremöglichkeiten geboten werden.[83] Diese wechselseitigen Abhängigkeiten von Personen und Organisation ist eine zentrale These der Anreiz-Beitrags-Theorie von March und Simon, welche ein Überleben von Organisationen davon abhängig sehen, ob die Beiträge von Organisationsteilnehmern in genügendem Maße ausreichen, um diese in der Organisation so in (monetäre und nicht monetäre) Anreize umzuwandeln, daß diese Anreize Organisationsteilnehmer dazu veranlassen, ihr Arbeitsverhältnis aufrechtzuerhalten.[84] Dabei wird von einer subjektiven Bewertung der Anreize nach den jeweiligen Wertmaßstäben des Organisationsteilnehmers und der ihm offen stehenden Alternativen ausgegangen. Werden die von der Organisation gewährten Anreize von den Organisationsteilnehmern als mindestens so groß wie die von ihnen geforderten Beiträge bewertet, so werden diese - nach der Anreiz-Beitrags-Theorie - ihr Arbeitsverhältnis aufrechterhalten.[85]

Damit wird deutlich, daß auch aus dieser Perspektive einer instrumentalen Rationalität (Mittel/Zweck Denken) gefolgt wird, jedoch unter Berücksichtigung der Bedürfnisse von Individuen.

Probleme werden aus dieser Perspektive nicht, wie in der Strukturellen Perspektive, auf falsche oder unzureichende Strukturen zurückgeführt, sondern auf individuumbezogene Faktoren, da menschliches Handeln auf personale Faktoren und Charakteristika wie Bedürfnisse, Wünsche, Glauben, Einstellungen und Fähigkeiten oder Unfähigkeiten zurück-

---

81 vgl. Bolman, Deal (1984), S. 65
82 vgl. Argyris (1957), ders. (1964)
83 vgl. ebd. S. 65
84 vgl. March, Simon (1976)
85 vgl. March, Simon (1976), S. 81

geführt wird. In Konsequenz werden falsche Einstellungen, abgeschleifte Persönlichkeiten, Mangel an Kompetenz oder divergierenden Werten und/oder unterdrückte Bedürfnisse als die zentralen Ursachen von Problemen angesehen.[86] Folglich gilt der Untersuchung von Bedürfnissen, Werten, Einstellungen und Persönlichkeiten, welche eine grundlegende Säule der darauf aufbauenden Motivationstheorien dieser Perspektive darstellen, die zentrale Aufmerksamkeit.[87] Motivation statt Kontrolle wird als zentrales Erfolgsrezept propagiert und als das entscheidende Instrument eines Human-Ressourcen-Managements angesehen.[88] Hierbei stellt sich jedoch die Frage, wie Mitarbeiter motiviert werden können, wenn davon ausgegangen werden kann, daß Individuen unterschiedliche Motive haben und daß deswegen Motivationsmaßnahmen unterschiedlich in ihren Wirkungen sein können. Maaßen (1986) schlägt vor diesem Hintergrund vor, Motivationsdefizite von Führungspersonen aus den Aussagen der Mitarbeiter zu analysieren, welche in Mitarbeitergesprächen eruiert werden sollten.[89] Weitere auf die Verbesserung der Beziehungen zwischen Individuen und Organisation gerichtete Konzepte sind: "Partizipatives Management"[90], "organisatorische Demokratisierung"[91] durch formale Verankerung der Partizipationsmöglichkeiten der Mitarbeiter in Entscheidungsprozessen, "**M**anagement **by** **O**bjectives" (MbO: Management durch Zielvereinbarung),[92] "Management Development Programs"[93] und Konzepte zur "Organisationsentwicklung".[94]

Human-Ressourcen-Ansätze sind und werden von vielen Seiten kritisiert.[95] Eine der wenigen fundierten Kritiken ist, daß Vertreter der Human-Ressourcen Perspektive implizit von einem Bild gleichstarker Verhandlungspartner ausgehen und damit den in Organisationen existenten unterschiedlichen Machtpotentialen zu wenig Beachtung schenken. Welche Bedeutung politischen Aspekten in der Diskussion humanorientierter Konzepte zukommt und wie ein unkritisches Plädoyer für solch gut gemeinten Konzepte in Frage zustellen ist, zeigt folgendes Ergebnis eines von Bolman, Deal durchgeführten Interviews mit einer Gruppe von Managern der mittleren Führungsebene beispielhaft auf.[96] Auf die von ihnen gestellte

---

86 vgl. Bolman, Deal (1984), S. 5 sowie S. 21
87 Ausgelöst wurde die Human-Relations-Bewegung durch die empirischen Forschungsergebnisse von Roethlisberger, Dickson (1939), vgl. hierzu auch Mayo (1945). Zu Motivationstheorien vgl. Maslow (1954), Herzberg et al. (1959), Staehle (1989), S. 144 ff. und dort angegebene Literatur, aus psychologischer Sicht stellvertretend Vroom (1964). In Abschnitt 5.1.2 und 5.2.5 dieser Arbeit wird auf einzelne Motivationstheorien zurückzukommen sein.
88 vgl. z.B. Walsh (1986), S. 147 ff.
89 vgl. Maaßen (1986), S. 116 ff.
90 vgl. Mc Gregor a.a.o., Argyris a.a.o., welches den Mitarbeitern mehr Einfluß auf Entscheidungen, die ihre Arbeit betreffen, gewährleisten soll.
91 vgl. Bolman, Deal (1984), S. 88 ff. und 205 ff. sowie die dort angegebene Literatur.
92 vgl. hierzu Maaßen (1986), S. 124 ff.
93 vgl. hierzu Maaßen (1986), S. 240 ff.
94 vgl. dazu Friedlander, Brown (1974), Alderfer (1977), Bennis (1969), French, Bell (1973)
95 vgl. stellvertretend Kieser, Kubicek (1978), S. 27 ff. und dort angegebene Kritiker.
96 vgl. hierzu Bolman, Deal (1984), S. 80

Frage, wie gut das in diesem Unternehmen eingeführte MbO Programm funktioniere, war die erste Antwort, daß Sie gar kein MbO Programm hätten, sondern ein MbT ("**M**anagement **b**y **T**error"), da sie realiter manipuliert werden, in Ziele einzuwilligen, die sie als unrealistisch betrachten und bei der Nichteinhaltung "ihrer selbst gesetzten Ziele" bestraft werden. Macht und politics stellen fundamentale Barrieren zur Steigerung der Kongruenz zwischen Individuen und Organisationen dar. Eine Mitberücksichtigung politischer Prozesse nicht nur als Problem, daß es zu lösen gilt, sondern als ein existentes Phänomen in Organisationen ist - wie allein das Beispiel zeigt[97] - selbst aus personalistischer Perspektive erforderlich.

3.2.4 Die Politische Perspektive

Die Verfolgung von Selbstinteressen und Machtspiele stellen aus politischer Perspektive natürliche und grundlegende Prozesse in und um Organisationen dar. Organisationen werden als Arenen von knappen Ressourcen angesehen, in denen Macht und Einfluß ständig die Allokation der Ressourcen beeinflussen. Dabei werden Organisationen nicht als eine monolithe Einheit betrachtet, wie dies aus struktureller Perspektive angenommen wird, sondern als Koalitionen verstanden, welche aus einer Anzahl von Individuen und Interessengruppen zusammengesetzt sind, die sich in ihren Werten, Präferenzen, Glauben, vorhandenen Informationen und Annahmen unterscheiden.[98] Erstmals interpretierten Cyert und March (1963) die Organisation als Koalition von Individuen, die in der Regel in Unter-Koalitionen organisiert sind. Dabei gehen sie davon aus, daß Koalitionsmitglieder[99] individuelle Ziele verfolgen, die als Ziele für die Organisation in den Zielbildungsprozeß eingebracht werden und in einem Verhandlungsprozeß in Ziele der Organisation umgewandelt und festgelegt werden. Damit wird die Struktur-Perspektive der vorgegebenen, von den Autoritäten festgelegten Ziele in Frage gestellt und Ziele letztlich als ein Output derjenigen dominierenden Interessengruppen angesehen, die im ongoing process von Verhandlungen ihre relativen Machtpotentiale erfolgreich mobilisieren konnten. Diese Sichtweise spiegelt sich dann auch in den Annahmen wider, wie Entscheidungen getroffen werden: "The way decisions get made depends mostly on who has the most power"[100] und werden damit letztlich gleichfalls als Resultat von Verhandlungen und Kompromissen angese-

---

97 Auch wenn die empirische Untersuchung von Bolman, Deal nicht dem Repräsentativitätskriterium genügt, vgl. Bolman, Deal (1984) und somit nicht verallgemeinerungsfähig ist, zeigt es reale Phänomene in Organisationen auf.

98 vgl. Bolman, Deal (1984), S. 109 ff. und S. 211

99 Als Koalitionsmitglieder gelten dabei nicht nur Organisationsmitglieder wie Arbeitnehmer und Führungskräfte, vielmehr werden auch hierunter Lieferanten, Kunden, Steuerbehörden etc. verstanden. Damit wird der Begriff der Organisation sehr weit gefaßt und die Grenzen zum Umfeld verschwinden.

100 Bolman, Deal (1984), S. 21

hen.[101] Damit wird gleichzeitig die Annahme unbeeinflußter Entscheidungsfindungsprozesse von durch diese Entscheidungen Betroffenen in Frage gestellt[102] und auf die Möglichkeit der Untergrabung legalisierter Machtpotentiale aufmerksam gemacht. Die gleiche Sichtweise wird auch gegenüber organisationalen Strukturen als ein Resultat von Machtkämpfen und Wechselspiel zwischen politischen Interessen vertreten.[103] Das organisationale Design ist dann keine Frage mehr, welches Ziel verfolgt wird - als Ausgangspunkt für eine zielorientierte organisationale Gestaltung -, sondern eine Frage wessen Zielen gefolgt wird.

Probleme treten aus dieser Perspektive auf, wenn Macht ungleich verteilt ist und damit Konflikt vorprogrammiert ist oder so breit verteilt ist, daß die Handlungsfähigkeit der Organisation nicht gewährleistet ist.[104] Macht, Konflikt[105] und die Distribution von knappen Ressourcen werden als die zentralen Probleme in Organisationen angesehen. Folglich wird der Fokus auf diese Erscheinungen gerichtet, auf die Quellen von Macht verschiedener sozialer Aktoren,[106] auf die Bedingungen unter denen Macht verwendet wird,[107] und Strategien und Taktiken[108] zur Handhabung entwickelt.

Die politische Perspektive weist - wie gezeigt - auf existente dynamische Prozesse in Organisationen hin, die sowohl in der strukturellen als auch in der Human-Ressourcen Perspektive nicht oder nur implizit berücksichtigt werden. Der Fokus auf politics und die Überbeto-

---

101 vgl. zu politischen Modellen, die ihren Fokus auf Entscheidungen und Allokation als Resultat von interaktiven Konfrontationen zwischen unterschiedlichen Aktoren richten, Baldridge (1971), Gamson (1968), Pettigrew (1973, Zald (1965), Pfeffer et al. (1976)

102 vgl. hierzu auch das Modell von Easton (1965), auf welches im Laufe der Arbeit zurückzukommen ist.

103 vgl. Pfeffer (1978), S. 223 ff. ders. (1981)

104 vgl. Bolman, Deal (1984), S. 5

105 Aufgrund der Annahme, daß Individuen und Interessengruppen sich in ihren Bedürfnissen, Werten, Präferenzen, Annahmen und Sichtweisen unterscheiden wird Konflikt als Folge erwartet. Der Grad, die Intensität und die Form des Konflikts varriert mit den Beteiligten und - wie kann es anders sein - der Form wie diese ihre Macht mobilisieren.

106 vgl. French, Raven (1959, Baldrige (1971), Kanter (1977), welche verschiedene Formen von Macht unterscheiden, wie neben Weisungsgewalt, Expertenmacht aufgrund von Wissen und Informationen, Charisma und sonstige auf personale Fähigkeiten zurückführbare Machtpotentiale sowie Zugang zu Anreizmöglichkeiten. Vgl. auch Salancik und Pfeffer (1974), welcher Macht mit Abteilungszugehörigkeit bzw. der Wichtigkeit der jeweiligen Aufgabe eines Aktors für die Organisation und dem Grad der von diesen Aktoren kontrollierten kritischen Ressourcen in Verbindung bringt und Macht als strukturell determiniert betrachtet. Ähnlich Crozier (1964) und Hickson (1971) und Pettigrew's Untersuchung über den Entscheidungsprozeß beim Kauf eines Computers, Pettigrew (1972), welcher fand, daß Kontrolle über den Informationsfluß einem Individuum erlaubt, den Entscheidungsoutcome stark zu beeinflussen.

107 vgl. stellvertretend Salancik, Pfeffer (1978), und Gamson (1968), deren Annahmen noch zu zeigen sind.

108 Wie z.B. Koalitionen zu formen sind, um die Verhandlungsposition zu stärken, vgl. hierzu Gamson (1961) oder Deutsch (1973), Fisher, Ury (1981) zu Verhandlungstaktiken und zu Kooptation Selznick (1949) und zu anderen noch einzugehenden Strategien Pfeffer, Salancik (1978)

nung der Unvermeidbarkeit von Konflikten läßt Organisationen als Arenen von Machtspielen erscheinen, in welchen die Aktoren ihre Selbstinteressen verfolgen und Forderungen seitens Betroffener nur deshalb berücksichtigt werden, um Widerstände in der Entscheidungsdurchsetzungsphase zu verringern oder um überhaupt zu überleben. Selbst Anzeichen von Zusammenarbeit werden aus einer Spielperspektive betrachtet und als ein "mixed-motive game" (Kooperation/Nicht Kooperation) verstanden, indem Spieler in gewissen Situationen durch unkooperatives Verhalten ihre Gewinnchancen erhöhen.[109] So werden Koalitionen, obgleich solche Interaktionen kooperativ erscheinen, als kurzlebige Erscheinungsformen, die nur dem Ziel der Stärkung der Verhandlungsposition und als Mittel zur Durchsetzung der eigenen Interessen dienen, betrachtet.[110] Implizit wird damit unterstellt - ohne jetzt hier die Ethikdiskussion aufzurollen[111] - daß Menschen und Gruppen, indem sie versuchen ihre Selbstinteressen zu folgen, sich rational verhalten, Machtaspekte verstanden und zielbezogen eingesetzt werden können. Abstand von rationalen Annahmen und Verhaltensweisen nimmt die symbolische Perspektive. Sie unterscheidet sich hierdurch grundlegend von den anderen drei vorgestellten Perspektiven.

3.2.5 Die symbolische Perspektive

Aus symbolischer Perspektive[112] werden Organisationen nicht wie in der strukturellen Perspektive metaphorisch als "Maschinen", als Instrumente zur Erreichung bestimmter Ziele oder wie in der Human-Ressourcen Perspektive als "soziale Organismen", als soziale adaptive Systeme, die inneren und äußeren Anforderungen entsprechen und sich nach dem Menschen ausrichten sollten, oder wie im politischen Ansatz als "politische Arenen", in welchen Interessenkonflikte und Machtaspekte dominieren verstanden, sondern als Theater

---

109 vgl. hierzu das spieltheoretische Modell von Axelrod (1984), wonach eine "Tit for Tat-Strategie" die Kooperationsbereitschaft der Mitspieler erhöhen soll.

110 Diese Sichtweise verfolgen wohl diejenigen Autoren, die strategische Allianzen als Koalitionen bezeichnen, wie Porter, Fuller (1989), S. 364, Gahl (1989), S. 4, Servatius (1990), S. 57

111 vgl. hierzu Brantl (1985), Steinmann, Oppenrieder (1985) und zur Einbindung in ein Konzept eines Strategischen Managements Kirsch, Knyphausen (1988), S. 489 ff.

112 Unter dem Begriffsschirm "Symbolische Perspektive" versammeln sich eine Reihe verschiedener Disziplinen: In der Organisationstheorie und Soziologie finden sich symbolische Aspekte beispielsweise im Ansatz von Clark (1972, Cohen, March, Olson (1976), Meyer, Rowan (1978) und Weick (1976), in den Politikwissenschaften bei Dittmer (1977) und Edelmann (1977), in der Psychologie vgl. Neuberger, Kompa (1987), zu anthropologischen Ansätzen vgl. beispielsweise Ortner (1973), Peters, Waterman (1982), Deal, Kennedy (1982) werden hier gleichfalls angeführt. Desweiteren Goffman (1969), Gephart (1978), Van Maanen (1979). Bolman, Deal (1984) weisen jedoch darauf hin, daß sich einige der hier Angeführten nicht, obgleich ihre Arbeiten innerhalb diese Tradition fallen, als Vertreter dieser Perspektive betrachten. So beispielsweise versteht Meyer, Rowan seine Beiträge als zugehörig zu einer sogenannten "Institutionalization" Perspektive, vgl. Meyer, Rowan (1977) und Cohen, March und Olson (1976) wurden im Klassifizierungsansatz von Astley, Van de Ven (1983), da diese zu den neueren entscheidungsorientierten Ansätzen zurechnen sind, unter der Perspektive des "Strategic Choice" subsumiert. Hier zeigt sich wiedereinmal das Einordnungsproblem sämtlicher Klassifizierungsansätze.

angesehen: "Organization is drama; the drama engages actors inside, and outside audiences form impressions based on what they see occurring on stage."[113] Organisationen werden aus symbolischer Perspektive - wie diese Theater Metapher zeigt - weniger nach ihren "objektiven" Wesenszügen, Charakteristika und Aktivitäten erfaßt, sondern danach wie sie für Beobachter und Teilnehmer erscheinen und welche Bedeutung oder Sinn ihnen und ihren Aktivitäten zugemessen wird. Dabei wird davon ausgegangen, daß Ereignisse und Erscheinungsformen unterschiedliche Bedeutung haben, je nach dem wie Menschen sie interpretieren oder durch welche Linse sie schauen.[114] Die Interpretation von Strukturen und Prozessen, Aktivitäten und Ereignissen in Organisationen aus nicht instrumentaler, linearer Sichtweise[115] kann als die grundlegende Denke dieser Perspektive bezeichnet werden. Gestützt auf der Annahme, daß Unklarheit, Mehrdeutigkeit und Unsicherheit rationale Ansätze zur Analyse, Problemlösung und Entscheidungsfindung unterminieren und daß viele Ereignisse und Prozesse in Organisationen doppeldeutig, unklar oder unsicher sind,[116] wird davon ausgegangen, daß Individuen und die Gesellschaft in solchen Situationen symbolische Lösungen kreieren. Organisationale Strukturen und Prozesse dienen dann als Mythen, Rituale und Zermonien, die internen Zusammenhalt fördern und Legitimierung in der Gesellschaft verschaffen.[117]

Die Betrachtung organisationaler Strukturen als Mythen[118] basiert auf der Annahme, daß sie realiter wenig zur Koordination der Aktivitäten oder zur Anordnung von Beziehungsstrukturen zwischen Mitarbeitern der Organisation beitragen.[119] Obgleich mit dieser Annahme der funktionale Zweck von Organisationsstrukturen[120] in Frage gestellt wird, so doch nicht ihre interne und externe Bedeutung. Vielmehr wird ihnen ein interner Symbolcharakter insofern zugesprochen, als sie Mitarbeitern das Zurechtfinden in Organisationen erleichtern, Sinn vermitteln, und Anleitung geben, wie ihre Rollen wahrzunehmen sind oder ausgedrückt in der Terminologie der Theater Methapher: " ... play their roles in the drama, without reading the wrong lines, upstaging the lead actors, or responding to a tragedy when it is supposed to be a comedy.[121]" Eine externe symbolische Funktion wird darin gesehen, daß nach außen den vorherrschenden Werten und Mythen der Gesellschaft Rechnung getragen werden kann und damit einen Weg zur Akzeptanz und Unterstützung

---

113 Bolman, Deal (1984), S. 6
114 vgl. Bolman, Deal (1984), S. 149 ff. und 217 ff.
115 Im Sinne einer Denke in Ursache-Wirkungsbeziehungen, wie dies beispielsweise der sogenannten "Kontingenztheorie" zugrunde liegt.
116 vgl. Bolman, Deal (1984), S. 150
117 vgl. Bolman, Deal (1984), S. 169 ff.
118 Als "Mythos" kann ein unhinterfragter Glaube bzw. "... nicht wahrheitsfähige Wirklichkeitserklärungen verstanden" werden. Neuberger, Kompa (1987), S. 59. Mythen verkörpern Annahmen, persönliche Theorien und Grundhaltungen.
119 vgl. Westerlund, Sjostrand (1979), S. 25 ff.
120 vgl. hierzu die Ausführungen zur Strukturellen Perspektive in diesem Kapitel.
121 Bolman, Deal (1984), S. 174

geliefert wird. Zentrale Hintergrundhypothese ist hierbei, daß Organisationen nur dann Legitimierung in der Gesellschaft erhalten, wenn sie in ihrem Erscheinen den Vorstellungen der Gesellschaft entsprechen.[122] Eine Korrespondenz zwischen organisationalen Strukturen und vorherrschenden Mythen wird demnach als essentiell betrachtet und mehr noch, aus symbolischer Perspektive sind organisationale Strukturen aus den zeitgenössischen Mythen heraus gebaut.[123]

Analog der Betrachtung organisationaler Strukturen erscheinen organisationale Prozesse aus symbolischer Perspektive als Rituale[124] und Zermonien;[125] als Inszenierung des Dramas.[126] Hintergrundannahme hierfür ist, daß eine Reihe von Aktivitäten in Organisationen nicht die erhofften und beabsichtigten Ergebnisse liefern oder gänzlich fehlschlagen: Entscheidungen mögen gar nichts entscheiden, "meetings" keine Entscheidungen hervorbringen, keine Probleme lösen, nur eine Notwendigkeit für ein neues Treffen hervorbringen,[127] Bewertungen nicht das liefern, was beabsichtigt ist,[128] Planung keine Pläne liefern oder Pläne, die keiner einhält, Strategien nicht das Umfeld gestalten, geplanter Wandel keinen Wandel herbeiführen.[129] Das Aktivitäten keine oder nicht die gewünschten Resultate produzieren mögen, stellt einen wesentlichen Teil menschlicher Bemühungen in Organisationen in Frage. Aus traditioneller Sicht müssen solche Erscheinungen als ineffektiv, ineffizient und dysfunktional erscheinen, für Involvierte demotivierend. Aus symbolischer Sicht hingegen stellt sich das Bild anders dar. Wird der Blick weg vom Ereignis gelenkt und sich dessen Bedeutung zugewandt[130] und akzeptiert, daß vieles in Organisationen doppeldeutig,

---

122 vgl. hierzu Meyer, Rowan (1978), welche die "Symbol-Logik" auf die Funktion von Strukturen in öffentlichen Schulen anwenden sowie Kamens (1977), welcher die Hauptfunktion von Universitäten als symbolisch betrachtet.

123 vgl. Bolman, Deal (1984), S. 171

124 Rituale sind sich wiederholende, in stereotyperweise vollziehende soziale Aktivitäten mit symbolischen Gehalt, vgl. Sackmann (1983), S. 402 sowie Neuberger, Kompa (1987), S. 159. "Meetings" können beispielsweise Rituale sein.

125 "Zermonien sind in Unternehmungen Konventionen und drücken unternehmensspezifische Bräuche aus." Gussmann, Breit (1987), S. 117. Beispiele für Zermonien in Organisationen sind Begrüßungsreden für neue Mitarbeiter, Weihnachtsfeiern, Gründungsfeiern u.ä.

126 vgl. Bolman, Deal (1984), S. 175

127 vgl. hierzu auch Cohen, March, Olson (1976)

128 vgl. Dornbusch, Scott (1975)

129 vgl. Baldrige, Deal (1975) und Kirsch et al. (1979), welche wie folgt pointiert formulieren: "Wenn sich diese Führungskraft (die einen geplanten Wandel initiiert hat, Anm.d. Verf.) nach einiger Zeit Rechenschaft ablegt und vor sich selbst dabei ehrlich ist, dann wird ihre Bilanz nicht selten wie folgt aussehen: vieles, was sie sich vorgenommen hatte, konnte sie überhaupt nicht initiieren; manches brachte sie zwar auf den Weg; die mühsam initiierten Reorganisationsprozesse versandeten jedoch sehr bald...; einiges wurde zwar zu Ende gebracht, aber das, was am Schluß herauskam, war erheblich weniger als das, was ursprünglich geplant war ..." ebd., S. 2.

130 Eine grundlegende Annahme der symbolischen Perspektive ist ja, daß Ereignisse und ihre Bedeutung "loosely coupled" sind, daß - wie bereits hervorgehoben - das gleiche Ereignis verschiedene Bedeutung haben kann, je nachdem wie es interpretiert wird, vgl. Bolman, Deal (1984), S. 217 f.

unklar und unsicher ist und es dadurch nicht nur häufig schwierig, sondern oftmals auch unmöglich ist, im vornherein zu wissen was passieren wird, warum es passierte und was als nächstes passiert, dann gelangen andere Funktionen solcher Prozesse ins Blickfeld und zwar ihre symbolische Funktion. "Meetings" dienen in einer solchen Situation dann vielleicht nicht rationalen Entscheidungsfindungen oder Problemlösungen,[131] aber einer symbolischen Funktion, die individuelle und organisationale Disintegration verhindert:[132] Individuen können - so die Sichtweise - in solchen Arenen ihre Ansichten ausdrücken, Meinungen abgeben, Problemhandhabungsvorschläge offerieren; sie bieten ein Forum, in welchem Diskussionen neue Informationen oder Erkenntnisse liefern und damit ein neues Verständnis hervorrufen können. Sie geben damit Sinn: "It helps individuals become clearer about their roles in the organizational drama and to practice and polish their lines."[133] Planungs- und Kontrollaktivitäten[134] mögen zwar ihren Zweck verfehlen, aus symbolischer Sicht kommt ihnen jedoch auch dann noch eine Bedeutung zu. Planung wird als Zeichen guten Managements angesehen. Organisationen, die nicht planen, als reaktiv, kurzsichtig und ruderlos betrachtet. Planung vermittelt einen Eindruck an Voraussicht und Rationalität; Kontrolle und Bewertungsprozesse einen von Effizienz und Effektivität, was Aussenstehende dazu bewegt an die Organisation zu glauben und dieser ihre Unterstützung zur Verfügung zustellen.[135]

> "Planing has become a cermony that an organization must conduct periodically to maintain its legitimacy."[136] "Planing creates attractive garbage cans and serves as a stage for important rituals and drama.[137] Evaluation persists because it serves significant symbolic purposes. ... Evaluation produces > magic numbers < to help us believe that things are working.[138]

Probleme treten auf, wenn Akteure ihre Rolle schlecht spielen oder wenn Symbole ihr Bedeutung und Zermonien und Rituale ihre Leistungskraft verlieren. Verbesserungen kommen folglich durch: Symbole, Mythen und "Magic". Der Fokus wird entsprechend auf Symbole und symbolische Handlungen in Form von Ritualen und Zermonien gerichtet sowie auf "stories" und Märchen, die zentrale organisationale Mythen kommunizieren und insbeson-

131 vgl. das "Mülleimermodell" von Cohen, March, Olsen (1976), Cohen, March (1974) "It is clear that the garbage can process does not do a particulary good job of resolving problems. But it does enable choices to be made and problems to be resolved even when the organization is plagued with goal ambiguity and conflict, with poorly understood problems that wander in and out of the system, with a variable environment, and with decision makers who may have other things on their minds." Cohen, March (1974), S. 19

132 vgl. Bolman, Deal (1984), S. 176

133 Bolman, Deal (1984), S. 175

134 vgl. hierzu Kirsch, Maaßen (1989)

135 vgl. Bolman, Deal (1984), S. 189 f., sowie Cohen, March (1974) zu symbolischen Funktionen von Plänen in Universitäten, Rallis (1980) zur symbolischen Funktion von Bewertungs- und Kontrollaktivitäten.

136 Bolman, Deal (1984), S. 177

137 Bolman, Deal (1984), S. 179

138 Bolman, Deal (1984), S. 181

dere in Situationen, die durch Mehrdeutigkeit, Unklarheit und Unsicherheit gekennzeichnet sind, sinnschaffend wirken sollen.

Die symbolische Perspektive stellt - wie gezeigt - organisationale Phänomene in ein ganz anderes Licht. Mythen, Rituale, Zermonien werden als die "Antriebskräfte" insbesondere in komplexen, unübersichtlichen und damit Unsicherheit produzierenden Organisationen angesehen, statt Ziele, policies, Management, Regeln, Programme u.ä.. Die zentrale Hintergrundannahme hierfür ist, daß geteilte Bedeutungsinhalte, i.S. einheitlicher Interpretation der durch die Symbole an Individuen vermittelten Bedeutungsinhalte, den internen Zusammenhalt der Organisation eher liefern, als organisationale Strukturen und Prozesse. Symbolen[139] kommen damit für die Schaffung und Aufrechterhaltung des Zusammenlebens in Organisationen zentrale sinnvermittelnde und -schaffende Funktionen zu.

Welchen Erkenntnisfortschritt liefert diese Perspektive und wie erweitert sie die vorhergenannten? Was macht diese Sichtweise geeignet, dem Verständnis und der Gestaltung von Organisationen neue Impulse zu geben? Zur ersten Frage ist zunächst hervorzuheben, daß der symbolische Ansatz der Tatsache Rechnung trägt, daß eine Reihe von Aktivitäten und Handlungsbedingungen - vor allem in großen, komplexen, in von Dynamik und damit einhergehender Unsicherheit gekennzeichneten Umfeldern operierenden Organisationen - mehrdeutig, komplex und widersprüchlich sind. Daß in den vorhergenannten Perspektiven dies nicht erkannt wurde, soll hiermit nicht gemeint sein, sondern nur herausgestellt werden, daß die vorherigen organisationalen Konzeptionalisierungen diesen Phänomenen wenig Raum lassen. Desweiteren bereichert die Hervorhebung sozialer Prozesse in Organisationen die existente Organisationstheorie. Zwar rückt in der Human-Ressourcen Perspektive der Mensch in den Mittelpunkt der Betrachtungen, jedoch stehen mitarbeiterbezogene Fragestellungen und die Suche nach Wegen einen Fit zwischen Organisation und Individuum zu erzielen im Vordergrund der Untersuchungen. Während die symbolische Perspektive, Organisationen als "Human-Institutionen" (als komplexe Muster humaner Aktivitäten) sehend,[140] die sozialen Interaktionen hervorheben.[141] Sinn, Glauben und Ver-

---

139 In Symbolen werden Zeichen mit Bedeutungsinhalten relativ anschaulich in Verbindung gebracht. Ein Symbol ist in diesem Verständnis ein "Bild des Sinnes" der Bedeutung, eine verdichtete repräsentative Gestaltung des Gemeinten, einer Vielfalt von rational nicht auflösbaren Bedeutungen und Zusammenhängen. Pondy, Frost und Morgan verdeutlichen: "A symbol is a sign which denotes something much greater than itself, and which calls for the association of certain concious or unconcious ideas, in order for it to be endowed with its full meaning and significance. A sign achieves the status of a symbol when it is interpreted, not in terms of strict resemblance with what is signified, but when other patterns of suggestion and meaning are >thrown upon< or >put together< with the sign to interpret it as part of much wider symbolic whole. Symbols are signs which express more than the intrinsic content; they are significations which embody and represent some wider pattern of meaning." Pondy et al. (1983), S. 4 f.

140 vgl. Pondy, Mitroff (1979), Morgan et al. (1983), S. 3 ff.

141 Der Theater Metapher wird in der weiteren Arbeit nicht gefolgt, sondern Pondy, Mitroff (1979) und Morgan et al. (1983), welche gleichfalls zur symbolischen Perspektive zurechnen sind, da

trauen schiebt sich zwischen Aktivitäten und outcome und verknüpft diese im Wechselspiel. Was das Verhältnis zum Umsystem betrifft, so ist ein wesentlicher Unterschied bereits schon angesprochen worden. Human-Ressourcen-Ansätze gehen eher von einer geschlossenen Organisation aus, während der "symbolische Ansatz" die Organisation als eingebettet in die Gesellschaft betrachtet und auf den weitgehend vernachlässigten Legitimationsaspekt verweist.[142] Einen Beitrag der symbolischen Perspektive zur aktuellen Unternehmenskulturforschung sehen Dormayer, Kettern (1987) darin, daß diese sich als theoretische Basis zur Erfassung und Untersuchung von (Unternehmens-) Kulturen eignet, da sie:

> "... entwicklungsdynamische Aspekte berücksichtigt und die Vorstellung mit einschließt, daß es zwischen Kultur und (dazugehörigem) Sozialsystem zu Divergenzen kommen kann. ... Dementsprechend ist es auch möglich, die Kultur von Unternehmen nicht nur im Sinne festgefügter Einheitskulturen, sondern auch als pluralistische und in recht unterschiedliche Subkulturen ausdifferenzierte Phänomene zu begreifen, welche u.U. nur noch lose untereinander zusammenhängen."[143]

Symbolen und symbolischen Artefakten (wie Rituale und Zermonien) kommen im Prozeß der Entstehung und Weitergabe von Unternehmenskulturen, im weiteren mit Heinen (1987) verstanden als ein System gemeinsamer Werte und Normen,[144] eine entscheidende Rolle zu.[145] Die symbolische Perspektive liefert damit zum Forschungsfeld des kulturellen Wandels in Organisationen im allgemeinen und strategischen Allianzen im speziellen einen wesentlichen Beitrag.[146]

Die Konzepte der symbolischen Perspektive (wie Mythen, Geschichten, Rituale und Zermonien) bedürfen jedoch auch der kritischen Hinterfragung. "Mythen" als ein unhinterfragter Glaube an gewisse Gegebenheiten und Wirkungsmöglichkeiten von Handlungen oder

---

aus der Theater Metapher, nach Ansicht der Verfasserin, keine den ethischen Normen entsprechenden Verhaltensempfehlungen abgeleitet werden können. (Ein möglicher Einwand hiergegen wäre: "ethic is ethic and business is business". Dieser ließe sich jedoch insbesondere im Kontext strategischer Allianzen nicht im vollem Umfang aufrechterhalten und kann daher nicht akzeptiert werden). Die mit dieser Methapher verknüpften Termini wie: Rollenspiele, Drehbuch, Maskerade und Bühnenbild, obgleich sie zur Beschreibung einzelner realer Phänomene durchaus geeignet sind, vermitteln den Eindruck, daß Organisationsteilnehmer sich maskieren und hinter Rollen verstecken. Würden aus einer solchen Perspektive Verhaltensempfehlungen (Gestaltungsempfehlungen) abgeleitet, so müßte den Interaktionspartnern in einem ersten Schritt Schauspielunterricht nahegelegt werden. Zu einem ironischen Beitrag zur Theater Metapher vgl. Goffmann (1969)

142 Es ist an dieser Stelle jedoch hervorzuheben, daß im politischen Ansatz bereits darauf aufmerksam gemacht wurde, daß Organisationen auf die Unterstützung inner- und außerorganisatorischer Personen oder Gruppen angewiesen ist. Anschaulich ist dies im Modell von Easton (1965) dargestellt. Zum Problem der Schaffung einer ausreichenden Legitimationsbasis von Organisationen im speziellen auf gesellschaftlicher Ebene, vgl. Habermas (1973).

143 Dormayer, Kettern (1987), S. 64

144 vgl. Heinen (1987) , S. 22

145 vgl. Dill (1986), S. 69

146 vgl. hierzu auch Dormayer, Kettern (1987), S. 64

organisationalen Maßnahmen haben zwei Seiten. Sie können nicht nur Aktivitäten oder Objekte mit Sinn erfüllen, sondern auch Blindheit erzeugen, Uneinsichtigkeit gegenüber neuen Informationen, die "alte" Mythen in Frage stellen, hervorrufen, Wissensdurst verringern und damit Lernen behindern und in die "falsche" Richtung führen, da:

> "sie ... Botschaften und damit auch Handlungsweisen, deren Wiederholung in aller Regeln erwünscht wird, beinhalten (Anm.d.Verf.)."[147] "Legitimation erhalten die Inhalte von Mythen durch ihre bisherige >Anwendung< und den damit verbunde-nen Erfolg ..."[148]

Glaubensvorstellungen von gestern, in einer Welt von morgen. Werden über Geschichten und Erzählungen Mythen weitergetragen, so soll damit nicht nur Klarheit gefördert, Mehrdeutigkeit durch kognitive Raster und Einordnungen beseitigt werden,[149] sondern auch bestimmte Dinge nahegelegt und konkretes Handeln in bestimmten Situationen vorgeführt werden.[150]

> "Unternehmensspezifische Geschichten stellen für die Organisationsmitglieder Orientierungshilfen dar. Sie verdeutlichen traditionelle Wege der Problemlösung und zeigen den angesprochenen Mitarbeitern auf, welche Handlungsweisen von ihnen in bestimmten Situationen erwartet werden."[151]

Das damit in gewisser Weise eine Verhaltensstandardisierung bei der Förderung dieser Prozesse durch die Unternehmensführung beabsichtigt wird, verleitet zur Annahme, daß damit - in Neuberger, Kompa's Worten - eine "Herrschaft dritten Grades", eine "Bewußtseinsprogammierung"[152] erfolgt. Ähnliches kann für Rituale und Zermonien, die mehr auf die emotionale Seite von Individuen abstellen, konstatiert werden. Eine potentielle Humanisierung der Arbeitswelt ist ihnen sicherlich nicht abszusprechen und sollte auch nicht.[153] Jedoch ist auch hier nicht einer unkritischen Favorisierung zu folgen. Hiermit beabsichtigte Sozialisierungsprozesse, Hervorhebung der Bedeutung einzelner oder mehrerer Mitarbeiter und Verleihung eines Zusammengehörigkeitsgefühls können zwar die Stabilität vielleicht eher herstellen als technokratische Instrumente, jedoch können sie gleichfalls als Programme derjenigen gelegen kommen, die an der Erhaltung ihrer Macht interessiert sind.[154]

Die kurz vorgestellten Konzepte der symbolischen Perspektive können - wie gezeigt - auch als "weiche" Methoden der Verhaltenssteuerung auf "tieferen" Schichten bezeichnet wer-

---

147 Gussman, Breit (1987), S. 116
148 Dill (1986), S. 80
149 vgl. Bolman, deal (1984), S. 166
150 vgl. Neuberger, Kompa (1987), S. 58 ff.
151 Gussman, Breit (1987), S. 114
152 Neuberger, Kompa (1987), S. 59
153 vgl. Bolman, Deal (1984), S. 158 ff.
154 vgl. auch Dill (1986), S. 84, Neuberger, Kompa (1987), Hofstede (1980)

den. Neben diesen unethischen Aspekten instrumentaler Verwendungen[155] dieser Konzepte, sind solchen einseitigen Versuchen auch Grenzen gesetzt; denn wenn solche Konzepte von seiten des Managements strategisch eingesetzt werden und Betroffene dies erkennen und den Zweck durchschauen, verlieren sie nicht nur ihre "sinnstiftende" Kraft, sondern widerlegen sich selbst. Die Legitimationsbeschaffung ist dann selbstdestruktiv.[156] Damit zeigt sich selbst aus kognitiv instrumentaler Sicht denjenigen Vertretern, die instrumental für den Einsatz solcher Konzepte plädieren, daß ein "zielgerichteter" Einsatz negative statt positive Wirkungen haben kann.

Umfassend und abschließend kann aus der Diskussion zur symbolischen Perspektive festgehalten werden, daß eine konstruktive Erweiterung insofern gesehen werden kann, als auf reale Erscheinungen aufmerksam gemacht wird, die nicht unbedingt als dysfunktional und ineffektiv zu begreifen sind, eine Sensibilisierung für soziale Interaktionen in und um Organisationen geschaffen, der Legitimationsaspekt hervorgehoben und eine theoretische Basis zur Erfassung und Untersuchung von Unternehmenskulturen und deren Wandel bereitgestellt wird. Für die Gestaltung von Organisationen liefert die symbolische Perspektive insbesondere insofern neue Impulse, als auf die Grenzen von Bemühungen um organisationalen Zusammenhalt durch Macht und rationales Design verwiesen, gleichzeitig aber auf eine neue Dimension die Aufmerksamkeit gelenkt wird: Auf die Bedeutung von Sinnvermittlungsaktivitäten und Sinnverdeutlichungsmaßnahmen im Institutionalisierungsprozeß.[157]

3.3 Forschungslenkender Standort der Untersuchung

Vor dem Hintergrund der bisherigen Untersuchungsergebnisse und der vorgestellten und andiskutierten Systematisierungsansätze von Astley, Van de Ven (1983) und Bolman, Deal (1984) kann nun der theoretische Bezugsrahmen dieser Arbeit, welcher die weitere Untersuchung leiten wird, abschließend visualisiert werden und die metatheoretischen Annahmen, die hinter dieser Konstruktion stehen, weiter offengelegt werden. Letztere lassen sich aus der erfolgten Diskussion der obigen Klassifizierungsansätze wie folgt ableiten:

- Erst ein Multiperspektivenansatz, welcher die Unterschiedlichkeiten der Sichtweisen bewahrt, kann ein umfassendes Verständnis von Organisationen im allgemeinen und strate-

155 Konzepte die eine instrumentale Tendenz aufweisen, in dem Unternehmenskulturen als interne Gestaltungsparameter und Instrumente der Führung betrachtet werden, sind nach Heinen, Dill (1986), S. 203 ff., die aus der Beratungspraxis stammenden Konzepte von Deal, Kennedy (1982), Peters, Waterman (1984), von seiten der Wissenschaft Pümpin (1984), S. 11 ff.

156 vgl. Habermas (1973), S.99

157 Die instrumentale Sichtweise und damit verbundene Gestaltungsempfehlungen, die in eine Art "Werte-Drill" münden, vgl. Heinen, Dill (1986), S. 205 werden mit Heinen, Dill (1986) abgelehnt. Die hier eingenommene Position eines gemäßigten Voluntaristen wäre zudem auch nicht mit dem Gedanken der grundsätzlichen Machbarkeit vereinbar. Auch die namentlich angeführten Konzepte des symbolischen Ansatzes werden gleichfalls - aus angegebenen Gründen - im weiteren keine Berücksichtigung mehr finden.

gischen Allianzen im speziellen vermitteln, da die jeweiligen Perspektiven nur einen Teilaspekt der Realität ausfiltern und nur auf dieser theoretischen Basis sich der Komplexität und dem Paradoxon strategischer Allianzen genähert und ein breites Spektrum von Optionen für das Management erarbeitet werden kann.

- Ein solcher Multiperspektivenansatz muß Makro- und Mikroperspektiven zu verknüpfen erlauben, da ein umfassendes und dynamisches Verständnis von strategischen Allianzen nur dann erreichbar ist, wenn der Blick nicht allein auf die Transaktionsbeziehung gerichtet wird.
- Hierzu wird von einer Position des gemäßigten Voluntarismus auszugehen sein[158] und
- die Mikro- und Makroproblematik durch das Konzept der Koevolution zu handhaben sein.[159]

Aufgrund dieser metatheoretischen Annahmen und der gegebenen Notwendigkeit der Niederschreibung der Gedankennetze in einer linearen Wortabfolge ist es in der weiteren Abarbeitung der Problemstellung erforderlich, die wechselseitigen Beziehungen zwischen den Mikro- und Makroebenen durch eine *Mehr-Ebenen-Betrachtung* zunächst aufzulösen,[160] in Folge jedoch wieder durch eine Übertragung der gewonnenen Erkenntnisse von einer Ebene auf die anderen wiederherzustellen. Durch dieses Vorgehen kann zudem eine systematische Abhandlung gewährleistet werden. Mit Semmel (1984) werden hierzu drei Ebenen unterschieden:[161]

(1) Die *Populationsebene*, auf der einzelne Organisationen, hier strategische Allianzen, als ein Element einer Gruppe von sozialen Systemen betrachtet werden, in welche sie durch ein umfassendes Beziehungsnetz eingebettet sind. Innerhalb dieser Ebene wird eine *Transaktionsfeldebene* reingezogen, auf der Organisationen durch strategische Allianznetzwerke miteinander verbunden sind und eine dyadische Beziehung (zwei Partner) eingebettet sein kann. Hier werden die bei Astley, Van de Ven (1983) angeführten, bereits vorgestellten makroorientierten Ansätze die theoretische Basis zur Untersuchung der Wechselbeziehungen sein.

(2) Die *Ebene der Organisation*. Strategische Allianzen sind nicht nur in ein interorganisationales Feld und eine sie überlagernde globale Umwelt (Kubicek, Thom (1976)) eingebettet, sondern auch in die Partnerorganisationen, welche durch ihre spezifischen Eigenschaften die Allianzformation und ihren Erfolg oder Mißerfolg beeinflussen. Auf dieser Ebene werden mikroorientierte Ansätze heranzuziehen sein.

(3) *Ebene des Individuums und der interpersonellen Beziehungen.*[162] Aktoren als Verbindungsglieder konstruieren die strategische Allianz (das Netzwerk)[163] und halten sie

158 vgl. zur Begründung Abschnitt 3.1.6 dieser Arbeit.

159 vgl. hierzu Jantsch (1979), S. 130 sowie Abschnitt 3.1.6 dieser Arbeit.

160 Zu Mehr-Ebenen-Konzepte vgl. Steinle (1982), S. 85 ff., Krüger (1979), S. 377 ff., Scott (1986), S. 32 ff., Semmel (1984), S. 137 ff.

161 vgl. hierzu Semmel (1984), S. 137 ff.

162 Semmel (1984), S. 137 bezeichnet diese Ebene als "Ebene des Individuums", faßt jedoch hierunter auch interpersonelle Beziehungen, vgl. ebd., S. 137.

163 vgl. Blumer (1973), welcher in Kritik zu den Annahmen eine Reihe von Wissenschaftlern fordert, daß Individuen respektive Teilnehmer eines Netzwerkes in den Mittelpunkt der Betrachtung zu rücken sind, da ein Netzwerk nicht automatisch funktioniert, sondern "... weil Personen in verschiedenen Positionen etwas tun ...". Blumer (1973), S. 100

(es) aufrecht oder verursachen ihre (dessen) Auflösung. Den in der stategischen Allianz involvierten Individuen und den interpersonellen Beziehungen zwischen diesen kommt damit eine zentrale Rolle im Institutionalisierungsprozeß zu und dürfen daher nicht außen vor bleiben. Auf dieser Ebene wird auf mikroorientierte Ansätze zurückzugreifen sein.

Die heranzuziehenden organisations- und managementtheoretischen Ansätze können - wie gezeigt - mit Bolman, Deal (1984) in vier Perspektiven klassifiziert werden: In die "Strukturelle Perspektive", die "Human-Ressourcen Perspektive", die "Politische Perspektive" und die "Symbolische Perspektive". Daß einige Wissenschaftler sich nicht eindeutig in eine der Perspektiven einordnen lassen, da diese sich von zwei oder drei Perspektiven in ihren Forschungsarbeiten leiten lassen,[164] schmälert den heuristischen Wert dieser Systematisierung nicht, da solchen dann zwei oder drei Perspektiven zugeordnet werden können (z.B. Cohen, March (1974): Politische/Symbolische Perspektive).[165]

Werden nun aus diesen vier Perspektiven die angeführten Ebenen mit ihren Elementen und ihren Verschleifungen betrachtet, so läßt sich der konzeptionelle theoretische Bezugsrahmen der vorliegenden Untersuchung, wie in der folgenden Abb. 3-2 wiedergegeben, graphisch veranschaulichen.

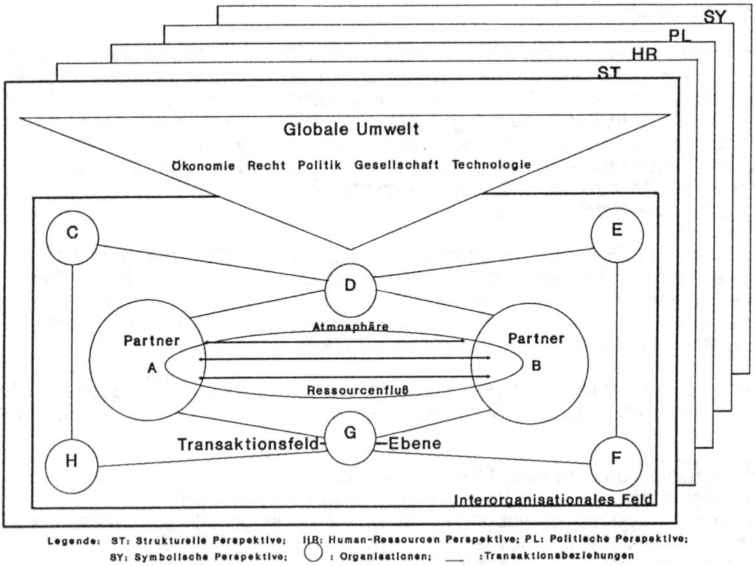

Abb. 3-2: Theoretischer Bezugsrahmen

164 vgl. Bolman, Deal (1984), welcher konstatiert, daß es bis dato noch keinen Ansatz gibt, der alle vier Perspektiven berücksichtigt, ebd., S. 225 ff.

165 vgl. hierzu und zu weiteren Einordnungen, Bolman, Deal (1984), S. 233

Die Abb. 3-2 soll beginnend von innen eine dyadische Transaktionsbeziehung zwischen zwei Partnern A und B zeigen, die durch einen Ressourcenfluß und diesen umgebende Atmosphäre miteinander verbunden sind. Diese Transaktionsbeziehung ist in ein weiteres Umfeld eingebettet: in ein interorganisationales Netzwerk,[166] das aus den Organisationen C,D,E,F,G und H besteht, mit denen Allianz-Partner A und B über Organisation D und G verknüpft sind,[167] in ein interorganisationales Feld und schließlich in eine globale Umwelt. Die Abb. 3-2 soll desweiteren zeigen, daß diese verschiedenen ineinander verwobenen Ebenen mit ihren Komponenten aus vier Perspektiven: der strukturellen, der Human-Ressourcen orientierten, der politischen und der symbolischen Perspektive zu beleuchten sind.

Die Anatomie dieses theoretischen Bezugsrahmens wird im Lichte des zugrunde gelegten Multiperspektivenansatzes im folgenden freigelegt und im Rahmen der Abarbeitung einzelner Komponenten dynamisiert. Die Institutionalisierung dyadischer Transaktionsbeziehungen von horizontalen strategischen Allianzen wird dabei im Vordergrund der nachfolgenden Untersuchung stehen. Da die Einflüsse, die von der globalen Umwelt auf strategische Allianzen ausgehen, als stärker betrachtet werden als die von strategischen Allianzen auf die globale Umwelt, wird diese im folgenden als Rahmenbedingung betrachtet. Auch stellen sich das interorganisationale Feld und die Partnerorganisationen, in welche strategische Allianzen eingebettet sind, der Institutionalisierung als Rahmenbedingungen dar und werden als diese auch behandelt. Damit verbleiben als Designparameter im Institutionalisierungsprozeß Bereiche der Transaktionsbeziehung. Hier zu diskutierende Gestaltungs- und Lenkungsbereiche werden jedoch vor dem Hintergrund der Rahmenbedingungen untersucht.

---

166 Unter einem "interorganisationalen Netzwerk" wird hier, um für alle Perspektiven offen zu bleiben, ein Produkt von Wechselbeziehungen zwischen mehreren mehr oder weniger unabhängigen Organisationen verstanden. Damit wird von vornherein offen gelassen, wieviel "net identity" einem Netzwerk zugeschrieben werden kann oder wie die politische Struktur aussieht sowie welche Bindungen bestehen. Zur näheren Charakterisierung vgl. Abschnitt 4.3.1 dieser Arbeit.

167 vgl. zu direkten und indirekten Beziehungen im Netzwerk Abschnitt 4.3.1 dieser Arbeit.

4. Rahmenbedingungen als Einflußfaktoren auf die Institutionalisierung von strategischen Allianzen

Um strategische Allianzen erfolgreich zu institutionalisieren, ist es in einem ersten Schritt erforderlich, mögliche Einflußfaktoren zu identifizieren. Denn nur auf dieser Basis können potentielle Risikofelder entdeckt und antizipative Maßnahmen ergriffen werden, um Problemfelder zu reduzieren bzw. sie erst gar nicht als Mißerfolgsfaktoren zur Wirkung kommen zu lassen. Dabei kommen grundsätzlich mehrere Ebenen für eine Untersuchung in Frage: Die Umweltebene, die Transaktionsfeldebene und weiter heruntergebrochen die Ebene der Organisation und die individuelle Ebene.[1] Wird einer statischen Betrachtung den Rücken gekehrt, so bedarf es darüber hinaus auch der Berücksichtigung evolutionärer, potentieller Problemfelder. Gerade für strategische Allianzen ist es erforderlich eine dynamische Perspektive zugrunde zu legen, da strategische Allianzen in einer dynamischen Umwelt eingebettet sind und die Allianz selbst einem Entwicklungsprozeß unterliegt. Zwar lassen sich unerwartete Veränderungen nicht gänzlich ausschließen, jedoch läßt sich die Wahrscheinlichkeit eines Mißerfolges senken, wenn die begünstigenden und belastenden Rahmenbedingungen besser erkannt und verstanden werden.

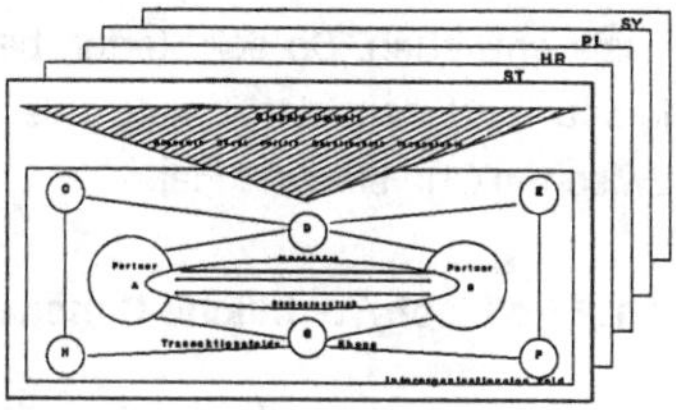

4.1 Umweltdimensionen der globalen Umwelt

Generelle Rahmenbedingungen, die sich mehr oder weniger jenseits des Einflußbereiches von den Partnerorganisationen befinden und von den an strategischen Allianzen interessierten Unternehmen zu berücksichtigen sind, zur Steigerung der Erfolgswahrscheinlichkeit, setzt die sogenannte "globale Umwelt".[2] Aufgrund der Gegebenheit, daß die globale Umwelt im Rahmen der Unternehmenspolitik zu berücksichtigen ist, wirkt sie *ex ante als begrenzender Faktor* auf die strategische Entscheidung für eine Allianz und den Hand-

---

1 vgl. hierzu Abschnitt 3.3 dieser Arbeit.

2 Der Terminus "globale Umwelt" - in der angelsächsischen Literatur auch als "general-" oder "macro-environment" bezeichnet - wird hier in Anlehnung an Kubicek, Thom (1976) verwendet. Die hier zugrundegelegte Untergliederung in Ökonomie, Recht, Politik, Gesellschaft und Technologie erfolgt ebenfalls in Anlehnung an Kubicek, Thom (1976). Zu einer anderen Untergliederung vgl. Homans (1951), Child (1969), Hall (1972), Lorsch, Morse (1974)

lungsspielraum[3] sowie aus dynamischer Perspektive als ständiger Einflußfaktor auf die Stabilität der Allianz.

4.1.1 Ökonomische Dimension und Infrastruktur

Die generelle wirtschaftliche Situation eines geographischen Raumes, die auf die für die Organisation relevanten Märkte ausstrahlt, wirkt ex ante insbesondere auf den Partnerauswahlprozeß und, sofern ein neues gemeinschaftliches Unternehmen zu gründen beabsichtigt wird, auch auf die Standortwahl. Neben der Konjunkturlage, Lohnniveau und -entwicklung[4] ist insbesondere bei Cross-border-Allianzen gleichfalls der Geld- und Kapitalmarkt[5] zu beachten; gleiches gilt für die Infrastruktur. Hier sind insbesondere Verkehrsnetze und Informations- und Kommunikationsnetze von Bedeutung.[6] Da davon auszugehen ist, daß diese generellen Rahmenbedingungen im Vorfeld der Entscheidungsfindung näher zu analysieren sind, bedarf es hier nicht einer näheren Erläuterung. Jedoch ist darauf zu verweisen, daß eine sorgfältige Beobachtung der Konjunkturentwicklung auch im Rahmen des Bestehens einer Allianz ständig vorzunehmen ist, da ein Abschwung die Allianz obsolet werden lassen könnte. Insbesondere in konjunkturabhängigen Branchen wie der Automobilindustrie kann ein Konjunkturabschwung strategischen Allianzen frühzeitig die Lebensbasis entziehen. So scheiterten beispielsweise angeblich aufgrund der ungünstigen Konjunktur und dem damit verbundenen geringeren Autoabsatz die Kooperationsgespräche zwischen Chrysler und Fiat.[7]

4.1.2 Politisch/rechtliche Dimension

Rechtliche und politische Rahmenbedingungen prägen entscheidend die Struktur der Transaktionen und können auch das Verhalten der Transaktionspartner beeinflussen.

Direkt beschränkende Einflüsse auf strategische Allianzen von **politischer Seite** werden hier als gering betrachtet, da aus der Perspektive der hier eingenommenen Position des

3 Welche fördernden Impulse von diesen Rahmenbedingungen für die Bildung von strategischen Allianzen ausgehen, wurde bereits in Abschnitt 1.1 dargelegt, so daß in diesem Abschnitt nur die begrenzenden Wirkungen von Interesse sind.

4 So soll neben anderen Faktoren - auf die noch einzugehen ist - das Lohnniveau bzw. das erwartete Lohnniveau (die zu erwartende Anpassung an den westlichen Stand) die Japaner von Investitionen in den neuen Bundesländern abgehalten haben, vgl. o.V. (1990c), S. 17

5 So entzieht der zur Zeit herrschende Devisenmangel in der Sowjetunion strategischen Allianzen mit russischen Firmen die Lebensbasis. Als Beispiel welche Auswirkungen der Devisenmangel auf bestehende Joint Ventures in der Sowjetunion haben kann, kann das Gemeinschaftsunternehmen "Kranlod" der Liebherr-International AG und der "Produktionsvereinigung für Schwerkranbau Januaraufstand" in Odessa angeführt werden, vgl. hierzu o.V. (1991h), S. 14

6 Welche Zeitverzögerungen und Probleme bei mangelnden infrastrukturellen Rahmenbedingungen auftreten können, wurde beispielhaft in den neuen Bundesländern nach der Wiedervereinigung deutlich.

7 vgl. o.V. (1990d), S. 17

gemäßigten Voluntarismus,[8] den Partnerunternehmen die Freiheit menschlichen Handelns zugesprochen wird,[9] die jedoch durch die rechtlichen Rahmenbedingungen als eingeschränkt zu sehen ist.[10] Damit reduziert sich hier die weitere Betrachtung auf die rechtliche Dimension. Staatlichen Aktivitäten wird nur insofern eine beschränkende Bedeutung zugesprochen als diese sekundäre Konsequenzen für den Eintritt in einen Markt hervorrufen können. Als Beispiel für eine solche sekundäre Beschränkung kann das informelle Abkommen zwischen Brüssel und Tokio über den Zugang japanischer Fahrzeuge zum europäischen Binnenmarkt genannt werden.[11] Diese für eine Übergangszeit bis zum Jahr 2000 getroffene mengenmäßige Einfuhrbeschränkung, die nicht rechtlich durch das allgemeine Zoll- und Handelsabkommen (Gatt) abgesichert ist, kommt in ihrer praktischen Auswirkung quasi einem Selbstbeschränkungsabkommen gleich.[12] Auch kann das politische Erbe sekundär beschränkende Wirkungen zeigen. So sind bei strategischen Allianzen mit Partner aus den sich langsam öffnenden sozialistischen (Ostblockstaaten) und kommunistischen Ländern der politische Einfluß noch so präsent, daß er zur Zeit noch als unterschiedlich stark behindernder Faktor bezeichnet werden kann.[13] Sofern ein Marktzutritt über eine strategische Allianz in ein solches Land ein Ziel ist, ist zu beachten, daß den östlichen Ländern aufgrund planwirtschaftlichen Denkens, marktwirtschaftliche Kenntnisse unterschiedlich stark fehlen[14] und daß dadurch zumindest ein längerer Zeithorizont einzunehmen ist. Das bereits schon einmal angeführte Gemeinschaftsunternehmen "Kranlod" in der Sowjetunion kann hierfür als Beispiel genannt werden. Das Joint Venture erfüllte die Erwartungen des deutschen Partners unter anderem deshalb nicht, da - nach Aussage der Liebherr-International AG - kein nennenswerter sowjetischer Eigenanteil, aufgrund des Fehlens von marktwirtschaftlichen Kenntnissen, zustandekam. Liebherr selbst brachte nicht nur sein technologisches Wissen, sondern auch Finanzmittel und Maschinen ein.[15]

---

8 vgl. hierzu Abschnitt 3.1.6 sowie 3.3 dieser Arbeit.

9 vgl. hierzu auch Abschnitt 2.1.2 dieser Arbeit sowie der beispielhaft dortig angeführte, mißglückten Versuche der indischen Regierung Coca Cola und IBM zum Eingehen strategischer Allianzen mit einheimischen Unternehmungen zu bewegen. Das eine Beeinflussung von politischer Seite stattfinden kann, wird hier jedoch damit nicht ausgeschlossen.

10 So können beispielsweise Umweltschutzvorschriften dazu führen, daß etwa das für den Markteintritt benötigte Kapital und die zur Erfüllung der Vorschriften erforderlichen technischen Anpassungen die Kosten so erhöhen, daß möglicherweise sogar eine andere optimale Betriebsgröße erforderlich wird. Als Beispiel können zum derzeitigen Zeitpunkt die Fabriken in den neuen Bundesländern herangezogen werden.

11 vgl. o.V. (1991i), S. 9

12 zu Einzelheiten hierzu vgl. o.V. (1991j), S. 17 sowie o.V. (1991k), S. 12

13 Kulturkritisch ausgedrückt, kann dies in Anlehnung an Hofstede (1983), als Folge einer mentalen Programmierung gesehen werden.

14 So beklagt ein im Osthandel erfahrener Repräsentant eines der großen japanischen Handelshäuser, daß "75 Jahre Kommunismus dem Osthandel im Wege stehen." Das Denken und Handeln der Menschen sei von den Spuren des Kommunismus so gezeichnet, daß selbst bei großen Anstrengungen keine nachhaltigen Veränderungen zu bewirken seien, vgl. o.V. (1991l), S. 12.

15 vgl. o.V. (1991h), S. 14

Als **rechtliche Rahmenbedingungen**, die für strategische Allianzen als beschränkende Faktoren wirksam werden können, sind in der BRD insbesondere das Gesetz gegen Wettbewerbsbeschränkungen (GWB) und in Europa die EWG-Wettbewerbsregeln anzuführen.[16] Die EG-Wettbewerbsregeln finden sich in den Artikeln 85 bis 94 des EWG-Vertrags. Während vertikale Allianzen derzeit in der Regel als eher unproblematisch betrachtet werden,[17] können horizontale strategische Allianzen dagegen kartellrechtlich kritisch sein.[18] Für horizontale strategische Allianzen relevant ist insbesondere der Art. 85 EWGV, welcher sich auf wettbewerbsbeschränkendes Verhalten von zwei oder mehreren Unternehmen oder auf Beschlüsse von Unternehmensvereinigungen bezieht.[19] Nach Art. 85 EWGV sind Vereinbarungen (schriftlich oder mündlich) und (aufeinander abgestimmte) Verhaltensweisen dann verboten, wenn sie den Wettbewerb verfälschen und den Handel zwischen den Mitgliedstaaten der EG beeinträchtigen können. *Dabei muß es sich jedoch um eine spürbare Wettbewerbsbeschränkung handeln*. Für kleiner und mittlere Unternehmen bedeutet dies, daß viele Vereinbarungen nach der De-minimis-Regel keinen Verstoß gegen die Wettbewerbsregeln darstellen, da die damit verbundenen wirtschaftlichen Auswirkungen nicht als erheblich angesehen werden.[20]

Generell gilt, daß rechtliche Grenzen für strategische Allianzen dann bestehen, wenn solche Bündnisse zu einer *wesentlichen Beschränkung* des Wettbewerbs, insbesondere zu einer unbilligen Beeinträchtigung des Marktzutritts führen.[21] Laut Tätigkeitsbericht des Bundeskartellamtes (BKA) werden zur Prüfung strategischer Allianzen derzeit die gleichen Grundsätze zugrunde gelegt wie bei anderen Formen zwischenbetrieblicher Zusammenarbeit oder Unternehmenszusammenschlüssen.[22] Dabei werden jedoch bei der Beurteilung der Zusammenarbeit sämtliche wirtschaftliche und rechtliche Umstände des *Einzelfalles* gewürdigt.

---

16 vgl. zu Gemeinschaftsunternehmen im Kontext des Gesellschaftsrechts, des Steuerrechts und sonstiger Rechtsvorschriften, Matthiessen (1988), S. 71 ff.

17 Neben der generellen Anforderung, daß keine Beschränkung des Wettbewerbs vorliegen darf, vgl. § 1 GWB, ist bei rückwärts gerichteten Verbindungen (Bündnisse mit Zulieferunternehmen) das Diskriminierungsverbot des § 26 Abs. 2 GWB zu beachten, das vor allem zugunsten von Zulieferunternehmen kleinerer und mittlerer Größe wirkt. Zur Behandlung vertikaler Verbindungen in EWGV, vgl. Amt für amtliche Veröffentlichungen, S. 33 ff.

18 Das BKA differenziert bei der Prüfung strategischer Allianzen zwischen horizontalen und vertikalen strategischen Allianzen, vgl. Tätigkeitsbericht des BKA (1989/91), S. 69 f. Dabei deckt sich die begriffliche Abgrenzung dieser unterschiedlichen Formen der Zusammenarbeit mit der in dieser Arbeit vorgenommenen Begriffsunterscheidung, vgl. hierzu Abschnitt 2.3.1 dieser Arbeit.

19 vgl. hierzu Amt für amtliche Veröffentlichungen der Europäischen Gemeinschaft (1989), S. 14 ff.

20 Zur De-minimis-Regel (Vereinbarungen von geringer Bedeutung), vgl. Amt für amtliche Veröffentlichungen der Europäischen Gemeinschaft (1989), S. 16

21 vgl. § 1 GWB und Art. 85 EWG-Vertrag

22 vgl. Tätigkeitsbericht des Bundeskartellamtes (1989/91), S. 68

Eine differenziertere Betrachtung aber allgemeinere als die des Einzelfalles horizontaler strategischer Allianzen im Kontext des GWB kann anhand der in Abschnitt 2.3.2 dieser Arbeit erstellten Typologie vorgenommen werden. Hiervor ist jedoch hervorzuheben, daß diese sich dabei auf einen Tätigkeitsbericht des BKAs stützt, der derzeit für die Prüfung horizontaler strategischer Allianzen handlungsleitend ist.

Kurzfristig und langfristig orientierte *Transfer-Allianzen*, deren raison d'etre in einem *reziproken Informationsaustausch* zur selbständigen Entwicklung neuer Produkte durch jeden der Beteiligten liegt, werden kartellrechtlich nicht als kritisch betrachtet.[23] Sofern der wechselseitige Informationstransfer ausschließlich den Beteiligten zugute kommt (rein dyadische Beziehung), werden diese Vereinbarungen ähnlich beurteilt wie wechselseitige Lizenz- oder Know-how-Vereinbarungen zwischen Wettbewerbern.[24]

Bei einer kurzfristigen *Pool-Allianz*, in der ex definitione gleichartige Wertaktivitäten gemeinsam genutzt werden, ist beispielsweise eine gemeinsame Entwicklung dann zulässig, wenn die Beteiligten allein aus finanziellen, technologischen oder ökonomischen Gründen dazu nicht in der Lage wären.[25] Da gerade interne Grenzen und die Erzielung von Zeitvorteilen im Wettbewerb gegenüber dritten eine wesentliche Ursache für das Eingehen von strategischen Allianzen ist, kann demnach gefolgert werden, daß kurzfristigen "Pool-Allianzen" - obgleich der Einzelfall zu prüfen ist und dabei vor allem die Motive - derzeit kaum kartellrechtliche Bedenken gegenüberstehen. Ist jedoch die Ausschaltung des Risikos des Wettbewerbs ein primäres Motiv, dann ist der § 1 GWB zu beachten. Kartellrechtlich kritisch sind vor allem längerfristig orientierte Pool-Allianzen, die sich auf mehrere Wertaktivitäten beziehen. Sofern eine gemeinsame Produktion und der gemeinsame Vertrieb Gegenstand der Allianz ist, dürfte diese in der Regel unter das Kartellverbot des § 1 fallen.[26] Ähnlich sind die Regelungen im EWGV-Recht. Pool-Allianzen, die sich auf eine gemeinsame Durchführung *einer Wertaktivität* beziehen wie gemeinsame Durchführung von Forschung und Entwicklung; gemeinsame Produktion; gemeinsame Benutzung von Lager- und Transporteinrichtungen; gemeinsame Marktforschung; gemeinsame Werbung oder gemeinsamer Kundendienst, werden als nicht wettbewerbsbeschränkend angesehen.[27]

General-Allianzen sind in der Regel als wettbewerbsrechtlich kritisch zu betrachten. Das aktuelle Fallbeispiel: die strategische Allianz zwischen Varta und Bosch (1991), in welcher

---

23 vgl. Tätigkeitsbericht des BKAs (1989/1991), S. 69 f.

24 vgl. Tätigkeitsbericht des BKA, S. 70. Zu beachtende gesetzliche Regelungen und Verordnungen sind hierbei: §§ 1, 20 f., Art. 5 Abs. 1 und Abs.2 VO 2349/84 und VO 556/89 sowie Art. 85 EWGV

25 vgl. Tätigkeitsbericht des BKAs (1989/91), S. 70

26 vgl. Tätigkeitsbericht des BKAs (1989/91), S. 70

27 vgl. Amt für amtliche Veröffentlichungen der Europäischen Gemeinschaft (1989), S. 16 ff. Zu unzulässigen horizontalen Vereinbarungen vgl. ebd., S. 29 ff.

die beiden Wettbewerber ihr Starterbatteriengeschäft in ein Gemeinschaftsunternehmen einbringen,[28] zeigt jedoch, daß auch bei solchen umfangreichen Allianzen (gemeinsame Entwicklung, Fertigung und Vertrieb von Starterbatterien) der Einzelfall ausschlaggebend ist. Trotz erster Bedenken seitens der EG-Kommission gegen diese Zusammenarbeit wurde sie von ihr genehmigt.[29]

Bei *Cross-border-Allianzen* verlieren nationale Wettbewerbsbeschränkungen ihre Reichweite. Auch der EWGV ist auf seine Mitgliedsstaaten beschränkt. Ein Weltkartell-Gesetz existiert derzeit noch nicht. Es wird jedoch angesichts der weltumspannenden Allianznetzwerke derzeit hierüber diskutiert.

Eine Beachtung des rechtlichen Rahmens (Gesetze, Verordnungen und Richtlinien) ist rechtlich gesehen aus zwei Gründen von Bedeutung. Zum einen sind Bündnisse, die als wettbewerbseinschränkend eingestuft werden nichtig,[30] d.h. wenn es zwischen den Vertragspartnern zu einem Rechtsstreit über die Vereinbarung kommt, sind die verbrieften Rechte und Pflichten gerichtlich nicht einklagbar. Zum anderen kann die Kommission der europäischen Gemeinschaft anordnen, daß eine solche rechtswidrige Verhaltensweise abzustellen bzw. zu unterlassen ist und Geldbußen bis zu einer Million ECU[31] oder bis zu 10% des Jahresumsatzes der Partnerunternehmen festsetzen.[32] Aus ökonomischer Sicht und in der Terminologie des Transaktionskostenansatzes ausgedrückt, würde dies bedeuten, daß Transaktionskosten (insbesondere Anbahnungs- und Verhandlungskosten) für die Allianz angefallen sind, die zu vermeiden gewesen wären, wenn eine rechtzeitige Beachtung des rechtlichen Rahmens erfolgt wäre.

4.1.3 Gesellschaftliche Dimension

Sozio-kulturelle Rahmenbedingungen, die u.a. das Ausbildungsniveau und die Berufsstruktur[33] sowie das gesamte Wertsystem[34] umfassen, sind insbesondere bei Cross-border-Al-

28 vgl. hierzu o.V. (1991m), S. 18

29 vgl. o. V. (1991n), S. 12, o.V. (1991o), S. 9

30 vgl. § 1 GWB und Art. 85 Abs. 2 EWGV

31 1 ECU (Europäische Währungseinheit) entsprach am 24. Juli 1991 DM 2,05.

32 vgl. Amt für amtliche Veröffentlichungen der europäischen Gemeinschaft (1989), S. 21

33 Nicht ausreichend vorhandene Qualifikation zieht Qualifizierungsmaßnahmen nach sich, die je nach Vorkenntnissen unterschiedlich zeitaufwendig sind und damit unterschiedlich hohe Kosten verursachen. Wenn diese zudem nicht rechtzeitig vorgenommen werden, kann sich ein solches Defizit als Engpaßfaktor im Institutionalisierungsprozeß äußern und das Ergebnis beeinträchtigen.

34 Hier ist auch die Religion von nicht zu unterschätzender Bedeutung. Welche Auswirkungen eine Nichtbeachtung von Verhaltenkodexen hervorrufen kann, zeigt die kontroverse Diskussion über einige Aktivitäten der Nestlé AG. Angeblich soll Nestlé kostenlos Milchpulver an Spitäler auf den Philippinen verteilt und Flaschenmilch in Spitäler der dritten Welt als kostenlose Werbung abgegeben haben und damit Mütter vom Stillen abhalten. Das Problem, daß mit dieser angeblich kostenlosen Verteilung verbunden ist, liegt vor allem in der mangelhaften Hygiene in

lianzen von herausragender Bedeutung, da diese sich auf die Organisation, ihre Mitarbeiter und deren Verhalten auswirken.[35]

Wird zur Umsetzung von Internationalisierungs- und/oder Globalisierungsstrategien[36] eine strategische Allianz gewählt, so kommt insbesondere der Berücksichtigung nationaler Kulturen[37] bei der Implementierung besondere Bedeutung zu. Das jeweilige Norm- und Wertsystem einer Kultur, welche nach Heinen Zusammenhalt und Einheitlichkeit einer Gesellschaft kennzeichnen[38] bedürfen der Annerkennung und Berücksichtigung als Voraussetzung einer Akzeptanz und Aufrechterhaltung der Beziehungen. Ein Verständnis insbesondere im Hinblick auf die Unterschiedlichkeiten der jeweiligen Kulturen kann als eine wesentliche Erfolgsvoraussetzung betrachtet werden.[39]

Im Rahmen der Globalisierungsdiskussion wurde immer wieder auf sogenannte Homogenisierungsprozesse verwiesen, welche ein einheitliches Vorgehen auf dem Weltmarkt erlauben.[40] Daß die Realität zumindest zum heutigen Zeitpunkt von einer Vereinheitlichung noch weit entfernt ist, zeigt sich in vielen Branchen. Es ist vor diesem Hintergrund, wenn

---

den dortigen Spitälern. Die Synode der anglikanischen Kirche hat aufgrund dieses "Verstoßes" gegen den Verhaltenskodex über Babynahrung die Gläubigen aufgefordert deshalb keinen Nescafé mehr zu kaufen. Auch in der Schweiz hat im Februar eine Aktionsgruppe zum Nestlé Boykott aufgerufen, der jedoch keine Resonanz fand. Nestlé selbst dementiert, sucht jedoch das Gespräch mit der Kirche, vgl. o.V. (1991p), S. 16.

35 Die kulturelle Dimension als beschränkender (aber auch fördernder) Faktor auf der Ebene der Organisation wird in Abschnitt 4.4.3 dieses Kapitels noch näher behandelt. Welche Einflüsse auf die Ebene der Transaktionsbeziehung ausstrahlen und welche Wirkung auf die Gestaltung der Transaktionsbeziehung damit verbunden ist, werden in Kapitel 5 zu diskutieren sein.

36 vgl. zur Internationalisierung- und Globalisierungsstrategie beispielsweise Meffert (1986), S. 689 ff., ders. (1989), S. 445 ff., Porter (1989), Ohmae (1985), Lück, Trommsdorff (1982)

37 Die Kultur einer Gesellschaft läßt sich nach Heinen kennzeichnen als "... Inbegriff der Gewohnheiten, Sitten und Gebräuche, der in Regeln gekleideten (institutionalisierten und kodifizierten) Normen sowie des im Laufe der Entwicklung erworbenen Wissens über beobachtbare technologische Zusammenhänge und Mittel-Zweck-Beziehungen. Sie umfaßt auch die Sprache einer Gesellschaft und die von den Menschen geschaffenen Kunstwerke und äußeren Symbolen." Heinen (1982), S.73

38 vgl. Heinen (1982), S. 73. Insbesondere in hochentwickelten Industrienationen läßt sich heute im Gegensatz zur Vergangenheit, welche durch ein relativ stabiles, eher langfristigen Veränderungen unterworfenes gesellschaftliches Wert- und Normsystem zu kennzeichnen ist, eine verstärkte Tendenz zu rasch wechselnden Auffassungen erkennen, die nicht von allen Menschen geteilt werden, vgl. hierzu Ulrich (1981), S. 503 und zu ausführlichen Auseinandersetzungen mit dem gesellschaftlichen Wertewandel stellvertretend Rosenstiel (1984), S. 203 ff. und Klages (1984).

39 Internationale strategische Allianzen scheitern häufig aufgrund mangelnder Fähigkeit zur Überbrückung unterschiedlicher Kulturen, vgl. Ohmae (1985), S. 136 ff. Interpersonelle Konflikte und Kommunikationsverzerrungen als mögliche Folgen lassen sich jedoch - wie später noch zu diskutieren ist - reduzieren.

40 Der wohl exponierteste Vertreter dieser Richtung ist Theodore Levitt. Er prophezeite in seinem vielzitierten Aufsatz "The Globalization of Markets" (1983) den Zwang zur weltweiten Vereinheitlichung. Seine These sowie die damit verbundenen Schlagworte wie "Globalisierung der Märkte", "Weltprodukte bzw. Weltmarktkonzepte", "Globales Management" werden jedoch kontrovers diskutiert.

sogenannte Mischstrategien postuliert werden[41] und Leitlinien wie "think global, act local" oder "global vision with local touch" als Handlungsempfehlungen gegeben werden, statt einem einheitlichen Vorgehen. Dabei muß der Blick gar nicht so weit gerichtet sein, um zu sehen, welche unterschiedlichen Wertbegriffe vorhanden oder daß sogenannte "cross-culture-groups" mit übereinstimmenden Verhaltensmuster noch in weiter Ferne sind. Ein umfangreiches Forschungsprojekt von *Hofstede* über 50 Länder der Welt legt hierfür einen empirisch fundierten Nachweis vor.[42] Hofstede kam u.a. zu dem Ergebnis, daß nationale kulturelle Unterschiede selbst in der EG bestehen und keine Anzeichen dafür sprechen, daß diese in absehbarer Zeit abgebaut werden.[43]

Zur Beschreibung nationaler Kulturen unterscheidet Hofstede vier von einander abhängige *Kulturdimensionen*:[44]

(1) *Individualismus versus Kollektivismus* als Grad der Beziehungen zwischen Individuen und der Gesellschaft. Während Individualismus starkes Eigeninteresse verkörpert, kennzeichnet Kollektivismus eine Orientierung am Gruppeninteresse. Als hoch individualistisch wird die USA, Great Britain und die Niederlande und als ausgeprägt kollektivistisch Kolumbien, Pakistan und Taiwan identifiziert. Japan und die Bundesrepublik Deutschland nehmen auf dieser Skala, die von 0 (niedrige individualistische Ausprägung) bis 100 (hohe Ausprägung) reicht, eine mittlere Position ein. Japan mit dem Wert 67 wird jedoch als kollektivistischer als die BRD (Wert 46) eingestuft. Allgemein lassen sich wohlhabendere Länder als individualistischer und ärmere Nationen als kollektivistischer bezeichnen.

(2) Weite oder enge *Machtdistanz* auf gesellschaftlicher Ebene kennzeichnet das Ausmaß, wie die jeweilige Gesellschaft Ungleichheiten zwischen den Mitglieder handhabt. In einigen Ländern wie beispielsweise Indien werden diese Unterschiede im Gegensatz zu anderen Ländern weniger zu reduzieren versucht. Auf der Ebene der Organisationen operationalisiert der Grad der Zentralisierung von Autorität und autoritärem Führungsstil diese Dimension. Während Hierarchieunterschiede in Japan eher herausgestellt werden, wird die Machtdistanz in der BRD und den USA eher als gering bewertet. Im Zusammenhang mit erst genannter Dimension weisen allgemein kollektivistisch orientierte Länder eine größere

41 vgl. Meffert (1986), S. 689 ff, ders. (1989), S. 445 ff.

42 vgl. Hofstede (1980), ders. (1983), S. 75 ff.

43 Die jüngste Diskussion um eine "Euro-AG" zeigt dies beispielhaft auf. Der Schaffung einer neuen vom nationalen Recht unabhängigen Rechtsform, stehen unterschiedliche Wertvorstellungen entgegen. Das Hauptproblem liegt dabei in der Arbeitnehmermitbestimmungsregelung, vgl. Werres (1991), S. 30. Obgleich gegenwärtig noch keine Einigung erzielt worden ist, scheint aus der ehemalig einheitlich gedachten Regelung sich (wiedereinmal) ein Optionenmodell abzuzeichnen: Eine Europäische Aktiengesellschaft à la carte, um den nationalen Unternehmenskulturen Rechnung zu tragen, vgl. ebd.

44 vgl. hierzu und im folgenden Hofstede (1980), ders. (1983), S. 75 ff., ders. (1985), S. 347 ff.

Machtdistanz auf; individualistisch orientierte Länder jedoch nicht immer geringe Machtdistanzen.

(3) *Vermeidung von Unsicherheit.* Hiermit wird die Reaktion der Gesellschaft und Individuen auf die mit der Zukunft verbundene Ungewißheit bezeichnet und damit gleichzeitig ihre Risikohaltung. Diejenigen Gesellschaften, welche als "weak Uncertainty Avoidance"[45] bezeichnet werden (z.B. USA), neigen tendenziell zu einem Gefühl der relativen Sicherheit. Im Gegensatz hierzu werden diejenigen Länder, welche Unsicherheit durch formale und informelle Normen zu reduzieren versuchen ("strong Uncertainty Avoidance societies"[46]) durch einen höheren Grad an Angst, Nervösität, Emotionalität, Aggressivität und der Errichtung von Institutionen zur Steigerung der Sicherheit und Risikovermeidung gekennzeichnet. Als Beispiele für letztere werden u.a. Griechenland und Japan kategorisiert. Auch die BRD wird hierzu gerechnet, jedoch in geringer Ausprägung als Japan.

(4) *Maskulinität versus Feminität.* Die vierte Kulturdimension zur Kennzeichnung der Rollentrennung zwischen den Geschlechtern ordnet Japan als das von den 50 untersuchten Ländern als maskulin orientierteste Land ein. Maskulinität als Kennzeichen für extreme Rollenteilung und individuelle Präferenzen für Selbstbehauptung, Zielorientierung, Heroism und materiellen Erfolg kennzeichnet auch überdurchschnittlich (Wert 66) die BRD und in geringerer Ausprägung auch die USA (Wert 62). Als "feminine" Länder, bei denen Werte - sowohl bei Männern als auch Frauen - wie Lebensqualität, eine Präferenz für interpersonelle Beziehung und Hilfsbereitschaft insbesondere für Schwächere dominieren, werden als extrem hervorstechend die vier nordischen Länder identifiziert.

Vor diesem Hintergrund ist "the naive assumption that management is the same or is becoming the same around the world ... not tenable in view of these differences in national cultures."[47] Das nationale Kulturen damit wesentlich die Gestaltung der Transaktionsbeziehung und insbesondere der Koordinationsstrukturen beeinflussen,[48] wird auch unmittelbar ersichtlich, wenn berücksichtigt wird, daß diese neben anderen Faktoren die Wertvorstellungen und Verhaltensweisen der Transaktionspartner prägen, da diese Lebenswelt[49] den Hintergrund darstellt, in dem die Wahrnehmungen, Denkmuster, Überzeu-

45 vgl. Hofstede (1983), S. 81 ff.
46 vgl. Hofstede (1983), S. 83
47 Hofstede (1983), S. 85
48 Diese These wird nicht von allen Forschern geteilt. So gehen einige Vertreter der "kulturvergleichenden Managementforschung" von keinem bedeutenden gesellschaftlich kulturellen Einfluß auf das Management aus, da sie von der Annahme ausgehen, daß sich weltweit einheitliche "Management-Subkulturen" gebildet haben, vgl. hierzu Park (1983), S. 10 ff. Konträr hierzu stehen die oben angeführte Untersuchung von Hofstede (1980), ders. (1983) sowie die Langzeitstudie von Pascal (1978), welcher ein recht differenziertes Bild vermittelt. Danach unterscheiden sich amerikanische Unternehmens- und Mitarbeiterführungsstile von japanischen erheblich. Ähnliche Beobachtungen veröffentlichte Ouchi, Johnson (1978).
49 Die Welt, in der wir aufgewachsen sind.

gungen und Wertvorstellungen des einzelnen stets eingebettet sind.[50] Der Grad des Einflusses ist dabei jedoch auch von Sekundärsozialisationsprozessen durch die unternehmensspezifische Kultur abhängig, da je nach Ausmaß der Adaption unternehmensspezifischer Werte und Normen[51] dieser sich verringert respektive verändert.[52]

Eine weitere Dimension, welche insbesondere die Stabilität der strategischen Allianz beeinflußt, stellt die technologische Dimension dar.

4.1.4 Technologische Dimension

Der technologische Wandel, der sich insbesondere seit den achtziger Jahren mit zunehmender Dynamik vollzieht[53] und durch trendbruchartige Veränderungen charakterisiert ist,[54] fördert nicht nur die Bildung strategischer Allianzen,[55] sondern kann auch ihr Risiko steigern, insbesondere von Forschungs- und Entwicklungsprojekten. Neue Technologien - vereinfacht hier definiert als technisches Wissen, welches in neuartigen oder modifizierten Produkten oder Verfahren verkörpert ist[56] - können Bündnisse die auf der gegenwärtigen Einschätzung der Situation beruhen aufgrund der zunehmenden Veränderungsgeschwindigkeit des technologischen Wandels im Zeitverlauf obsolet werden lassen.[57] Ursache hierfür können zum einen Wettbewerber sein, die nicht Partner der Allianz sind, aber zeitlich vorgelagert die angestrebte Invention umsetzen (Entwicklungsrisiko) und zum anderen das Prognoseproblem der Beurteilung von Technologien nach ihrem Potential zur Beeinflussung des Wettbewerbs.[58] Können für Basistechnologien,[59] da diese allgemein bekannt

---

50 vgl. hierzu Schütz, Luckmann (1975), Habermas (1984)

51 Zum Einflußfaktor Unternehmenskultur vgl. Abschnitt 4.4.3 dieses Kapitels.

52 Nach Heinen, Dill (1986) wird ein Mitglied einer Unternehmung um so vertrauter mit den unternehmensspezifischen Werten und Normen, "... je länger das Individuum Mitglied in der Unternehmung ist und mit den anderen im gleichen sozialen Kontext interagiert..." ebd., S. 211

53 vgl. Drucker (1980), welcher hervorhebt, daß der technologische Entwicklungsprozeß vor dieser Zeit überwiegend von relativer Stabilität und Kontinuität geprägt war, da Innovationen meist auf früheren Erfindungen und Innovationen beruhten.

54 vgl. Drucker (1980), Wittek (1980), Hadaschik (1979), Pfeiffer (1987), Beckurts (1984)

55 vgl. hierzu Abschnitt 1.1 dieser Arbeit.

56 Der Begriff "Technologie" wird in der Literatur unterschiedlich verwendet vgl. hierzu stellvertretend Sommerlatte, Deschamps (1985), S. 48 und Zörgibel (1983), S. 11. Eine systematisierte systemorientierte Begriffsdefinition legt Servatius vor. Nach Servatius (1985), werden *"Technologien" definiert* als "geplante bzw. realisierte Subsysteme von Produkten oder Betriebsmitteln (strukturaler Aspekt) aus deren Zusammenwirken Input-Output-Relationen des Systems resultieren (funktionaler Aspekt) wobei die Subsysteme eine bestimmte Stellung innerhalb der naturwissenschaftlich-technischen Fachgebiete haben (hierarchischer Aspekt)." Ebd., S. 35

57 Aus gesamtwirtschaftlicher Perspektive beeinflussen neue Technologien die Lebenszyklusphase von Industrien. Sie beeinflussen die Wachstumsrate und die Wettbewerbsstrukturen von Industrien, vgl. Sommerlatte, Deschamps (1985), S. 46 und sind oftmals Ursache für Strukturveränderungen innerhalb der Volkswirtschaft, vgl. Reinhard, Weidermann (1984), S. 65, Zahn (1985), S. I, Harris (1981), S. 20 ff.

58 Zu Konzepten, wie die strategische Rolle von Technologien identifziert werden kann, vgl. Sommerlatte, Walsh (1983), Sommerlatte, Deschamps (1985), Servatius (1985), zum S-Kurven-Konzept von Mc Kinsey vgl. Krubasik (1982), Foster (1982), ders. (1986)

sind und für Schlüsseltechnologien[60] eine "richtige" Einschätzung des Wettbewerbspotentials gegebenenfalls weitgehend erreicht werden, so erscheint gerade eine Beurteilung einer neuen Technologie als Schrittmachertechnologie[61] als äußerst problematisch, insbesondere da eine Trendentwicklung vor allem in einem von Dynamik gekennzeichneten technologischem Umfeld schwer prognostizierbar ist.[62] Darüber hinaus setzt das Vermarktungsrisiko der Beeinflußbarkeit Grenzen. Dabei potenziert sich das Prognoseproblem der Nachfrage bei technologieinduzierten Innovationen.[63]

Ein weiteres wesentliches Element der technologischen Dimension, welches den Entscheidungs-, Handlungs- und auch Gestaltungsspielraum beeinflußt, sind moderne Informations- und Kommunikationstechnologien (IuK-Technologien). Während einerseits IuK-Technologien integrationsfördernd wirken und die Entstehung interorganisationaler Verbindungen durch ihre Koordinations- und Kontrollfunktion erleichtern,[64] können andererseits Inkompatibilitäten zwischen Systemen und Netzen zu einer Erhöhung von Marktein- oder -austrittsbarrieren genutzt werden.[65] Ob diese Möglichkeit besteht, ist entscheidend von der Größe des Einflusses abhängig, den ein Partner auf die Gestaltung der technischen Systeme hat, und vom Zugang zu ihnen. Wer die Kontrolle über die Systemdefinition, den Zugang und die Partizipationsrechte hat oder die Teilnahmebedingungen regelt, der verfügt auch über die Kontrolle über das System und seine potentiellen Teilnehmer.[66] Zum anderen erfordern moderne IuK-Systeme umfangreiche Investitionen. Die damit einhergehende

---

59 Basistechnologien sind zwar für die Existenzsicherung äußerst wichtig, jedoch für die Wettbewerbsbasis nicht kritisch, da sie von geringer wettbewerbsstrategischer Bedeutung sind, vgl. Sommerlatte, Deschamps (1985), S. 50 ff.

60 Als Schlüsseltechnologien werden diejenigen Technologien bezeichnet, von denen ein starker gegenwärtiger Einfluß auf die Wettbewerbsfähigkeit ausgeht, vgl. Sommerlatte, Deschamps (1985).

61 Als Schrittmachertechnologien werden neue Technologien bezeichnet, die sich noch in einem frühen Entwicklungsstadium befinden, von denen jedoch eine starke zukünftige Auswirkung auf die Wettbewerbsstruktur erwartet wird, vgl. Sommerlatte, Deschamps (1985), S. 50 ff.

62 Erschwerend kommt hinzu, daß keine sicheren Kenntnisse über die Akzeptanz bei den Nachfragern ermittelt werden kann, da sich die Technologien noch in einem frühen Entwicklungsstadium befinden und das Bedürfnis noch nicht geweckt wurde. Darüber hinaus ist zu beachten, daß die strategische Rolle von Technologien einem ständigen Wandel unterliegt. Schlüsseltechnologien zum gegenwärtigen Zeitpunkt können an strategischer Wirkung verlieren, wenn Wettbewerber diese in zunehmenden Maße beherrschen oder wenn sie durch neuere Technologien verdrängt werden. Frühere Schlüsseltechnologien sind Basistechnologien zum gegenwärtigen Zeitpunkt. Einige Schrittmachertechnologien können die möglichen Schlüsseltechnologien der Zukunft sein. Das Entwicklungspotential von Technologien und damit ihr Einsatz zur Verbesserung der Wettbewerbsposition steht in einer wechselseitigen Beziehung zum Lebenszyklus der Technologie. Dabei nimmt das Wettbewerbspotential einer Technologie mit zunehmender Reife dieser Technologie ab, vgl. hierzu Sommerlatte, Deschamps (1985), S. 50 ff. sowie Sommerlatte, Walsh (1983), S. 308 ff.

63 vgl. zu technologieinduzierten Innovationen ("Technology Push") gegenüber bedarfsinduzierten Innovationen ("Need Push"), Servatius (1986), S. 102 f.

64 vgl. Miles, Snow (1986), S. 65, ders. (1984), S. 27, Child (1987), S. 33

65 vgl. Porter, Millar (1986), S. 31

66 vgl. Cash, Konsynski (1985), S. 59 ff.

Notwendigkeit der Verteilung der hohen Fixkosten auf große Stückzahlen, was in der Regel einen längeren Zeithorizont nachsichzieht, erschwert einen Wechsel des Allianz-Partners.[67]

Die genannten Dimensionen haben wie gezeigt direkten oder indirekten Einfluß auf die strategische Allianz selbst, die beteiligten Unternehmungen, ihren Subsystemen und einzelnen Gestaltungsoptionen. Obgleich diese angeführten Rahmenbedingungen aus Übersichtlichkeitsgründen einzeln betrachtet wurden, können sie vor allem in ihrem Zusammenspiel und nicht nur einseitig zur Wirkung kommen. Insbesondere Großunternehmen sowie Netzwerke von Unternehmen können durchaus auch, obwohl nur begrenzt und selektiv, einflußnehmend auf einzelne Dimensionen einwirken. Diese Einwirkungsmöglichkeiten können dabei insbesondere in der technologischen Dimension - wie beispielhaft angeführt - zum Ausdruck kommen. Obgleich der Grad der einseitigen Beeinflussung seitens der globalen Umwelt zum einen vom Einzelfall und zum anderen von der Wahrnehmungsfähigkeit der einzelnen Akteure abhängig ist, kann allgemein davon ausgegangen werden, daß als relevant[68] eingeschätzte Umweltentwicklungen[69] zumindest indirekt das Verhalten der Interaktionspartner - wie beispielhaft vereinzelt angeführt - beeinflussen.

Aufgrund der aufgezeigten Bedeutung der globalen Umwelt für die Zielerreichung strategischer Allianzen läßt sich festhalten, daß diese einer spezifischen Analyse zur situativen Antizipierung bedrohlicher Veränderungen und damit zur Schaffung der Voraussetzungen für präventive Maßnahmen auch im Bestehen der Allianz zu unterziehen ist. Die im Schriftum bestehenden Ansätze zur Frühaufklärung[70] können hierbei methodische Unterstützung liefern.

---

67 vgl. Porter Millar (1986), S. 31

68 Zum Relevanzproblem, welches bis heute noch nicht gelöst ist, vgl. stellvertretend Kubicek, Thom (1976)

69 Vertreter der Organisations- und Managementtheorie, welche von einer subjektiv durch Prozesse der Informationsverarbeitung geschaffene Umwelt ausgehen, sind beispielsweise Weick (1979), Pfeffer, Salancik (1978). Damit wird dem Individuum als Verbindungsglied zwischen der Umwelt und dem Verhalten von Organisationen eine aktive Rolle als Wahrnehmender zugesprochen.

70 vgl. hierzu Müller (1981), Krystek, Müller-Stewens (1990), S. 337 ff.

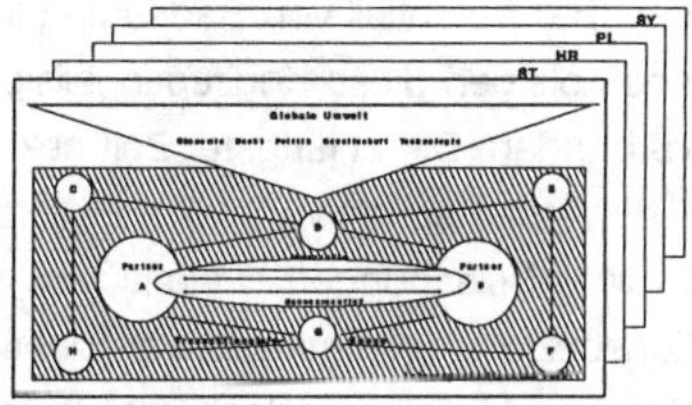

4.2 Komponenten und Eigenschaftsdimensionen im interorganisationalen Feld

4.2.1 Komponenten der Aufgabenumwelt

Zur weiteren Dekomposition und zur Konzeptionalisierung der "relevanten" Umwelt wird im Schriftum zum größten Teil auf die Untersuchung von Dill[71] zurückgegriffen, welcher als wichtigste Komponenten in Bezug auf den Zielsetzungs- und -erreichungsprozeß der Unternehmung Kunden, Lieferanten, Konkurrenten und sogenannte regulative Einheiten (Behörden, Gewerkschaften, Verbände) unterscheidet.[72] Im Hinblick auf die dieser Untersuchung zugrundeliegenden Konzeptionalisierung[73] sind letztere von Dill genannten Elemente der globalen Umwelt zugeordnet.[74] Dieser als "Aufgabenumwelt" bezeichnete Bereich der Umwelt wird folglich als dasjenige Segment verstanden, mit welchem eine Organisation zur Erfüllung ihrer Aufgabe in Interaktionsbeziehungen steht, mit ihren Komponenten direkte Austauschbeziehungen aufrechterhält oder in indirekten Konkurrenzbeziehungen gegenübersteht. Sie verkörpert damit eine unternehmensspezifischere Umwelt als die globale Umwelt. Die alleinige Abgrenzung der "relevanten" Umwelt anhand des "Ziel"-Kriteriums ist für die vorliegende Untersuchung aus mehreren Gründen jedoch kritisch. Aus strategischer Sicht insofern, als eine solche Konzeptionalisierung tendenziell zu einer statischen Betrachtung führt. Gerade die häufig mit strategischen Allianzen verfolgte Diversifikationspolitik weitet das Sachziel aus oder ändert es sogar grundsätzlich. Kubicek's, Thom's (1976) weitere Differenzierung in potentiell relevante und faktisch relevante Bedingungen[75] können zwar diesen Aspekt beheben, da hierdurch eine Sensibilisierung nicht nur hinsichtlich der Elemente geschaffen wird, die für die Erreichung eines Sachziels zu einem bestimmten Zeitpunkt von Bedeutung sind, sondern auch für diejenigen Komponenten mit welchen zwar keine derzeitigen Transaktionsbeziehungen aufrechterhalten werden,

---

71 vgl. Dill (1958), S. 410

72 Nach Hoffmann (1980) ist "die Relevanz dieser Umweltkomponenten für die betriebliche Zielerreichung ... unbestritten," ebd. S. 100.

73 vgl. Abschnitt 3.3 der vorliegenden Arbeit.

74 vgl. zu dieser Einordnung auch Kubicek, Thom (1976), an welche sich - wie bereits angeführt - auch die hier vorgenommene Segmentierung anlehnt.

75 Diese Differenzierung ist für eine Analyse der "globalen Umwelt" ebenso hilfreich. Bei "Crossborder-Allianzen" sind beispielsweise - wie angeführt - neue gesellschaftliche Normen und die herrschenden gesetzlichen Regelungen zu beachten.

die aber potentiell von Bedeutung im Hinblick auf eine Planrealisierung sein können. Dennoch bleiben diese Konzeptionalisierungen der monoorganisationalen Betrachtungsebene verbunden. Die in jüngster Zeit geknüpften vielfältigen Verbindungen zwischen Konkurrenten müssen außen vor bleiben. Gleiches gilt für Modellkonstruktionen über Unternehmung-Umwelt-Beziehungen, welche von einer fokalen Organisation ausgehen, die in Interaktionsbeziehungen mit anderen identifizierbaren Organisationen stehen[76] oder Thompson's Domäne.[77] Bevor jedoch eine netzwerktheoretische Konzeptionalisierung diskutiert wird, soll noch auf Eigenschaftsdimensionen eingegangen werden, da diese Dimensionen nicht unerhebliche die Stabilität von strategischen Allianzen als auch ihre Institutionalisierungsform beeinflussen können.

4.2.2 Umweltdynamik und Komplexität

Welche Auswirkungen Entwicklungstendenzen in der Umwelt konkret auf Unternehmungen und hier interessierende strategische Allianzen haben, kann generell nicht festgestellt werden, vielmehr bedarf es der einzelfallspezifischen Untersuchung. Organisationstheoretische Ansätze, welche Umwelteinflüsse auf die Struktur von Organisationen untersuchen, sind von Heterogenität hinsichtlich der zu analysierenden Umwelteigenschaften als auch ihrer Operationalisierung gekennzeichnet. Meist verwendete Umweltdimensionen sind Dynamik und Komplexität.[78] Sie erscheinen auch für die vorliegende Untersuchung am wesentlichsten und werden daher im folgenden auf der Umweltebene näher untersucht.

Der Begriff "**Dynamik**" steht nach Wittek für die zunehmende Geschwindigkeit, mit der sich einzelne Wandlungsprozesse vollziehen.[79] Zur näheren Differenzierung können nach Burns/Stalker (1961) als Endpole eines Kontinuums einerseits stabile und andererseits dynamische Umwelteigenschaften unterschieden werden. Eine stabile Umwelt wird dadurch gekennzeichnet, daß externe Faktoren relativ konstant bleiben bzw. Änderungen prognostizierbar sind, während in einer dynamischen Umwelt Unvorhersehbarkeiten auftauchen. Khandawallas Wortspiel bringt die Wirkungen letzterer Umweltbedingung treffend zum Ausdruck: " The best estimates that management can make for thefuture are really only guesstimates."[80] Als Merkmale zur Kennzeichnung des Ausmasses der Veränderungen können nach Child:[81] Die Häufigkeit der Änderungen, das Ausmaß der Änderungen und

76 vgl. hierzu Evans "organization-set", Evan (1966)

77 vgl. hierzu Thompson (1967), S. 25 ff., dessen Konzeptionalisierung sich an Dill's "task-environment" (aufgabenspezifische Umwelt) anlehnt, diese aber mit Evan's organization-set Modell (Evan, (1966)) auf faktisch bestehende Transaktionsbeziehungen einschränkt.

78 vgl. hierzu Hoffmann (1980), S. 103 ff. und dort angegebenen Autoren sowie Kieser, Kubicek (1983), S. 318 ff. und dort angegebene Autoren.

79 vgl. Wittek (1980), S. 38 ff.

80 Khandwalla (1977), S. 333 Damit erschwert sich die obig geforderte Frühaufklärung.

81 vgl. Child (1972), S. 3 ff.

der Verlauf der Änderungen herangezogen werden.[82] Neben dieser "objektiven" Erfassungsmöglichkeit kann - substitutiv oder additiv - subjektiv über Befragung der Entscheidungsträger die Dynamik im Umfeld zu erfassen versucht werden.[83]

Es sprechen viele Anzeichen dafür, daß sich die Umwelt in Richtung abnehmender Stabilität und steigender Risiken entwickelt.[84] "Problemverschärfend wirkt sich der Umstand aus, daß die Veränderungen häufig diskontinuierlich erfolgen."[85] Obgleich die damit einhergehende Unsicherheit ein Motiv für die Bildung strategischer Allianzen ist,[86] ist sie gleichzeitig auch ein bedeutender Ursachefaktor für das Scheitern von strategischen Allianzen.[87] Für eine erfolgreiche Unternehmensführung ist es somit erforderlich, die relevanten Entwicklungen der Umwelt in den Führungsprozeß mit einzubeziehen. Eine Einbeziehung der Umwelt, ihrer Auswirkungen auf die Unternehmung, die strategische Allianz und der möglichen Verhaltensweisen der Unternehmung respektive der Partner gegenüber ihrer Umwelt, kann als ein zentraler Faktor betrachtet werden. Denn nur unter Berücksichtigung der Umwelt können betriebliche Prozesse auf die Erreichung bestimmter Ziele gestaltet werden.[88] Kontingenztheoretische Ansätze, welche von einem deterministischen Zusammenhang zwischen Umwelteigenschaft und Organisationsstruktur ausgehen, vertreten die These, daß sich bürokratische (mechanistische) Strukturen eher für stabile Umwelten eignen, während unbürokratische (organische) Strukturen sich in dynamischen Umwelten als effizienter erweisen.[89] Während für strategische Allianzen zwischen Partnerunternehmungen derselben Branche diese durch empirische Untersuchungen gestützte These - wird einer deterministischen Sichtweise gefolgt - handlungsleitend sein kann, verliert sie ihre Kraft für Allianzen zwischen Partner unterschiedlicher Aufgabenumwelten. Die Übertragbarkeit monoorganisationaler Ansätze trifft hier auf ihre Grenzen, denn es müßte mindestens von zwei sich überlappenden Aufgabenumwelten ausgegangen werden. Verbinden sich Organisationen aus relativ stabiler Umwelt mit Partnerorganisationen dynamischer Umwelten, sind kontingenztheoretische Aussagen nicht mehr möglich.

Umweltdynamik führt nicht nur zu steigender Unsicherheit, sondern auch zur Erhöhung von Komplexität. Unternehmungen - wie einführend bereits verwiesen - knüpfen nicht mehr

---

82 Als Indikatoren verwendet Child in seiner Untersuchung, Umsatzsteigerung der letzten 10 Jahre und die Rate der technologisch neuartig im Markt eingeführten Produkte zur Operationalisierung von Marktveränderungen und Änderungen im technologischen Bereich über die Höhe des F&E-Aufwandes in Relation zum Umsatz und durch die Anzahl der im Forschungsbereich beschäftigten Spezialisten. vgl. Child (1975), S. 14 ff.
83 vgl. hierzu beispielsweise Duncan (1975), S. 316 f.
84 vgl. hierzu Ache (1985), S. 1
85 Müller (1981), S. 5
86 vgl. Thompson (1967), S. 34 ff, Pfeffer, Salancik (1978), S. 145 ff., Tröndle (1987), S. 144
87 vgl. James (1985), S. 80, Taucher (1988), S. 90, Doz (1988), S. 318 ff., Lasserre (1982), S. 31 ff., Root (1988), S. 74 f., Jagoda (1990), S. 13
88 vgl. Heinen (1985), S. 5 ff.
89 vgl. Thompson (1969), Burns, Stalker (1961) sowie Mintzberg (1979), S. 270 ff.

nur dyadische Verbindungen, sondern arbeiten gleichzeitig mit mehreren Partnern und/oder in mehreren Geschäftsfeldern mit unterschiedlichen Partnern zusammen und spannen auf diese Weise ein Netzwerk auf, welches die Komplexität erhöht.

Umweltkomplexität wird vielfach aus der Sicht der Entscheidungsträger definiert und mit der Anzahl und Verschiedenartigkeit der Faktoren, die für die Entscheidungsfindung bedeutsam sind, operationalisiert.[90] Der Grad der Umweltkomplexität kann dabei nach Duncan anhand folgender Formel berechnet werden:

> $I = (F) * (C)^2$ Wobei: "F" die Anzahl der Umweltfaktoren und "C" die Anzahl der verschiedenen Umweltbereiche dieser Faktoren repräsentiert. Durch die Quadrierung soll berücksichtigt werden, daß die Komplexität umso größer ist, je mehr die relevan ten Umweltfaktoren verschiedenen Bereichen zuzuordnen sind.

Als Umweltbereiche und -faktoren führt Duncan[91] die folgenden an: Kundenbereich (Händler, Endverbraucher), Lieferantenbereich (Rohstofflieferanten, Investitionsgüterlieferanten, Lieferanten für fremdgefertigte Teile, Arbeitsmarkt), Konkurrenzbereich in Absatz- und Beschaffungsmärkten, Soziopolitischer Bereich (Gesetzgebung und staatliche Kontrolle, öffentliche Meinung, Gewerkschaften) und Technologischer Bereich (Produkt- und Verfahrensentwicklungen). Im Gegensatz zu Duncan werden hier - wie bereits angeführt - der soziopolitische und der technologische Bereich der globalen Umwelt zugeordnet.[92]

Damit zeigt sich in Verbindung mit den obigen Ausführungen zur Dynamik an, daß die Komplexität mit der Heterogenität der Aufgabenumwelten der Partnerorganisationen steigt und damit die Anforderungen an die Führungskräfte; desweiteren, daß der Komplexitätsgrad in einer direkten positiven Beziehung zur Gestaltungsdimension "Größe" steht, denn je größer die Anzahl der Partner, desto größer die Komplexität, welche sich potenziert, wenn die Partner aus heterogenen Umwelten stammen.

Neben diesen primär in situativen, der Strukturellen Perspektive zugeordneten Ansätzen der Organisationstheorie vorherrschenden Konzeptionalisierungen bereichern in jüngster Zeit netzwerktheoretische Konzeptionalisierungen, welche ihren Fokus auf interorganisationale Verflechtungen statt auf Elemente der Umwelt richten, das Schriftum. Sie sollen mit Thorelli[93] im folgenden als komplementär zu den obig angeführten Ansätzen betrachtet werden.

---

90 vgl. Kirsch, Mayer (1978), S. 141 ff., Bleicher (1980), Duncan (1975), S. 313 ff., Reinhard, Weidermann (1984), S. 57 ff., Gebert (1978), S. 21

91 vgl. Duncan (1972), S. 315

92 vgl. Abb. 3-2 dieser Arbeit. Ferner werden Umweltfaktoren als mehr oder weniger "extern" betrachtet und nicht wie bei Duncan organisationsinterne Faktoren zu diesen hinzugerechnet, vgl. hierzu Abschnitt 3.3 dieser Arbeit.

93 Thorelli (1984), S. 43

Einführend wurde bereits darauf verwiesen, daß sich nicht mehr einzelne Unternehmen gegenüberstehen, sondern Unternehmensverbindungen unterschiedlicher Reichweite. Es stellt sich somit die Frage, ob und wie durch die Einbettung strategische Allianzen respektive die Partnerorganisationen in ihren Entscheidungs- und Handlungsspielraum durch bestehende Verbindungen potentiell beeinflußt werden können.

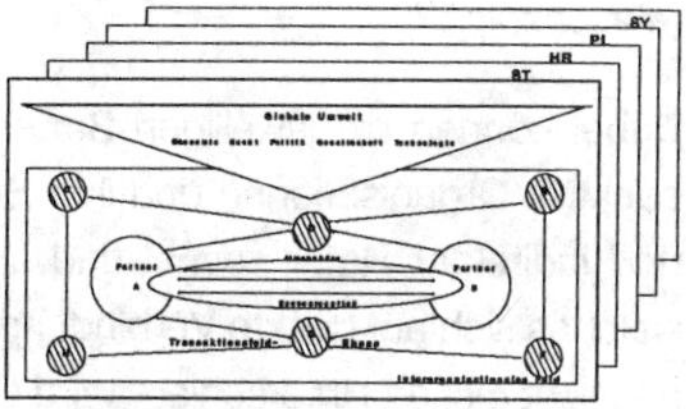

4.3 Strategische Allianzen im Rahmen interorganisationaler Netzwerke

Obgleich strategische Allianzen in erster Linie zwischen zwei oder mehreren Partnerorganisationen geschlossen und konzipiert werden, ist ein umfassendes und dynamisches Verständnis über potentielle Problem- und Risikofelder von einer spezifischen Verbindung nur dann erreichbar, wenn die Betrachtung eine Ebene höher gezogen und erkannt wird, daß eine strategische Allianz zwischen zwei oder mehreren Unternehmen in unterschiedlich weitreichenden Netzwerken eingebettet ist.[94] Die Bedeutung der Berücksichtigung makroskopischer Perspektiven im Hinblick auf diesen Aspekt, wird unmittelbar vor der Hintergrunderkenntnis ersichtlich, daß "... a network constrains or facilitates the action of organizations and action-sets and thus is more than the sum of the individual links that compromise it."[95] Dabei ist nach Aldrich, Whetten (1981) ein "action-set" "... a group of organizations that have formed a temporary alliance for a limited purpose".[96] Aufgrund der Gegebenheit, daß netzartige wirtschaftliche Verflechtungen - wie die einleitenden Ausführungen zeigten - zum gegenwärtigen Zeitpunkt realiter existieren, gewinnt eine solche Perspektive auch praktische Relevanz.

94 vgl. hierzu auch Abschnitt 3.1. und Abb. 1-1 dieser Arbeit.
95 Aldrich, Whetten (1981), S. 387
96 Aldrich, Whetten (1981), S. 387

4.3.1 Netzwerkbegriff und ein Ansatz zur Charakterisierung

Obgleich der Terminus Netzwerk mit strategischen Allianzen häufig in Verbindung gebracht wird,[97] sind nicht nur Begriffscharakterisierungen, sondern auch die solchen Konstrukten zugeteilten Eigenschaften von Heterogenität gekennzeichnet. Verallgemeinert kann ein Netz definiert werden als die "... totality of all the units connected by a certain type of relationship".[98]

Dabei können die jeweiligen Beziehungen zwischen den Elementen (soziale Systeme respektive Organisationen und ihre Subsysteme und/oder individuelle Aktoren) von direkter und indirekter Natur sein[99] und unterscheiden sich damit von einem "organization-set", welches sich auf direkte Verbindungen einer fokalen Organisation bezieht. Die Abb. 4-1 verdeutlicht diesen Unterschied. Wird O1 als fokale Organisation betrachtet, so beschränkt

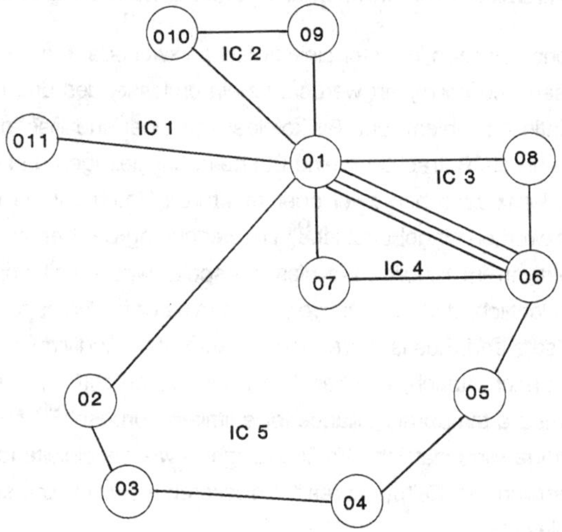

Abb. 4-1: Eine aus interorganisationalen Gemeinschaften bestehende einfache Umwelt (Quelle: Van de Ven et al. (1975), S. 28)

97 vgl. bspw. Ohmae (1985), S. 147 ff., Delvin Bleackley (1988), S. 18 ff., Vizjak (1990), S. 187 ff., Bleicher, Hermann (1991), welche zwar darauf verweisen: "Die neuen Joint Ventures werden jedoch vermehrt in Netzwerke weltweiter strategischer Allianzen eingebettet." ebd., S. 5, jedoch nicht die Auswirkungen diskutiert, die eben diese Einbettung für das Joint Venture haben kann. Vereinfachend wird trotz dieses Bewußtseins der daraus mögliche Einfluß vernachlässigt. Was sicherlich mit dem derzeitigen Forschungsdefizit erklärbar ist. Vgl. auch Backhaus, Piltz (1990), S. 4 ff., welche jedoch konsequenterweise auf die damit verbundenen indirekt entstehenden Wettbewerbsbeziehungen und auf die Bedeutung von Netzeffekten hinweisen sowie Backhaus, Plinke (1990), S. 22 ff.

98 Jay (1964), S. 138

99 vgl. Simon (1962), Kutschker (1980), S. 116

sich das Set auf die direkt verbundenen Elemente, während O1 aus netzwerktheoretischer Sicht auch mit IC5 über indirekte Beziehungen verbunden ist.

Die Differenzierung zwischen direkten und indirekten Beziehungen gewinnt im Kontext der grundlegenden Annahme der "Netzwerktheorie" an Bedeutung. Diese besagt, daß die Interaktionen zwischen einzelnen Elementen mit einer gewissen Wahrscheinlichkeit das Verhalten und die Interaktionen benachbarter Aktoren beeinflussen und unter Umständen aufgrund der "Konstruktion" des Netzwerkes auf die Interagierenden zurückwirkt.[100] Das Ausmaß des Einflusses auf die Interaktionen und das Verhalten beteiligter Aktoren kann damit und mit Simon (1962) in Abhängigkeit von den Eigenschaften des Netzwerkes gesehen werden.

Während Aldrich (1979) nachdrücklich betont, daß Netzwerke als "loosley coupled" anzusehen sind, verweist Benson (1975) darauf, daß Organisationen in Netzwerken auch "tightly coupled" sein können. Van de Ven et al. (1974) beschreiben Netzwerke als "interorganizational collectives", die sozialen Systemen annähernd nahekommen.[101] In einer späteren Veröffentlichung setzt Andrew H. van de Ven (1976) interorganisationale Beziehungen sogar mit sozialen Systemen unter der Voraussetzung gleich, daß sie die "... basic elements of any organized form of collective behavior" aufweisen.[102] Thorelli (1986) betrachtet Netzwerke als eine "intermediary between the single firm and the market", die sowohl "tight" als auch "loose" sein können; ähnlich Ochsenbauer (1989), der sie als institutionelle Alternative zur Hierarchie - "jenseits von Markt und Hierarchie" - ansieht. Ob Netzwerke als Quasiorganisation (Eccles (1981)) oder "hybrid organizational arrangements"[103] zwischen Markt und Hierarchie zu betrachten sind, wird derzeitig noch diskutiert.

Mögliche Gründe für diese unterschiedlichen Sichtweisen und damit verbundenen weiteren Konzeptionalisierungen solcher Konstrukte können darin gesehen werden, daß aus unterschiedlichen Perspektiven (1),[104] auf Forschungsleistungen verschiedener Disziplinen (2) zurückgegriffen wird[105] und darüber hinaus auch auf verschiedenen Analyseebenen

100 vgl. Kutschker (1980), S. 116

101 vgl. hierzu auch die Ausführungen in Abschnitt 3.1.5 dieser Arbeit.

102 Van de Ven (1976), S. 25, vgl. auch Astley, Van de Ven (1983), S. 251

103 Borys, Jemison (1989), S. 234 ff.

104 vgl. hierzu die Ausführungen in Kapitel 3 dieser Arbeit.

105 Die ersten Netzwerk-Ansätze stammen aus der Anthropologie z.B. Livi-Strauss (1969), einen Überblick gibt Mitchell (1969) und der Soziologie z.B. Simmel (1950), Cooley (1956). Ein derzeit häufig zitierter Ansatz im soziologischen Kontext ist Emerson's Konzept der "Austauschtheorie", Emerson (1972), S. 38 ff. und Cook's darauf beruhenden Weiterentwicklungsanstrengungen, vgl. hierzu Cook (1977), S. 62 ff., welche in Astley, Van de Ven's Terminologie zum "Collectiv action View" zugerechnet werden. Zu Forschungen über Interorganisationale Netzwerke in der "Organisationstheorie" vgl. zusätzlich Aldrich (1979), Turk (1973), Boje, Whetten (1981), S. 378 ff., Benson (1975), S. 229 ff., ders. (1982), S. 137 ff. Kelly (1976), S. 66 ff., Van de Ven (1976), S. 24 ff., Van de Ven, Emmet & Koenig (1975), Rogers, Whetten (1982), Meltcalfe (1976), Schmidt, Kochan (1977), S. 220 ff., sowie die Ausführungen in Abschnitt 1.2 die-

(3)[106] das Phänomen betrachtet und untersucht wird. Während über (1) mit dem hier grundlegenden Multiperspektivenansatz[107] Klarheit geschaffen werden kann, ist (2) eine Frage der Übertragungsmöglichkeit der Forschungsergebnisse, da - wie bereits angeführt - Forschungsarbeiten über Netzwerke in der "Interoganisationstheorie" vorwiegend an "non profit" Organisationen durchgeführt wurden.[108] Letzeres (3) ist dagegen der Freiheit des Forschers überlassen. Obgleich Netzwerke auch als Konstrukte des jeweiligen Forschers konzipiert sein können,[109] um methaphorisch Beziehungsstrukturen zu symbolisieren und als Konzepte zur interorganisationalen Analyse zu nutzen, ist die Wahl der Analyseebene letztlich eine Frage des Untersuchungsfokusses.

In Bezug zur obig getroffenen Unterscheidung in direkte und indirekte Beziehungen und Ausmaß des Einflusses kann mit Simon (1962) eine Verbindung mit den jeweiligen Eigenschaften derart gesehen werden, daß direkte Verbindungen, sofern sie effektiv sind "richly joined systems" darstellen, deren Elemente sich gegenseitig beeinflussen können. Während in "loosely joint systems" wechselseitige Einflußmöglichkeiten als geringer betrachtet werden. Wird berücksichtigt, daß ein Netzwerk sowohl aus direkten als auch aus indirekten Beziehungen bestehen kann, kann ein solches Verbindungssystem gleichzeitig "loosely" und auch "tightly coupled" zwischen einzelnen Elementen sein.

Weitere Möglichkeiten zur Charakterisierung lassen sich mit den im Kapitel 2 gewählten Unterscheidungs- und Gestaltungsdimensionen herstellen.

Nach der **Richtung** lassen sich vertikale von horizontalen Netzwerken unterscheiden. Wobei damit Überlappungen nicht auszuschließen sind, da ein interorganisationales Feld aus

---

ser Arbeit sowie dort angegebene Literatur. Auf ihre Forschungsergebnisse stützen sich die in jüngster Zeit im Schriftum auftauchenden Netzwerkkonzepte für "business firms", Thorelli (1984), Miles, Snow (1986), S. 62 ff., Jarillo, Ricart (1987), S. 82 ff., Jarillo (1988), S. 31 ff., Piore, Sabel (1985).

106 Neben der bereits vorgestellten Populationsebene werden interorganisationale Beziehungstrukturen auf der Ebene des "interorganisationalen Felds" durchgeführt, vgl. Warren (1967), S. 396 ff. Auf dieser Ebene konzentrieren sich Forscher auf die Analyse der Beziehungen ausgewählter miteinander interagierender Organisationen, wobei das Interesse auf die Entdeckung von Mustern solcher Beziehungen gerichtet ist. Dabei verwendet Warren den Feldbegriff in Anlehnung an Lewin, vgl. ebd., S. 397 und zu Untersuchungen auf dieser Ebene vgl. auch Litwak, Hylten (1962) und Turk (1977). Wird auf der Ebene eines "Organization-sets" die Analyse durchgeführt, vgl. Evan (1966), S. 173 ff., werden - wie bereits angeführt - aus einer Fokusorganisation heraus interorganisationale Verbindungen betrachtet, die diese eingegangen ist und unterscheidet sich damit von "action-sets, welches sich auf eine interagierende Gruppe von Organisationen bezieht. Zu Untersuchungen auf der "Organization-sets-Ebene" vgl. Tichy, Fombrun (1979), S. 923 ff., Pfeffer, Salancik's Ressource-Dependence Ansatz, ders. (1978)

107 vgl. hierzu die Ausführungen in Kapitel 3 dieser Arbeit.

108 vgl. hierzu Abschnitt 1.2 dieser Arbeit.

109 vgl. hierzu Aldrich, Whetten (1981), S. 387

mehreren Netzwerken, die sich räumlich und zeitliche überlappen können, konstituiert sein kann.

Nach der **Bindungsintensität** können im Hinblick auf die *Reichweite*, Beziehungen danach unterschieden werden, ob sich die Verbindung nur auf eine Wertaktivität begrenzt, mehrere involviert sind oder gar sämtliche bis auf eine an die Partner abgegeben werden und damit eine Spezialisierung seitens der Akteure auf eine Wertaktivität erfolgt;[110] im Hinblick auf die *Ressourcenzuordnung*, ob nur informationelle Ressourcen fließen oder auch materielle, personelle und kapitalmäßige[111] Verflechtungen bestehen; im Hinblick auf den *Zeithorizont* der Verbindung scheint im Schriftum Einigkeit darüber zu herrschen, daß strategische Netzwerke als langfristig orientierte Verbindungen zu kennzeichnen sind;[112] im Hinblick auf den *juristischen Verbindungsgrad* kann ein Netzwerk informal oder formal (Vertragsbeziehungen, Gemeinschaftsunternehmen) und damit *verdeckt*, für einen externen Beobachter nicht der Wahrnehmung zugänglich oder wie letztere Verkettungen *explizit nach außen sichtbar* sein.

Nach der **Größe** lassen sich interorganisationale Netzwerke anhand der Anzahl der involvierten Partnerorganisationen unterscheiden und nach dem

Nationalisierungsgrad, ob es sich um ein nationales, eventuell regionales Netzwerk handelt oder um ein "cross-border-Netzwerk". Eine Abgrenzung nach Regionen oder Länder stellt nur eine von vielfältigen Grenzziehungsmöglichkeiten dar. Obgleich verschiedene Abgrenzungsmethoden existieren,[113] verbleibt die Abgrenzung letztlich jedoch der Definitionsfreiheit des Forschers. Damit läßt sich ein weiterer Grund für die vielfältig attribuierten Eigenschaften finden, denn nicht zuletzt stehen diese auch in einem engen Bezug zur Abgrenzung. Obgleich eine objektive Abgrenzung wünschenswert wäre, "so mußte in markt- und organisationstheoretisch ausgerichteten Arbeiten relativ früh erkannt werden, daß eine objektive Marktabgrenzung logisch denkbar, aber praktisch unmöglich ist."[114]

Die Gegebenheit das Netzwerke *dynamische* Gebilde sind, verschärft darüber hinaus diese Problematik. "Sie entstehen und vergehen, werden geknüpft und wieder aufgelöst, aktiviert und in der >Schwebe< gehalten."[115] Dabei läßt sich die Entstehung nicht auf einen ein-

110 vgl. zu diesem letzteren Typ, Miles und Snow's dynamische Netzwerkmodell, Miles, Snow (1986), S. 62 ff.

111 Gegenseitige Kapitalverflechtungen sind insbesondere in Japan typisch, wobei diese weniger als "straightforward investments for capital gains" Gerlach (1987), S. 131 als zur symbolischen Untermauerung von Transaktionsbeziehungen vorgenommen werden, vgl. hierzu Gerlach (1987), S. 129 ff.

112 vgl. Thorelli (1988), S. 37, Jarillo (1988), S. 32, Gerlach (1987), S. 127

113 vgl. hierzu Kutschker (1980), S. 125 ff.

114 Müller (1981), S. 165

115 Kutschker (1980), S. 116

zelnen Aktor zurückführen: " They emerge and develop as a consequence of interaction between semiautonomous, interdepedent industrial actors."[116]

Wird im Hinblick auf die potentiell in Frage kommenden Elemente abgestellt, läßt sich eine Überlappung zum Segment "Aufgabenumwelt" eruieren[117] und damit an obig referierte monoorganisationalen Ansätze Anschluß finden, welche Verbindungen aus der Sicht einer fokalen Organisation betrachten. Netzwerkkonzeptionalisierungen tragen jedoch im Unterschied zur "organization-set" Perspektive (Evan 1966), welche von einer fokalen Organisation ausgehen - wie bereits angeführt - "... full account of environments as multiorganization aggregates ..."[118] Die Betrachtung einer einzelnen Organisation als ein Element eines interorganisationalen Feldes (Warren 1967) gewährleistet, den Fokus auf interagierende Elemente und ihre Beziehungen zu richten. Als Elemente sind jedoch nicht nur soziale Systeme respektive Organisationen zu betrachten, sondern auch ihre involvierten Subsysteme (Devisions, Abteilungen) und individuelle Akteure oder Gruppen von Individuen.[119]

In Bezug auf die Inhalte der Beziehungen bestehen im Schriftum unterschiedliche Konzeptionalisierungen, die sich insbesondere hinsichtlich ihres Fragmentismus unterscheiden, welcher jedoch nicht unabhängig von den zugrundegelegten Theorieansätzen betrachtet werden darf. Dominierte in den ersten Ansätzen die "Austauschtheorie"[120] als theoretische Grundlage und damit eine weitgehende Beschränkung auf Transaktionen von Gütern und Diensten, erfuhren diese eine Erweiterung insbesondere durch die zusätzliche Berücksichtigung der sozialen Dimension von Transaktionsbeziehungen. Zu letzteren zugehörig sind die folgenden Konzeptionalisierungen, welche für die weitere Abarbeitung der vorliegenden Problemstellung ein Ausgangspunkt liefern, zurechnen.

Mitchell (1973) differenziert zwischen:

(1) Kommunikationsnetzwerken innerhalb dessen Informationen von einer zur anderen Organisation fließen,

(2) Exchange-Netzwerken als den Güter- und Dienste-Fluß zwischen den Organisationen und

(3) dem normativen Inhalt respektive den gegenseitigen Erwartungen der Partnerorganisationen aufgrund gewisser sozialer Charakteristika.

Tichy, Fombrun (1979) unterscheiden vier Basisflüsse:

(1) Austausch von Gütern,

---

116 Hakansson, Johanson (1988), S. 370
117 vgl. zur Gleichsetzung Bresser (1989), S. 545 ff.
118 Aldrich (1979), S. 323
119 vgl. hierzu Abschnitt 3.3 dieser Arbeit.
120 vgl. hierzu Emerson (1972)

(2) Die zum Ausdruck kommende soziale Bindung,
(3) Informationen und Ideen,
(4) Einfluß und Macht.

Kutschker (1980) betrachtet ähnlich für Investitionsgütertransaktionen insbesondere drei Netzwerke als wesentlich:

(1) Abhängigkeitsnetzwerke,

(2) Kommunikationsnetzwerke,

(3) das Netzwerk kognitiver Orientierung der "vorhandenen Werte, Überzeugungen, Einstellungen,psychischen Disposition und kognitiven Programme."[121]

Mit Aldrich, Whetten (1981) kann von der Hypothese ausgegangen werden, daß " ... networks can be disaggregated into organization-sets, action-sets, and partial networks, without a loss of theoretical coherence"[122] und damit von einer Disagregation in strategische Allianzen und Subnetzwerke. Strategische Allianzen lassen sich vor diesem Hintergrund und der bisherigen Charakterisierung von Netzwerken, der Begriffsbestimmung von strategischen Allianzen[123] sowie dem hier zugrundegelegten Multiperspektivenansatz[124] aus netzwerktheoretischer Sicht inhaltlich dann durch folgende Subnetzwerke allgemein beschreiben und erfaßen:

(1) Dem der jeweiligen Transaktion zugrundeliegende Fluß von physischen Objekten (Rohstoffe, Bauelemente, Güter und Dienstleistungen) als Material- und Arbeitsflußsubnetzwerk und dem damit verbundenen

(2) Abhängigkeitsnetzwerk,

(3) dem Informations- und Kommunikationssubnetzwerk zwischen den Partnerorganisationen respektive ihren Subsystemen,

(4) das Netzwerk kognitiver Orientierung der "vorhandenen Werte, Überzeugungen, Einstellungen, psychischen Disposition und kognitiven Programme"[125] und letztlich durch

(5) Macht und damit verbundene Einfluß-, Abhängigkeits- und Konfliktbeziehungen.

Die mit diesen Interaktionsdimensionen verbundenen potentiellen Problem- und Konfliktfelder werden mit Vermeidungs- und Handhabungsmöglichkeiten in den anschließenden Abschnitten zu diskutieren sein. Vor diesem Ebenenwechsel bedarf es jedoch noch der Untersuchung der Fragen: Welche Prozesse den dynamischen Charakter von Netzwerken kennzeichnen, wie strategische Allianzen als Subsysteme solch vielfältiger

121 Kutschker (1980), S. 180
122 Aldrich, Whetten (1981), S. 385
123 vgl. hierzu Kapitel 2 dieser Arbeit.
124 vgl. hierzu Kapitel 3 dieser Arbeit.
125 Kutschker (1980), S. 180

Beziehungsmuster durch diese potentiell beeinflußt werden können und letztlich welche potentiellen Problemfelder durch die Einbettung strategischer Allianzen in die beteiligten Partnerorganisationen bestehen können.

4.3.2 Dynamik aus unterschiedlichen organisationstheoretischen Perspektiven

Thorelli (1986) unterscheidet vier verschiedene *dynamische Prozesse*[126]:

(1) entry,
(3) positioning,
(4) repositioning,
(2) exit.

(1+2) Zur näheren Charakterisierung potentieller Marktein- und Austrittsbarrieren können die aus der Strategieliteratur bekannten Ansätze herangezogen werden. Die Abb. 4-2 zeigt beispielhaft mögliche Ein- und Austrittsbarrieren auf. Dabei ist von einer relativen Höhe der Eintrittsbarrieren auszugehen,[127] welche in Abhängigkeit der jeweiligen strategischen Gruppe der Branche zu sehen ist,[128] der die eintretende Organisation zuzurechnen ist.

Eine Erweiterung dieser Liste von potentiellen Ein- und Austrittsbarrieren kann durch die Brille des *Transaktionskostenansatzes* ("Natural Selection View"), welcher die Transaktion als Basiseinheit der Analyse zugrundelegt,[129] um transaktionsspezifische Investitionen[130] erfolgen. Transaktionsspezifische Investitionen beziehen sich auf Investitionen, die zur Stützung bestimmter Transaktionen vorgenommen werden, für die es keine oder kaum alternative Verwendungsmöglichkeiten gibt. Williamson unterscheidet vier verschiedene Arten: Standortspezifität, Spezifität des Sachkapitals, des Humankapitals und zweckgebundene Sachwerte.[131] Eine spezifische räumliche Lage gewinnt insbesondere bei vertikalen Verflechtungen beispielsweise mit der Einführung des JIT-Konzepts (**J**ust-**i**n-**t**ime)[132] zunehmende Bedeutung. Während Spezifität von Sachkapital und zweckgebundene Sachwerte Kapitalgüterinvestitionen repräsentieren, wie etwa für eine bestimmte Transaktionsbeziehung angeschaffte spezifische Fertigungsmaschinen, deren Einsatz außerhalb dieser Transaktion nur begrenzt oder nur unter in Kaufnahme entsprechender Umrüstkosten ein-

126 Thorelli (1986), S. 42
127 vgl. Yip (1982), Müller-Stewens (1988), S. 224 ff.
128 vgl. hierzu Porter, welcher den Begriff der "strategischen Gruppe einführte, Porter (1988), S. 177 ff.
129 vgl. Williamson (1975), ders. (1981),S. 548 f., ders. (1990), S. 20
130 vgl. hierzu Williamson (1981), S. 555 f., ders. (1990), S. 60 ff.
131 vgl. Williamson (1990), S, 62
132 vgl. zum Just-In-Time-Konzept als Produktions- und Logistikstrategie, durch welches der betriebliche Arbeitsablauf so organisiert werden soll, daß die Bedarfserfüllung zum richtigen Zeitpunkt, in der richtigen Qualität und Menge und am richtigen Ort erfolgt, Wildemann (1988).

gesetzt werden kann und damit Abhängigkeiten schafft, bezieht sich die Spezifitätsproblematik hinsichtlich des Humankapitals auf in der Transaktionsbeziehung erworbenes spezifisches Wissen (Lerneffekte), welches nur in der entsprechenden Transaktionsbeziehung einen Wert aufweist.[133]

	Bain (1968)	Porter (1983)	Yip (1982a)	Meffert/Ohlson (1982)
Eintritts-barrieren	*Ursachen* von Markteintritts-barrieren: – Produktdifferenzierungsvorteile (product differentiation advantages) – absolute Kostenvorteile (absolute cost advantages) – Betriebsgrößenvorteile (advantages due to economies of large scales)	Porter will seine Barrieren als *Mobilitätsbarrieren* (also Ein- und Austritt) verstanden wissen: – Spezialisierung – Markenidentifikation – Druck oder Sog – Wahl des Vertriebsweges – Produktqualität – Technologievorsprung – vertikale Integration – Kostenposition – Dienstleistungen – Preispolitik – Macht – Beziehungen zum Gesamtunternehmen – Beziehungen zu einheimischen und ausländischen (Gast-) regierungen	*Indicators* of carriers: – economies of scale – product differentiation – absolute cost – access to distribution – capital requirement – incumbent reaction	Die *Höhe* der Markteintrittsbarrieren hängt ab von: – der Unternehmensstruktur im Markt und dem Verhalten des Managements a) dem erforderlichen Investitionsvolumen b) den Fixkosten des Markteintritts – Erfahrungsökonomien – Know-how-Bedarf – Umstellungskosten – Erschließungskosten c) Risiken des Eintritts – Verlusterweiterung bei Mißerfolg – Wahrscheinlichkeit eines Mißerfolgs – der Marktstruktur und dem Verhalten der Marktteilnehmer a) Struktur des Handels b) Wettbewerbsstruktur c) Nachfragestruktur – der Umweltstruktur und dem Verhalten des Staates
Austritts-barrieren	–		–	Die *Höhe* der Marktaustrittsbarrieren hängt ab von: – der Unternehmensstruktur und dem Verhalten des Managements a) Art des gebundenen Produktionsvermögens b) den Fixkosten des Marktaustritts – Sozialpläne – Ausschreibungen von Restlägern – Produktivitätsausfall – Vertragsstrafen – Verwaltungsaufwand c) Verbundwirkungen (Imageverluste etc.) d) Emotionale und soziale Vorbehalte – dem Verhalten der Marktteilnehmer – dem Verhalten des Staates und der Gewerkschaften

Abb. 4-2: Ein- und Austrittsbarrieren verschiedener Ansätze (Quelle: Müller-Stewens (1988), S. 227)

Als Austrittsbarriere können sich diese transaktionsspezifischen Investitionen dann erweisen, wenn hierdurch ein "lock-in"-Effekt[134] bewirkt wird und als Eintrittsbarriere, wenn ein sogenanntes "small-numbers" Problem[135] vorliegt oder auftritt. Ob transaktionsspezifische

133 vgl. Williamson (1990), S. 62 ff., ders. (1981), S. 555 f.
134 vgl. Williamson (1990), S. 61
135 vgl. Williamson (1975), S. 28 f.

Investitionen sich als solche Barrieren erweisen werden, ist mit Williamson (1981) in Abhängigkeit der Vorlage der folgenden Bedingungen zu sehen:

> "Inasmuch as the value of specific capital in other uses is, by defintion, much smaller than the specialized use for which it has been intended, the supplier is effectively >locked into< the transaction to a significant degree. This is symetrical, moreover, in that the buyer cannot turn to alternative sources of supply and obtain the item on favourable terms, since the cost of supply from unspecialized capital is presumably great."[136]

Ein "small numbers" Problem kann aufgrund eines ex ante oder eines ex post "small numbers" Problem vorliegen. Während eine ex ante "small numbers" Situation dann gegeben ist, wenn für ein Wirtschaftssubjekt nur wenige alternative Transaktionspartner im Markt zur Verfügung stehen, kann sich ein "ex post small numbers Problem" erst aus der Transaktionsbeziehung selbst im Zeitablauf aufgrund idiosynkratischer Abhängigkeiten ergeben, auch wenn zu Beginn der Transaktionsbeziehung eine "large numbers" Situation vorlag.[137]

Eine dynamische netzwerktheoretische Betrachtung lenkt gleichfalls den Blick auf (3) die Bedeutung der Positionierung neueintretender Organisationen in bestehende Netzwerke. Der strategischen Analyse[138] werden damit neue Problemdimensionen zuteil wie die Identifikation der im Netzwerk operierenden Aktoren, ihrer Eigenschaften, ihrer Netzwerkposition und kritischen "exchange" Beziehungen. Auch die mit einem Neueintritt verbundenen Repositionierungen ursprünglicher Mitglieder und davon unabhängige Positionsverschiebungen (4) aufgrund externer Veränderungen gelangen ins Blickfeld.

Zusätzliche Erkenntnisse lassen sich aus populationsökologischer Sicht[139] sowie aus Ansätzen der sogenannten "Institutionalization-Perspektive",[140] welche hier als symbolische Perspektive bezeichnet ist, und aus humanökologischer Sicht[141] gewinnen. Während aus der populationsökologischer Sicht *strukturelle* Entwicklungen primär auf externe Kräfte zurückgeführt werden, sind aus humanökologischer Sicht (Collective-Action View") interne *politische* Prozesse ursächlich für einen Wandel in Netzwerken[142] und aus "institutioneller Sicht" neben strukturellen auch *symbolische* Prozesse.

Die Populationsökologen Hannan, Freeman (1977), Aldrich (1979), Mc Kelvey, Aldrich (1983), Kaufmann (1973) richten - wie bereits hervorgehoben - ihr Forschungsinteresse auf die Beschreibung von Populationen, ihren Veränderungen und zugrundeliegenden Varia-

---

136 Williamson (1981), S. 555

137 vgl. hierzu Williamson (1975), S. 28 f.

138 vgl. zur strategischen Analyse Mauthe (1985), S. 37 ff.

139 vgl. hierzu Abschnitt 3.1.4 dieser Arbeit.

140 vgl. hierzu Meyer, Rowan (1977), S. 340 ff., Di Maggio, Powell (1983), S. 147 ff., Zucker (1977), S. 726 ff., Ausführungen in Pfeffer (1982), S. 239 ff. sowie in Oliver (1988), S. 543 ff.

141 vgl. hierzu Abschnitt 3.1.5 dieser Arbeit.

142 vgl. hierzu Abschnitt 3.1 dieser Arbeit.

tionsmechanismen. Da sie damit ihren Fokus auf Strukturen richten, können sie hier als Vertreter der **strukturellen Perspektive** bezeichnet werden. Die spezifischen Probleme und Dynamiken von Populationen versuchen sie durch eine Übertragung biologischer Erkenntnisse auf soziale Systeme und ganze Populationen sichtbar werden zu lassen.

Um einen Zugang zu Netzwerken inhärenten Dynamik aus populationsökologischer Sicht zu gewährleisten, bedarf es einer terminologischen Erweiterung des *interorganisationalen Feldbegriffs*. Wie angeführt richtet sich der Fokus von Populationsökologen aufgrund der Definition von Populationen als Aggregate von Organisationen, die durch eine relative Homogenität gekennzeichnet sind, auf kompetetive Beziehungen.[143] Obgleich in strategischen Netzwerken auch wettbewerbliche Beziehungen auftauchen können, werden sie zur Umsetzung von Kooperationsstrategien geschlossen.[144] Wird unter einem interorganisationalem Feld in Anlehnung an DiMaggio, Powell (1983) dasjenige Umweltsegment verstanden, welches in Abschnitt 4.2.1 als "Aufgabenumwelt" definiert wurde, so bietet ein solch weites Begriffsverständnis nicht nur für direkte Transaktionsbeziehungen Raum[145], sondern auch für indirekte und potentiell relevante Beziehungen und damit für eine ganzheitliche, die Gesamtheit relevanter Aktoren berücksichtigende Sichtweise. Gleichzeitig kann hiermit eine Voraussetzung zur Nutzbarmachung unterschiedlicher Perspektiven, insbesondere des "Populations-ökologischen-Ansatzes" geschaffen werden.

Veränderungen in Populationen von Organisationen werden aus populationsökologischer Sicht auf umweltinduzierte Selektionsprozesse zurückgeführt. Interne und externe Anpassungsgrenzen von Organisationen an ihre Umwelt werden als ausschlaggebend hierfür gesehen. Dabei wird davon ausgegangen, daß je stärker der Druck seitens der Umwelt auf die Organisationen und je geringer die Anpassungsflexibilität der Organisationen, desto geeigneter wird die Erklärung vom umweltinduzierten Wandel sein.[146]

Als *interne strukturelle Barrieren* erweisen sich nach Hannan, Freeman (1977):[147]

1. Investitionen in Werksgelände, Ausstattungen und spezialisierte personelle "assets", welche nicht leicht auf andere Aufgaben oder Funktionen transferierbar sind. Diese als "sunk costs" bezeichneten Barrieren gleichen obig angeführten "transaktionsspezifischen Investitionen".

143 vgl. hierzu die Ausführungen dieser Arbeit in Abschnitt 3.1.4 zur Perspektive des "Natural Selection View", unter welche Populationsökologen subsumiert wurden.

144 vgl. Jarrilo, Ricart (1987), S. 82 ff., Jarillo (1988), S. 31 ff., Miles, Snow (1984), S. 10 ff., Miles (1985), S. 63 ff., Miles, Snow (1986), S. 62 ff., Gerlach (1987), S. 126 ff., Bresser (1988), S. 375 ff., Ohmae (1985), S. 163 ff.

145 Obgleich in Netzwerken - wie bereits hervorgehoben - auch indirekte Beziehungen über eine Kette von anderen direkt verbundenen Transaktionspartnern entstehen können, so werden in dieser Konzeptionalisierung nicht indirekte Beziehungen zu Aktoren außerhalb des Netzwerkes erfaßt.

146 vgl. Hannan, Freeman (1977), S. 930 f.

147 vgl. Hannan, Freeman (1977), S. 931 f.

2. Reduzierte und begrenzte Informationen der Entscheidungsträger. Auch hier ist eine Paralelle zum Transaktionskostenansatz bzw. zum "Organizational Failures Framework" von Williamson zu sehen, welcher - wie noch zu zeigen ist - von einer begrenzten Rationalität als Verhaltensannahme in Anlehnung an Simon ausgeht.

3. Interne politische Zwänge. Ausgehend von der Annahme, daß Strukturveränderungen das politische Gleichgewicht zerstören, werden Widerstände seitens Betroffener gegen Reorganisationen erwartet.

4. Historisch- und traditionsbedingte Barrieren. Sind Standardisierungen von Prozeduren, Aufgabenverteilungen und Weisungsbefugnisse ersteinmal Bestandteil von normativen Vereinbarungen, steigen die Kosten einer Veränderung erheblich.

Als externe "constrains" werden von Hannan, Freeman (1977) angeführt:[148]

1. Gesetzliche Bestimmungen, welche in der hier vorgenommenen Konzeptionalisierung als Rahmenbedingungen im Kontext der globalen Umwelt thematisiert wurden,

2. Legitimationsverpflichtungen, welche die Flexibilität von Organisationen ihre Form oder Aktivitäten zu verändern beschränken,

3. Informationsbeschaffungsschwierigkeiten in turbulenten Umweltsituationen und

4. das "collective rationality problem".

Dabei wird davon ausgegangen, daß diese internen und extern induzierten Anpassungsbegrenzungen von Organisationen an ihre Umwelt strukturelle Trägheit generieren. Wenn Anpassungsprozesse seitens Organisationen beschränkt sind - so die Annahme - gewinnen Selektionsprozesse als Mechanismen für den Evolutionsprozeß von Populationen entscheidende Bedeutung. Nach Aldrich (1979) sind es *drei Mechanismen*: Variation, Selektion und Retention (Bewahrung), welche die Entstehung, das Überleben und den Fehlschlag von Organisationsformen[149] beschreiben und erklären.[150]

Den Ausgangspunkt evolutionärer Prozesse bilden nach dem Populations-ökologischen-Modell *Variationen* in und zwischen Organisationen und quer durch die Umwelten. Solche Änderungen müssen als Voraussetzung gegeben sein, damit extern initiierter Wandel auftauchen kann. Im Gegensatz zu mikro-orientierten organisationstheoretischen Perspektiven - insbesondere dem "strategic choice View"[151] -, welche Variationen durch aktive personelle Maßnahmen induziert sehen, werden aus populationsökologischer Sicht nicht nur geplante, sondern vor allem ungeplante Variationen als Ursache für die Veränderungen gesehen: "Error, chance, luck, and conflict are more likely sources of variation ..."[152] Dabei

---

148 vgl. Hannan, Freeman (1977), S. 932

149 Unter Organisationsformen versteht Aldrich "... specific configurations of goals, boundaries, and activities ..." Aldrich (1979), S. 28

150 vgl. hierzu und im folgenden Aldrich (1979), S. 26 ff.

151 vgl. hierzu die Ausführungen in Abschnitt 3.1.3 dieser Arbeit.

152 Aldrich (1979), S. 28

werden zwei Typen von externen Selektionsdruck unterschieden, welche die Richtung des organisationalen Wandels beeinflussen: Zum einen Variationen zwischen Organisationen in ihrer Form, zurückführbar auf neue Organisationskreationen, Glaubensvorstellungen anderer Gesellschaften oder Religionen, neue Informations- und Kommunikationstechnologien, Imigranten und andere Bedingungen, welche die Kreation neuer Organisationsformen fördern und zum anderen Variationen in Organisationen, zum Beispiel aufgrund von Wachstumszielen und damit verbundenen Reorganisationen und externen Umweltpotentialen.

Die durch Variation hervorgebrachte Vielfalt zwischen Organisationen in einer Population stellen allein noch keine Evolution dar, vielmehr deren möglicher Ausgangspunkt für Selektionsprozesse. *Selektion* neuer oder veränderter Organisationsformen durch Umwelteinfluß als zweiter Mechanismus soll erklären, warum einige Organisationen überleben und andere fehlschlagen. Dabei wird davon ausgegangen, daß diejenigen Organisationen überleben, die den Umweltbedingungen entsprechen im Sinne eines "Fits", andere hingegen ausselektiert werden. In der Realität existieren jedoch auch Organisationsformen die nicht ihrer Umwelt angepasst sind, so z.B. bürokratische Strukturen in turbulenten Umwelten. Bolman, Deal (1984) weisen in diesem Zusammenhang auf die Organisationsgröße als eine hiervon abhängige Variable hin. Ihrer Ansicht nach beschränkt sich die theoretische Erklärungskraft des Populations-ökologischen-Modells auf kleine privatrechtliche Organisationen.

> "Large organizations and public organizations rarely selected out. In effect, natural selction works for infant firms, but older organizations manage to survive by developing the power and ressources necessary to survive in a political environment."[153]

Wie dem im einzelnen auch sei, in diesem Modell werden jedenfalls nicht ausselektierte Organisationsformen durch den dritten Mechanismus *"Retention"* bewahrt. Dieser Prozeß wird jedoch nicht nur auf Umwelteigenschaften, sondern auch auf organisationale Charakteristika zurückgeführt.

Ohne hier vertiefte Ausführungen vorzunehmen, kann aus den bisherigen Aussagen gefolgert werden, daß für die Stabilität ein "fit" zwischen Organisation und Umwelt erforderlich ist. Da - wie die vorherige Begriffsbestimmung zum interorganisationalen Feld zeigte - Netzwerke und Populationen Elemente im Feld darstellen, kann analog ein fit zwischen dem Netzwerk und der Umwelt zur Steigerung der Erfolgswahrscheinlichkeit konstatiert werden.

Aufgrund der Nichtberücksichtigung direkter Transaktionsbeziehungen zwischen Elementen im Feld durch den "Populations-ökologischen-Ansatz" wird jedoch der Zugang zu netzinternen Prozessen, welche einen Wandel im Beziehungsmuster gleichfalls induzieren

---

153 Bolman, Deal (1984), S. 130

können, verstellt. Die sogenannte "Institutionalization-Perspektive", welche hier als symbolische Perspektive betrachtet wird, und "Human-ökologische-Ansätze" können zur Reduzierung dieser Lücke einen Beitrag leisten und als komplementäre Ansätze begriffen werden.

Vertreter der **symbolischen Perspektive**[154] (Meyer, Rowan (1977), DiMaggio, Powell (1983), Zucker (1977)) gehen gleichfalls von der Annahme aus, daß sich die strukturelle Beschaffenheit interorganisationaler Felder im Zeitablauf ändere und daß als dominierender Verursachungsfaktor hierfür die Umwelt zu betrachten sei, für deren strukturelle Beschaffenheit die Elemente jedoch mitveranwortlich sind.

> "Organizations may change their goals or develop new practices, and new organizations enter the field. But in the long run, organizational actors making rational decisions construct around themselves an environment that constrains their ability to change further in later years."[155]

Obgleich nicht a priori von einer bestimmten Struktur ausgegangen werden kann, da diese der Identifikation durch empirische Untersuchungen verbleibt, gehen DiMaggio und Powell (1983) - unabhängig davon - davon aus, daß sich der Strukturierungsprozeß durch vier Teilprozesse vollzieht:

(1) Einer Zunahme des Ausmasses an Interaktionen zwischen den Organisationen im Feld,

(2) der Emergenz definierter Machtstrukturen und Koalitionsformen,

(3) einem Anstieg des Informationsflusses und

(4) mit der Entwicklungen eines gegenseitigen Bewußtseins, daß sie in einem gemeinsamen Unternehmen involviert sind.

Wenn sich ein Feld strukturiert hat, so die zentrale These, tauchen Kräfte auf, welche die Mitglieder einem Homogenisierungsprozeß unterziehen. DiMaggio, Powell (1983) zeichnen hierfür drei isomorphische Prozesse verantwortlich: "Coercive isomorphism", "mimetic isomorphism" und "normative isomorphism."[156] Dabei wird unter Isomorphismus in Anlehnung an Hawley (1968) "... a constraining process that forces one unit in a population to resemble other units that face the same set of environmental conditions"[157] verstanden.

"*Coercive isomorphism*" resultieren sowohl aus formalen und informalen Zwängen, die Organisationen auf andere von ihnen Abhängige ausüben und aus kulturellen Erwartungen der Gesellschaft, in welche die Organisationen eingebettet sind. Hiervon ausgehender

---

154 Im Schriftum auch als "Institutionalization Perspektive" bezeichnet.
155 DiMaggio, Powell (1983), S. 148
156 vgl. hierzu und im folgenden DiMaggio, Powell (1983), S. 150 ff.
157 DiMaggio, Powell (1983), S. 149

Druck mögen als Zwang, Überzeugung oder als geheimes Einverständnis empfunden werden.

Imitationsprozesse, welche zu "*mimetic isomorphism*" führen, werden auf Unsicherheit über Technologien, zweideutigen Zielen oder durch Umwelt induzierte symbolische Unsicherheit zurückgeführt. In solchen Situationen - so die Annahme - kopieren Organisationen bewußt oder unbewußt, indirekt durch Personaltransfer, -wechsel oder Beratungsunternehmen oder direkt andere Organisationen, von denen sie glauben, daß diese erfolgreicher sind oder mehr Legitimität erhalten.

Als dritten Prozeß der Verähnlichung sehen sie "*normative isomorphism*", welcher primär auf kollektive Anstrengungen zurückgeführt wird, die Bedingungen und Methoden der gemeinsamen Aufgabe zu kontrollieren, eine kognitive Basis zu schaffen und ihre Autonomie zu legitimieren. Dabei gehen sie u.a. von den Hypothesen aus, daß je größer die Abhängigkeit einer Organisation von einer anderen, je größer ihre Ressourcenangewiesenheit und je größer die Unsicherheit in Bezug auf Zielambiguität innerhalb einer Organisation, Schlüsseltechnologien oder sonstigen Umweltunsicherheiten, desto eher werde sich die Organisation anpassen oder die als erfolgreicher wahrgenommene Organisation nachahmen.

Abschließend kann festgehalten werden, daß zwar eine gegenseitige Anpassung der Partner die Ausführung von Transaktionsprozessen erleichtert, jedoch - wie obige Perspektive zeigt - ein solcher Prozeß auch zu Inflexibilität führen kann. Damit stellt sich für Führungskräfte die Herausforderung, eine Balance zwischen Integrationsmaßnahmen und Flexibilitätsanforderungen zu finden, um einerseits die Implementierung zu erleichtern, andererseits aber die strategische Flexibilität nicht zu verlieren.

Während aus symbolischer Perspektive erst Vernetzungen strukturellen Anpassungsdruck erzeugen, stellen aus der Perspektive des "Collective-Action View"[158] bestehende Umweltinterdependenzen den Auslöser für die Bildung interorganisationale Netzwerke dar.[159] Dabei wird der Umwelteinfluß um so geringer betrachtet, je geschlossener sich das Netzwerk durch Entfernung direkter Umweltkontakte einzelner Teilelemente und Schaffung einer "protective 'social' environment that insulates it from the effects of the 'natural' environment"[160] konstituiert. "By defintion, the greater the insulation from environmental influence through system closure, the greater the population effect."[161] Haben jedoch einige Netzwerkelemente nur noch indirekte Beziehungen zu ihrer Umwelt und anderen Netzwerkelementen verbleibt der direkte Kontakt - so kommen Machtaspekte unmittelbar ins Spiel -,

158 vgl. hierzu die Ausführungen in Abschnitt 3.1.5 dieser Arbeit und dort angegebene Vertreter.
159 vgl. Emery, Trist (1973)
160 Van de Ven, Astley (1981), S. 445
161 Astley, Van de Ven (1983), S. 259

da erstere von der Umwelt Entkoppelten von letzteren insofern abhängig werden, als sie auf Vermittlungsaktivitäten der an der Populationsgrenze operierenden "Ressourcenkontrolleure" angewiesen sind.

Zentrale Prozesse, die einen Wandel verursachen, sind politische Prozesse wie Aushandlungsprozesse, Konflikte, Verhandlungen und Kompromisse durch "partisan mutual adjustment".[162] Damit kann diese Perspektive hier als **politische Perspektive** bezeichnet werden. Zur Kanalisierung vielschichtiger Beeinflussungsversuche und Aushandlungsprozesse und zur Vermeidung einer Desintegration verweisen Astley, Fombrun (1983) auf die Schaffung eines "normative frameworks". Die Ausführungen zur symbolischen Perspektive zeigten ja bereits, daß durch geteilte Normen ein Homogenisierungsprozeß eingeleitet werden kann, welcher die Implementierung zu unterstützen vermag. Im Gegensatz zu ersteren Perspektiven sehen jedoch "Human-Ökologen" eine Möglichkeit für Netzwerkelemente aktiv auf die Entwicklung im Netzwerk Einfluß zu nehmen. Damit kann obige Schlußfolgerung aus der symbolischen Perspektive im Hinblick auf die Anforderungen und Herausforderungen an die Führungskräfte auch handlungstheoretisch untermauert werden.

Da die verschiedenen Perspektiven unterschiedliche Prozesse fokussieren, konnten durch eine multiperspektivische Beleuchtung dynamischer Prozesse im interorganisationalen Feld verschiedenartige potentielle Problem- und Risikofelder und auch ihre Beeinflussungsmöglichkeiten und -grenzen aufgezeigt werden, die bei eindimensionaler Betrachtung nicht ins Blickfeld hätten rücken können und damit bereits schon einige Anforderungen, die hiervon an die Führungskräfte ausgehen, erfaßt werden. Es wird im weiteren Verlauf dieser Arbeit auf die hier gewonnenen Erkenntnisse zurückzukommen sein.

Die dynamische Betrachtung interorganisationaler Netzwerke und sie umgebende Umwelten aus unterschiedlichen Perspektiven brachte auch bereits potentielle Netzeffekte für ihre Mitglieder zum Vorschein.

4.3.3 Potentielle Netzeffekte

Anhand der Deskription interorganisationaler Netzwerke und ihren Eigenschaften[163] über die dynamische Multiperspektiven-Untersuchung können folgende potentielle Netzeffekte für Involvierte festgehalten werden:

(1) Transaktionsspezifische Investitionen erhöhen die Abhängigkeit der Transaktionspartner und können eine "lock in" Situation kreieren. Sie verringern damit die Freiheit der Ein- und Austrittsentscheidungen und damit die strategische Flexibilität der Akteure.

162 vgl. Astley, Van de Ven (1983), S. 247
163 vgl. hierzu Abschnitt 4.3.1 dieser Arbeit.

(2) Veränderungen in der globalen Umwelt und unternehmenspolitische Entscheidungen interner sowie netzexterner Feldelemente können die ehemalige Netzposition verschieben.

(3) Anpassungsprozesse zwischen den Mitgliedern können Flexibilitätsverluste nach sich ziehen.

(4) Netzwerkinterne politische Aktionen (policies) ziehen Verhandlungskosten (Bargainings- und Anpassungskosten) nach sich und eventuelle Vertragsanpassungskosten, Kosten der Einrichtung und des Betriebs von Beherrschungs- und Überwachungssystemen, an welche Streitigkeiten verwiesen werden sowie Sicherungsaufwände zur Durchsetzung verläßlicher Zusagen.[164]

Da diese Netzeffekte aus der vorherigen Diskussion abgeleitet werden konnten, stellt sich hier gleich die Frage, wie strategische Allianzen als Subsysteme solch vielfältiger Beziehungsmuster indirekt durch die Netzwerke, in die sie eingebettet sein können,[165] beeinflußt werden können; welche potentiellen Folgen bzw. Gefahren dies nach sich zieht und welche Vermeidungs- oder Handhabungsmöglichkeiten sich ergeben.

Indirekter Effekte können intendiert oder ein Produkt nicht beabsichtigter Netzeffekte sein, die durch Mitglieder des Netzes hervorgerufen werden oder durch Externe, die eine Verbindung mit einem Involvierten knüpfen und über diesen einen indirekten Zugang erhalten können. Das Ausmaß indirekter Effekte durch Netzwerkteilnehmer ist mit Backhaus, Piltz (1990) von der Größe des Netzwerkes unmittelbar abhängig. Dabei geht das Autorengespann von folgender Beziehungen aus: "Je umfangreicher die Netzwerkallianzen sind, um so mehr entstehen indirekte Wettbewerbsbeziehungen, die das Wettbewerbsverhalten in der Zukunft erheblich verändern können."[166] Indirekte Netzeffekte können sich insbesondere für horizontale Netzwerke als kritisch erweisen, da über solche Kanäle Wettbewerber erreicht werden. Ein aktuelles Beispiel für einen "extern" induzierten Netzeffekt stellt die japanische Beteiligung des Computerkonzerns Fujitsu an dem englischen Unternehmen International Computers Ltd. (ICL) dar, durch welche sie einen indirekten Zugang zu den Forschungs- und Entwicklungsarbeiten des europäischen Jessi Projektes erhalten. Da das Jessi Projekt - wie bereits angeführt - zu dem Zweck eingerichtet wurde, die Wettbewerbsstellung der europäischen Industrie gegenüber der japanischen zu verbessern, verändert diese Transaktion die Projektbedingungen wesentlich.[167]

Innerhalb eines Netzwerkes können Informationsdiffussionen insbesondere für Transfer-Allianzen aber auch für Pool-Allianzen unkontrollierbare Folgen nach sich ziehen. Diese

---

164 vgl. hierzu Williamson (1985), S. 24

165 Strategische Netzwerke als komplexe, vernetzte Beziehungen werden ja durch horizontale strategische Allianzen und/oder Wertschöpfungspartnerschaften gebildet.

166 Backhaus, Piltz (1990), S. 4

167 vgl. hierzu und zur Diskussion der Reaktionsmöglichkeiten seitens der EG auf diese veränderten Rahmenbedingungen Goslich (1990), S. 21

Gefahren sind jedoch in Abhängigkeit der Struktur des Netzwerkes, dem Grad der Bindungsintensität und der sozialen Beziehungen zu sehen. Wie bestehende Verbindungen den Entscheidungs- und Handlungsspielraum beschränken und indirekte Effekte hervorrufen können, läßt sich beispielhaft auch an General Electric und Daimler Benz verdeutlichen. General Electric, welche eine strategische Allianz mit MTU, der Tochter von Daimler Benz, zur Entwicklung und Bau von Triebwerken eingegangen ist, wirft Daimler Vertragsbruch vor, weil MTU mit dem General Electric Konkurrenten Pratt & Whitney eine enge Zusammenarbeit im Triebwerksbau vereinbart hat.[168] Wird das Netzwerk weiter gesponnen, so lassen sich indirekte Beziehungen zwischen Daimler Benz und BMW entdecken. Rolls Royce plc., welche mit BMW eine strategische Allianz zur Entwicklung und Bau von Triebwerksprogrammen eingegangen ist,[169] steht auch in einer Allianz mit Pratt & Whitney und General Electric. Pratt & Whitney ist aber auch eine Allianz mit MTU, der Tochter von Daimler-Benz, eingegangen.[170] Damit schließt sich der Kreis.

Die Folgen der Entstehung indirekter Beziehungen zu dritten können von vielfältiger Natur sein. Zumindest Rückwirkungen auf die soziale Dimension lassen sich nicht ausschließen. Die Reaktion von Philips gegenüber seinem Partner Siemens im Gemeinschaftsprojekt "Megachip" auf eine Vereinbarung über eine Zusammenarbeit zwischen letzteren und Toshiba, zeigt dies beispielhaft auf. "Philips fühlte sich von Siemens überrumpelt und getäuscht. Keinesfalls, so erklärten die Verantwortlichen in Eindhoven, wolle man sich von einem ungebeten dritten Kooperationspartner in die Karten sehen lassen."[171]

Die Möglichkeiten indirekter Netzeffekte verdeutlichten beispielhaft, daß potentielle Netzeffekte zu antizipieren sind und die Partnerwahl beeinflußen können. Backhaus, Piltz (1990) stellen in diesem Zusammenhang die Frage nach einem "innerbetrieblichen Management von Allianz-Portefeuilles."[172] Indirekte Netzeffekte lassen sich jedoch nicht gänzlich unter Kontrolle bringen; eine gewisse Risikobereitschaft ist daher erforderlich. Dies gilt insbesondere für Informationsdiffussionen. Langwierige und kostenverzehrende Kontraktvollstrekkungen sind vergeblich, wenn bereits Wissen übertragen wurde. Zur Vermeidung indirekter Überlappungen lassen sich zwar Ausschließlichkeitsklauseln im Vertragswerk aufnehmen, damit wird jedoch die Gefahr nur über den Zeitraum der Vereinbarung eingeschränkt und zu Lasten der strategischen Flexibilität erkauft.[173]

---

168 vgl. Backhaus, Piltz (1990), S. 4. Im Mai 1990 kam es jedoch zu einer außergerichtlichen Einigung.

169 vgl. o. V. (1991q), S. 23 sowie BMW, Bericht über das Geschäftsjahr 1990, S. 4

170 Zur strategischen Allainz MTU/Pratt Whitney vgl. o.V. (1991r), S. 10

171 o.V. (1985), S. 32

172 Backhaus, Piltz (1990), S. 10

173 vgl. hierzu auch Bresser (1989), S. 551, welcher auf die durch vertragliche Verkettungen eingeschränkte Strategieauswahl verweist.

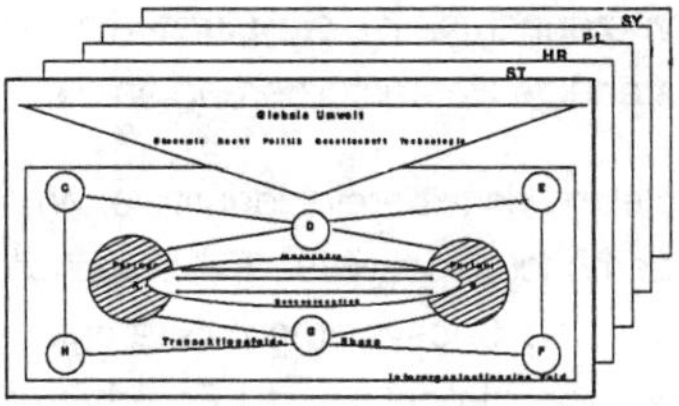

4.4 Eigenschaften von Partnerorganisationen

Nicht nur existente Verbindungen können den Entscheidungs- und Handlungsspielraum betrieblicher Entscheidungsträger einschränken und die Erfolgswahrscheinlichkeit der Allianz erheblich beeinflussen, sondern auch Charakteristika der Netzwerkelemente.[174] Strategische Allianzen sind nicht nur in einem interorganisationalen Feld eingebettet, sondern auch in die beteiligten Partnerorganisationen. Ihre Eigenschaften beeinflussen damit gleichfalls den Implementierungsprozeß und stellen sich bei der Strategieumsetzung als Rahmenbedingungen dar.

> " Während die eigenen (internen, Anm.d.Verf.) Verhältnisse noch weitgehend beeinflußbar sind, müssen die Verhältnisse der jeweiligen Partner vom eigenen Standpunkt aus betrachtet als Daten angesehen werden, die äußerstenfalls mittelbar über Interaktionen veränderbar, ansonsten aber als Anpassungsgrenze zu betrachten sind."[175]

Einen Zugang zu den grundlegenden Eigenschaften von Organisationen und ihrer spezifischen Identität[176] kann über die Subelemente Strategie, Struktur, Kultur erfolgen.[177] Im Schriftum werden unterschiedliche Strategien,[178] Strukturen[179] und Kulturen[180] als zentrale Problemfelder hervorgehoben und ceteris paribus eine Kongruenz als ein Soll-Erfolgsfaktor herausgestellt und Harmonisierungserfordernisse betont, sofern "Misfits" vorliegen. Während die Analyse des Übereinstimmungsgrades im Rahmen der Partneranalyse

---

174 Strategische Allianzen sind ja keine "start ups", sondern werden - wie bereits mehrfach angeführt - zwischen zwei oder mehreren Partnerunternehmen konzipiert.

175 Tröndle (1987), S. 68

176 Die Vorstellung, daß eine Organisation eine spezifische Identität hat, ist nicht unproblematisch. Sie wirft eine Reihe von methodolgischen und metatheoretischen Fragen auf, vgl. hierzu Weber (1985) und Reihnhard (1983).

177 vgl. hierzu Boehm-Tettelbach (1990), S. 164 ff.

178 vgl. Bleicher (1989b), S. 5 ff., ders (1989a), S. 419 ff., Herrman (1988), S. 64 ff., ders. (1989), S.40, Doz (1988), S. 318f, Vizjak (1990), S. 179

179 vgl. Bleicher (1989b), S. 5 ff., ders. (1989a), S. 419 ff., Taucher (1988), S. 90, Vizjak (1990), S. 135 ff.

180 vgl. Bleicher (1989b), S. 5 ff., ders. (1989), S. 80 f. Herrmann (1988), S. 69 ff., Delvin Bleackley (1988), S. 18 ff., Taucher (1988), S. 87, Perlmutter, Heenan (1986), S. 138, Doz (1988), S. 318 ff., Lasserre (1982), S. 31 ff., Norbrun, Schoenberg (1990), S. 86 , Leder (1990), S. 27, Harrigan (1988), S. 67, Backhaus (1987), S. 127, Backhaus, Piltz (1990), S. 6 f., Vizjak (1990), S. 149 ff., Jagoda (1990), S. 13 f., Randall (1989), S. 31 , Lorange, Roos (1991), S. 26 ff., Lyles (1987), S. 81

vorzunehmen ist, stellt letzteres, wird der Annahme einer spezifischen Identität gefolgt, eine ständige Herausforderung an die Führungskräfte im Realisierungsprozeß dar.

Neben dem bereits identifizierten "Fit" zwischen Netzwerk und umgebender Umwelt kann demnach ein zweiter "Fit" zwischen den beteiligten Organisationen und ihren interorganisationalen Subsystemen: Strategien, Strukturen und Kulturen zur Steigerung der Erfolgswahrscheinlichkeit und Erleichterung der Implementierung gefordert werden. Dabei ist mit Miles und Snow (1984) unter "Fit" nicht nur ein Zustand, sonderen ein dynamischer Ausrichtungsprozeß der An- und Abgleichung zu verstehen. Vor diesem Hintergrund bedarf es im folgenden einer näheren Untersuchung der Komponenten sowie ihrer Beziehungen untereinander.

4.4.1 Unterschiedliche Strategien als potentielle Problemfelder

Einen Teilaspekt der unternehmensspezifischen Identität zeigt sich in der jeweiligen *strategischen Grundhaltung* einer Unternehmung. Nach *Miles und Snow* (1978) folgen Unternehmungen unterschiedlichen Handlungsmustern. Typologisiert identifizieren sie vier verschiedene strategische Grundhaltungen:

- *Verteidiger*, die nicht nach neuen Chancen außerhalb ihrer Domäne suchen,
- *Prospektoren*, welche permanent nach neuen Chancen auf neuen Märkten suchen,
- *Analysierer*, als Unternehmungen, die in zwei unterschiedlichen Typen von Produkt-Markt-Bereichen parallel operieren und
- *Reagierer*, als Unternehmungen, die keine spezifische Strategie verfolgen, vielmehr sich als Anpasser verhalten.

Aufbauend auf den Arbeiten von Miles und Snow entwickelten *Kirsch und Trux* (1981) eine ähnliche, erweiterte Typologie. Dabei unterscheidet das Autorengespann zwischen Typen des: *Verteidigers, Risikostreuers, Architekten, Innovators, Prospektors* und *Reagierers*. Zur Kennzeichnung dieser Typen strategischer Grundhaltungen werden zwei Dimensionen herangezogen: Die für ein Unternehmen charakteristische Haltung gegenüber Neuerungen einerseits und die Grundhaltung zur Spezialisierung andererseits. Wie Abb. 4-3 zeigt, werden bei der Haltung gegenüber Neuerungen drei wesentliche Ausprägungen unterschieden: Bei einer "konservativen" Einstellung besteht eine gewisse Skepsis gegenüber Neuem und eine Tendenz zur Festhaltung am Bestehenden. Im Gegensatz zu einer "progressiven" Einstellung, die gegenüber Neuem als aufgeschlossen Bestehendem gegenüber jedoch insofern als skeptisch gekennzeichnet wird, als dieses erst seine weitere Existenzberechtigung beweisen muß. Als eine Art Mittelposition wird eine "analysierende" Einstellung angeführt, bei der ex ante keine ausgeprägte Präferenz für Neues oder Bestehendes besteht, vielmehr eine einzelfallspezifische Untersuchung der Vor- und Nachteile abwägend vorge-

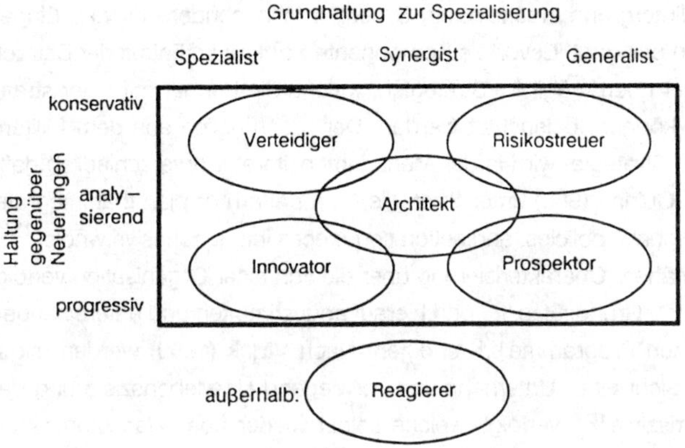

Abb. 4-3: Typen strategischer Grundhaltungen (Quelle: Kirsch (1990), S. 284)

nommen wird. Die zweite Dimension "Grundhaltung zur Spezialisierung" wird gleichfalls in drei Ausprägungen differenziert. Während ein Spezialist sich auf einen vergleichsweise eng abgegrenzten Produkt-Markt-Bereich konzentriert, operiert ein Generalist in unterschiedlichen und zahlreichen Produkt-Markt-Bereichen. Ein Synergist, welcher eine Mittelposition zwischen diesen beiden Extremas einnimmt, operiert zwar in mehreren Betätigungsfeldern gleichzeitig, ist jedoch darauf bedacht, daß diese sich gegenseitig ergänzen. Anhand dieser Dimensionen und Ausprägungen ordneten Kirsch und Trux (1981) die vorher genannten Typen in eine Matrix - wie sie in Abb. 4-3 wiedergegeben ist - ein. Auch in dieser Typologie steht der Reagierer außen vor, da dieser keiner spezifischen strategischen Grundhaltung folgt und damit sich nicht einordnen läßt.

Wird davon ausgegangen, daß die angeführten Typen realiter existieren, so kann aus der Charakterisierung geschlossen werden, daß eine strategische Allianz zwischen einem mit konservativer Einstellung zu bezeichnenden und einem als progressiv zu kennzeichnenden Unternehmen sowie eine Allianz zwischen einem Spezialist und einem Generalist zu Problemen führen kann,[181] insbesondere, wenn Veränderungen im Umfeld zu einer Strategieänderung zwingen. Diese Hypothesen werden gestützt durch die Annahme,

> "... daß ein Wandel in der strategischen Grundhaltung auf große Schwierigkeiten stößt ... Eine solche >Transformation der strategischen Grundhaltung<, die wohl nur sehr behutsam vollzogen werden kann, darf dann freichlich in der Regel nicht auf den Produkt-/Markt-Bereich beschränkt bleiben. Auch die interne Struktur und die Kultur des Unternehmens sind von diesem Wandel betroffen."[182]

181 vgl. zu dieser Hypothese auch Vizjak (1990), S.152
182 Kirsch (1990), S. 285

Vor diesem Hintergrund erscheint ein Synergist insbesondere für das Eingehen strategischer Allianzen geeignet. Bevor die Komponente Struktur im Fokus der Betrachtung stehen wird, sollen hier noch mögliche Strategien, welche die Partner mit einer strategischen Allianz verfolgen können, beleuchtet werden. Der ursprünglich aus dem Militärischen stammende Begriff "Strategie" wird in der Managementliteratur unterschiedlich definiert. Wird in Anlehnung an Quinn (1988) unter Strategie "... a pattern or plan that integrates an organization's major goals, policies, and action sequences into a cohesive whole"[183] verstanden, so kann eine nähere Charakterisierung über die von einer Organisation verfolgten grundlegenden Ziele[184], Grundsätze[185] und hierauf abgestimmten und untereinander konsolidierten strategischen Programme[186] erfolgen. Nach Vizjak (1990) werden mit strategischen Allianzen aus Sicht einer Unternehmung vorwiegend Überlebensziele und davon abgeleitete Wachstumsziele[187] verfolgt, welche selbst wieder über Wachstumsstrategien[188] zu konkretisieren sind und nach ihrer Richtung in Expansions- und Diversifikationsstrategien[189] für einzelne strategische Geschäftsfelder differenziert[190] werden können. Dabei kann eine Expansion im Sinne der vorliegenden Begriffsexplikation zur Stärkung oder zur Restrukturierung eines bestehenden Geschäftsfeldes und eine Diversifikation zum Aufbau eines neuen Geschäftsfeldes oder zur Entwicklung grundsätzlich neuer Fähigkeiten

---

183 Quinn (1988), S. 3

184 Grundlegende Ziele oder mit Heinen generelle Oberziele sind jene Ziele, die die Existenz der Organisation als soziales System ermöglichen und im Zielsystem der Unternehmung ihren Niederschlag finden, vgl. Heinen (1976), ders. (1984), S. 35. Als Beispiele werden von Heinen u.a. Gewinnerzielung, Sicherheitstreben, das Streben nach Erhaltung der Unabhängigkeit, Macht und Prestige angeführt, vgl. ebd.

185 Unternehmensgrundsätze können beispielsweise in einem Leitbild formuliert und schriftlich fixiert sein, vgl. hierzu Gabele, Kretschmer (1983). Als ein Beispiel für Unternehmensgrundsätze zur Diversifikationspolitik, vgl. Fogg (1975), S. 299 und für Richtlinien speziell im Umgang mit strategischen Allianzen, vgl. Ohmae (1989), S. 149, welcher 12 Handlungsleitlinien von ICL wiedergibt.

186 Ein strategisches Programm umfaßt nach Trux et al. alle auf ein Geschäftsfeld bezogenen "... Ziele und strategischen Stoßrichtungen ... sowie deren Aufgliederung in Unterziele, Unterstrategien, Maßnahmen und ... die Festlegung der ersten robusten Schritte," Trux et al. (1985), S. 212. Unter einem strategischen Geschäftsfeld wird dabei die kleinste Einheit eines dekompierten Feldes verstanden, ein Subfeld vom Markt innerhalb einer Branche, vgl. hierzu Trux et al. S. 72 ff.

187 vgl. hierzu Vizjak (1990), S. 36 ff. und zu Ansätze einer "Wachstumstheorie" Müthing (1981)

188 Dabei subsumiert Vizjak (1990) unter Wachstumsstrategien auch quantitative Halte- oder Schrumpfungsstrategien, vgl. ebd. S. 40.

189 Während Expansion sich begrifflich auf angestammte Produkte/Märkte bezieht, wird mit einer Diversifikationsstrategie eine Ausdehnung des Tätigkeitsgebietes auf neue Produkte/Märkte angestrebt. Vgl. zu dieser Begriffsbestimmung Ansoff (1957), S. 113 ff. sowie Schmalenbach-Gesellschaft (1973), S. 296

190 vgl. hierzu die Ansoff'sche Produkt-Markt-Matrix (1957), S. 113 f., ders. (1958), S. 393 f. Als eine weitere Möglichkeit bietet sich die bereits innerhalb der Begriffscharakterisierung vorgenommene Unterscheidung in horizontale, vertikale und konglomerate Wachstumsrichtung an. Da in dieser Arbeit jedoch nur horizontale strategische Allianzen zur Untersuchung anstehen, erscheint an dieser Stelle erster Differenzierung geeigneter.

erfolgen.[191] Unabhängig der jeweiligen strategischen Stoßrichtung bedarf es der Abstimmung zwischen den Partnerunternehmungen zur Generierung einer Strategie für die strategische Allianz. Nach Bleicher tendiert ein "Fit" zwischen den strategischen Interessen der Kooperationspartner zu einer Symmetrie der Interessen.[192] Aus dynamischer Sicht kann jedoch aufgrund interner oder externer Veränderungen eine solch ursprüngliche Interessenharmonisierung wieder in Frage gestellt werden. Eine Überprüfung des Interessenausgleichs darf damit kein einmaliger Akt sein. Allgemein kann mit Jemision, Sitkin unter einem "strategischen Fit"

> "... the degree to which the ... firm augments or complements the ... (partner's; Anm.d.Verf.) strategy and thus makes identifiable contributions to the financial and nonfinancial goals of the (partner; Anm.d.Verf.)"[193]

verstanden werden. Dabei sehen Hamel et al. es nicht als Notwendigkeit an, daß die jeweiligen Wettbewerbsziele gleichgerichtet sind, sondern vielmehr, daß die strategischen Ziele zusammenpassen.[194] Da eine strategische Allianz zur Sicherung und/oder Steigerung der Wettbewerbsposition der Partner gegenüber dritten geschlossen wird kann hier im Hinblick auf potentielle Strategien auf die allgemeine Strategieliteratur verwiesen werden.[195] Für strategische Allianzen spezifisch ist jedoch die Gefahr *verdeckter strategischer Interessen*. Insbesondere mögliche Übernahmeinteressen sind soweit wie möglich im Verhandlungsprozeß aufzudecken. Obgleich dies ein schwieriges Unterfangen sein kann, denn die wahren strategischen Interessen werden nicht immer explizit, vielmehr implizit, verdeckt oder gar nicht zum Vorschein treten. Die Gefahr der tödlichen Umarmung ist insbesondere bei Partnern unterschiedlicher Unternehmensgröße gegeben.[196] Die geplante strategische Allianz zwischen der Schering AG und der schweizer Sandoz AG im Geschäftsfeldsegment Pflanzenschutz scheiterte nicht zu letzt trotz sichtbarer Ergänzungspotentiale aus diesem Grunde. Nur wenige Tage vor Vertragsabschluß offenbarte Sandoz-Chef Marc Moret die wahren Interessen. "Die wollten uns glatt übernehmen",[197] empörte sich ein Aufsichtsratsmitglied der Schering AG, welcher darauf hin die Gespräche für beendet erklärte.

---

191 vgl. zur Differenzierung von Geschäftsfeldern in bestehende Kerngeschäfte, Rückzugsgeschäfte und neue Geschäfte, Trux et al. (1985), S. 21 f.

192 vgl. Bleicher (1989), S. 5 f., ders. (1989), S. 79 f.

193 Jemison, Sitkin (1986), S. 146

194 vgl. Hamel et al. (1989) am Beispiel Philips und Du Pont, welche nach dem Autorengespann den Markt des anderen respektieren.

195 vgl. stellvertretend Porter (1986), ders. (1988), Trux et al. (1985), Reinhard, Weidermann (1984), S. 55 ff. Mit strategischen Allianzen können die gleichen generischen Wettbewerbsstrategien: Kostenführerschaft und Differenzierung (vgl. hierzu Porter a.a.o.) verfolgt werden, vgl. hierzu auch Perlmutter, Heenan (1986) am Beispiel der Allianz von Phillip's mit Du Pont, S. 137.

196 vgl. Harrigan in: Randall (1989), S. 31, welche eine Verbindung zwischen einer Großunternehmung mit einer Kleinunternehmung als ein "dangerous equation" betrachtet und auf die damit verbundenen Probleme verweist. Vgl. auch Bircher (1990), S. 16, welcher gleichfalls konstatiert, daß ein Größenungleichgewicht vermieden werden werden sollte.

197 Luber (1990), S. 104

Ein Problemfeld strategischer Allianzen können auch die Organisationsstrukturen der Partnerunternehmungen darstellen.

4.4.2 Organisationsstrukturtypen von Partnerunternehmungen

Die Vielfalt struktureller Charakteristika von Organisationen lassen sich vereinfacht auf einige Grundtypen reduzieren. In der Literatur finden sich zahlreiche Typisierungsansätze.[198] Zur Explizierung organisationsformspezifischer Problemfelder bietet es sich an, auf die im Schriftum weitverbreitete praxisrelevante Differenzierung in:[199]

- Funktionale Organisation,
- Divisionale Organisation,
- Matrix-Organisation und
- Holding-Gesellschaft[200]

und ihre Varianten zurückzugreifen. Zur systematischen Beurteilung von Organisationsstrukturen im Hinblick auf ihre Geeignetheit für strategische Allianzen können auf der Basis bisheriger Ausführungen insbesondere folgende nicht voneinander unabhängige Kriterien herangezogen werden:

- Synergiefähigkeit
- immanenter Organizational Slack
- Flexibilität

Es konnte bereits hervorgehoben werden, daß strategische Allianzen primär zur *Synergieerzielung* eingegangen werden und daß in unterschiedlicher Intensität Ressourcen gebunden werden.[201] Organisatorischer Überschuß (*organizational slack*)[202] etwa in Form von Kapazitätsreserven von Ressourcen oder über den normalen Anforderungen bestehenden Qualifikation der Mitarbeiter steht in enger Beziehung zur Synergieerzielung als auch zur

198 So unterscheidet Mintzberg (1979), S. 18 ff., ders. (1982), S. 7 ff. fünf idealtypische Konfigurationen: die "Einfache Struktur", "Industrielle Bürokratie", "Expertokratie", "Divisionalisierung" und die "Adhockratie", auch als "Innovative Organisation" bezeichnet. In der deutschsprachigen Literatur werden insbesondere die in jedem Standardwerk der Organisationstheorie angeführte "funktionale Organisation", "divisionale Organisation", "Matrix-Organisation", die "Tensor-Organisation" sowie die die Primärorganisation überlappende Projektorganisation mit ihren vielfältigen Formen unterschieden, vgl. hierzu stellvertretend Grochla (1972), S. 178 ff., Hill, Fehlbaum, Ulrich (1989), S. 191 ff., Welge (1987), S. 481 ff., Frese (1988), S. 429 ff., Bühner (1985), S. 194 ff., Staehle (1988), S. 654 ff.

199 vgl. stellvertretend Grochla (1972), S. 178 ff., Hill, Fehlbaum, Ulrich (1989), S. 191 ff., Welge (1987), S. 481 ff.,Frese (1988), S. 429 ff., Bühner (1985), S. 194 ff., Staehle (1988), S. 654 ff.

200 Die Holdingstruktur wird hier aufgrund ihrer steigenden Bedeutung in der Unternehmenspraxis im allgemeinen und für strategische Allianzen im speziellen hinzugefügt.

201 vgl. hierzu Abschnitt 2.1.1 und 2.3.1 dieser Arbeit.

202 vgl. auch Doz (1988), S. 328 welcher beobachtete, daß Slack eine tendenziell große Bedeutung in und für eine strategische Allianz zukommt.

Flexibilität. Nach Welge (1975) kann Slack als eine günstige aber nicht hinreichende Voraussetzung zur Realisierung von Synergieeffekten angesehen werden und mit Cyert und March (1963) erlaubt das Vorhandensein von Slack eine relativ schnelle Anpassung einer Unternehmung an veränderte Bedingungen, da der Zeitaufwand der Beschaffung zusätzlicher Ressourcen entfällt.[203] Werden die Aktivitäten in einer Pool-Allianz zusammengelegt und durch ein Gemeinschaftsunternehmen institutionalisiert, kann der organizational slack sogar zu einem kritischen Faktor werden. Auch können veränderte Rahmenbedingungen neue Anforderungen an die Partnerunternehmungen stellen.

Als Quellen der *Flexibilität* einer Unternehmung kann in Anlehnung an Ansoff, Brandenburg unterschieden werden zwischen: operativer Flexibilität, strategischer Flexibilität und struktureller Flexibilität.[204] Dabei wird unter *operativer Flexibilität* die kurzfristige zeitliche und/oder intensitätsmäßige Anpassungsfähigkeit des primären Leistungserstellungsprozesses verstanden. Die Handlungsspielräume beziehen sich dabei vorwiegend auf die quantitative Variabilität der Leistungserstellungsprozesse. Die *strategische Flexibilität* bezeichnet dagegen die Anpassungsfähigkeit unternehmensspezifischer Potentiale insbesondere an qualitative Veränderungen nicht nur im Hinblick auf neue Produkte oder Dienstleistungen, sondern auch bezüglich des Wechsels von Märkten zur Suche nach neuen Wettbewerbsumwelten. Unter *struktureller Flexibilität* wird die Fähigkeit einer Unternehmung verstanden, bei der Erweiterung des Produktionsprogrammes oder dem Eintritt in neue Märkte sich durch eine Veränderung des internen Aufbaus soweit anzupassen, daß Flexibilitätsbedürfnisse gedeckt werden können oder von vornherein so konzipiert ist, daß Veränderungen interner oder externer Art bewältigt werden können. Der Diskussionsbeitrag strategischer Allianzen im Netzwerk und sie umgebende Umwelt zeigte, daß die Aufrechterhaltung der strategischen Flexibilität eine wesentliche Erfolgsvoraussetzung ist. Dabei kann diese, nach der von Chandler (1962) aufgestellten Sequenz (structure follows strategy), durch die Organisationsstruktur unterstützt werden oder nicht. Der strukturellen Flexibilität kommt damit für die strategische Flexibilität entscheidende Bedeutung zu. Dieser Zusammenhang ändert sich nicht, auch wenn der von Ansoff (1979) geforderten Umkehrung der Sequenz in "strategy follows structure" in dynamischen Umwelten gefolgt wird. Auch steht die operative Flexibilität in einem engen Zusammenhang zur strategischen Flexibilität. Eine mangelnde Anpassungsfähigkeit im Produktionsbereich können Wachstumsstrategien behindern oder nicht. Damit kann die obig in Anlehnung an Ansoff, Brandenburg vorgenommene Differenzierung als in kumulativer Beziehung stehende betrachtet werden, d.h. strategische Flexibilität schließt organisatorische und operative mit ein.

---

203 Andererseits bedeutet jedoch auch Slack nicht ständig genutzte Kapazitätsreserven und damit aus ökonomischer Sicht ein negativer Einfluß auf die Aufwandskomponente. Das Ausmaß an Slack ist daher in enger Beziehung zum Flexibilitätserfordernis zu bewerten.

204 vgl. hierzu und im folgenden Ansoff, Brandenburg (1969), S. 360 ff., ders. (1971), B-705 ff.

Werden aus der Vielzahl von Dimensionen zur Konzeptionalisierung der Organisationsstruktur die Dimensionen Spezialisierung und Koordination ausgewählt, so können mit Welge (1987) die genannten Organisationsformen anhand folgender Merkmale beschrieben werden; eine **Funktionale Organisation** durch

> "- Gliederung der Gesamtaufgabe nach dem Spezialisierungsmerkmal >Funktion<
> - hohe Zentralisation der strategischen und administrativen Entscheidungen und Dezentralisation der operativen Entscheidungen;
> - Gestaltung der Weisungsbeziehungen nach dem Einliniensystem;
> - Abstimmung der funktionalen Teilbereiche durch überwiegend technokratische Koordinationsinstrumente."[205]

Eine funktionsorientierte Segementierung bietet die Möglichkeit Spezialisierungsvorteile zu realisieren und fördert damit eine Akkumulation von Lerneffekten. Nach Welge (1987) kann dieses akkumulierte Eignungs- und Wissenspotential im operativen Geschäft für eine Diversifizierung in neue Produkte ohne proportional steigende Kosten nutzbar gemacht werden. Die funktionale Organisation kann demnach analog zu ihrer internen Synergiefähigkeit für alle Funktionen mit Ausnahme des Managementbereichs als *synergiefähig* beurteilt werden. Zunehmender Diversifikationsgrad und wachsende Unvorhersehbarkeiten im Markt führen in einer funktionalen Organisation zu erhöhten Anforderungen an die Koordinationsleistung der Unternehmensleitung.[206] Zusätzliche Koordinationsaktivitäten für die Allianz belasten darüber hinaus die Managementkapazität, die nach Bleicher (1989a) erfahrungsgemäß wesentlich stärker als normal gebunden ist und in kritischen Situationen sogar die gesamte Managementkapazität in Anspruch nehmen kann.

> "Negative Folgen reichen vom Scheitern der ... Kooperation bis hin zur substantiellen Vernachlässigung des Kerngeschäfts bei ... den Kooperierenden mit weitreichenden Einbußen im Zukunftsgeschäft."[207]

Die hohen Anforderungen an die Koordinationsaktivitäten der Führungskräfte verbunden mit der tendenziell starken Entscheidungszentralisation lassen die strategische Flexibilität trotz relativ hoher operativer Anpassungsmöglichkeiten als gering erscheinen. Auch der relativ geringe immanente *Slack* stützt diese Annahme.[208] Bezüglich der strukturellen Flexibilität kann im Hinblick auf die starke Arbeitsteilung und Standardisierung als primäres technokratisches Koordinationsinstrument, dem geringen Slack und der begrenzten Managementkapazität gleichfalls von einer geringen Anpassungsfähigkeit ausgegangen werden.

Die zentrale Hypothese Chandler's, wonach die Struktur einer Organisation deren Diversifikationsstrategie folge, gestützt durch vier Fallstudien ausgewählter amerikanischer Großunternehmen, konnte Rumelt (1974) für amerikanische Unternehmungen teilweise be-

---

205 Welge (1987), S. 494
206 vgl. Bühner (1985), S. 195
207 Bleicher (1989a), S. 424
208 vgl. Welge (1987), S. 499

stätigen. Andererseits stellte Rumelt jedoch auch fest, daß es Unternehmen gibt, die erst reorganisieren, um danach erst zu diversifizieren und bestätigt damit teilweise auch die von Ansoff (1979) aufgestellte These. Darüber hinaus identifizierte Rumelt einen starken Einfluß von Modeströmungen auf die Gestaltung von Organisationsstrukturen, welches ihn zur Hinzufügung der These "structure follows Fashion" bewegte. Nach Dyas und Thanheiser ist jedoch der Zusammenhang zwischen Strategie und Struktur in den Vereinigten Staaten stärker ausgeprägt, als in Europa.[209]

Eine **Divisionale Organisation** oder Sparten-, Geschäftsbereichsorganisation bezeichnet eine Organisationsform, welche durch eine Zentralisation von Produkten, Produktgruppen oder geographischen Marktregionen auf der zweiten Hierarchieebene einer Unternehmung und durch Leitungswege in Form des Einliniensystems gekennzeichnet ist.[210] Segmentiert nach dem Produktprinzip werden alle Elemente gleichartiger Objekte in Teilsysteme zusammengefaßt. Diese Teilsysteme werden als *Divisionen*, *Sparten* oder *Geschäftsbereiche* bezeichnet, "sind den Leitern dieser produktorientierten Teilsysteme mindestens die Produktions- (in einer Handelsunternehmung die Einkaufs-) und die Vertriebsfunktion zugeordnet ..."[211] Wird die Ergebnisverantwortung auf den Divisionsleiter übertragen, wird eine solche Organisationsformvariante als *"Profit Center"* und sofern der Gewinn in der Ergebnisrechnung des Profit-Centers zu dem eingesetzten Kapital in Beziehung gesetzt wird (ROI) als "Investment-Center" bezeichnet. Mit der Verselbständigung der Teilsysteme geht die Delegation von produktspezifischen administrativen und operativen Entscheidungen einher und gewährleistet so eine relativ große Autonomie der Spartenleiter. Zur Koordination werden nach Welge (1987) vorwiegend technokratische Koordinationsinstrumente wie hierarchisch gespaltene Unternehmensplanung, Kennziffern und Budgetierung eingesetzt.[212]

Obgleich die divisionale Organisationsform nach dem Geschäftsbereichsprinzip strukturiert einen höheren Slack sowohl im Managementbereich als auch in den einzelnen Funktionen als die funktionale Organisationsform aufweist und über Synergiepotentiale verfügt, wird ihre strategische Flexibilität unterschiedlich beurteilt. Während Welge (1987) dieser Organisationsform strategische Flexibilität zuspricht, sind Hamel, Prahalad davon überzeugt, daß nach strategischen Geschäftsfeldern strukturierte Organisationen inflexibel sind und "... zum Kompetenzverlust so manchen Unternehmens beigetragen hat."[213] Dies mag mit der

---

209 vgl. Dyas (1973), Thanheiser (1972) sowie Dyas, Thanheiser (1976)
210 vgl. zu Formen der Geschäftsbereichsorganisation Dyas, Thanheiser (1976), S. 123 ff., Bühner (1977), S. 1205 ff., Drumm (1978), S. 87 ff., Frese (191988), S. 519 ff.
211 Welge (1987), S. 504
212 vgl. zu diesen technokratischen Koordinationsinstrumenten Welge (1987), S. 519 ff.
213 Hamel, Prahalad (1989), S. 100, vgl. hierzu auch Prahalad, Hamel (1990), S.86 ff.

geringen strukturellen Flexibilität zu erklären sein, da die relativ hohe Autonomie der Divisionen die Entwicklung eines gewissen Beharrungsvermögens fördert.

Die der divisionalen Organisationsform immanenten Dezentralisierungsphilosophie und die damit verbundene relativ hohe Autonomie der Divisionsmanager führt insbesondere bei strategischen Allianzen zu großen Problemen und verkörpern eine Reihe von Gefahren. Die Delegation von Verantwortung für Erfolg und Mißerfolg auf die Leiter der Divisionen führt in praxi häufig dazu, daß sich das Engagement des Topmanagements auf das Zustandebringen (die Anbahnung und Vereinbarung) der strategischen Allianz beschränkt und der laufenden Leitung der Allianz wenig Aufmerksamkeit schenkt.[214] Aufgrund des eher labilen Beziehungsnetzes bedarf es jedoch mit Bleicher (1989), "... erhöhter Sensitivität und Intensität bei der Beachtung selbst unwichtig erscheinender Teilfragen."[215] Eine weitere Gefahrenquelle der Dezentralisierung stellt die normierte Leistungsbeurteilung der Divisionmanager dar. Die insbesondere in amerikanischen Unternehmen vorzufindenden "Investment-Centers" verleiten die Divisionsleiter zum "Management nach dem Nenner":[216]

> "Let equity ... into the picture, and you start to worry about control and return on investment. There is pressure to get money back fast for the money you put in and dividends form the paper you hold."[217]

So geraten einerseits initiale strategische Ziele leicht aus dem Blickfeld und andererseits erhöhen verstärkte Kontrollanstrengungen die Gefahr des Scheiterns der Allianz.

> " ... good partnersphips, like good marriages, don't work on the basis of ownership or control. It takes effort and commitment and enthusiasm form both sides if either is to realized the hoped-for-benefits."[218]

Ohmae (1989) fordert vor diesem Hintergrund einen Wechsel von einer ROI Orientierung hin zu einem Fokus auf einen "return on sales" (ROS) als Kontrollgröße, welcher das Blickfeld auf das "ongoing business" richtet und nicht zu einer Abwarteposition auf den "healthy return" der initialen Investments verleitet.

Die relative Autonomie der Devisionmanager kann sich mit Bartlett (1989) und Porter (1986) auch als ein personalpolitisches Problem insofern erweisen, als die Dezentralisierungsphilosophie der Geschäftsbereichsorganisation Führungskräfte ausgebildet und gefördert hat, die sich im Rahmen der Unabhängigkeit bewährt haben. Mit diesem administrativen Erbe ist es nur wahrscheinlich, daß sich Führungskräfte jedem Eingriff in ihre Autonomie widersetzten. Autonomiebestrebungen der Geschäftsbereiche und damit verbundener

---

214 vgl. hierzu Coopers & Lybrand (1986), S. 99 ff. sowie Bleicher (1989b), S. 7 f., ders. (1989), S. 88, ders. (1989a), S. 438 f.
215 Bleicher (1989a), S. 424
216 vgl. Hamel, Prahalad (1989), S. 101
217 Ohmae (1989), S. 147
218 Ohmae (1989), S. 148

Koordinationswiderstand erhöhen jedoch die *Koordinationskosten* und *Kompromißkosten* nicht unwesentlich. Bea (1988) verweist in Anlehnung an Porter (1986) auf diese Koordinationskosten. Koordinationskosten per se (insbesondere Personalkosten und ein erhöhter Zeitaufwand)[219] lassen sich jedoch nicht vollständig vermeiden, da diese eine unmittelbare Folge der Poolung oder des Transfers von Ressourcen sind. Die Höhe der jeweils anfallenden Koordinationskosten sind in Abhängigkeit der Formation[220] der strategischen Allianz, ihrer immanenten Komplexität[221] und der Größe der einzelnen Partner[222] zu sehen. Da davon auszugehen ist, daß die Partner auch eigene Ziele verfolgen[223] und die Partner in strategischen Allianzen ex definitione in einem Gleichordnungsverhältnis zueinander stehen sind Kompromißkosten eine natürliche Folge. Diese Kosten werden - davon kann ausgegangen werden - jedoch mit der Festhaltung an einen Glauben an Autonomie steigen.

Eine **Matrix-Organisation** ist dadurch gekennzeichnet, daß zwei (Matrix-Organisation) oder mehrere Strukturierungsdimensionen (Tensor-Organisation) gleichzeitig zur Anwendung kommen. Je nachdem, welche Aufgabengliederungskriterien kombiniert werden (Funktionen, Produkte, Marktregionen, Kundengruppen und zeitlich begrenzte Projektvorhaben), ergeben sich unterschiedliche Modelle. Im Gegensatz zu der funktionalen und divisionalen Organisationsform sind die Weisungsbeziehungen mehrdimensional gestaltet (bewußte Aufgabe der Einheit der Auftragserteilung). Der Entscheidungsspielraum der Matrixinstanzen ist begrenzt u.a. durch "shared autority", zeitliche Befristung oder aufgrund externer Einflußnahme. Zur Koordination werden strukturelle, personenorientierte und technokratische Koordinationsinstrumente eingesetzt.[224]

Da insbesondere für strategische Allianzen bei umfangreicheren Beziehungsgefügen, die nicht durch ein Gemeinschaftsunternehmen institutionalisiert werden, organisationsinterne Projektorganisationen gebildet werden, erscheint im folgenden eine Beschränkung der Untersuchung auf die Variante *"Matrix-Projekt-Organisation"* ausreichend zu sein.[225] In einer solchen Kombination unterliegt einem Projektleiter die Führung des Projektes, "... die Verantwortung für die strategische Implementierung und Kontrolle sowie für die projektgebundenen Entscheidungen ...".[226] Während die Realisationsaufgaben seitens der funktio-

---

219 vgl. Porter (1986), S. 423
220 So bedarf ein gemeinsamer Außendienst beispielsweise ständiger Koordinierung, während eine gemeinsame Beschaffung i.d.R. nur periodische Absprachen über benötigte Inputmengen erfordern. Vgl. hierzu Abschnitt 2.3.2 dieser Arbeit und Porter (1986), S. 423
221 vgl. hierzu Porter (1986), S. 423 f.
222 Ein kleines Unternehmen wird die Koordinationskosten höher als ein Großunternehmen empfinden.
223 vgl. hierzu Abschnitt 2.2.1 dieser Arbeit.
224 vgl. Welge (1987), S. 529 ff.
225 nach Welge (1987), S. 556 ist die Matrix-Projekt-Organisation die häufigste Form des Projektmanagements.
226 Grochla (1974), S. 317

(3) Die Management-Holding-Gesellschaft ist von operativen Aufgaben entbunden. Sie kann ihre Kraft gezielt für strategische Aufgaben einsetzen.

(4) Die starke Position der Management-Holding-Gesellschaft ermöglicht koordinierende Eingriffe. Die Autonomie der Teilbereichsunternehmen kann dort eingeschränkt werden, wo dies aus dem Gesamtinteresse heraus geboten erscheint."[243]

Zur Koordination werden in einer Management-Holding nach Bühner (1987) vorrangig drei Instrumente eingesetzt: Finanzhoheit, Personalunion und Unternehmensverträge. Die Ausübung der Finanzhoheit gehört zum Aufgabenbereich der Management-Holding. Diese Aufgabe einer zentralen Mittelallokation geht über die Finanzierungsfunktion einer reinen Finanz-Holding hinaus, da hierbei: " ... eine konzernweit abgestimmte Investitions- und Finanzierungsstrategie, in der die Forschungs-, Entwicklungs- und Investitionsschwerpunkte ..."[244] zur Koordination der Teilbereichsunternehmen festgelegt wird. Koordination kann in einer Management-Holding auch durch Personalunion erfolgen. Hierbei können zwei Arten zur einheitlichen Ausrichtung im Konzern nach Bühner (1987) unterschieden werden:

"- Mitglieder des Leitungs- und Aufsichtsorgans der Obergesellschaft übernehmen Funktionen in den Leitungs- und Aufsichtsorganen der Tochtergesellschaften. Praxis ist hierbei, daß Vorstandsmitglieder (meistens der Vorsitzende oder Sprecher des Vorstands) in Personalunion im Aufsichtsrat der Untergesellschaften vertreten sind.

- Umgekehrt findet Personalunion statt, wenn leitende Mitglieder der Untergesellschaften in Personalunion im Leitungsorgan der Obergesellschaften vertreten sind."[245]

Hiermit sollen einerseits die Teilbereichsunternehmen auf die Ziele der Obergesellschaft "eingeschworen" werden (Sicht von oben) und andererseits die Interessen der Teilbereichsunternehmen im Vorstand der Dachgesellschaft zum Tragen kommen (Sicht von unten).[246] Als drittes Koordinationsinstrument in Management-Holdings dienen Unternehmensverträge. Beherrschungsverträge, die zumeist in Verbindung mit Gewinnabführungsverträgen abgeschlossen werden, gewährleisten die Ausübung des einheitlichen Leitungsrechtes. Die Höhe der Kapitalbeteiligung steht dabei in unmittelbarer Beziehung zur Durchgriffsmöglichkeit im Konzern.[247]

Im Hinblick auf die hier zugrundegelegten Kriterien für die Geeignetheit von Organisationsformen für strategische Allianzen kann die Holdingstruktur ähnlich beurteilt werden wie die

---

243 Bühner (1987), S. 42-43
244 Bühner (1987), S. 43
245 Bühner (1987), S. 43
246 vgl. hierzu Bühner (1987), S. 43, welcher auch auf die damit verbundene gesellschaftsrechtlich kritische Dimension durch die Verwischung der Grenzen zwischen juristischen Personen und ihren Organen verweist.
247 vgl. Bühner (1987), S. 44

divisionale Organisation, da diese - neben dem Konzernmerkmal - daß strukturprägende Organisationsmerkmal ist. Auch die dort angeführten Gefahren und potentiellen Problemfelder gelten hier gleichermaßen.

Nicht nur die Struktur kann die Umsetzung der Strategie fördern oder behindern und den Erfolg der strategischen Allianz beeinflussen, sondern auch die *Kultur* einer Organisation.

4.4.3 Unterschiedliche Unternehmenskulturen als potentielle Problemfelder

In strategischen Allianzen verbinden sich - wie mehrfach bereits angeführt - zwei oder mehrere Unternehmungen. Wird davon ausgegangen, daß Unternehmungen durch spezifische Kulturen gekennzeichnet sind,[248] wie dies vielfach im Schriftum vertreten wird, so treffen unterschiedliche Unternehmenskulturen aufeinander, die - wie einleitend hervorgehoben - den Erfolg strategischer Allianzen nicht unerheblich beeinflussen. Empirische Untersuchungen zeigten, daß vor allem der Entwurf und die Umsetzung innovativer Strategien ohne die Berücksichtigung unternehmensspezifischer Kulturen ein schwieriges Unterfangen ist.[249] Denn einerseits kann die Unternehmenskultur, wenn eine konvergierende Tendenz zur verfolgten Strategie besteht, die Umsetzung und Realisierung dieser Strategie entscheidend unterstützen; andererseits kann sie sich als eine kaum überwindbare Barriere erweisen.[250]

Der Begriff "Unternehmenskultur" oder "Organisationskultur" wird sowohl in der Wissenschaft als auch in der Unternehmenspraxis unterschiedlich definiert.[251] Ursächlich hierfür sind nicht zuletzt dahinter stehende unterschiedliche theoretische Sichtweisen.[252] In Anlehnung an Heinen's entscheidungsorientierter Begriffsfassung, wird im folgenden Unternehmenskultur " ... inhaltlich auf die unternehmensbezogenen Werte und Normen im Sinne eines gemeinsamen Ideensystems der Organisationsmitglieder..."[253] beschränkt und unter Kultur ein

> "Muster von gemeinsamen Wert- und Normenvorstellungen ..., die über bestimmte Denk- und Verhaltensmuster die Entscheidungen, Handlungen und Aktivitäten ... der Organisationsmitglieder prägen,"[254] verstanden.

248 Und somit als eine Art Miniaturgesellschaft zu begreifen sind, die ihre eigene unverwechselbare Kultur entwickelen und aufweisen, vgl. Dill (1986), S. 58 ff.
249 vgl. hierzu beispielsweise Schwarz, Davis (1981), Davis (1984)
250 vgl. Dill (1986), S. 324
251 vgl. zu einem Überblick über unterschiedliche Definitionen Neuberger, Kompa (1987), S. 17 ff. und zu Systematisierungsansätzen im Schriftum darüber hinaus die Ausführungen in Dill (1986), S. 23 ff. sowie Heinen (1987), S. 2 ff.
252 vgl. hierzu Heinen (1987), S. 15 ff. sowie zur paradigmatischen Dimension der aktuellen Unternehmenskulturforschung, S. 87 ff.
253 Heinen (1987), S. 22
254 Heinen, Dill (1986), S. 207

Werte als kognitiv präferierte Handlungsleitlinien, die zum einen die Wahrnehmung eines Individuums selektieren und zum anderen ihr Verhalten regulieren[255], können als ein "... kulturell- und sozialdeterminiertes, dynamisches, ichzentrales, selbstkonstitutives Ordnungskonzept ..."[256] verstanden werden. Die Vermittlung von Werten wird allgemein mit primären und sekundären Sozialisationsprozessen erklärt.[257] Unternehmensspezifische Werte ergeben sich demnach durch sekundäre Sozialisationsprozesse. Dabei können Konditionierungen im engen behavoristischen Sinne ursächlich hierfür sein oder symbolvermittelnden Interaktionen von Individuen.[258] Unternehmensspezifische Werte können beispielsweise eine hohe Produktqualität, faires Verhalten gegenüber Kunden und Lieferanten oder ein mitarbeiterorientiertes Führungsverhalten sein.[259] Je mehr Werte einen Sollcharakter erhalten, um so mehr stellen diese dann Normen dar.

Unter *Normen* werden "... standards containing some degree of morality, which are observed because they are thought to be right and hence ought to be followed, regardless of their usefulness or effectiveness"[260] verstanden. Zur näheren Charakterisierung von unternehmenskulturellen Normen kann auf die Unterscheidung von Wright zurückgegriffen werden, welcher drei Hauptgruppen von Normen und drei Untergruppen anführt. Zu den Hauptgruppen von Normen lassen sich mit Wright:[261] "Regeln"[262], "Vorschriften"[263] und "Direktiven"[264] und zu den Untergruppen "Gebräuche"[265], "moralische Prinzipien"[266] und "Ideal-Regeln"[267] zählen. Im Bereich der Unternehmenskulturforschung kommt den "Vorschriften" und "Direktiven" geringe Bedeutung zuteil. Aufgrund den Normen immanenten Sollcharakter über erwartungskonforme Handlungsweisen, beeinflussen sie die Denkmuster und Aktivitäten der Organisationsmitglieder. Von Werten unterscheiden sich Normen insofern, als letztere " ... in der Regel nur in menschlichen Sozietäten in Bezug auf andere

---

255 In sozialwissenschaftlichen Theorien scheint darüber Einigkeit zu herrschen, daß Werte handlungorientierend wirken. Kontrovers wird jedoch diskutiert, in welcher Weise diese Handlungen leiten, vgl. hierzu Vossenkuhl (1979), S. 136.

256 Kmieciak (1976), S. 150

257 vgl. hierzu stellvertretend Heinen, Dill (1986), S. 210 f.

258 vgl. Heinen, Dill (1986), S. 202 ff.

259 vgl. hierzu Heinen (1987), S. 22

260 Olsen (1968), S. 59

261 vgl. hierzu und im folgenden Wright (1979), S. 18 ff.

262 Unter Regeln versteht Wright ein standardisiertes Muster des richtigen Verhaltens.

263 Als Willen eines Norm-Gebers ein bestimmtes Verhalten eines Norm-Addressaten durchzusetzen.

264 Als Aussagen über den Einsatz bestimmter Mittel zur Erreichung eines bestimmten Zwecks.

265 Als Verhaltensmuster für die Mitglieder einer Gemeinschaft. Ihr Vorschriftencharakter ist eher implizit und nicht auf einen Norm-Geber, sondern auf die Gemeinschaft als ganzes verteilt. Da Gebräuche die Spielregeln in der Gemeinschaft festlegen, kommt ihnen gleichfalls ein Regelcharakter zu.

266 Moralische Prinzipien stehen im engen Zusammenhang zu Vorschriften und Direktiven.

267 Ideal-Regeln verkörpern im Gegensatz zu den anderen Gruppen weniger ein Sollcharakter, vielmehr eine Wunschvorstellung über ideale Eigenschaften.

Interaktionspartner handlungsregulierend wirken, während Werte häufig >individuumzentrierte Sichtweisen< repräsentieren."[268]

Die konstituierenden Elemente einer Unternehmenskultur, Werte und Normen finden ihren Ausdruck in Symbolen, symbolischen Handlungen (z.B. Riten, Rituale, Zermonien) und symbolischen Artefakten (z.B. Architektur) als Bestandteile der beobachtbaren Realität. Ihnen kommt eine entscheidende Funktion im Entstehungs- und Weitergabeprozeß der Unternehmenskultur zu.[269] Sie können damit mit Dill als Medien der Unternehmenskultur verstanden werden.[270] Zum Phänomen der Unternehmenskultur können somit zwei Zugänge unterschieden werden. Die Abb. 4-4 zeigt diese Zwei-Schichten-Betrachtung und ihre Zusammenhänge auf.

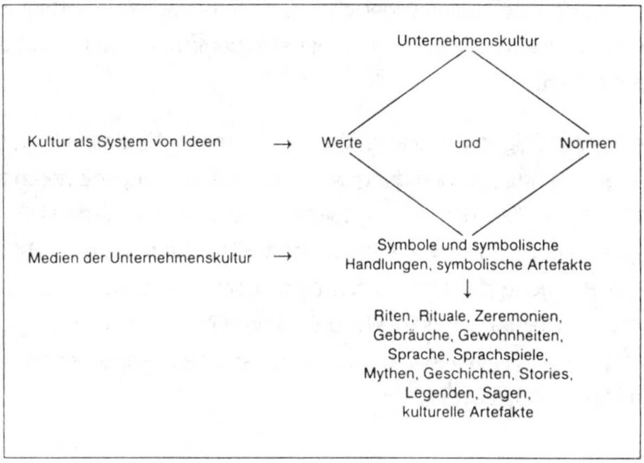

Abb. 4-4: Das Spektrum einer Unternehmenskultur (Quelle: Gussmann, Breit (1987), S. 109 in Anlehnung an Dill (1986))

Der Kerngedanke, daß eine Unternehmung über einen spezifischen unverwechselbaren Charakter verfügt und das Begriffsverständnis von Unternehmenskultur als Gesamtheit der unternehmensspezifischen Werte und Normen der Organisationsmitglieder, läßt den Eindruck entstehen, daß Kultur ein einheitliches, gesamtsystemisches Phänomen sei. Das Konzept einer homogenen Gesamtkultur, übereinstimmender Wertvorstellungen, Normen und Verhaltensweisen stellt jedoch eine unzulässige Vereinfachung der komplexen Wirklichkeit dar. Einige Autoren wie z.B. Matenaar vertreten vor diesem Hintergrund auch die Ansicht, daß es sich bei Unternehmenskultur,

268 Dill (1986), S. 64 f.
269 vgl. Dill (1986), S. 69 ff. und Abschnitt 3.2.5 in dieser Arbeit.
270 vgl. hierzu Dill (1986), S. 69 ff.

" ... um ein Konglomerat der Kulturen der einzelnen Subsysteme handelt, deren >Subkulturen< quasi zu einer Kulturpyramide integriert werden, ohne dabei jedoch ihre Eigenständigkeit zu verlieren."[271]

Einen Bestimmungsgrund für die Entwicklung von *Subkulturen* in Unternehmungen sieht Gussmann, Breit (1987) in der Organisationsstruktur. Dabei gehen sie von einem positiven Zusammenhang zwischen Spezialisierung und Herausbildung von Subkulturen aus. Bei einer funktionalen Organisationsform[272] beispielsweise besteht eine Tendenz zum Abteilungs- und Ressortegoismus, welcher eine Entstehung von Subkulturen fördert. Auch eine Segmentierung in relativ unabhängige Teilbereiche durch eine divisionale Organisationsform[273] schafft die Voraussetzung für die Entstehung einer divisionsspezifischen Kultur. Die Berücksichtigung von Subkulturen im Rahmen einer unternehmenskulturellen Analyse ist insbesondere im Kontext strategischer Allianzen von besonderer Bedeutung, da in einer solchen Verbindung - wie bereits angeführt - nur eine partielle Zusammenarbeit in einzelnen Geschäftsfeldern erfolgt.

In nahezu jeder einschlägigen Publikation über strategische Allianzen werden unterschiedliche Unternehmenskulturen als eine der größten Implementierungsbarrieren betrachtet.[274] Dabei kann mit Keller (1990) davon ausgegangen werden, daß diese sich um so stärker manifestieren, je enger die Zusammenarbeit erfolgt. Eine differenziertere Betrachtung kann mit Hilfe einer Übertragung der von Heinen entwickelten *Typisierung von Unternehmenskulturen* erfolgen.[275] Heinen unterscheidet drei Dimensionen: Verankerungsgrad, Übereinstimmungsausmaß und Systemvereinbarkeit der unternehmensbezogenen Werte und Normen der Organisationsmitglieder.

---

271 Matenaar (1983), S. 22, vgl. auch Heinen (1987), S. 27, welcher eine solche Einheitskultur als einen Grenzfall bezeichnet.

272 vgl. hierzu Abschnitt 4.4.2 dieser Arbeit.

273 vgl. hierzu Abschnitt 4.4.2 in dieser Arbeit und dort angegebene Literatur.

274 vgl. Bleicher (1989b), S. 5 ff., ders. (1989), S. 80 f.Herrmann (1988), S. 69 ff., Delvin Bleackley (1988), S. 18 ff., Taucher (1988), S. 87, Perlmutter, Heenan (1986), S. 138, Doz (1988), S. 318 ff., Lasserre (1982), S. 31 ff., Norbrun, Schoenberg (1990), S. 86 , Leder (1990), S. 27, Backhaus (1987), S. 127, Backhaus, Piltz (1990), S. 6 f., Vizjak (1990), S. 149 ff., Jagoda (1990), S. 13 f., Randall (1989), S. 31 , Lorange, Roos (1991), S. 26 ff., Lyles (1987), S. 81, Harrigan (1988) fand in ihrer empirischen Untersuchung von 895 strategischen Allianzen in einem Zeitraum von 1924 bis 1985, obgleich der Einfluß der unternehmenskulturelle Distanz auf den Erfolg von strategischen Allianzen nicht explizit untersucht wurde, daß eine kulturelle Homogenität zwischen den Partnerunternehmungen weitaus bedeutender ist, als eine Symetrie in den nationalen Kulturen. (vgl. zu nationalen Kulturunterschieden die Ausführungen in Abschnitt 4.1.3 dieser Arbeit und dort angegebene Literatur). Dieses Befragungsergebnis wird zum Teil darauf zurückgeführt, daß es unternehmenskulturelle Ähnlichkeiten zwischen Unternehmungen trotz unterschiedlicher Nationalitäten gibt, vgl. Harrigan (1988), S. 67.

275 vgl. hierzu und im folgenden Heinen (1987), S. 26 ff.

Der *Verankerungsgrad* als das unternehmensspezifische Ausmaß, in dem die Unternehmenskultur von den einzelnen Organisationsmitgliedern geteilt wird, reicht von einer vollständigen individuellen Ablehnung bis hin zu einer vollständigen Internalisation.

Das *Übereinstimmungsausmaß* der Übernahme unternehmensbezogener Werte und Normen seitens der Mitglieder einer Unternehmung erstreckt sich über das Spektrum des Grenzfalles einer festgefügten Einheitskultur bis hin zur Extremausprägung, bei der jedes einzelne Mitglied sich in seinem Handeln von unterschiedlichen unternehmensbezogenen Wert- und Normvorstellungen leiten läßt. Beide Extremas werden realiter selten zu finden sein. Zumindest einige Unternehmensmitglieder werden im Normalfall ähnliche unternehmensbezogene Werte und Normen entwickeln. Von der Existenz von Subkulturen im Unternehmen kann dann gesprochen werden, wenn "... mehrere Gruppen von Unternehmensmitgliedern Werte und Normen entwickelt (haben, Anm.d.Verf.), die sich gruppenintern durch eine relative Homogenität und im Gruppenvergleich durch eine relative Heterogenität auszeichnen ..."[276] Die Struktur solcher Subkulturen wird vor diesem Hintergrund als Kriterium für das Übereinstimmungsausmaß einer Unternehmenskultur herangezogen.277 Dabei wird tendenziell davon ausgegangen, daß

> "je homogener die unternehmensbezogenen Werte und Normen der Subkulturenmitglieder sind, desto höher ist das Übereinstimmungsausmaß der betrachteten Unternehmenskultur. Darüber hinaus gilt: Je homogener die subkulturspezifischen Werte und Normen untereinander ausfallen, desto höher ist das Übereinstimmungsausmaß der betrachteten Unternehmenskultur."

Systemvereinbarkeit als dritte Dimension bezeichnet die Beziehung zwischen dem unternehmensbezogenen Wert- und Normgefüge und den formalen Instrumenten der Mitarbeiter- und Unternehmensführung. Zu diesen Instrumenten rechnet Heinen insbesondere Führungsmodelle, Methoden und Instrumente des strategischen und operativen Managements und das betriebliche Informationssystem sowie die logistischen Systeme. Als denkbare Ausprägungen der Beziehung werden generell unterschieden: Die Unvereinbarkeit, die Neutralität und die vollständige Vereinbarkeit, operationalisiert über die subjektive Wahrnehmung.

In Kombination ergeben die Dimensionsausprägungen reduziert auf zwei Ausprägungen 16 Kulturtypen.[278] Diese differenzierte Erfassung der Unternehmenskultur zeigt, daß unternehmenskulturelle Probleme zwischen zwei Partnerunternehmungen in Abhängigkeit des Verankerungsgrades, des Übereinstimmungsausmasses und der Systemvereinbarkeit zu betrachten sind. Im vorliegendem Problemfeld bedeutet dies, daß eine Inkompatibilität der Unternehmenskulturen zwischen den Partnerunternehmungen, im Schriftum als Mißer-

276 Heinen (1987), S. 27
277 Heinen (1987), S. 27
278 vgl. hierzu Heinen (1987), S. 28 ff.

folgsfaktor herausgestellt,[279] im Implementierungsprozeß an Aussagekraft verliert, wenn ein geringer Verankerungsgrad bei den involvierten Akteuren vorliegt, ein geringes Übereinstimmungsausmaß zwischen den subkulturspezifischen Werte und Normen der beteiligten Unternehmensbereichen und der Unternehmenskultur gegeben ist sowie eine Systemvereinbarkeit in der Allianz besteht. Eine unternehmenskulturelle Analyse bedarf folglich einer differenzierten Vorgehensweise zur Abschätzung der kulturellen Distanz zur Steigerung der Erfolgswahrscheinlichkeit.

Neben dem *Ausmaß der kulturellen Distanz* respektive ihrer Unterschiedlichkeiten und *dem Ausmaß der Interaktionen* sieht Lewis (1990) *das Ausmaß von Unsicherheit* in einer Allianz als einen dritten Parameter zur Antizipation unternehmenskulturell kritischer Felder. Unsicherheit in Form von Umweltunsicherheit im Hinblick auf neue Technologien, rechtlich/ politische Aktionen und sonstige Makrovariablen, Marktentwicklungen, Reaktionen der Feldkomponenten wie Zulieferer, Wettbewerber, Kunden und Partner anderer Allianzen können das Konfliktausmaß erhöhen. Unerwartete Probleme, unterschiedliche Handhabungsformen und Reaktionen auf den Wandel addieren zusätzliche Konfliktpunkte einer von Kulturpluralismus gekennzeichneten Allianz: "Such uncertainties may overload an alliance."[280] Während Unsicherheit, hier von Lewis auf Umweltunsicherheit beschränkt,[281] zusätzliches Konfliktpotential schaffen kann, hängen die kulturellen Herausforderungen an eine strategische Allianz insbesondere von dem Ausmaß der kulturellen Distanz[282] und dem Ausmaß der Interaktionen ab. Das *Ausmaß der kulturellen Distanz* kann anhand von drei Dimensionsausprägungen unterschieden werden: Hohe, mittlere und geringe Distanz. Das *Ausmaß der Interaktionen* in Anlehnung an Lewis (1990) anhand: Separation, Koordination und Integration der in der strategische Allianz involvierten Aktivitäten. Werden diese möglichen Dimensionsausprägungen in Beziehung gesetzt, wie dies in Abb. 4-5 wiedergegeben wird, so kann mit Lewis davon ausgegangen werden, *daß mit zunehmender kulturellen Distanz und steigendem Ausmaß an Interaktionen die kulturelle Herausforderung wächst*. Wenn in einer strategischen Allianz die gemeinsame Aufgabe separat in den jeweiligen Partnerunternehmungen erfüllt wird (*Separation*), dann beschränkt sich die kulturelle Dimension primär auf die initialen Kontakte zwischen den Führungskräften im Planungsstadium, der Verhandlungsphase und in den Erwartungen über die gegenseitigen Leistun-

279 vgl. Bleicher (1989b), S. 5 ff., ders. (1989), S. 80 f., Herrmann (1988), S. 69 ff., Delvin Bleackley (1988), S. 18 ff., Taucher (1988), S. 87, Perlmutter, Heenan (1986), S. 138, Doz (1988), S. 318 ff., Lasserre (1982), S. 31 ff., Norbrun, Schoenberg (1990), S. 86 , Leder (1990), S. 27, Harrigan (1988), S. 67, Backhaus (1987), S. 127, Backhaus, Piltz (1990), S. 6 f., Vizjak (1990), S. 150 ff., Jagoda (1990), S. 13 f., Randall (1989), S. 31 , Lorange, Roos (1991), S. 26 ff., Lyles (1987), S. 81

280 Lewis (1990) S. 263

281 vgl. zu einer differenzierten Betrachtung Abschnitt 5.1 dieser Arbeit.

282 Differenziert anhand der obig angeführten Typologie von Heinen (1987)

gen.[283] Das Ausmaß der Interaktionen zwischen den Mitarbeitern der einzelnen Partnerunternehmungen im ongoing process ist jedoch auch in Abhängigkeit der jeweiligen Wertaktivität der Allianz zu sehen.[284] So mehr der jeweilige Leistungserstellungsprozeß koordiniert werden muß (*Koordination*) und so mehr Individuen involviert sind, desto größer sind die Anforderungen an die Überbrückungsfähigkeit der interorganisationalen kulturellen Unterschiede. Die Möglichkeit der Auswahl von Mitarbeitern mit "cross-cultural skills" sinkt mit

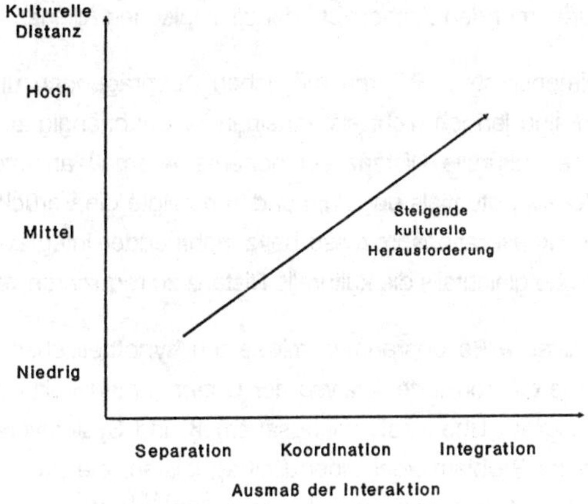

Abb. 4-5: Beziehung zwischen kultureller Distanz, Ausmaß der Interaktionen und kultureller Herausforderung (in Anlehnung an Lewis (1990), S. 260)

steigender Anzahl der Involvierten. Rechtzeitige Einleitung von Management-Development-Programmen, in welchen insbesondere den operativen Führungskräten (mittleres Management) interkulturelle Unterschiede aufgezeigt werden,[285] eine ständige Lernbereitschaft und Einfühlungsvermögen sowie aus struktureller Sicht die Bildung von "cross-cultural" Teams, können diesen Überbrückungsprozeß wesentlich erleichtern und die Gefahr des Scheiterns reduzieren.[286] Die größte kulturelle Herausforderung besteht bei *Integration* der Aktivitäten (gemeinsame Aufgabenerfüllung) an einem gemeinsamen Standort (z.B. bei einem Joint Venture). So mehr Individuen dabei zusammengeführt werden und je größer die kulturelle Distanz zwischen ihnen ist, desto höher ist auch die kulturelle Herausforderung. Bei dieser stärkeren Bindungsintensität besteht jedoch insbesondere auch die Möglichkeit

283 Planungs- und Kontrollsysteme zur horizontalen Koordination mögen hier zur Steuerung des Leistungserstellungsprozesses primär ausreichen.
284 vgl. hierzu die Ausführungen in Abschnitt 2.3 dieser Arbeit.
285 Welche dann dieses Wissen an ihre Untergebenen weiterleiten können
286 Zu den Handhabungsmöglichkeiten vgl. insbesondere Kapitel 5 dieser Arbeit.

von Akkulturationsprozessen,[287] welche die unternehmenskulturelle Distanz vermindern. Obgleich die Auslösung und der Verlauf dieser Anpassungsprozesse von vielen Faktoren abhängig ist[288] und partiell auch der Steuerung zugänglich ist,[289] kann ein enger Zusammenhang zum Verankerungsgrad der Unternehmenskultur in den Partnerunternehmungen gesehen werden, der sich wie folgt beschreiben läßt: So geringer der Verankerungsgrad und der Übereinstimmungsgrad (schwache Unternehmenskultur), desto höher ist die Wahrscheinlichkeit eines Akkulturationsprozesses. Dabei steigt die Wahrscheinlichkeit mit zunehmenden Zeithorizont der strategischen Allianz.

Die angeführten Dimensionen mit ihren möglichen Ausprägungen und ihren hypothetischen Beziehungen sind jedoch nicht als voneinander unabhängig zu sehen. Zum einen verlangt eine höhere kulturelle Distanz ein höheres Ausmaß an Interaktionen zur Reduzierung dieses Konfliktpotentials und zum anderen zeigte die Berücksichtigung dynamischer Aspekte, daß Akkulturationsprozesse bei zunehmender Integration in Gang gesetzt werden können, welche gleichfalls die kulturelle Distanz zu reduzieren vermögen.

Der vorgestellte qualitative Bezugsrahmen mit seinen hypothetischen Beziehungszusammenhängen sowie die differenzierte Analyse der Unternehmenskultur anhand der Dimensionen Verankerungsgrad, Übereinstimmungsausmaß und Systemvereinbarkeit kann zur Antizipierung kultureller Problemfelder einen Beitrag leisten, die Partnerauswahl und -bewertung bereichern und Anregungen zum Allianzdesign[290] liefern, die der Steigerung der Kompatibilität dienen und damit letztlich der Erhöhung der Erfolgswahrscheinlichkeit. Das Erfordernis der a priori Kompatibilität der Unternehmenskulturen darf dabei nicht überbewertet werden. Bircher (1990) weist aufgrund seiner Erfahrung darauf hin, daß es weniger kulturelle Probleme als "überkommene Einstellungen und Traditionen" sind, die unter der Etikette der Kultur verschleiert werden. Hiervon abgesehen, können aus langfristiger Perspektive Akkulturationsprozesse partiell einer Steuerung unterzogen werden.[291] Darüber hinaus können unterschiedliche Kulturen, sofern eine Überbrückung bewerkstelligt werden kann, sich auch zum beiderseitigen Vorteil ergänzen. Letztlich verbinden sich in strategischen Allianzen Unternehmungen - wird von Zeitaspekt abgesehen - welche nicht in der Lage sind die zu bewältigende Aufgabe alleine zu vollziehen. Besonders deutlich wird dieser ergänzende Zusammenhang in einer Allianz zwischen einer kleineren und größeren

287 vgl. zur Akkulturation als unternehmenskulturelle Anpassungsprozesse bei Auslandsakquisitionen, Reineke (1989)

288 vgl. hierzu Nahavandi, Malekzadeh (1988), S. 79 ff.

289 Zu möglichen Instrumenten der Akkulturation, vgl. Reineke (1989), S. 96 ff.

290 vgl. hierzu die Ausführungen in Kapitel 5 dieser Arbeit.

291 vgl. hierzu Reineke (1989), welcher hierzu die Instrumente: Strategie, Führung, Kommunikation, Organisation und Personalpolitik zur Beeinflussung der Akkulturationsprozesse bei Auslandsakquisitionen untersucht. Die Wirkung dieser Instrumente ist jedoch nur indirekt und langfristig. Damit kommen sie primär nur für langfristig orientierte und durch starke Bindungsintensität zu kennzeichnende strategische Allianzen in Frage.

Unternehmung, in welcher letztere nicht zuletzt die Flexibilität des Kleineren zu schätzen weiß.[292]

Während kulturelle Problemfelder - wie bereits vereinzelt angeführt und näher noch zu zeigen ist - bereits bei der Partnerauswahl und über Interaktionen reduzierbar sind, stellen die übrigen diskutierten Einflußfaktoren mehr den Charakter von Rahmenfaktoren der Implementierung dar, die zur Steigerung der Erfolgswahrscheinlichkeit einer einzelfallspezifischen Analyse zu unterziehen sind. Sie werden jedoch, da ihnen auch ein direkter Einfluß auf den Transaktionsprozeß zuzurechnen ist, bei den im folgenden zu diskutierenden transaktionsspezifischen Einflußfaktoren Mitberücksichtigung finden. Die Kategorisierung in externe Faktoren galt insbesondere der Hervorhebung der Steuerbarkeitsgrenzen.

292 vgl. hierzu das Konzept der Wertschöpfungspartnerschaften von Johnston, Lawrence (1989), S. 81 ff.

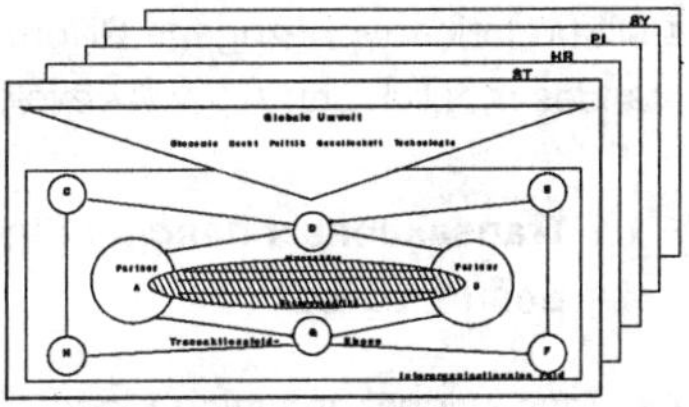

5. Designparameter der Institutionalisierung - Bausteine zur Konzeption und Realisierung -

5.1 Transaktionsspezifische Einflußfaktoren als potentielle Problemfelder im Institutionalisierungsprozeß

Wie strategische Allianzen institutionalisiert werden können und sollten, wird nicht nur von den die jeweilige Transaktion[1] umgebenden Rahmenbedingungen beeinflußt, sondern hängt entscheidend von den Eigenschaften der Transaktion selbst ab. Diese stehen im Vordergrund der nachfolgenden Diskussion. Eine isolierte Betrachtung von dyadischen Transaktionsbeziehungen ist jedoch aufgrund der wie bereits angeführten wechselseitigen Einflußmöglichkeiten zwischen den Rahmenbedingungen und den spezifischen Transaktionen selbst, als unzureichend zu betrachten. Diesbezüglich werden die folgenden als wesentlich betrachteten Einflußfaktoren in Verbindung zum Umfeld generaliter herausge-

1 Der Begriff "Transaktion" wird von Vertretern der Transaktionskostentheorie, obgleich übereinstimmend die Transaktion als Basiseinheit der Analyse angesehen wird, nicht einheitlich definiert und verstanden. So versteht Williamson unter einer Transaktion den Prozeß der Übertragung oder des Austausches von Gütern oder Leistungen über eine technisch trennbare Schnittstelle, vgl. Williamson (1985), S. 1, ders. (1990), S. 1; Picot dagegen den "... Prozeß der Klärung und Vereinbarung eines Leistungsaustausches, ... welcher (Anm.d.Verf.) dem eigentlichen physischen Güteraustausch logisch, meist auch zeitlich voraus" geht. Dieses Begriffsverständnis legt auch Commons zugrunde, auf welchen sich in seinen früheren Werken auch Williamson bezieht, vgl. Commons (1931), S. 652 und Williamson (1975) und wird auch von an deren Vertretern dieses Ansatzes geteilt, vgl. bspw. Imai, Itami (1984), S. 287. Wird ein solches Verständnis zugrunde gelegt, beschränkt sich der Begriff auf die vorinstitutionelle Phase und auf eventuelle Vertragserneuerungs- oder -veränderungsverhandlungen und in Konsequenz auf Transaktionskosten, die vor allem mit der Anbahnung (Such- und Informationskosten sowie Entscheidungskosten), der Vereinbarung (Bargainingkosten und Anpassungskosten) und der Kontraktvollstreckung entstehen und aus dynamischer Perspektive darüber hinaus noch auf die Vertragsanpassungskosten. Hiermit würden zwar die im Vorfeld anfallenden Kostenarten erfaßt und die aufgrund von Veränderungen potentiell auftauchenden, jedoch nicht wie bei Williamson auch die administrativen Kosten, bspw. "die Kosten der Einrichtung und des Betriebes von Beherrschungs- und Überwachungssystemen (oft nicht die Gerichte), an welche Streitigkeiten verwiesen werden... (oder, Anm.d.Verf.)... der Sicherungsaufwand zur Durchsetzung verläßlicher Zusagen." Williamson (1985), S. 24 Obgleich Picot (1982) neben den Anpassungskosten, Vereinbarungskosten auch die Kontroll- und Anpassungskosten explizit als Kostenarten hervorhebt (vgl. ebd., S. 270). Für die vorliegende Arbeit soll unter Transaktion, sowohl der Prozeß der Übertragung oder des Austausches von Gütern oder Leistungen über eine technisch trennbare Schnittstelle hinweg verstanden werden, als auch, der Prozeß der Klärung und Vereinbarung dieses Leistungsaustausches.

stellt und eine typbezogene Differenzierung - soweit aufgrund des derzeitigen Erkenntnisstandes möglich und sinnvoll - explorativ erfolgen.

5.1.1 Transaktionsabhängige Eigenschaften: Unsicherheit, Komplexität und Interdependenzgrad

Als transaktionsabhängige Eigenschaften, welche einen wesentlichen Einfluß auf die Form der Institutionalisierung haben oder haben sollten, sind vor allem im Grad der bestehenden Unsicherheit, der Komplexität der Allianz sowie in der vorhandenen Art der Interdependenz zu sehen.

Der Grad von **Unsicherheit**, der einer spezifischen Transaktionsbeziehung immanent ist, läßt sich zum einen auf das Umfeld zurückführen, in welchem die Transaktionsbeziehung eingebettet ist (*Umfeldunsicherheit*) und zum anderen kann sie partnerbezogen sein (*Verhaltensunsicherheit*)[2]. Darüber hinaus können Unsicherheiten aufgrund von Schwachstellen in den dem Implementierungsprozeß vorangehenden Phasen die Allianz beeinflussen. Hiermit sind insbesondere Planungsfehler, ungenügende Partnerauswahlaktivitäten und unzureichende Partnerbewertungen angesprochen. Da diese Aspekte jedoch im Vorfeld der Institutionalisierung zu beachten sind, werden sie hier nicht weiter explizit berücksichtigt, vielmehr implizit zum Tragen kommen.

Umfeldunsicherheit kann zum einen durch die globale Umwelt hervorgerufen werden und zum anderen sich aufgrund der Einbettung im interorganisationalem Feld ergeben. Dabei steigt der Grad der Unsicherheit mit zunehmender Umweltkomplexität und -dynamik.[3] Empirische Untersuchungen zeigen, daß eine Erhöhung der Dynamik für die Wahrnehmung der Unsicherheit einen stärkeren Einfluß hat, als eine Steigerung der Umweltkomplexität.[4] Im Hinblick auf die globale Umwelt kommen als unsicherheitsinduzierende Dimensionen die bereits diskutierte ökonomische, politisch/ rechtliche, gesellschaftliche und technologische Dimension potentiell in Frage.[5] Im interorganisationalen Feld können zum einen die Reaktionen von Lieferanten, Wettbewerbern, Kunden und Partnern anderer Allianzen auf die strategische Allianz und zum anderen die netzwerkinterne Dynamik[6] sowie eine Veränderung der Verhaltensweisen der Feldkomponenten, da diese eigene Ziele verfolgen und externen Einflüssen unterliegen und daher nicht von einer Konstanz der in der Vergangenheit aufgezeigten Verhaltensweisen ausgegangen werden kann, die Unsicher-

2 vgl. hierzu Williamson (1985), S. 54 ff.
3 vgl. hierzu Abschnitt 4.2.2 dieser Arbeit.
4 vgl. Duncan (1972), S. 313 ff., Gebert (1978), S. 66 ff. Eine Erklärung hierfür kann darin gesehen werden, daß Entscheidungsträger über ausreichende Mittel verfügen, um Komplexität zu reduzieren.
5 vgl hierzu Abschnitt 4.1 dieser Arbeit.
6 vgl. hierzu Abschnitt 4.3.2 dieser Arbeit.

heit determinieren.[7] Darüber hinaus kann durch den Eintritt oder Austritt neuer Wettbewerber ein Wandel im Subsystem Branche ausgelöst werden.[8] Obgleich Unternehmungen aktiv ihr Umfeld durch strategische Aktionen beeinfussen[9] und passiv durch Anpassung oder internen Wandel diesem zu entsprechen versuchen oder Vermeidungsaktivitäten durch Marktselektion oder Rückzug vornehmen sowie Frühaufklärung betreiben können, verbleibt ein Restunsicherheitsanteil, welcher das Risiko der Allianz erhöht. Insbesondere Veränderungen im relevanten Umfeld belasten die strategische Allianz und sind häufig Ursachefaktoren für das Scheitern.[10] "Allianzen sind auf dem Stand gegenwärtiger Auffassungen über die strategischen Bedürfnisse gegründet und versinken häufig deshalb, weil sich Umfeld, Technologie oder Wettbewerb verändern."[11] Konsequenzen können sich jedoch nicht nur für den Allianzlebenszyklus ergeben, sondern sich auch auf eine Belastung der Interaktionsbeziehungen erstrecken, indem sie das Konfliktniveau erhöhen.

> "Müssen diese Beziehungen (Macht- und Aufgabenteilung, Anm.d.Verf.) aufgrund veränderter Bedingungen ständig neu verhandelt werden, dann kann die resultierende Spannung und psychische Belastung die Effektivität der Allianz in dramatischer Weise beeinträchtigen."[12]

Aus Human-Ressourcen orientierter Sicht, hängt das Ausmaß der Konfliktträchtigkeit dabei insbesondere von den Fähigkeiten der Verhandlungspartnern ab, die Spannungen zu überbrücken und zu einer konsensfähigen Lösung zu kommen. Ein Hineinversetzen in den Partner, Verhandlungsgeschick, diplomatisches Verhalten sowie Kommunikationsbereitschaft und -fähigkeit sind einige notwendige Voraussetzungen den Abbruch von Verhandlungen nicht aufgrund personaler Fähigkeiten auszulösen. Die damit verbundene Schaffung einer positiven Atmosphäre[13] senkt das Konfliktpotential erheblich und bietet die Voraussetzung zu einem allseitig akzeptierbaren Konsens zu finden. Dabei fördert eine Kompatibilität der unternehmenskulturellen Elemente[14] die Bildung einer solch konstruktiven Atmosphäre. "Politics" dagegen, welche ein soziales Handeln kennzeichnen, bei welchem nur eine sehr geringe Kooperationsbereitschaft vorliegt,[15] können die Spannungen erhöhen und zum Abbruch der Verhandlungsprozesse führen. Aus struktureller Sicht läßt sich Unsicherheit zum einen in einer strategischen Allianz durch vertraglich fixierte Vereinbarungen reduzieren. Andererseits können jedoch Verträge die strategische Flexibilität - wie

---

7 vgl. hierzu Kubicek, Thom (1976), Sp. 4001
8 vgl. Porter (1986), S. 22 ff.
9 vgl. zu möglichen strategischen Maßnahmen Pfeffer, Salancik (1978), S. 113 ff. Hierunter sind auch strategische Allianzen zu subsumieren. Durch solche Verbindungen können sich - wie bereits hervorgehoben - die Wettbewerbsstrukturen erheblich verändern.
10 vgl. Lasserre (1982), S. 31 ff., James (1985), S. 80, Tröndle (1987), S. 142 ff., Taucher (1988), S. 90 Doz (1988), S. 321 ff., Root (1988), S. 74 f., Jagoda (1990), S. 13
11 Taucher (1988), S. 90
12 Taucher (1988), S. 90
13 vgl. hierzu Abschnitt 5.1.3 dieser Arbeit.
14 vgl. hierzu Abschnitt 4.4.3 dieser Arbeit.
15 vgl. hierzu Kirsch (1990), S. 153 ff.

erfolgen. Sofern beide Partner ein Interesse an der Aufrechterhaltung der Allianzen haben, werden sie bemüht sein, ihren Beitrag zu leisten, da bei Nichterfüllung der Erwartungen Anschlußverträge entfallen.[27] Aber auch diese Vertragsgestaltungsform kann opportunistisches Verhalten nicht ausschließen, welches an Tragweite in "small numbers" Situationen[28] gewinnt und damit in Abhängigkeit des Interdependenzgrades zu sehen ist. Verträgen als die Kontrahierungsform für Kooperationen[29] kann - wie die Diskussion zeigte - im äußersten Fall nur eine Unterstützungsfunktion zugesprochen, als alleiniges Absicherungsinstrument jedoch als unzureichend betrachtet werden.

Im organisatorischen Verankerungsprozeß können zur Reduzierung von Verhaltensunsicherheit die Schaffung einer offenen Atmosphäre und die Sicherstellung genügender Kommunikation, die je nach Ausmaß der Institutionalisierung bedarf, erfolgen. Wird jedoch ex ante von opportunistischen Verhalten ausgegangen, verlieren auch diese Gestaltungsmöglichkeiten ihre Wirkung.

Es bleibt festzuhalten, daß Verhaltensunsicherheit nur partiell reduzierbar ist. Diese Aussage erfährt zusätzliche Unterstützung, wird von einer Abhängigkeit zwischen Verhaltensunsicherheit und Umweltunsicherheit in Form einer positiven Korrelation ausgegangen, die sich thesenartig wie folgt formulieren läßt: Je größer die Umweltunsicherheit, desto eher wird eine Verhaltensunsicherheit ausgelöst. Dabei ist der Grad jedoch von der Wahrnehmung des einzelnen abhängig. Dies bedeutet letztlich, daß sich Verhaltensunsicherheit nicht gänzlich reduzieren läßt, da eine Abhängigkeit von den Entwicklungen im Umsystem solchen Maßnahmen die Grenzen setzt. Daraus folgt dann jedoch auch unmittelbar, daß die im Schriftum diskutierten Erfolgsfaktoren "Offenheit" und "Vertrauen"[30] nicht ausreichend sein können.

Neben der bereits berücksichtigten Umweltkomplexität beeinflußt der einer Transaktionsbeziehung immanente Komplexitätsgrad die Institutionalisierung. Wird unter **Komplexität** zunächst aus statischer Sicht die

- Anzahl der in die Allianz einbezogenen Partner,

- Verschiedenartigkeit (z.B. unterschiedliche Unternehmenskulturen) und

---

27 vgl. hierzu auch die Ausführungen in Abschnitt 5.2.7 zu den Gestaltungsmöglichkeiten von Anreiz- und Sanktionssystemen.
28 vgl. hierzu Abschnitt 4.3.2 dieser Arbeit.
29 vgl. hierzu Williamson (1990), S. 17 ff.
30 Nahezu in jeder einschlägigen Publikation wird Vertrauen als Erfolgsfaktor herausgestellt, vgl. stellvertretend Thorelli (1986), S. 38 f., Jarillo (1987), S. 85, Leder (1990), S. 26, Killing (1988), S. 55. Es stellt sich jedoch die Frage, ob in strategischen Allianzen zwischen aktuellen und potentiellen Wettbewerbern Vertrauen angesichts des hohen Risikogrades des Verlustes an Wettbewerbsfähigkeit organisatorische Maßnahmen ersetzen kann. Es ist ein zentraler Ausgangspunkt dieser Arbeit, daß dies nicht der Fall sein darf.

- Interdependenz

der an einer strategischen Allianz beteiligten Organisationen verstanden und aus dynamischer Perspektive ihre Veränderung im Zeitablauf,[31] so folgt unmittelbar, daß alle drei Komponenten der Komplexität zumindest aus statischer Sicht ex ante reduzierbar sind. Die einzelnen Komponenten stehen dabei in folgender Beziehung: Mit steigender Anzahl, Verschiedenartigkeit und Interdependenzgrad steigt die Komplexität.

Obgleich das Entscheidungsproblem der *Anzahl der Partner* nicht zuletzt von den Ressourcen- und Zeiterfordernissen abhängig ist, verbleibt die Konkretisierung dieser Gestaltungsoption der Entscheidungsfreiheit der jeweiligen Unternehmung. Der Aufbau von Ein- und Austrittsbarrieren[32] stellt eine Möglichkeit zur Gewährleistung der Konstanz dar. Auch die *Verschiedenartigkeit* der beteiligten Partnerunternehmungen kann unmittelbar durch eine gezielte Partnerauswahl und entsprechender -bewertung begrenzt sowie mittelbar durch Interaktionen reduziert werden. Der Grad der *Interdependenz* ist ex ante betrachtet gleichfalls eine Frage der Gestaltung der strategischen Allianz. Aus dynamischer Sicht zeigte sich jedoch, daß diese aufgrund idiosynkratischer Abhängigkeiten, struktureller Trägheit aufgrund interner und externer Anpassungsgrenzen, Isomorphismus und Machtaktivitäten Veränderungsprozessen unterworfen sind.[33] Ansatzpunkte für einen balancierten Interdependenzgrad können an diesen Prozessen ansetzen, wobei jedoch extern induzierte Veränderungen außerhalb des Einflußbereiches der jeweiligen Partner liegen.

Eine weitere Determinante der Komplexität, welcher eine fundamentale Rolle zukommt, stellt die zugrunde gelegte *Aufgabe* dar. Nach Killing beeinflussen die folgenden drei Faktoren die Aufgabenkomplexität:[34]

- die Reichweite,

- der Grad der Umweltunsicherheit und

- die Ressourcenkapazitäten und Fähigkeiten der Partner.

Die *Reichweite* der strategischen Allianz hängt dabei ab von den Zielen, der Anzahl der involvierten Wertaktivitäten, dem Zeithorizont, der Anzahl der Produkte der Allianz und der Anzahl der zu bedienenden Märkte. Als ein Beispiel für eine geringe Reichweite führt Killing die Allianz von Saab/Lancia (1979) zur Entwicklung eines neuen Automobildesigns an.[35] Der Zeithorizont erstreckte sich über zwei Jahre. Die Ingenieure der Partnerunternehmun-

---

31 vgl. Korbmacher (1991), S. 3 im Kontext überbetrieblicher Projekte, in Anlehnung an Kirsch, Mayer (1976)

32 vgl. hierzu Abschnitt 4.3.2 dieser Arbeit.

33 vgl. Abschnitt 4.3.2 dieser Arbeit.

34 vgl. hierzu und im folgenden Killing (1988), S. 57 ff.

35 vgl. Killing (1988), S. 57

gen arbeiteten zusammen bei der Kalkulation für das neue Modell, in der Entwicklung, im Test von Komponenten und bei der Herstellung eines Prototyps. Produktion und Marketing waren ausgeschlossen. Ziel war es, Kosten zu reduzieren. Im Gegensatz dazu steht Saab's Allianz mit Fairchild Industries (1980). Sie wurde gegründet zur Entwicklung, Produktion und Absatz von 35 sitzigen Pendlerflugzeugen auf dem Weltmarkt. Das Venture war in erster Linie auf Gewinnerzielung ausgerichtet und zeitlich nicht begrenzt.[36]

Der *Grad der Umweltunsicherheit*, welcher die Aktivitäten der Allianz umgibt, kann nach Killing bestimmt werden anhand der Nachfrage, den Kundenpräferenzen, den Aktionen der Wettbewerber, der Kompetenz der Lieferanten und den Regierungsaktionen.[37] Im Beispiel war der Allianz von Saab/Lancia ein geringer Grad von Umweltunsicherheit immanent, da der Output an die Partner geliefert wurde und die Allianz sich nicht gegenüber potentiellen Unvorhersehbarkeiten seitens Wettbewerbern und Kunden ausgesetzt sah. Es war sogar möglich, die Aufgabe, welche die Partner zu erfüllen hatten, zu spezifizieren und zu budgetieren, bevor die Allianz formal gegründet wurde. Der Grad der Umweltunsicherheit war dagegen in der Allianz von Saab/Fairchild wesentlich höher. Für diese Allianz mit dem Ziel, Gewinn in einem kompetetiven Markt zu erzielen, waren die Einstellung und Aktionen der Wettbewerber, Kunden und Regierung nicht nur von Bedeutung, sondern schwer vorhersehbar. Solche Unsicherheiten erschwerten das Management der Allianz erheblich.

Die *Ressourcenkapazitäten und Fähigkeiten* der Partnerunternehmungen als dritter Faktor beeinflussen die Aufgabenkomplexität nach Killing (1988) direkt in der folgenden Beziehung: "The greater the competence and resources of the partners in relevant areas, the less complex, to them, will be the task that they are undertaking."[38] Damit kann der Grad der Aufgabenkomplexität für die Partnerunternehmungen unterschiedlich sein.

Insgesamt kann davon ausgegangen werden, daß je größer die Unsicherheit und Komplexität, desto flexibler ist die Allianz zu konzipieren. Dieses Flexibilitätserfordernis kann jedoch nicht nur in Konflikt zum Opportunismus, sondern auch zum Interdependenzgrad stehen, wenn dieser eine enge Anbindung erfordert.

Der Allianzen immanente **Interdependenzgrad** kann höchst unterschiedlich sein. Es konnte bereits festgestellt werden, daß im wesentlichen drei *Arten von Interdependenzen* eine Transaktionsbeziehung kennzeichnen:[39]

- Aufgaben- und Ressourceninterdependenzen,
- Entscheidungsinterdependenzen und

---

36 vgl. Killing (1988), S. 57 f.
37 vgl. Killing (1988), S. 58
38 Killing (1988), S. 59
39 vgl. hierzu Abschnitt 2.1.2 dieser Arbeit.

- Zielinterdependenzen.

Aufgaben- und Ressourceninterdependenzen können für horizontale strategische Allianzen in zwei grundsätzliche Arten unterteilt werden: zum einen "reciprocal Interdependenz" und zum anderen "teamorientierte Interdependenz". Während letztere als interaktive Aufgabeerfüllung zu verstehen ist, kennzeichnet erstere allgemein einen gegenseitigen Leistungsaustausch. Dabei kann mit Thompson (1967) davon ausgegangen werden, daß der Interdependenzgrad mit der Reihenfolge der vorstehenden Nennung steigt. Gekoppelt und transferiert auf die erarbeiteten generischen Allianztypen,[40] können bei einer Pool-Allianz sowohl teamorientierte als auch reziproke Interdependenz vorliegen, da die Zielrealisierung entweder durch gemeinsame Aufgabenerfüllung oder horizontale Aufgabenteilung mit anschließendem Austausch der Arbeitsergebnisse und/oder gemeinsame Verwertung durch Ressourcenaustausch unterstützt erfolgen kann. In einer einer Transfer-Allianz ist die Übertragung von Know-how unmittelbar Gegenstand der Transaktion. Dieser Übertragungsprozeß kann gleichfalls in Form einer interaktiven Aufgabenerfüllung als auch eines gegenseitigen Leistungsaustausches erfolgen. In beiden Formen kann es sich demnach um eine Mischung interner und "externer" Aktivitäten handeln. Dabei kann der Erfolg separat oder gemeinsam realisiert werden. Dies ist wieder in Abhängigkeit der jeweiligen Sub-Allianz zu sehen. Eine getrennte Erfolgsrealisation ist beispielsweise bei einer Allianz gegeben, die sich auf eine gemeinsame Produktion mit dem Ziel der Kostensenkung erstreckt, der Absatz der aus dieser Produktion stammenden Produkte aber bei den Partnern selbst vorgenommen wird.[41] Werden hingegen die erzielten Wettbewerbsvorteile gemeinsam genutzt, indem auch die Absatzaktivitäten in Zusammenarbeit durchgeführt werden, fällt der Erfolg in Form eines gemeinsam erwirtschafteten Gewinnes an, welcher durch entsprechende Verteilungsschlüssel "verursachungsgerecht" aufzuteilen ist.[42] Problematisch ist eine verursachungsgerechte Zurechnung jedoch bei teamorientierter Interdependenz, da in einer solchen Form der Leistungsbeitrag nicht mehr eindeutig zugerechnet werden kann. Diese Problematik potenziert sich wenn Know-how-Bewertungen erforderlich sind. *Verteilungskonflikte* können die unmittelbare Folge sein.[43]

Der Grad der mit der Aufgaben- und Ressourceninterdependenz verbundenen wechselseitigen Abhängigkeit ist daher eng mit der jeweiligen Allianz verbunden und somit der Gestaltung zugänglich. Welche Allianz eingegangen wird, ist letztlich die Entscheidung der einzelnen Unternehmung. Der Interdependenzgrad kann sich jedoch im Zeitablauf ändern, so daß ein Partner vom anderen abhängiger wird als der andere von diesem. Zur Vermei-

40 vgl. hierzu Abschnitt 2.3.2 dieser Arbeit.

41 Ein weiteres Beispiel wäre die bereits weiter oben angeführte Allianz von Saab/Lancia.

42 Auch hier kann die weiter oben angeführte Allianz von Saab/ Fairchild als reales Beispiel dienen.

43 vgl. hierzu Tröndle (1987), S. 130 ff.

dung einer solchen Abhängigkeitsverschiebung bedarf es partnerinterner Anstrengungen. Werden die jeweiligen Fähigkeiten des anderen durch Lernprozesse internalisiert und die eigene Wettbewerbsfähigkeit gesichert, kann die Unabhängigkeit nicht nur erhalten, sondern auch gesteigert werden.[44] Damit es hierdurch jedoch nicht zu einseitigen Verschiebungen kommt, ist auf einen gegenseitigen Ausgleich zu achten, welcher durch noch zu diskutierende Maßnahmen zur Sicherung des Anreiz-Beitrags-Gleichgewichts unterstützt werden kann.

Entscheidungsinterdependenz als ein konstitutives Merkmal strategischer Allianzen[45] erstreckt sich aufgrund der Entscheidungsfreiheit über den Eintritt in die strategische Allianz auf die mit einem konkreten Projekt verbundenen nachgelagerten Entscheidungen und Abstimmungen über zu treffende Maßnahmen.[46] Der jeweilige Interdependenzgrad ist damit unmittelbar von der Art und dem Ausmaß des jeweiligen Projektes abhängig.[47] Die bisherigen Ausführungen zeigten jedoch, daß dieser auch in Abhängigkeit der Anpassungserfordernisse aufgrund interner und externer Veränderungen zu sehen ist. Das Erfordernis der Einrichtung von Entscheidungsarenen ist damit eine unmittelbare Folge und im Rahmen der Institutionalisierung zu berücksichtigen.

Zielinterdependenzen[48] ergeben sich unmittelbar aus dem Erfordernis gemeinsamer Ziele einer Allianz. Obgleich davon auszugehen ist, daß die Partner eigene Ziele verfolgen, ist zu Beginn einer strategischen Allianz ein Zielkonsens zu erzielen, damit es zu einer gemeinsamen Definition der Ziele der Allianz kommen kann[49] und eine gemeinsame Richtung vorgegeben wird. Zielinterdependenzen zwischen den Partnern bestehen - wie die Diskussion zur Autonomie und Interdependenz in strategischen Allianzen zeigte - da die Partner in Bezug auf ihre Zielerreichung voneinander abhängig sind.[50] Die Übertragung der Erkenntnisse von Deutsch (1949) zeigte dabei, daß aufgrund der nur punktuellen Zusammenarbeit in einzelnen Geschäftsfeldern[51] solche Beziehungen sowohl von komplementären als auch von konkurrierenden Zielbeziehungen gekennzeichnet sein können. Für die einzelne Unternehmung hat dies zur Folge, daß ein Partner ohne den anderen nicht nur das Ziel der Allianz nicht erreichen, sondern auch sein Zielerreichungsgrad bei Erfüllung des Zieles des anderen gemindert werden kann. Hieraus ergibt sich erneut, daß auf eine balancierte Aus-

---

44 vgl. hierzu Abschnitt 2.1.2 dieser Arbeit.
45 vgl. hierzu Abschnitt 2.1.2 dieser Arbeit.
46 Da direkte Weisungsbefugnis als Koordinationsmechanismus aufgrund des Gleichordnungsverhältnisses entfällt, sind bestimmte Entscheidungen abzustimmen.
47 vgl. hierzu auch Tröndle (1987), S. 16
48 vgl. hierzu Abschnitt 2.1.2 dieser Arbeit.
49 Unklare Ziele sind mit Leder (1990), S. 25 der erste Schritt zum Scheitern einer strategischen Allianz.
50 vgl. hierzu Abschnitt 2.1.2 dieser Arbeit.
51 vgl. hierzu Abschnitt 2.1.3 und 2.1.4 dieser Arbeit.

gestaltung zu achten ist, wenn es nicht zu einer einseitigen Ausnutzung der Beziehung kommen soll.

Zielkonflikte aufgrund unterschiedlicher Ziele der Partner, Schwierigkeiten in der Erzielung von Zielkongruenz, Informationslücken und damit verbundene Zielunklarheit, welche der Durchführung keine gemeinsame Richtung vorgibt,[52] stellen einen wesentlichen Konfliktbereich in Kooperationen[53] und damit auch und vor allem in strategischen Allianzen dar.[54] Eine in den USA durchgeführte Untersuchung zeigte, daß je höher die Unterschiedlichkeit der Ziele zwischen den Partnern ist, desto höher ist auch das Konfliktniveau.[55] Während Doz (1988) darauf verweist, daß die strategischen Ziele nicht gleich sein müssen, jedoch zumindest im Hinblick auf spezifische operationale Ziele eine Kompatibilität gegeben sein muß, sehen Hamel et al. (1989) dagegen ein "Zusammenpassen" strategischer Ziele als eine zentrale Erfolgsbedingung an, während die Wettbewerbsziele der Partner auseinanderliegen können. Vor dem Hintergrund der Ausführungen in Abschnitt 2.1.1 und Abschnitt 2.3.2 dieser Arbeit kann davon ausgegangen werden, daß der Unterschiedlichkeitsgrad der Ziele zwischen den Partnern in Abhängigkeit vom Typ der strategischen Allianz gesehen werden kann. Während bei Allianzen, die auf eine Zusammenlegung oder gemeinsame Nutzung gleichartiger Wertaktivitäten gerichtet sind (Pool-Allianzen), wie beispielsweise bei einer F&E-Allianz, in der es um die gemeinsame Erforschung und Entwicklung von einem neuen Produkt oder Verfahren geht, die Partner ähnliche Ziele verfolgen, werden in strategischen Allianzen, die ausschließlich einem Kompetenztransfer dienen (Transfer-Allianzen), die Partner in der Regel von unterschiedlichen Zielen für die Allianz geleitet.[56] Bei Transfer-Allianzen wird folglich das Konfliktniveau, wird der These von Habib gefolgt, höher sein als bei Pool-Allianzen.

Zielkonflikte sind jedoch nicht nur statisch zu betrachten. Grundsätzlich kann zwischen *statischen* und dynamischen *Zielkonflikten* unterschieden werden. Während erstere bereits zu Beginn einer Zusammenarbeit offen, verdeckt, bewußt oder unbewußt zum Vorschein kommen können und die Allianz bereits im Verhandlungsstadium zum Scheitern bringen kann, treten demgegenüber *dynamische Zielkonflikte* im Laufe des Kooperationsprozesses auf. Ursächlich hierfür können zum einen interne oder externe Veränderungen sein, welche eine Zielveränderung nach sich ziehen und damit weitere Abstimmungen erfordern oder

---

52 Damit wird eine Interpretation erlaubt. Womit das Problem auftauchen kann, daß je nach dem welche Interessen gerade im Vordergrund stehen, etwas anderes hineininterpretiert wird, vgl. Schubert, Küting (1981), S. 139 f.

53 vgl. Tröndle (1987), S. 137 ff., Schubert, Küting (1981), S. 139 f.

54 vgl. Doz (1988), S. 318 ff., Borys, Jemison (1989), S. 237 ff., Randall (1989), S. 30, Lyles (1987), S. 80, Leder (1990), S. 25 f.

55 vgl. Habib (1984)

56 Ähnlich Porter, Fuller (1989), S. 390, vgl. ebd.

sogar die Auflösung der Allianz bedingen können; denn letztlich sind die beteiligten Unternehmungen daran interessiert, ihre eigenen Ziele zu erreichen.

Einfluß auf die Institutionalisierung üben nicht nur die Eigenschaften einer Transaktionsbeziehung selbst aus, sondern auch die an ihnen beteiligten Aktoren. Ihnen kommt für ein erfolgreiche Implementierung herausragende Bedeutung zu. Sie sind es letztlich, die über Erfolg und Mißerfolg bestimmen. Die größten Probleme bei Kooperationen im allgemeinen werden im Schriftum im nichtökonomischen, zwischenmenschlichen Bereich gesehen.[57] Sie sind der Grund dafür, daß in der Praxis strategische Allianzen häufig scheitern, obgleich die strategische Ausrichtung und die verfügbaren Ressourcen hierfür keine Erklärung liefern.[58]

5.1.2 Die Humandimension: Opportunismus, begrenzte Rationalität, Einstellungen, Identitätsprobleme und Qualifikation

Um einen Zugang zum zwischenmenschlichen Problembereich zu finden, bietet es sich erneut an, auf mehrere Theorieansätze zurückzugreifen. Wird zunächst den Verhaltensannahmen des Transaktionskostenansatzes gefolgt, so ergeben sich bei gleichzeitigem Vorliegen von Umweltunsicherheit und -komplexität sowie einer "small numbers" Situation mit Williamson Transaktionsprobleme, wenn Individuen durch Opportunismus und "bounded rationality" gekennzeichnet sind.[59]

Unter **Opportunismus** versteht Williamson ein strategisches Handeln der Transaktionspartner, welches über ein am Selbstinteresse hinausgehendes Verhalten durch die Verwendung von Hinterlist und Tücke ("self-interest seeking with guile") sowie der Zurückhaltung und verzerrten Weitergabe von Informationen und Misrepräsentationen der Intentionen gekennzeichnet ist. Falsche und leere Versprechungen, bewußte Verschleierung und

---

57 vgl. hierzu Tröndle (1987), S. 7

58 vgl. Bleicher, Herrmann (1991), S. 40

59 vgl. hierzu das "Organizational Failures Framework" von Williamson. Williamson (1975), S. 21 ff., ders. (1981), S. 51 ff., ders. (1990), S. 49 ff. Informationsverteilung als weitere Komponente in diesem Bezugsrahmen kennzeichnet derivative Bedingungen, welche hauptsächlich aus Unsicherheit und Opportunismus entstehen, obgleich "bounded rationality" gleichfalls involviert ist. "It exist when true underlying circumstances relevant to the transaction, or related set of transactions, are known to one or more parties, but cannot be costlessly discerned by or displayed for others." Williamson (1975), S. 31. Dabei ist zwischen einer ex ante im Verhandlungsprozeß und einer ex post im Laufe der Realisierungsphase "information impactedness" zu unterscheiden, vgl. ebd. Eine weitere Determinante transaktionaler Beziehungen im "Organizational Failures Framework" ist die alle anderen bereits genannten Komponenten ("bounded rationality", Opportunismus als Humanfaktoren, Unsicherheit und Komplexität sowie "small numbers" als Umweltfaktoren und Informationsverkeilung als derivativer Faktor) umspannende Atmosphäre. Williamson bezieht sich dabei auf Einstellungen und Haltungen von Individuen oder Gruppen gegenüber den Interaktionen, vgl. ebd., S. 37 f. In Abschnitt 5.1.3 dieser Arbeit wird diese Komponente unter dem Aspekt des sozialen Klimas respektive unter kulturellen und politischen Prozessen diskutiert werden.

Irreführungen sind dabei im Begriff des Opportunismus mit beinhaltet.[60] Probleme der ex ante Identifikation opportunistischer Individuen und Unterscheidungsschwierigkeiten von ehrlichen und offenen Individuen, steigern darüber hinaus das Risiko der Vertragserfüllung und Neuverhandlungen.

Implikationen für Ordnungsstrukturen in Transaktionen stellen sich ex ante im Rahmen der Vertragsgestaltung und ex post bei der Durchführung der Transaktion. Wäre nicht der Opportunismus, könnte alles Verhalten nach Regeln erfolgen. Nicholas Georgescu-Roegens beobachtete das Phänomen, daß in Organisationen und zwischen Organisationen aufgrund der Verfolgung von Eigeninteressen nicht entsprechend den geltenden Regeln, Ziele mit gegebenen Mitteln zu erreichen versucht werden.[61] Gekoppelt mit Umweltunsicherheit und -komplexität erhöhen sich die hiermit verbundenen Transaktionsprobleme. Gäbe es kein opportunistisches Verhalten, könnten unerwartete Ereignisse in allgemeinen Regeln behandelt werden, denen zufolge die Transaktionspartner aufgrund ihres Übereinkommens sich im Sinne der gemeinsamen Ziele verhalten. Probleme der Vertragserfüllung ließen sich also dadurch vermeiden, daß vor Vertragsabschluß auf eine Generalklausel bestanden wird, in der sich die Transaktionspartner bereit erklären, alle relevanten Informationen ehrlich bekannt zugeben, im Verlauf der Vertragserfüllung Maßnahmen im Sinne der gemeinsamen Ziele vorzuschlagen respektive an solchen mitzuwirken und die aus der Zusammenarbeit resultierenden Erträge ohne Widerrede entsprechend dem vereinbarten Verteilungsschlüssel aufzuteilen.[62] Das soziale Interaktionen, welche durch opportunistisches Verhalten zu kennzeichnen sind, Konfliktpotential beinhalten, bedarf keiner Hervorhebung. Transaktionsprobleme ergeben sich jedoch erst, wenn eine "small numbers" Situation vorliegt; die Möglichkeit also den Transaktionspartner zu wechseln reduziert ist (ex post "small numbers" Situation).[63]

Opportunismus gekoppelt mit "bounded rationality", welche in Anlehnung an Simon (1961) als **begrenzte Rationalität** verstanden wird, verkörpern nach Williamson die Hauptprobleme ökonomischer Organisationen.[64] Nach Simon ist die

> "... capacity of the human mind for formulating and solving complex problems ... very small compared with the size of the problems whose solution is required for objectively rational behavior in the real world."[65]

---

60 vgl. hierzu insbesondere Williamson (1975), S. 26 ff.

61 vgl. Georgescu-Roegens (1971), S. 319 f.

62 vgl. Georgescu-Roegens a.a.o.

63 vgl. Williamson (1975), S. 27 f. sowie zur "small numbers" Situation auch Abschnitt 4.3.2 dieser Arbeit.

64 vgl. Williamson (1990), S. 50 ff. Unter Organisation versteht Williamson jedwedes Sozialgefüge, in dem Transaktionen stattfinden. Das heißt, daß auch Märkte eingeschlossen sind. Mit Picot kann demnach unter Organisation aus transaktionskostentheoretischer Sicht ein System von institutionellen Beziehungsmustern verstanden werden, vgl. Picot (1982), S. 269.

65 Simon (1967), S. 198

Obgleich also Individuen intendieren sich rational zu verhalten, ist ihre Fähigkeit hierzu jedoch begrenzt. Rationalitätsgrenzen ergeben sich für Simon aufgrund neurophysiologischer Grenzen, die sich in einer Beschränkung der Informationsaufnahme-, -speicherungs- und -verarbeitungskapazität des menschlichen Gehirns äußern, und kommunikativer Grenzen in Form von Schwierigkeiten, individuelles Wissen oder Gefühle durch sprachliche, graphische oder sonstige Symbole anderen Individuen mitzuteilen.[66] Begrenzte Rationalität wird jedoch für sich genommen, erst dann zu einem Problem, wenn das Rationalitätspotential der Transaktionspartner überfordert ist respektive die Grenzen erreicht werden. Dies ist insbesondere bei komplexen Transaktionsbeziehungen wahrscheinlich. Ist die strategische Allianz darüber hinaus noch in eine von Unsicherheit und Komplexität zu kennzeichnende Umwelt eingebettet, so erhöhen sich die Probleme.[67] Veränderungen im Umfeld können aufgrund der beschränkten Informationsaufnahme-, -verarbeitungs- und -speicherungskapazität nicht mehr bewältigt und Komplexität nicht mehr gehandhabt werden. Offene Rahmenverträge oder Kontingenzverträge verlieren ihre Handhabungsfunktion, wenn zudem noch opportunistisches Verhalten der Transaktionspartner auftritt.

Die vorgestellten Verhaltensannahmen der Transaktionskostentheorie scheinen die realen Verhältnisse widerzuspiegeln. Sie werden daher den folgenden Ausführungen als Annahmen zugrunde gelegt und diese leiten. Habermas (1981) sieht insbesondere Systemzwänge, die Individuen zu einer "erfolgsorientierten" Einstellung[68] veranlassen und das Auftauchen von Opportunismus wahrscheinlich werden lassen. Im Rahmen strategischer Allianzen kann dies jedoch zum Scheitern der Zusammenarbeit führen.

Dem Verhalten der beteiligten Aktoren wird im Schriftum - wie bereits hervorgehoben - eine zentrale Bedeutung für das Gelingen einer strategischen Allianz zugesprochen. Welche Elemente und Prozesse individuelles Verhalten erklären - ein Grundproblem psychologischer Forschung - ist bis heute noch nicht übereinstimmend gelöst und noch jenseits der Aufstellung gesetzmäßiger Zusammenhänge.[69] Halpert (1982) identifizierte auf der Basis einer Literaturrecherche, daß neben kontextuellen Faktoren, Werte, Einstellungen und subjektive Interpretationen die Entscheidung für eine interorganisationale Zusammenarbeit und die Koordinationsaktivitäten selbst beeinflussen. Rogers, Glick (1973) und Rogers,

---

66 vgl. Simon (1967), S. 198

67 vgl. Williamson (1975), S. 22 f.

68 Unter einer "erfolgsorientierten Handlung" versteht Habermas nicht nur strategisches Handeln, sondern auch instrumentales Handeln, welches Williamson jedoch von Opportunismus aufgrund der eher neutralen Form unterscheidet vgl. Habermas (1981), S. 384, Williamson (1975), S. 26

69 Ein viel verwendetes Erklärungsmodell ist das SOR-Modell (**S**timulus -> **O**rganismus -> **R**eaktion), vgl. die Ausführungen hierzu in Staehle (1989), S. 144 ff. sowie v. Rosenstiel, Neumann (1982), S. 41 ff.

Molnar (1976) fanden heraus, daß eine positive Einstellung gegenüber der Zusammenarbeit eine wesentliche Voraussetzung für ein erfolgreiches Zusammenarbeiten ist.

Einstellungen oder Attitüden können als ein

> "... individuelles, in sich geschlossenes und relativ stabiles System von Gedanken, Gefühlen und Handlungsprädispositionen charakterisiert werden, das menschliches Verhalten gegenüber Sachen und Personen in bestimmten Situationen beeinflußt."[70]

Einstellungen bilden sich im Zuge langjähriger Erfahrung durch Lernprozesse, Konditionierungs- und Verstärkungseffekte.[71] Aufgrund dieses langwierigen Bildungsprozesses wird vereinzelt die Auffassung vertreten, daß Einstellungen gleichfalls nur in langandauernden Prozessen verändert oder ausgelöscht werden können.[72] Staehle (1989) verweist jedoch darauf, daß diese Annahme nur für zentrale "ichnahe, selbstwerttangierende Einstellungen", die existentielle Werte und Bedürfnisse betreffen und deren Bedeutsamkeit durch die Umwelt bestätigt wurde, zutreffe.[73] Unkooperative Einstellungen und Syndrome wie "Bei-uns-wird-das-anders-gemacht" haben die Allianz zwischen Siemens und Philips zur Herstellung eines Megabit-Chips im Realisierungsprozeß verzögert und die Ziele nach Taucher nicht ganz erreichen lassen.[74] Einstellungsprobleme in strategischen Allianzen ergeben sich auch aufgrund der bereits angeführten Autonomiebestrebungen von Führungskräften, insbesondere wenn den involvierten Führungskräften aufgrund ihrer internen Organisationsstruktur relativ weitgehende Autonomie eingeräumt wird, wie dies beispielsweise in einer divisionalen Organisationsstruktur charakteristisch ist. Nicht nur grundsätzlich unkooperative Einstellungen einzelner Individuen können die Allianz zum Scheitern bringen, sondern auch ein Wissen über opportunistisches Verhalten kann ein solches Verhalten hervorbringen. Eng hiermit verbunden sind Identitätsprobleme mit der Allianz. Eine negative Einstellung gegenüber der Zusammenarbeit verhindert die so wichtige Identifikation mit der Verbindung als eine wesentliche Voraussetzung für ein erfolgreiches Gelingen.

Unter **Identifikation** kann mit Simon aus organisationstheoretischer Sicht ein

> "Prozeß, durch den das Individuum Organisationsziele (Leistungs- oder Erhaltungsziele) an die Stelle seiner eigenen Ziele als Wertindikatoren setzt, die seine Entscheidungen in der Organisation bestimmen ..."[75]

---

70 Staehle (1989), S. 158
71 vgl. Bandura (1977)
72 vgl. hierzu Staehle (1989), S. 159
73 Staehle (1989), S. 159, welcher zur Stützung dieser Annahme auf die Dissonanztheorie verweist. Zur Dissonanztheorie vgl. Festinger (1957).
74 vgl. Taucher (1988), S. 87
75 Simon (1981), S. 235

verstanden werden. Die Wirkung der Identifikation äußert sich dabei als Bindung an die oder Loyalität zur Organisation. Eine mögliche Identifikationsursache kann ein persönliches Interesse am Organisationserfolg sein, welches auf eine Vielzahl von Anreizen im Sinne der organisationalen Ziele und nicht der eigenen Ziele zu entscheiden und zu handeln zurückzuführen ist.[76] Über den Organisationszielbezug hinaus werden in der angewandten Identifikationsforschung auch die Identifikation mit der Aufgabe, den Aufgabenelementen, der Arbeit, den Rollen, Personen und Gruppen betrachtet.[77] Identitätsprobleme mit der Allianz und damit verbundener mangelnder Motivation und Einsatzbereitschaft für die Allianz waren nach Taucher mit eine Ursache für das Scheitern der strategischen Allianz zwischen Shell und BP.[78] Persönliche Karriererücksichten und damit verbundene Loyalitätskonflikte der an die Allianz abdelegierten Manager verschärften diese Problematik noch.[79] Eine Nichtidentifikation des mittleren Managements mit den Zielen der Allianz ist insbesondere dann wahrscheinlich, wenn die strategische Intention nicht vermittelt und ihre Bedeutung nicht verdeutlicht werden kann. Führungskräfte sind daher gefordert, den Sinn der Allianz zu vermitteln und potentielle Auswirkungen passiven oder nicht konformen Verhaltens zu verdeutlichen sowie durch eine formalisierte Karriereplanung die späteren Einsatzmöglichkeiten abdelegierter Manager festzulegen.[80] Darüber hinaus können Management by objectives (MbO)[81] Prozesse eine Zielidentifikation ermöglichen, sofern es sich dabei tatsächlich um einen Zielvereinbarungsprozeß handelt und nicht einseitige Machtprozesse den Prozeß determinieren.[82] Die Partizipation des mittleren Managements am Entschei-

---

76 vgl. Simon (1981), S. 228 f.

77 vgl. Conrad (1988) und dort unterschiedene Perspektiven der Identifikationsforschung.

78 vgl. Taucher (1988), S. 87

79 Aufgrund der Hoffnung auf eine Rückkehr zum Stammunternehmen war ihr Loyalität und Karriere im Grunde abhängig von der Mutterunternehmung. Ein Einsatz für die Allianz bei irgendwelchen Problemen konnte der Karriere der Einzelnen gefährlich werden, vgl. ebd. Zu Loyalitätskonflikten vgl. auch Bleicher (1989a), S. 432 sowie Lorange (1986), S. 144

80 Und damit der bestehenden Gefahr, daß eine Abdelegierung zu einem Joint Venture als Abstellgleis verstanden wird, entgegenzuwirken. Zur Bedeutung von Karriere- und Vergütungsplanung für die individuelle Führungskraft im Kontext strategischer Allianzen, vgl. Bleicher (1989a), S. 432, Lyles (1987), S. 83 und zu Gestaltungsmöglichkeiten einer Karriere-Entwicklung, vgl. Maaßen (1986), S. 169 ff.

81 Dieses Führungsprinzip wurde erstmals von Drucker (1954) vorgestellt und von Odiorne (1965) und Humble (1967) popularisiert. Vgl. hierzu auch Maaßen (1986), S. 124 ff. sowie Trux et al. (1985), S. 443 f. Bei diesem Zielvereinbarungsprozeß werden sogenannte "Targets" auf oberer Führungsebene formuliert und Vorschläge für ein strategisches Programm erstellt und in den Zielvereinbarungsprozeß eingebracht. Die operativen Einheiten dagegen bringen ihre bereichsbezogenen Sichtweisen über Mach- und Durchführbarkeit ein und setzten den "targets" sogenannte "goals" gegenüber. Eventuelle Diskrepanzen (issues) werden im gemeinsamen Zielfindungsprozeß abgeklärt. Durch die Partizipation des mittleren Managements am Zielsetzungsprozeß soll eine Akzeptanz für die ausgehandelten Ziele ("objectives") erreicht werden. Dabei handelt es sich bei einem MbO nicht um eine Art Führungsstil, sondern um ein prozedurales Vorgehen zur Generierung akzeptabler, operationaler Ziele.

82 vgl. hierzu die Fallstudie von Bolman, Deal (1984) bei der es sich statt um einen MbO-Prozeß realiter um einen MbT-Prozeß handelte, vgl. ebd. S. 80, vgl. hierzu auch Abschnitt 3.2.3 dieser Arbeit.

dungs- und Zielsetzungsprozeß und die damit verbundene Möglichkeit der Steigerung der Identifikation mit der Allianz wird auch als ein wesentlicher erfolgskritischer Faktor im Schriftum zu strategischen Allianzen herausgestellt.[83] Ein Bündel von Personalentwicklungsmaßnahmen, wobei auch die Mitarbeiter am Fuße der Hierarchie einzubeziehen und zu einer aktiven Mitwirkung an der Durchsetzung der Ziele zu mobilisieren sind, können den Identifikationsprozeß flankieren.[84]

Nicht nur Opportunismus, begrenzte Rationalität, Einstellungen und Identitätsprobleme können die Allianz gefährden, sondern auch mangelnde Qualifikation der Involvierten, da der Erfolg einer strategischen Allianz entscheidend von den eher objektiven Elementen der **Qualifikation** abhängt. Als Qualifikation eines Individuums "... wird die Gesamtheit an individuellen Fähigkeiten und Kenntnissen im Berufsleben bezeichnet, die zur Erledigung arbeitsplatzspezifischer Tätigkeiten befähigt."[85] Während *Fähigkeiten* das Potential eines Individuums zum kompetenten Handeln bezeichnet, verkörpern *Kenntnisse* kognitives Wissen, welches beispielsweise durch Schulungsmaßnahmen erworben ist.[86] Neben der aufgabenbezogenen fachlichen Qualifikation als eine unabdingbare Voraussetzung zur Aufgabenerfüllung, kommt der *sozialen Kompetenz* im Interaktionsprozeß besondere Bedeutung zu. "Wie in richtigen Ehen entscheidet auch bei Kooperationen die persönliche Beziehungssphäre".[87] Nach Tröndle charakterisieren Eigenschaften wie "Einfühlungsvermögen, Verhandlungsgeschick, Selbstvertrauen sowie das Beherrschen von Gruppenproblemlösungstechniken" geeignete Führungspersönlichkeiten.[88] Bei Cross-border-Allianzen sind darüber hinaus neben Sprachkenntnissen zur Erleichterung der Kommunikation noch interkulturelle Kenntnisse erforderlich, um Überbrückungsleistungen vornehmen zu können. Als Maßnahmen zur Sicherung der erforderlichen Qualifikation kommen u.a. Personalselektionsmaßnahmen, Schulungsmaßnahmen und Management Development Programme in Betracht.

5.1.3 Machtpotentiale und Atmosphäre

Macht als gesellschaftliches Phänomen und damit verbundenes Einflußpotential der Partner auf den Interaktionsprozeß ist nicht nur in interpersonnellen Beziehungen und Organisationen ein existentes Phänomen, sondern auch in strategischen Allianzen. Mit Max Weber (1956) kann unter Macht jede Chance innerhalb einer sozialen Beziehung den eigenen

---

83 vgl. Lyles (1987), S. 82 f., Pekar (1989), S. 36, Jagoda (1990), S. 13

84 vgl. zu diesem strategischen Verhaltensmuster fernöstlicher Länder Hamel, Prahalad (1989), S. 93

85 Staehle (1989), S. 161

86 vgl. Staehle (1989), S. 161

87 o.V. (1986), S. 140

88 vgl. Tröndle (1987), S. 115 und zu weiteren Anforderungen an die Fähigkeiten und Kenntnisse der Führungskräfte, vgl. Abschnitt 5.2.3 dieser Arbeit.

Willen auch gegen den Widerstand anderer durchsetzen zu können verstanden werden. Generell können Machtpotentiale auf diversen Grundlagen beruhen, auf Handlungsfelder oder Entscheidungsprozesse und auf ein oder mehrere Individuen mit unterschiedlicher Intensität ausgeübt werden.[89]

Vertreter der Strukturperspektive fokussieren insbesondere die legale Herrschaft, durch die Autoritätsstruktur in Unternehmungen *(legitimierte Macht)*, als eine Form der Machtgrundlage.[90] Dabei wird diese Machtgrundlage im engeren Sinne verstanden. Dem Vorgesetzten wird ein Recht zur Einflußnahme aufgrund der formal gesetzten Ordnung (z.B. Unternehmensverfassung) zugebilligt.[91] Er trifft für seine Untergebenen bindende Entscheidungen. Im Rahmen strategischer Allianzen können Führungskräfte aufgrund des Gleichordnungsverhältnisses[92] jedoch nicht auf diese Machtgrundlage zur interorganisationalen Steuerung zurückgreifen. Dies ist nicht zuletzt ein Grund für die äußerst diffizile Aufgabe der Führungskräfte. Im weiteren Sinne können jedoch im *Zusammenhang mit der Komponente "Atmosphäre"* auch Werte und Normen als legitimierte Machtgrundlage dienen, sofern diese von den Partnerunternehmungen geteilt werden, also ein hoher Übereinstimmungsgrad besteht.[93] Sie fungieren in einem solchen Fall, sozusagen als Spielregeln für die interpersonellen Beziehungen und steuern die Verhaltensweisen, indem sie eine Handlungsorientierung liefern. Aufgrund der Abwesenheit von Autorität als interorganisationaler Koordinationsmechanismus und der eingeschränkten Bedeutung von Werten und Normen, die Entscheidungen, Handlungen und Aktivitäten der Individuen prägen, zur Koordination strategischer Allianzen, bedarf es der Analyse weiterer Machtgrundlagen, welche zur Beeinflussung der Allianz aktiviert werden können. Mit French und Raven können zunächst folgende, über die obig angeführten hinausgehend, allgemeine Machtgrundlagen unterschieden werden: Expertenmacht, Belohnungs- und Bestrafungsmacht, Identifikationsmacht (referent power) und die von Raven, Kruglansky hinzugefügte Informationsmacht.[94]

89 vgl. Krüger (1980), Sp. 1235 in Anlehnung an Dahl (1957), ders. (1973) und Harsanyi (1962). Als in jeweiligen Einzelaktionen feststellbare Machtmerkmale, werden darüber hinaus von Krüger, Machtmittel (die getroffenen Maßnahmen), Machtkosten (Kosten des Machteinsatzes bzw. des Widerstandes), Machtverläßlichkeit (Wahrscheinlichkeit des Einflußerfolges) genannt, vgl. ebd.

90 vgl. Bolman, Deal (1984), S. 113 In Organisationen legitimiert sich die Regelungen von Machtbeziehungen beispielsweise in der Unternehmungsverfassung und im Betriebsverfassungs- und Mitbestimmungsgesetz.

91 vgl. hierzu Weber (1972), welcher darüber hinaus noch traditionale und charismatische Herrschaft (aufgrund besonderer persönlicher Eigenschaften des Führenden) als Autoritätstypen unterscheidet.

92 vgl. hierzu Kapitel 2 dieser Arbeit.

93 vgl. hierzu Abschnitt 4.4.3 dieser Arbeit.

94 vgl. hierzu und im folgenden French, Raven (1959), Raven, Kruglansky (1970) Dabei sind diese Machtgrundlagen nicht von einander unabhängig zu sehen. So kann beispielsweise die Macht zu sanktionieren (Bestrafungsmacht) in einer Organisation auf formaler Machtgrundlage (legitimate power) beruhen.

Expertenmacht auf der Grundlage von Sachverständigkeit[95] kommt im Rahmen strategischer Allianzen eine nicht unwesentliche Bedeutung zu. Insbesondere in Verhandlungsprozessen aber auch im Rahmen der Durchführung der Allianz, verleiht eine solche Form der Macht dem Aktor Durchsetzungsvermögen. Dabei kann die Bereitschaft der Anerkennung des Experten dazu führen, daß selbst Informationen als Entscheidungsprämissen angenommen werden, die nicht mit den Vorstellungen des anderen übereinstimmen. Hierbei bedarf es nicht der Vorlage einer objektiven Sachverständigkeit, eine subjektive Wahrnehmung derselben ist zur Entfaltung der Wirkung ausreichend.

Belohnungs- und Bestrafungsmacht kann in einem etwas geringerem Ausmaß als in Organisationen auch im Rahmen strategischer Allianzen zur Beeinflussung des Verhaltens und der Entscheidungsprozesse als Machtgrundlagen verwendet werden. Belohnungen in Form materieller und immaterieller Art müssen dabei jedoch für das Partnerunternehmen zu einer Verbesserung dessen bisheriger Situation führen. Bestrafungen respektive Sanktionsmöglichkeiten könnten sich auf Zurückbehaltungen von Informationen oder im Extrem auf Drohungen des Ausstiegs erstrecken. Letzteres ist jedoch nur dann möglich, wenn geringe Austrittsbarrieren[96] bestehen, da ansonsten die Glaubwürdigkeit untergraben würde. Die Wirkung derartiger Machtpotentiale ist, daß der (die) zu Beeinflussende(n) einen Abwägungsprozeß aufgrund der zu erwartenden Konsequenzen bezüglich seiner (ihrer) Verhaltensweisen vornimmt (vornehmen). Die Erzielung von Verhaltenskonformität auf Basis von Androhung einer Bestrafung kann jedoch auch negative Wirkungen wie Entfremdung, Angst, Frustation nach sich ziehen und damit zu Unzufriedenheit und Leistungsabbau führen.[97] Obgleich nach Staehle Macht durch Belohnung zu keiner eindeutigen Leistungssteigerung führt,[98] ist die Anreizwirkung von Belohnungen nicht zu unterschätzen, insbesondere wenn die Befolgung der Verhaltensforderung freiwillig erfolgt. Gestaltungsoptionen von Anreiz- und Sanktionssystemen werden in Abschnitt 5.2.7 zur Diskussion stehen.

Das Auftauchen von *Identifikationsmacht* als Machtgrundlage im Interaktionsprozeß zwischen Partnerunternehmungen ist weniger wahrscheinlich. Macht aufgrund von Identifikation besteht, wenn der Geführte sich mit dem Führenden so identifiziert, daß dieser die Überzeugungen und Verhaltensweisen des letzteren übernimmt. Eine Identifizierung mit Persönlichkeiten einer Partnerunternehmung seitens der involvierten Mitarbeiter, kann allenfalls als Grenzfall auftauchen und wird daher im weiteren nicht mehr berücksichtigt.

---

95 Dabei wird diese Form der Macht nicht nur auf kognitives Wissen zurückgeführt, sondern auch auf Macht über wichtige Informationen.
96 vgl. hierzu Abschnitt 4.3.2 dieser Arbeit.
97 vgl. Staehle (1989), S. 373
98 vgl. Staehle (1989), S. 373

Zudem ist diese stark emotional wirkende Machtgrundlage schwer steuerbar und in ihren Konsequenzen schlecht prognostizierbar.[99]

Informationsmacht aufgrund von Steuerungsmöglichkeiten des Informationsflusses und damit Macht durch Informationskontrolle kann dagegen als eine Machtgrundlage in strategischen Allianzen genutzt werden. Es zeigte sich bereits, daß die Stellung im Netzwerk einen Einfluß auf die Möglichkeit der Steuerung des Informationsflusses hat. Im Schriftum wird dabei dem Inhaber einer zentralen Position im Netzwerk ein strukturell bedingter Machtvorteil zugesprochen.[100] Netzwerkzentralität, so die zentrale Hypothese der politischen Netzwerkperspektive, steigert die Macht der im Zentrum des Netzwerkes lokalisierten Organisation über die an der Peripherie Positionierten aufgrund der Fähigkeit und Möglichkeit kritische Ressourcen zu kontrollieren.[101] Galaskiewicz (1979), welcher diese These empirisch untermauerte, kam darüber hinaus zu dem Ergebnis, daß Netzwerkzentralität ein besserer Vorhersageindikator für Einflußaktivitäten ist als Ressourcenkapazität. Dabei wird angenommen, daß dieser strukturelle Machtvorteil insbesondere die Verhandlungsmacht der Zentrumsorganisation vergrößert.[102] Die Gestaltung der Netzstruktur ist jedoch insbesondere in horizontalen Netzwerken jenseits der Aktions- und Kontrollmöglichkeiten der Unternehmungen. Die netzwerkinterne Dynamik[103] begrenzt darüber hinaus den Einflußspielraum der Involvierten[104] und wird daher im folgenden nicht weiter analysiert. Generell kann davon ausgegangen werden, daß das Auftauchen von Informationsmacht im Transaktionsprozeß mit der realen Entsprechung der in Anlehnung an den Transaktionskostenansatz getroffenen Verhaltensannahmen steigt. Die Ausführungen zum Opportunismus zeigten, daß opportunistisch orientierte Individuen falsche, verzerrte oder unvollständige Informationen an den Transaktionspartner weitergeben.[105] Wird dies mit dem Ziel ein bestimmtes Verhalten des anderen zu verhindern oder zu bewirken vorgenommen, kann dies als eine Form der Ausübung von Informationsmacht angesehen werden. Zur einseitigen Ausübung von Informationsmacht und damit zur Gefährdung der Gleichgewichtsbeziehung und der strategischen Allianz kann es insbesondere dann kommen, wenn eine Informationsasymmetrie die Beziehung kennzeichnet. " ... the critical impact of information on the optimal allocation of risk bearing is not merely its presence or absence but its inequality among economic agents."[106] Nach Williamson (1975) ergeben sich jedoch Probleme nicht

---

99 vgl. Staehle (1989), S. 374
100 vgl. Cook (1977), S. 70 ff. und dort angegebene Literatur sowie Benson (1975), S. 233 ff., Laumann, Pappi (1976), Galaskiewicz (1979)
101 vgl. Benson (1975), S. 233 sowie Boje, Whetten (1981), S. 379
102 vgl. Benson (1975), S. 233 f.
103 vgl. hierzu Abschnitt 4.3.2 dieser Arbeit.
104 Welche Auswirkungen Dynamik auf die Zentralitätsthese hat, ist bis heute noch nicht bekannt, vgl. Boje, Whetten (1981), S. 379
105 vgl. hierzu die Ausführungen in Anlehnung an Williamson in Abschnitt 5.1.2 dieser Arbeit.
106 Arrow (1969), S. 55

allein aufgrund der Informationsasymmetrie, sondern auch aufgrund einer Koppelung dieses Ungleichgewichtes mit den hohen Kosten zur Erzielung eines Informationsgleichgewichtes und der Neigung der Transaktionspartner zu opportunistischen Verhalten. Dabei erhöht sich die Problematik im Kontext von "small numbers" Verhandlungen. Im Rahmen der Diskussion zur Gestaltung des Informations- und Kommunikationsflusses wird hierauf zurückzukommen sein.[107]

Weitere Erkenntnisse über Machtgrundlagen liefert der Ressourcendependenzansatz.[108] Interorganisationale Einflußaktivitäten von Organisationen auf andere werden aus der Sicht dieses Ansatzes in Abhängigkeit des Interdependenzgrades gesehen. Nach Pfeffer, Salancik (1978) existiert Interdependenz in sozialen Systemen und sozialen Interaktionen immer dann, wenn ein Aktor nicht gänzlich alle Bedingungen kontrolliert, welche für die Erzielung einer Handlung nötig oder für den Erhalt eines gewünschten outcomes von dieser Aktion erforderlich sind.[109] Dabei ist die Abhängigkeit einer Organisation von einer anderen durch *drei kritische Faktoren* determiniert:[110]

1. Von der *Bedeutung der Ressourcen* für die Organisationen zur Weiterführung ihrer Operationen und zum Überleben,

2. von der *Fähigkeit beliebig über die Ressourcenallokation und Nutzung zu bestimmen* und

3. von dem Ausmaß, bis zu welchem Grad es *wenige alternativen Ressourcenquellen* gibt (Konzentration der Ressourcenkontrolle).[111]

Die *Bedeutung der Ressourcen* für eine Organisation läßt sich nach Pfeffer, Salancik (1978) anhand von zwei Dimensionen näher charakterisieren. Erstens nach dem relativen Umfang des Austausches und zweitens danach, wie kritisch diese Ressourcen für die Organisation sind. Ersteres operationalisieren sie über das Verhältnis am totalen Input oder Output des Austausches und letzteres an der Fähigkeit der Organisation ihre Operationen aufrechtzuerhalten in Abwesenheit der Ressourcen oder des Marktes an welchen der Output abgesetzt wird. Dabei sind diese beiden Dimensionen nicht voneinander unabhängig. Das eine Ressource bedeutsam für eine Organisation ist, stellt nach Pfeffer, Salancik (1978) jedoch noch kein Problem dar. Problematisch wird diese Determinante erst in Zusammenhang mit Umweltfaktoren und zwar dann, wenn die Umwelt unsicher ist und die Ressourcen knapp sind.

107 vgl. hierzu Abschnitt 5.2.6 dieser Arbeit.
108 vgl hierzu Pfeffer, Salancik (1978) sowie Pfeffer (1982), S. 192 ff.
109 vgl. Pfeffer, Salancik (1978), S. 40
110 vgl. hierzu und im folgenden Pfeffer, Salancik (1978), S. 45 ff.
111 Letztere Determinante ähnelt der ex ante "small numbers" Situation von Williamson.

"Discretion" über Ressourcenallokation und Nutzung als weitere Form der Macht einer Organisation über eine andere gewinnt an Bedeutung, wenn Ressourcen knapp sind. Dabei kann diese "discretion" u.a. auf kapazitive Fähigkeiten, auf Eigentumsrechten, Wissen und Zugang zu Ressourcen beruhen.

Die Bedeutung einer Ressource für eine Organisation und die "discretion" einer Organisation über die Ressourcenallokation sowie ihre Nutzung allein bedeutet noch keine Abhängigkeit. Vielmehr entsteht diese erst bei *Konzentration der Ressourcenkontrolle* bei relativ wenigen oder einer Organisation. Dabei ist die reine Anzahl von Organisationen, von denen die Fokusorganisation abhängig ist, nicht die kritische Variable, sondern der Zugang zu Ressourcen von zusätzlichen Quellen. Konzentration von Ressourcenkontrolle bezieht sich demnach auf das Ausmaß bis zu welchem die Fokusorganisation für die gleichen Ressourcen Bezugsquellen substituieren kann.

Die Bedeutung der Ressourcen, "discretion" über Ressourcen und Konzentration von Kontrolle definieren die Abhängigkeit einer Organisation von einer anderen und stellen die Machtquellen der Transaktionspartner dar. Machtvorteile entstehen nach Pfeffer, Salancik (1978) jedoch erst bei Vorliegen von Asymmetrie in der Transaktionsbeziehung. Ohne Asymmetrie in der Austauschbeziehung würde keiner Machtvorteile haben und die Wahrscheinlichkeit damit reduzieren, daß eine Organisation dominierenden Einfluß ausüben kann. Einschränkend verweist das Autorenteam jedoch darauf, daß Asymmetrie hinsichtlich einer Ressource bestehen, die Nettobeziehung jedoch aufgrund einer korrespondierenden Asymmetrie gleichgewichtig sein kann. Dies ist insbesondere bei einer reziproken Transaktionsbeziehung der Fall.

Die typische Lösung von Interdependenzproblemen wie auch der damit verbundenen Unsicherheit zielt nach Pfeffer, Salancik auf ein höheres Maß an Koordination ab, d.h. auf mehr gegenseitige Kontrolle über die Aktivitäten des jeweils anderen.[112] Es zeigte sich jedoch, daß Kontrollbemühungen über die Aktivitäten des anderen eine Ursache für den Mißerfolg strategischer Allianzen ist. Demnach verbleibt Unternehmungen die Möglichkeit, bereits in der Konzipierung der Allianz die Interdependenz und damit einhergehenden Möglichkeiten der Machtausübung zu berücksichtigen respektive den Erfordernissen entsprechend ex ante und im ongoing process durch Gestaltungsmaßnahmen zu begegnen.

Macht ist jedoch kein statisches Phänomen, vielmehr unterliegen strategische Allianzen *Machtverschiebungen*, die extern oder intern induziert sein können. Extern induzierte Veränderungen aufgrund veränderter Marktstellung, Unternehmensfusionen oder Akquisitionen, Ressourcenzugang und dergleichen können die Machtstellung einer Organisation

---

112 vgl. Pfeffer, Salancik (1978), S. 43 sowie 92 ff.

verändern und das ex ante vorhandene Machtgleichgewicht eliminieren. Während extern verursachte relative Machtveränderungen außerhalb des Einflußbereiches des Partners stehen, können allianzinterne Machtverschiebungen aufgrund einseitiger Lernprozesse seitens der Partner beeinflußt werden. Lernprozesse und Abhängigkeit von einem Partner stehen in direkter Beziehung, da der Lernende im Zeitablauf der Allianz seine Angewiesenheit auf den Partner reduziert.[113] Insbesondere in Transfer-Allianzen[114] ist eine Machtverschiebung durch Lernprozesse wahrscheinlich. In Konsequenz führen solche unilateralen Prozesse zum Verlust des Interesses des lernenden Partners und summa summarum zur Auflösung der strategischen Allianz. "Cooperation survives only as there is a mutual interest to continue joint operations."[115] Deshalb gilt es insbesondere die Lernmöglichkeiten des Partners so zu begrenzen, daß eine Ausgewogenheit in der Allianz gewährleistet ist. Hierzu stehen verschiedene Instrumente und Prozesse zur Verfügung, welche im folgenden Abschnitt zu diskutieren sind. Diesen kommt für eine erfolgreiche Institutionalisierung entscheidende Bedeutung zu, da Machtverschiebungen und damit verbundene Dominanz eines Partners mit dem Wunsch nach Kontrolle[116] die Allianz - wie hervorgehoben - gefährden und das ex ante Machtgleichgewicht als eine zentrale Erfolgsvoraussetzung[117] im ongoing process obsolet werden läßt.

Die Wahrscheinlichkeit der Ausübung von Macht in einer Transaktionsbeziehung ist auch in enger Beziehung zur sie umgebenden **Atmosphäre** zu sehen. Perlmutter, Heenan's Untersuchung von globalen strategischen Partnerschaften zeigte, daß "... an atmosphere of mutual distrust and domination by one partner jeopardizes the stability of the alliance."[118] Gamson's Analyse von politischen Prozessen in Organisationen kann zur Sichtbarmachung dieser Zusammenhänge herangezogen werden.[119] Gamson sieht das Auftauchen von Partisanen oder Gruppen von den Autoritäten Widerstand leistenden Mitarbeitern insbesondere dann als wahrscheinlich an, wenn diese den Autoritäten nicht vertrauen respektive nicht erwarten, daß diese "richtige" Entscheidungen treffen. Ist jedoch dagegen das *Vertrauen* groß, so ist die Wahrscheinlichkeit gering, daß potentielle Partisanen mobilisiert werden. Transformiert auf strategische Allianzen, kann demnach davon ausgegangen werden, daß eine vertrauensvolle Atmosphäre die Wahrscheinlichkeit der Aktivierung von Machtpotentialen verringert. Unter Vertrauen kann dabei mit Thorelli verstanden werden:

113 vgl. reale Beispiele hierzu in Högberg (1977), S. 177 f.
114 vgl. hierzu die Ausführungen in Abschnitt 2.3.2 dieser Arbeit.
115 Högberg (1977), S. 178
116 vgl. Perlmutter, Heenan (1988), S. 138, Hladik (1988), S. 188 f.
117 vgl. Tröndle (1987), S. 82
118 Perlmutter, Heenan (1986), S. 138
119 vgl. hierzu und im folgenden Gamson (1968)

> "... an assumption or reliance on the part of A that if either A or B encounters a problem in the fulfillment of his implicit or explicit transactional obligations, B may be counted on to do what A would do if B's resources were at A's disposal."[120]

Auf das Nichtvorhandensein von Vertrauen führt Jarillo die Existenz von Opportunismus, das Problem der begrenzten Rationalität, Unsicherheit und "small numbers" zurück.[121] Könnte dem Partner vertraut werden, daß dieser bei Veränderungen sich nicht nur am Eigeninteresse orientiert, sondern auch die Bedürfnisse des Partners berücksichtigt, bestände kein Bedarf zur Handhabung des Spezifizierungsproblems unvorhersehbarer Konsequenzen. Zand (1972) konnte empirisch nachweisen, gestützt durch die Untersuchung von Boss (1978), daß eine Atmosphäre von Vertrauen zu effizienteren Problemlösungen führt.[122] Ein Grund hierfür kann darin gesehen werden, daß in einer solchen Atmosphäre Informationen frei ausgetauscht werden und Entscheidungsträger sich nicht vor opportunistischen Verhalten schützen müssen. Nahezu in jeder einschlägigen Publikation wird auf das Erfordernis von Vertrauen verwiesen. So stellt Harrigan fest, daß

> "effective management of joint ventures will depend on trust, mutual respect, and a willingness among partners to negotiate any dispute. A policy of open and enhanced communication is necessary in order to air the perceived inequities that could develop within ... relationships."[123]

Der Aufbau einer vertrauensvollen Atmosphäre ist jedoch ein langandauernder Prozeß. Eine Möglichkeit zur Verkürzung dieses Prozesses kann in der Wahl eines Partners mit ähnlichen oder identischen Werten und Normen gesehen werden.[124] Als eine weitere Möglichkeit zur Generierung von Vertrauen im Transaktionsprozeß selbst, führt Jarillo (1988) den Einsatz von Bestrafungsmacht bzw. ihre Androhung an: "Trustful behavior can only be generated by showing that the entrepreneur would be worse off if he or she behaved opportunistically."[125] Die Diskussion über Machtpotentiale zeigte jedoch, daß die Ausübung oder Androhung von Bestrafungsmacht auch negative Konsequenzen nachsichziehen kann. Diese Erkenntnisse sind auch auf strategische Allianzen transferierbar. Zudem ist davon auszugehen, daß eine solche Sichtbarmachung höchstens temporäre Verhaltenskonformität erzielt, nicht aber Vertrauen. Eine Vertrauensbeziehung muß sich entwickeln. Erst eine gewisse Konstanz in den Entscheidungen und Handlungen des Partners läßt Verhaltensweisen vorhersehen, die als Basis für die Generierung von Vertrauen dient. Es ist daher Jarillo (1988) zuzustimmen, daß eine langfristige Beziehung essentiell für die Entwicklung von Vertrauen ist, sofern die Partner sich nicht schon von früheren Transak-

---

120 Thorelli (1986), S. 38

121 vgl. Jarillo (1988), S. 36

122 Obgleich diese Untersuchungen auf intraorganisationale Prozesse gerichtet sind, können diese Ergebnisse auf strategische Allianzen transformiert werden.

123 Harrigan (1985), S. 99

124 vgl. hierzu Jarillo (1988), S. 37

125 Jarillo (1988), S. 37

tionsbeziehungen kennen. Der Gestaltungsoption Zeithorizont kommt demnach eine entscheidende Bedeutung zur Generierung von Vertrauen zu. Letztere Einschränkung offenbart auch präventive Maßnahmen: die schrittweise Herantastung an den Partner durch Begrenzung der Reichweite der Allianz und Kooperation mit zunehmenden Intensitätsstufen, wenn sich die Allianz erfolgreich entwickelt. Damit kann das Risiko begrenzt und die Reversibilität ohne größere Kosten gewährleistet werden.

Im Institutionalisierungsprozeß selbst gilt es, eine offene, die Allianz unterstützende Atmosphäre zu schaffen, innerhalb derer die strategische Allianz sich entwickeln kann.[126] Damit ist die Schaffung eines *Allianzklimas* angesprochen, das weit über die Generierung einer vertrauensvollen Atmosphäre hinaus geht.[127] Es zeigte sich, daß eine Kompatibilität der Unternehmenskulturen den Aufbau einer vertrauensvollen Atmosphäre erleichtert. Da bei strategischen Allianzen aufgrund der zeitlichen Begrenzung und der multikulturellen Dimension[128] von einem Kulturpluralismus auszugehen ist, kommt der Schaffung eines Allianzklimas zur Ausgestaltung der Atmosphäre[129] entscheidende Bedeutung zu. Dabei kann der Allianzklimabegriff analog des Organisationsklimabegriffs verstanden und wie folgt vom Unternehmenskulturbegriff abgegrenzt werden. Während unter Unternehmenskultur hier in Anlehnung an Heinen (1987) die unternehmensspezifischen Werte und Normen verstanden werden,[130] kann der Organisationsklimabegriff wie folgt definiert werden:

> "Organisationsklima als hypothetisches Konstrukt ist (1) ein auf die gesamte Organisation oder eines ihrer Subsysteme bezogenes, (2) differenzierendes, (3) relativ überdauerndes, (4) molares und (5) mehrdimensionales Aggregat subjektiver Wahrnehmung und kognitiver Verarbeitung von situationalen Reizen, das sich in der Beschreibung von Organisationsumwelten, -strukturen und Verhalten in der Organisation bzw. einem ihrer Subsysteme durch das Individuum widerspiegelt und die Bildung von Einstellungen zur Arbeitssituation sowie individuelles Verhalten beeinflußt."[131]

Damit beschränkt sich der Organisationsklimabegriff auf die subjektive Wahrnehmung durch das Individuum. Eine Überschneidung zur Unternehmenskultur ist insofern gegeben, wenn kulturelle Elemente durch das Individuum wahrgenommen und einem kognitiven Verarbeitungsprozeß unterzogen werden. In einem solchen Fall kann die Unternehmens-

126 vgl. hierzu Kapitel 2 dieser Arbeit. Hierzu kommen diverse Instrumente und personalpolitische Maßnahmen in Betracht, welche im anschließenden Kapitel 5 diskutiert werden.

127 Vertrauen ist damit nur eine Dimension der Komponente Atmosphäre.

128 Hierbei sind jedoch nicht nur die unternehmensspezifischen Kulturen, sondern auch deren Subkulturen angesprochen, denen insbesondere bei strategischen Allianzen aufgrund der nur punktuellen Zusammenarbeit in einzelnen Geschäftsfeldern - wie bereits hervorgehoben - entscheidende Bedeutung zukommen, da diese partiell von der Unternehmenskultur, je nach Verankerungsgrad und Übereinstimmungsausmaß, abweichen können.

129 Dabei werden im folgenden beide Termini synonym verstanden, d.h. die Komponente Atmosphäre wird mit Allianzklima gleichgesetzt.

130 vgl. hierzu die Ausführungen in Abschnitt 4.4.3 dieser Arbeit.

131 Conrad, Sydow (1984), S. 11

kultur das Organisationsklima beeinflussen. Andererseits kann das Organisationsklima die Entstehung und Handlungswirksamkeit unternehmenskultureller Artefakte fördern oder behindern.[132] Darüber hinaus zeigte sich, daß Individuen einer Primärsozialisation unterzogen werden, welche die Einstellungen und Verhaltensweisen der Individuen beeinflußen[133] und je nach Grad der Sekundärsozialisation in unterschiedlichem Ausmaß als Handlungsorientierung wirksam wird.[134] In der Komponente Atmosphäre sind daher auch die nationalen Kulturen zu berücksichtigen und insbesondere bei Cross-border-Allianzen einer näheren Analyse zu unterziehen.[135] Nicht nur die gesellschaftliche Dimension, sondern auch Veränderungen in der politisch/rechtlichen, ökonomischen und technologischen Dimension sowie im interorganisationalem Feld, können das Allianzklima beeinflussen. Diese externen Einflußfaktoren sind jedoch nicht oder nur in sehr geringem Ausmaß der Gestaltung zugänglich. Sie verkörpern damit den Rahmen und setzen die Grenzen der Einflußmöglichkeiten auf das Allianzklima. Diese externen Situationsvariablen können mit Tröndle (1987) unter dem Terminus *Makroklima* subsumiert werden, welches in unterschiedlichem Ausmaß durch Konflikt-, Konkurrenz- und Kooperationsbedingungen geprägt wird.[136] Einflußmaßnahmen sind daher immer vor dem Hintergrund des Makroklimas zu bewerten und zu selektieren. Wird vereinfacht unterschieden zwischen einem positiven und negativen Klima und das Allianzklima als Mikroklima bezeichnet, so kann mit Tröndle von folgenden Beziehungszusammenhängen ausgegangen werden, welche die Abb. 5-1 wiedergibt.

Makroklima / Mikroklima	Makro -	Makro +
Mikro -	Keine Kooperation 1	personelle und organisatorische Konsequenzen 3
Mikro +	labil 2	ideale Kombination 4

Abb. 5-1: Mikro- und Makroklimata einer Unternehmenskooperation (Quelle Tröndle (1987), S. 109)

132 vgl. Conrad, Sydow (1984), S. 20
133 vgl. Abschnitt 4.1.3 dieser Arbeit.
134 vgl. hierzu Abschnitt 4.4.3 dieser Arbeit.
135 vgl. hierzu die Ausführungen in Abschnitt 4.1.3 dieser Arbeit und dort angegebene Literatur insbesondere Hofstede (1983), S. 75 ff., ders. (1985), S. 347 ff.
136 vgl. Tröndle (1987), S. 108

Die Abb. 5-1 zeigt, daß bei Vorliegen eines die Allianz negativ beeinflussenden Makroklimas (z.B. aufgrund stark ausgeprägter Konkurrenzbeziehungen) entweder keine Kooperation zustande kommt (Feld 1) oder die Beziehung labil ist, auch wenn ein positives Mikroklima die Allianz kennzeichnet (Feld 2). Umgibt hingegen ein positives Makroklima die Allianz, so steigt nach Tröndle die Erfolgswahrscheinlichkeit. Während in einer Idealsituation auch das Mikroklima als positiv zu bezeichnen ist (Feld 4) und sich die Aktivitäten der Führungskräfte auf Stützungs- und Aufrechterhaltungsaktivitäten beschränken können, bedarf es im Falle eines negativen Mikroklimas personneller[137] und organisatorischer Maßnahmen[138] (Feld 3). Personelle und organisatorische Maßnahmen werden im einzelnen im folgenden Abschnitt zu diskutieren sein. Dabei können insbesondere auch die wissenschaftlichen Erkenntnisse aus der Unternehmenskulturforschung transferiert werden. An dieser Stelle soll es jedoch genügen, das Einflußpotential der atmosphärischen Komponente verdeutlicht und ihre Bedeutung für eine erfolgreiche Institutionalisierung herausgestellt zu haben.

5.2 Interorganisatorische Gestaltungs- und Lenkungsbereiche strategischer Allianzen

Unter *Gestaltung* wird mit Ulrich die Schaffung einer Institution durch die Bestimmung der zugehörigen Komponenten und deren Relationierung sowie die Aufrechterhaltung als zweckgerichtete handlungsfähige Ganzheit verstanden.[139] *Lenken* steht mit Ulrich für die Durchführung konkreter Handlungen und umfaßt "... das Bestimmen von Zielen und das Festlegen, Auslösen und Kontrollieren zielgerichteter Aktivitäten des Systems, bzw. seiner Komponenten und Elemente."[140] Dabei sind die beiden Teilfunktionen des Managements im Rahmen eines langfristigen und nie endenden Entwicklungsprozesses des sozialen Systems aufzufassen.

Vor dem Hintergrund der bisherigen Untersuchungsergebnisse und der Konzeptionalisierung strategischer Allianzen als Netzwerk respektive als Subsysteme strategischer Netzwerke können die sie konstituierenden Subnetze[141] als zentrale *Gestaltungs- und Lenkungsbereiche* betrachtet werden. Dabei wird aufgrund der hier eingenommenen Posi-

---

137 Personalpolitische Maßnahmen können sich hierbei auf Personalselektionsmaßnahmen und Management Development Programme erstrecken.

138 Als strukturelle Maßnahmen führt Tröndle (1987) an: Die Beschränkung der Anzahl der Mitglieder auf ein niedriges Niveau; eine Gewährleistung der Konstanz der Mitglieder; für die Heterogenität der Involvierten auf einem mittleren Niveau zu sorgen, um einerseits das Konfliktpotential gering zu halten und andererseits aber die Arena für befruchtende andere Gedanken und Ideen offen zu halten; die Schaffung von Voraussetzungen für verstärkte, offene und multilaterale Kommunikationsbeziehungen; Machtunterschiede auf niedrigen Niveau zu halten, durch die Auswahl eines gleich starken Partners und letztlich für eine Zielorientierung auf hohen Niveau zu sorgen, vgl. Tröndle (1987), S. 119 f.

139 vgl. Ulrich (1984), S. 92 ff.

140 Ulrich (1984), S. 115

141 vgl. hierzu Abschnitt 4.3.1 dieser Arbeit.

tion eines gemäßigten Voluntarismus[142] nicht von einer grundsätzlichen Steuerbarkeit ausgegangen, vielmehr bleibt die Frage offen, inwieweit die Prozesse gelenkt werden können. Partnerorganisationsinterne und -externe Bedingungen, die hier im konzeptionellen Bezugsrahmen als exogene Einflußfaktoren behandelt wurden, setzen hierfür die Grenzen und bilden den Aktionsrahmen. Bei der Kanalisierung der Ressourcenflüsse und Arbeitskonstellationen zur Erfüllung der gemeinsamen Aufgabe,[143] Entscheidungs-, Informations- und Kommunikationsflüsse sowie der Gestaltung der interpersonellen Beziehungen (Interaktionen) unterstützt durch die Entwicklung von einem allianzspezifischen interorganisationalen Anreiz- und Sanktionssystem gilt es dabei, neben der Berücksichtigung externer und transaktionsspezifischer Einflußfaktoren, die identifizierten potentiellen Problemfelder soweit als möglich in der Konzeption zu reduzieren oder zu handhaben, um auf diese Weise potentielle Mißerfolgsfaktoren nicht zur Wirkung kommen zu lassen.[144] Entsprechend dem hier zugrundeliegenden multiperspektivischen theoretischen Bezugsrahmen[145] bieten sich hierfür strukturelle, personelle, kulturelle und politische Maßnahmen an. Sie werden im folgenden im Rahmen der Gestaltungs- und Lenkungsbereiche zu diskutieren sein und möchten als ein erster Ansatz zur Institutionalisierung strategischer Allianzen verstanden werden. Aufgrund des derzeitigen wissenschaftlichen Erkenntnisstandes und damit verbundenen konzeptionellen Charakters der vorliegenden Untersuchung, kann es sich hierbei jedoch nur um einen ersten Schritt handeln. Aufgrund des allgemeinen Charakters, welcher jedoch - soweit erforderlich - typbezogen relativiert wird, bedürfen die zu entwickelnden Bausteine einer situativen Anpassung und unternehmensspezifischen Konkretisierung seitens der Unternehmenspraxis.

5.2.1 Anforderungen an die Konzeption und Realisierung

Aufgrund der bisherigen Untersuchungsergebnisse dieser Arbeit lassen sich folgende nicht voneinander unabhängige Anforderungen an die interorganisationale Institutionalisierung strategischer Allianzen ableiten:

- Voraussetzungen schaffen zur Realisierung von Synergiepotentialen

- Schutz vor Abfluß von Wettbewerbskompetenz

- Aufrechterhaltung der Flexibilität im Hinblick auf externe Veränderungen und allianzinterne Interdependenzverschiebungen

- Responsiveness und eng damit verbundene Forderung nach

142 vgl. hierzu Abschnitt 3.1.6 sowie 3.3 dieser Arbeit.

143 Hierauf wird in Abschnitt 5.2.2 dieser Arbeit zurückzukommen sein.

144 Daraus ergeben sich eine Reihe von Anforderung an die Institutionalisierung, welche im folgenden Abschnitt 5.2.1 angeführt werden.

145 vgl. hierzu die Ausführungen in Kapitel 3 und zu der strukturellen, Human-Ressourcen orientierten, politischen und symbolischen Perspektive Abschnitt 3.2 dieser Arbeit.

- Sicherung einer ausgewogenen Anreiz-Beitrags-Struktur,

- Überbrückung der kulturellen Distanz,

- Reduktion von Unsicherheit und Komplexität,

- Schutz vor Opportunismus und Minimierung des Konfliktpotentials.

Die Realisierung von *Synergiepotentialen* stellt - wie bereits angeführt - ein primäres Ziel strategischer Allianzen dar.[146] Synergiepotentiale verkörpern jedoch nur Möglichkeiten, die der Aktivierung bedürfen. Ohne Mobilisierung der Kräfte und koordiniertes Zusammenwirken lassen sich positive Synergieeffekte nicht erzielen.[147]

Schutzmaßnahmen vor Abfluß von Wettbewerbskompetenz sind vor dem Hintergrund, daß in horizontalen strategischen Allianzen sich aktuelle oder potentielle Wettbewerber verbinden, erforderlich. Strategische Allianzen können nicht nur den Partnern Wettbewerbsvorteile verschaffen, sondern auch die Wettbewerbsposition eines Unternehmens unterminieren oder gefährden.[148] Opportunistisches Verhalten seitens eines Partners steigert diese Gefahr. Schutzvorkehrungen kommen damit im Rahmen der Institutionalisierung eine zentrale Bedeutung nicht nur für die einzelnen Unternehmen selber zu, sondern auch für die Aufrechterhaltung der Allianz.

Die Aufrechterhaltung der *Flexibilität* ist eng damit verknüpft. Hierzu sind zum einen im Hinblick auf Interdependenzbeziehungen und -verschiebungen zwischen den Partnern Schutzmaßnahmen und -vorkehrungen zu ergreifen, um damit die Autonomie der Partner aufrechtzuerhalten und zum anderen ist die Allianz selbst so flexibel zu konzipieren, daß bei veränderten Umweltbedingungen eine Anpassung oder gegebenenfalls eine Auflösung ohne größere Kosten vollzogen werden kann.

Responsiveness gegenüber Bedürfnissen und Interessen von Betroffenen[149] stellt eine zentrale Voraussetzung für eine erfolgreiche Institutionalisierung strategischer Allianzen dar. Analog der von Kirsch postulierten fortschrittsfähigen Organisation, in welcher Responsiveness als eine zentrale Fähigkeit neben der Handlungs- und Lernfähigkeit her-

146 vgl. hierzu Abschnitt 2.1.1 dieser Arbeit.

147 vgl. zu negativen Synergieeffekten Schierenbeck (1973), S. 62, welcher diese als Resultat konfliktärer Wirkungsbeziehungen betrachtet. Sie können als Kosten der Anpassungs- und Integrationsmaßnahmen bezeichnet werden.

148 vgl. Lei (1989), S. 43, Hamel et al. (1989), S.89 ff. am Beispiel der strategischen Allianz von Rover/Honda.

149 Als Betroffene sind dabei mit Kirsch (1990), S. 20 f. nicht nur Teilnehmer am Transaktionsprozeß, sondern auch Mitglieder der Partnerunternehmungen, externe Interessenten (aktive Betroffene) und sonstige von den Aktionen Betroffene. "Betroffener einer Organisation ist, wer mit Anreizen und/oder Belastungen konfrontiert wird, gleichgültig ob er mit der Organisation in Transaktionsbeziehungen steht oder nicht.", ebd., S. 21

ausgestellt wird, kann zwischen einer passiven und einer aktiven Variante unterschieden werden.[150] Während eine passive Responsiveness eine Empfänglichkeit für die Bedürfnisse und Interessen der Betroffenen zum Ausdruck gibt, erfolgt bei der aktiven Variante die Bedürfnis- und Interessenberücksichtigung durch Partizipation der Betroffenen.[151]

Die *Sicherung einer ausgewogenen Anreiz-Beitrags-Struktur* stellt eine zentrale Voraussetzung zur Aufrechterhaltung der Allianz dar. Analog zur Anreiz-Beitrags-Theorie von March und Simon[152] kann auf interorganisationaler Ebene davon ausgegangen werden, daß die Partner nur so lange ein Interesse an der Aufrechterhaltung der Allianz haben, als diese eine positiv wahrgenommene Nutzendifferenz stiftet. Nach Vizjak stellt das Anreiz-Beitrags-Gleichgewicht auf interorganisationaler Ebene sogar "... das grundlegende Ziel für die Eingehung einer strategischen Partnerschaft dar."[153] Der Sicherung einer ausgewogenen Anreiz-Beitrags-Struktur kommt demnach entscheidende Bedeutung für die Stabilität einer strategischen Allianz zu. Wird March und Simon gefolgt, wonach das Anreizsystem einer Organisation nicht nur die Entscheidungen von Individuen über die Teilnahme an dieser Organisation beeinflussen, sondern auch sämtliche Entscheidungen und damit ihr Verhalten,[154] gewinnt eine ausgewogene Ausgestaltung von einem Anreiz-Beitrags-System an zunehmender Bedeutung.

Überbrückung der kulturellen Distanz. Aufgrund des in strategischen Allianzen vorhandenen Kulturpluralismus und damit verbundenen Konfliktpotentials[155] sowie der beschränkten Beeinflußbarkeit der Unternehmens- und Subkulturen der Partnerunternehmungen bedarf es des Einsatzes von Kulturüberbrückungsmaßnahmen zur Minderung der Reibungsverluste und Gewährleistung einer Grundlage für eine konstruktive, unverzerrte Kommunikation[156] und Erreichung der Ziele der Partner und der Allianz.

Reduktion von Unsicherheit und Komplexität. Strategische Allianzen sind im unterschiedlichem Ausmaß, Umwelt-, Partner- oder sonstige im Vorfeld des Institutionalisierungsprozesses induzierten Unsicherheiten ausgesetzt und durch Komplexität gekennzeichnet.[157] Unsicherheit belastet die Interaktionsbeziehungen und erschwert die vertragliche Gestaltung der Transaktionsbeziehung. Allianzinterne Komplexität[158] und Umweltkomplexität[159]

150 vgl. hierzu Kirsch et al. (1979), S. 128 ff., Kirsch (1990), S. 471 ff.
151 vgl. Kirsch (1990), S. 474 sowie zu Partizipation und Marketing als Philosophien der Bedürfnisberücksichtigung ebd., S. 174 ff.
152 vgl. hierzu March, Simon (1976), S. 642 ff.
153 vgl. Vizjak (1990), S. 140
154 vgl. March, Simon (1966), S. 61 ff.
155 vgl. hierzu Abschnitt 4.4.3 dieser Arbeit und dort angegebene Literatur.
156 vgl. Shepard (1965), S. 1115 ff., welcher auf Kommunikationsverzerrungen als eine Folge unterschiedlicher Unternehmenskulturen verweist.
157 vgl. Abschnitt 4.2.2 und 5.1.1 dieser Arbeit.
158 vgl. hierzu Abschnitt 5.1.1 dieser Arbeit.
159 vgl. hierzu Abschnitt 4.2.2 dieser Arbeit.

stellen unmittelbare Anforderungen an die Gestaltung der Allianz, die Führungskräfte und ihre Kapazität. Während grundsätzlich Unsicherheit soweit als möglich zu reduzieren ist, hängt das Ausmaß der Möglichkeit einer sinnvollen Komplexitätsreduktion[160] von der allianzinternen Komplexität ab. Grundsätzlich bieten sich jedoch eine Reihe von Möglichkeiten zur Reduktion von Komplexität an, wie beispielsweise eine Beschränkung der Allianz auf eine geringe Anzahl von Partnern oder Auswahl von Partnern mit geringer kultureller Distanz. Von Killing (1988) in einer empirischen Untersuchung befragte Manager nehmen nahezu übereinstimmend an, daß "... the key to successful alliance building is to create an alliance that is simple enough to be manageable. Complexity ... leads to failure."[161]

Schutz vor Opportunismus und Minimierung des Konfliktpotentials. Opportunistische Verhalten[162] seitens eines Partners läßt nicht nur die Vertragsgestaltung problematisch werden und steigert das Konfliktpotential, sondern kann die Wettbewerbsposition des anderen Partners unterminieren.[163] Opportunismus ist insbesondere in einer Situation einseitiger Abhängigkeit oder bei Existenz eines sogenannten "small numbers" Problems wahrscheinlich, da diese sich als Austrittsbarrieren erweisen. Schutzmaßnahmen vor Opportunismus dürfen sich deswegen und aufgrund der ex ante Probleme der Identifikation opportunistischer Individuen und Unterscheidungsschwierigkeiten von Ehrlichen und Offenen nicht auf Partnerauswahl- und -bewertungsaktivitäten beschränken, sondern diese sind auch und vor allem im Rahmen des Institutionalisierungsprozesses vorzunehmen. Konflikte extern oder intern induziert und damit verbundene negative Auswirkungen auf die atmosphärische Komponente und den Organisationsablauf sind dagegen nicht immer zu reduzieren. Konflikte können auch positive Folgen nach sich ziehen, wie: Stimulierung neuer Ideen, Wekkung von Interesse als notwendige aber nicht hinreichende Voraussetzungen für Innovationen; Förderung der Entwicklung neuer Energien und Aktivitäten; Induzierung von Selbstanalyseprozessen und Schaffung von klaren Verhältnissen.[164] Es gilt daher im Rahmen des Institutionalisierungsprozesses konstruktive Voraussetzung zu schaffen, damit es nicht zu einer Vergeudung der Ressourcen und Störungen im Informations- und Kommunikationsfluß kommt.

---

160 Damit sind nicht bewußte Komplexitätsverneinungsstrategien angesprochen, vgl. zu grundlegenden Komplexitätshandhabungsformen Kirsch (1990), S. 145 ff., welcher zwischen "Komplexitätsbejahung", "Komplexitätsverneinung" und "Komplexitätsverdrängung" unterscheidet.

161 Killing (1988), S. 57

162 vgl. hierzu Abschnitt 5.1.2 dieser Arbeit.

163 vgl. hierzu die Allianz von Rover und Honda, in welcher Honda seinen Partner in eine Spirale wachsender Abhängigkeit drängte, in Hamel et al. (1989), S. 89

164 vgl. hierzu Staehle (1989), S. 365 f.

5.2.2 Gestaltungsmöglichkeiten des organisatorischen Rahmens

Strategische Allianzen stellen gegenüber gewachsenen Dauerstrukturen von Unternehmungen ein eher labiles Beziehungsnetz dar, welches eigenständige und andersartige Strukturen und Verhaltensweisen erfordert.[165] Strategische Allianzen sind eine Sondersituation. Bekannte Organisationsmodelle, Managementinstrumente und -systeme können nicht im Kontext strategischer Allianzen zur Anwendung kommen.[166] Vielmehr muß für eine strategische Allianz eine eigene Organisationen geschaffen werden.[167] Aufgrund der beschränkten Machbarkeit[168] wird von dem von Dörler (1983) entworfenen "relationalen Organisationsbegriff" im folgenden ausgegangen und unter "Organisation" mit Dörler[169] das Netz aller, nur teilweise menschlichen Absichten entsprechenden Beziehungen unter den Mitgliedern und Sachmitteln sozialer Gebilde verstanden.[170] Dieser "relationale Organisationsbegriff" umfaßt damit neben den formalen Regelungen auch die informalen Erscheinungen.[171] Im Kontext dieses Organisationsbegriffes wird unter "organisieren" der Versuch verstanden "... die Organisation bestimmten Absichten entsprechend zu gestalten."[172] Da eine zielentsprechende Ausgestaltung der Organisation sich meist nur beschränkt verwirklichen läßt, wird dabei unter "organisieren" mit Dörler (1983) die Regelung des Wichtigsten verstanden.[173] Das Ausmaß der organisatorischen Gestaltung in strategischen Allianzen richtet sich dabei insbesondere nach dem Typ der Allianz, der Art der gemeinsam auszuführenden Wertaktivität und der auch damit eng verbundenen Bindungsintensität.[174]

Durch die Gestaltung des organisatorischen Rahmens, worunter hier die Schaffung eines interorganisationalen strukturellen Rahmens und dessen Verankerung verstanden wird, soll der Partnerschaft und der Allianz selbst eine "relativ dauerhafte Grundordnung"[175] implementiert werden. Unter Struktur wird dabei mit Schanz "... die Gesamtheit aller Regelungen, die die Teilung der Arbeit und die Koordination der solchermaßen entstandenen Einzelauf-

165 vgl. Bleicher (1989), S. 82

166 vgl. Doz (1988), S. 333, Leder (1990), S. 26 und Müller-Stewens, welcher die Übertragung der Organisationsprinzipien und Regeln der Partnerunternehmungen auf die strategische Allianz aus langfristiger Perspektive oft als den falschen Weg betrachtet, Müller-Stewens (1991a), S. 319

167 vgl. auch Müller-Stewens, welcher im Kontext der Integrationsphase hervorhebt, daß die Schaffung einer eigenen Organisation für die strategische Allianz entscheidend zu sein scheint, vgl. Müller-Stewens (1991a), S. 319

168 vgl. hierzu die eingenommene Position eines gemäßigten Voluntarismus in Abschnitt 3.1.6 sowie 3.3 dieser Arbeit.

169 vgl. hierzu und im folgenden, Dörler (1983), S. 159 ff.

170 vgl. Dörler (1983), S. 161

171 vgl. Dörler (1983), S. 161

172 Dörler (1983), S. 161

173 vgl. Dörler (1983), S. 162

174 vgl. Abschnitt 2.3.1 dieser Arbeit.

175 Ulrich (1987), S. 19

gaben betreffen", verstanden werden.[176] Dabei steigt mit zunehmenden Institutionalisierungsgrad die aufbauorganisatorischen Festlegungen und mit abnehmenden Eskalationsstufen der Koordinationsbedarf. Unter horizontaler Struktur wird in Anlehnung an Porter (1986) "... temporäre oder ständige Organisationsformen ... (verstanden, Anm.d.Verf.), die über die Grenzen der Unternehmenseinheiten hinausgehen und deren Aufbau ergänzen."[177] Da strategische Allianzen darüber hinaus die Grenzen der Partnerorganisationen verändern, verkörpert eine interorganisationale Struktur in dem Sinne eine horizontale Struktur, als sie neben der unternehmenseinheitenübergreifenden Funktion und der organisationsinternen Strukturüberlagerung auch die Grenzen der Partnerorganisationen per se überspannen.[178] Aufgrund der Wesensmerkmale der in einer strategischen Allianz zu bewältigenden Aufgabe: Komplexität, Einmaligkeit (relative Neuartigkeit), Ressourcen- und zeitliche Begrenzung sowie Zielorientierung bedarf es einer projektorientierten Organisationsform.[179] Im Rahmen der strukturellen Gestaltung strategischer Allianzen kommt dabei der *Grenzziehung* zwischen den Partnerorganisationen zentrale Bedeutung zu. Die Gestaltung der Schnittstellen ist es, die strategische Allianzen aus organisationsstruktureller Sicht von unabhängigen Unternehmungen unterscheiden und den Erfolg entscheidend mit determinieren.[180] " The precision of boundary determination agreements is a key factor in hybrid performance."[181] Mit Borys, Jemison (1989) ist dabei für die Gestaltung der Schnittstellen entscheidend, daß Vereinbarungen über die Durchlässigkeit der organisationalen Grenzen getroffen werden.

> "In hybrids without well-specified boundaries, partners tend to attach some of their obligations to the hybrid, thus lowering hybrid performance by saddling the hybrid with illegitimate demands on its ressources."[182]

176 Schanz (1982), S. 3

177 Porter (1986), S. 498

178 Der Begriff der "horizontalen Struktur" von Porter (1986) bezieht sich auf intraorganisationale Strukturen.

179 vgl. zu den charakteristischen Merkmalen eines Projektes, stellvertretend Pinkenburg (1980), S. 107 ff, Schröder (1969), S. 15, Kutschker, Gabele (1974), S. 286, Bleicher (1981), S. 61 ff., Fronz (1972), S. 175 f. und transferiert auf überbetriebliche Projekte, Korbmacher (1991), S. 11 f.

180 Die vorliegende Arbeit richtet daher auch ihren Fokus - wie bereits im Vorwort hervorgehoben - auf interorganisationale Beziehungsstrukturen und ihre Verankerung. Zudem sind mit Tröndle (1987), S. 98 gerade hier die entscheidenden Koordinationsprobleme zu lokalisieren und ein Theoriedefizit in der Wissenschaft festzustellen. Zur Einbettung der strategischen Allianz in die einzelnen Partnerorganisationen und damit verbundene intraorganisationalen Gestaltungsmöglichkeiten, kann dagegen auf die umfangreiche Literatur zum Projektmanagement zurückgegriffen werden; wird die strategische Allianz über ein Joint Venture institutionalisiert, auf die Literatur zu Joint Ventures. Zu letzteren vgl. auch die erst kürzlich erschienene praxisorientierte Schrift zum Joint-Venture-Management von Bleicher, Hermann (1991).

181 Borys, Jemison (1989), S. 239, vgl. auch Doz (1988), S. 325 ff.

182 Borys, Jemison (1989), S. 239

(1988) entwickelten Strukturierungsformen von Joint Ventures. Die Differenzierung unterschiedlicher Modelle erfolgt hierbei anhand der gewährten operativen Führungsautonomie. Während in Projektorganisationen dem Projektmanager die Führungsverantwortung unterliegt, können in Joint Ventures mit Hermann folgende *vier alternative Organisationsmodelle* unterschieden werden:[222]

Erstens kann dem Joint Venture die operative Verantwortung allein zugesprochen werden und ein sogenanntes *"Autonomiemodell"* verankert werden. Zweitens kann die Partnerschaft in einem sogenannten *"Managing-Partner-Modell"* strukturiert werden, bei welchem dem "Managing-Partner" die strategische und operative Führung des Joint Ventures übertragen wird und dieser das Joint Venture wie eine Tochtergesellschaft führt. Hierzu ist der Abschluß eines Managementvertrages erforderlich. Dabei sollte jedoch die Rolle des "Managing-Partners" keine generellen Dominanzansprüche implizieren. Drittens können die Führungsfunktionen und damit die Einflußsphären geteilt werden. Es wird daher von Hermann als *"Funktionsmodell"* bezeichnet. Als Beispiel wird eine Teilung auf Markt- und Technologiebereiche angeführt. Letztlich das *"Vollkonsensmodell"* als viertes Modell, welches dadurch gekennzeichnet ist, daß die Partnerunternehmungen nicht nur ihren unternehmenspolitischen, sondern auch ihren operativen Führungsaufgaben auf der Basis eines interaktiv-situativ zu bildenden Konsens nachkommen.

Nach Hermann sollte die Auswahl der vorgestellten Organisationsmodelle anhand zweier Kriterien erfolgen: Nach ihrem Beitrag zur Maximierung des Synergiepotentials einerseits und zur Minimierung des Konfliktpotentials andererseits.[223] Werden diese beiden Kriterien zueinander in Beziehung gesetzt und eine Positionierung der Organisationsmodelle zwischen diesen Dimensionen mit den dichotomen Ausprägungen "hoch", "tief" vorgenommen, so ergeben sich nach Hermann folgende Trade-off-Beziehungen, wie sie Abb. 5-2 zeigt. Das mit dem "Vollkonsens- und Funktionsteilungsmodell" verbundene hohe Konfliktpotential erschwert die Entscheidungsfindungsprozesse und impliziert politische Machtkämpfe, die zermürbende und langwierige Entscheidungsfindungsprozesse nach sich ziehen. Obgleich nach Hermann, gestützt auf die empirische Untersuchung von Janger (1980), in der Praxis das "Managing-Partner-Modell" vorherrscht[224], werden im Schriftum im Rahmen der gemeinsamen Entscheidungsfindungsprozesse, gemeinsame Entscheidungsfindungsprobleme, Kompromißkosten, politische Machtkämpfe und Konsensfindungsprobleme sowie langwierige Entscheidungsprozesse aufgrund gemeinsamer Ent-

222 vgl. hierzu und im folgenden Hermann (1988), S. 132 ff.
223 vgl. Hermann (1988), S. 135 f.
224 vgl. Hermann (1988), S. 136

scheidungsfindung hervorgehoben.[225] Hiernach scheint das Vollkonsens- und das Funktionsteilungsmodell, obgleich aufgrund des hohen Konfliktpotentials davon abzuraten wäre, in der Praxis nicht unüblich zu sein.

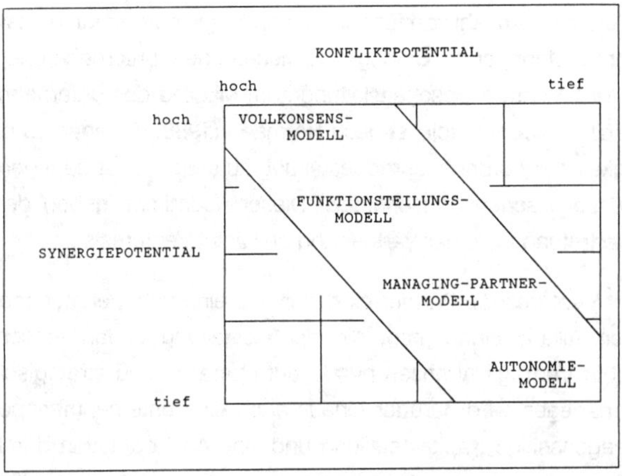

Abb. 5-2: Organisationsmodelle der Joint-Venture-Führung und damit verbundenes Konflikt- und Synergiepotential (Quelle: Hermann (1988), S. 136)

Nach der Bedeutung der operationalen Fähigkeiten der Partner für den Erfolg des Joint Ventures sollte sich nach Killing (1982) die Ausgestaltung der Führungsstruktur richten. Sofern nur die operationalen Fähigkeiten eines Partners erfolgsentscheidend sind, sollte nur dieser Partner die Führung des Joint Ventures übernehmen. Wenn beide Fähigkeiten für den Erfolg des Joint Ventures nötig sind, aber die eines Partners leicht und in kurze Zeit transferiert werden können, sollte der andere Partner das Joint Ventures führen. Ein "shared management" ist nach Killing dann zu empfehlen, wenn die Fähigkeiten beider Partner kritisch für den Erfolg des Joint Ventures sind.[226] Bei letzteren stellt sich jedoch damit das Problem der gemeinsamen Entscheidungsfindung.

Unabhängig des jeweilig gewährten Grades an operativer Führungsautonomie des Joint Ventures steht die Errichtung eines "unternehmenspolitischen Ausschusses",[227] in welchem die Sitzrelation in der Praxis nach der Kapitalrelation bemessen wird.[228] Nach

225 vgl. Schubert, Küting (1981), S. 7, Bleicher (1989b), S. 5 ff., Bea (1988), S. 2525, Taucher (1988), S. 87 ff., Johnston, Lawrence (1989), S. 87, Perlmutter, Heenan (1986), S. 138, Norbrun, Schoenberg (1990), S. 79 ff., James (1985), S. 80

226 vgl. Killing (1982), S. 127

227 vgl. hierzu Hermann (1988), S. 137, Taucher (1988), S. 89

228 vgl. Adler, Hlavacek (1976), S. 26, Janger (1980), S. 18

Tyebjee (1986) sind andere Modelle tendenziell instabilitätsfördernd.[229] Im Hinblick auf die Größe dieses Ausschusses ist die Lösung der Trade-off-Beziehung zwischen einerseits umfassenden Wissens- und Machtspektren und andererseits Gewährleistung der Handlungsfähigkeit (Minimierung der Konsensfindungskosten) zu finden. Nach Endress (1975) und Janger (1980) wäre eine Anzahl von fünf bis sieben Mitgliedern empfehlenswert. Die Frage, ob ein Joint Venture Manager als Bindeglied zwischen dem unternehmenspolitischen Ausschuß und der Joint Venture Geschäftsleitung zum Mitglied des unternehmenspolitischen Ausschusses benannt werden soll, ist nach Hermann (1988) dagegen zu problematisieren und in Abhängigkeit der Autonomiegradgestaltung zu sehen. Fest dagegen steht die Rolle des unternehmenspolitischen Ausschusses. Dieser übernimmt neben der Führungsrolle eine Interessenvertretungsrolle der Partner und des Joint Ventures selbst.

Während in Joint Ventures die Partner ex definitione eine unternehmenspolitische Rolle in der strategischen Allianz einnehmen, die der Gestaltung bedarf, beschränkt sich die Zusammenarbeit in Vertrags-Allianzen primär auf operative und strategische Bereiche. In *Equity-Allianzen* dagegen wird darüber hinaus auch eine unternehmenspolitische Verbindungen durch gegenseitige Kapitalbeteilung und eine Art Kooptation durch Einbezug externer (hier Vertreter der Partnerunternehmungen) in die unternehmenspolitische Struktur (Aufsichtsrat oder Direktorium) eingegangen.[230] In der strategischen Allianz von AT&T und Olivetti beispielsweise, in welcher sich AT&T an Olivetti u. a. kapitalmäßig beteiligte, waren Aufsichtsratsverflechtung explizit Gegenstand des Allianzabkommens. Es wurde vereinbart, daß AT&T Manager in den Aufsichtsrat von Olivetti berufen werden sollen und Benedetti in den von AT&T.[231] Obgleich mit einem Beteiligungserwerb ein verbundenes Recht des Einfusses auf die Unternehmenspolitik des Beteiligungsunternehmens grundsätzlich besteht,[232] können die Partner strategischer Allianzen nicht die Unternehmenspolitik der Unternehmung, an der sie den Anteil erworben haben, in Richtung ihrer eigenen Interessen beeinflussen. Ex definitione handelt es sich bei Equity-Allianzen nur um Minderheitsbeteili-

229 vgl. Tyebjee (1986), S. 30

230 Der Begriff Kooptation wurde erstmals von Selznick (1949) eingeführt. Er umfaßt die Einbeziehung unternehmensexterner Vertreter in die politische Struktur der Organisation zur Gewinnung von Legitimität und politischer Unterstützung. In Selznick's bekannten Tennessee-Valley-Authority-Studie, verdeutlicht Selznick (1949), daß diese Verknüpfungsstrategie auch mögliche Kosten nachsichzieht. Selznick behauptet, daß durch Kooptation externer Vertreter, Organisationen de-facto-Souveränität gegen Unterstützung austauschen. Zur Kooptation vgl. auch Thompson (1967), S. 35 sowie Pfeffer, Salancik (1978), S. 161 ff.

231 vgl. Taucher (1988), S. 89

232 vgl. hierzu Weber (1980), S. 10. Darüber hinaus ist mit einer Unternehmensbeteiligung das Recht auf einen Anteil am Bilanzgewinn sowie die Pflicht für Beteiligungsverluste im Rahmen der mit der Beteiligung eingegangen Verpflichtung zu haften verbunden; desweiteren das Recht auf Anteil am Residualerlös bei Gesellschaftsauflösung, vgl. ebd.

gungen.[233] Obgleich das Einflußpotential eng mit der Beteiligungsquote verknüpft ist, ist das rechtliche Einflußpotential von dem "de-facto-Einflußpotential" zu unterscheiden, da dies realiter nicht übereinstimmen kann. So eröffnet mit Root (1988) eine relativ höhere Verhandlungsmacht einem Partner durch seine stärkere Verhandlungsposition ihm ein "de-facto-Einflußpotential", welches größer ist, als die tatsächliche Kapitalbeteiligung es widerspiegelt.[234] Im Rahmen der Gestaltung solcher Allianzen gilt es, die unternehmenspolitische Verbindung durch geeignete Führungskräfte herzustellen.

5.2.3 Gestaltung von Führungspositionen

Der personellen Besetzung von Führungspositionen kommt in strategischen Allianzen entscheidende Bedeutung zu. Zum einen sind es die Führungskräfte, die verantwortlich für das Gelingen der strategischen Allianz sind und zum anderen sind sie an den Schnittstellen positioniert.[235] Mit diesem Designparameter wird auch die machtpolitische Handlungsposition und die atmosphärische Komponente maßgeblich mit bestimmt. Die Auswahl und die Zuweisung von Führungskräften sind dabei mit Lorange (1986) für die Implementierung strategischer Allianzen kritische Erfolgsfaktoren.[236] Nach ihm sind aufgrund ungeeigneter personeller Besetzung zahlreiche Joint Ventures fehlgeschlagen.[237] Um die **Anforderungen** an die Führungskräfte zu ermitteln, bedarf es der Analyse der zu erfüllenden Aufgaben respektive ihrer Rollen und der Erstellung eines Anforderungsprofils. Auf dieser Basis kann dann in einem zweiten Schritt eine aufgabengerechte Auswahl der Führungskräfte erfolgen.

Mit Burnett/Waters lassen sich allgemein folgende Anforderungen an Führungskräfte anführen:[238]

233 vgl. Abschnitt 2.3.1 dieser Arbeit. Nach Eisenhofer (1970) wird eine Beteiligungsquote zwischen 5 % und 25 % als "Minderheitsbeteiligung" bezeichnet und eine unter 5% als "Kleinbeteiligung", vgl. ebd. S. 12. Letztere ist im Terminus "Equity-Allianz" miteingeschlossen.

234 vgl. hierzu Root (1988), S. 76 f.

235 vgl. hierzu Abschnitt 5.1.1 dieser Arbeit und dort angegebene Literatur.

236 vgl. Lorange (1986), S. 133 ff. sowie Bleicher (1989), S. 84 in Bezug auf Lorange (1985)

237 vgl. Lorange (1986), S. 143 Dabei sind in einigen Fällen diese Mißerfolge nach Lorange nicht auf Personalbewertungsschwächen zurückzuführen, sondern allein darauf, daß dem Joint Venture Manager zugeteilt werden, die in der eigenen Organisation nicht mehr erwünscht sind. Damit ist ein grundsätzliches Problem angesprochen, daß Organisationen, insbesondere wenn die Allianz keine herausragende strategische Bedeutung für diese hat, nicht ihre besten Manager der Allianz zuweisen. So länger der Zeithorizont der Partnerschaft und eine gewisse Kontinuität in der Führungspositionsbesetzung beabsichtigt ist und die Managementkapazität weitgehend ausgeschöpft ist, desto wahrscheinlicher wird dies sein. Eine Antizipation einer solchen Personaleinsatzpolitik kann, sofern diese Zusammenhänge realiter bestehen, an den genannten Indikatoren ansetzen. Wissenschaftlich fundierte Zusammenhangshypothesen und/oder empirische Untersuchungen fehlen leider hierzu derzeit noch.

238 vgl. Burnett, Waters (1984) , S. 18 ff., zu strategiedifferenzierten Eigenschaften vgl. auch Hinterhuber (1989), S. 140 ff

Senior Management Capacities
- Strategisches Denken
- Schnelle Informationsverarbeitung
- Entscheidungsfindung unter Unsicherheit und Zeitdruck
- Politische und kulturelle Sensitivität
- Gesellschaftliche Verantwortung
- Organisatorische Prozesse lenken
- Zusammenarbeit sicherstellen

Managerial Skills
- Arbeit strukturieren
- Interpersonelle Fähigkeiten
- Konfliktmanagement und Verhandlungsgeschick
- Präsentieren

Personal Qualities
- Gesundheit und personalen Einfluß
- Technische und betriebswirtschaftliche Kenntnisse
- Lernfähigkeit

Diese Qualifikationsmerkmale können auch die Gestaltung des Anforderungsprofils für Führungskräfte strategischer Allianzen leiten. Für *Cross-border-Allianzen* sind darüber hinaus noch *Sprachkenntnisse* neben den technischen und betriebswirtschaftlichen Kenntnissen als Voraussetzung zur reibungslosen, unverzerrten und direkten Kommunikation erforderlich. Desweiteren ist aufgrund der Allianzen immanenten Unsicherheit und begrenzten Steuerbarkeit ein gewisser Grad an *Risikofreudigkeit* erforderlich. Auch Doz (1988) kommt im Kontext der von ihm hervorgehobenen "entrepreneurischen Fähigkeit" - wie weiter hinten noch zu zeigen ist - zu dem Schluß, daß eine hohe Risikobereitschaft erforderlich ist. Den genannten Anforderungen lassen sich, durch eine Analyse der im Schriftum diskutierten interorganisationalen Rollen, weitere hinzufügen.

Auf interorganisationaler Ebene werden im Schriftum den Schnittstellenmanagern unterschiedliche *Rollen* zugeteilt. Diese sind jedoch *in Abhängigkeit des Integrationsgrades* und dem *Grades der kulturellen Distanz* zu sehen, da diese wesentlich den Koordinationsaufwand,[239] die Anforderungen an die Führungskräfte und deren Rollen bestimmen. Dabei kann davon ausgegangen werden, daß je stärker der Integrationsgrad, desto eher können aufbauorganisatorische Strukturen das Verhalten kanalisieren und so eher sind herkömmliche Instrumente der Steuerung und Kontrolle möglich und je geringer der Eskalationsgrad oder je lockerer die Verbindung, desto höher ist der Koordinationsaufwand. Im Zusam-

239 Unter Koordination kann mit Hoffmann (1980) die "... bewußte Abstimmung und Ausrichtung dezentraler, genereller und fallweiser Handlungen und Entscheidungen interdependenter organisatorischer Einheiten im Hinblick auf die Erfüllung von Unternehmenszielen ..." verstanden werden, vgl. ebd. S. 305. Für strategische Allianzen müssen jedoch auch die Ziele abgestimmt werden, sodaß unter Koordination hier die Abstimmung von Zielen, Entscheidungen und Handlungen verstanden wird.

menhang mit der kulturellen Distanz kann davon ausgegangen werden, daß je geringe die kulturelle Distanz, desto geringer wird der Koordinationsaufwand und letztlich die Anforderungen an die Führungskräfte sein. Darüber hinaus beeinflußt die *Größe der Allianz*, verstanden als die Anzahl der Partner, die Komplexität der Allianz und damit die Anforderungen an die Führungskräfte sowie die Möglichkeiten der Koordination. Nach Phillips (1960) ist die Anzahl der Organisationen der kritische Bestimmungsfaktor für die Art der Koordination.[240] Auch Astley, Frombrun (1983) gehen von einem solchen Zusammenhang aus, den sie wie folgt konkretisieren: "small numbers permit direct association, whereas large numbers necessitate indirect relationships."[241]

Im Hinblick auf die **Anzahl der Führungskräfte** kann grundsätzlich die Schnittstelle durch eine Führungskraft besetzt werden oder mehrere Schnittstellenmanager institutionalisiert in einem Komitee übernehmen die "Integratorrolle". Doz beobachtete, daß in praxi "single interface points" nicht ausreichen.[242] "Interface Manager" sollten eng verbunden sein mit verschiedenen Abteilungen ihrer Unternehmung. In der Regel ist dies jedoch nicht möglich. Darüber hinaus präferieren "Operating Manager" eine direkte Zusammenarbeit mit den Partnern und nicht indirekt über einen Kontaktpunkt. Zudem übersteigt die inhaltliche Komplexität und Spezifität der gemeinsamen Aufgabe die Fähigkeiten und Kenntnisse der Führungskräfte (Qualifikationsdefizit) insbesondere bei High-tech-Projekten. Mit der Folge, daß die Verbindungsmanager an Glaubwürdigkeit bei den Ingenieuren und "Operating Managern" verlieren. Auch die **Wahl der Führungsebene** ist problematisch.

> "Placed too high, the interface point may lose touch with the needed substantive details; placed too low, it runs the risk of sinking into a mere >letter-box< role, with little practical usefulness."[243]

Multiple Komitees dagegen, im welchen Schnittstellenmanager partizipieren, versprechen eher die "Integratorenrolle" zu erfüllen, sofern sie über *entrepreneurische Eigenschaften*[244] verfügen und die Partner dazu bewegen können, daß sie ihre Aufgabe im Sinne der gemeinsamen Ziele erfüllen. Nach Doz (1988) ist der Erfolg einer Partnerschaft entscheidend von Entrepreneuren an den Schnittstellen abhängig; obgleich die häufig angeführten diplomatische Fähigkeiten wichtig sind: "... the most successful interface managers I observed were also strong entrepreneurs, devotet to the success of the partnership, and able to lobby effectively with both sides."[245] Unterstützt werden solche Schnittstellenmanager in erfolgreichen Partnerschaften durch sogenannte "boundary spanning-individuals". Diese dem Kooperationsprojekt direkt zugeteilten Mitarbeiter setzen sich in erfolgreichen Allian-

240 vgl. Phillips (1960)
241 Astley, Frombrun (1983), S. 580
242 vgl. hierzu und im folgenden Doz (1988), S. 334 ff.
243 Doz (1988), S. 335
244 vgl. zum Entrepreneurship und innovative Unternehmensgründung, Syzperski, Roth (1990)
245 Doz (1988), S. 335

zen unternehmerisch für die Partnerschaft ein und sind in der Lage die kulturelle Distanz zu überbrücken durch ihre Fähigkeit nicht nur die Unternehmenskultur der Partner zu akzeptieren und zu verstehen, sondern auch sich zu assimilieren ohne dabei die Fähigkeit zu verlieren, erfolgreich mit der eigenen Organisation zu arbeiten. Nach Doz (1988) kennzeichnet solche Individuen eine hohe Risikobereitschaft. Die Inkaufnahme persönlicher Risiken führt er darauf zurück, daß diese im Hinblick auf ihre Karriere nichts zu verlieren haben, da entweder nur noch eine graduelle Veränderung möglich wäre oder die derzeitige Position unangreifbar ist. Vor diesem Hintergrund verletzen sie sogar unternehmenskulturelle Normen, wenn dies für den Erfolg der Partnerschaft erforderlich ist.[246]

Mit Doz läßt sich somit dem angeführten Anforderungsprofil *die Eigenschaft "entrepreneurische Fähigkeit" hinzufügen*.

Neben der bereits von Burnett, Waters (1984) angeführten kulturellen Sensitivität als eine notwendige Voraussetzung zur Überbrückung der kulturellen Distanz, kommt letztere Fähigkeit in strategischen Allianzen herausragende Bedeutung zu. Im Schriftum wird diese Rolle mit *Kultivator* oder *Katalysator*[247] zum Ausdruck gebracht. Die angeführten Anforderungen sind demnach auch um *Kenntnisse über länder- und unternehmensspezifische Kulturen* zu erweitern.[248] Erstere sind jedoch nur bei Cross-border-Allianzen notwendig. Lorange (1986) verweist in diesem Zusammenhang dabei auf die Problematik, daß

> "The assigned managers may be competent as individuals but unable to work together in a cooperative organizational context due to cultural differences, commmunication problems, and so on."[249]

Den Schnittstellenmanagern kommt jedoch neben Integrations- und/ oder Koordinationsaktivitäten auch die Rolle eines "gatekeepers" zu.[250] Dabei ist ihre zentrale Aufgabe darin zu sehen, daß keine unternehmenskritischen Informationen die Schnittstelle passieren.[251] Aufgrund potentiell bestehender informaler Kontakte zwischen den Mitarbeitern der Partnerorganisationen ist jedoch die Steuerbarkeit begrenzt. Das Ausmaß der Weiterleitung unternehmenskritischer Informationen ist dann wesentlich von der Loyalität der involvierten Mitarbeiter abhängig. Den Führungskräften dieser Mitarbeiter kommt mithin auch die Aufgabe zu, die möglichen Auswirkungen zu vermitteln, um dadurch den Loyalitätsgrad zu steigern.

---

246 vgl. Doz (1988), S. 335 f.

247 vgl. beispielsweise Vizjak (1990), S. 184

248 vgl. hierzu auch die Ausführungen in Abschnitt 4.1.3 und Abschnitt 4.4.3 dieser Arbeit, in welchen die kulturelle Dimension als kritischer Einflußfaktor herausgestellt wurde.

249 Lorange (1986), S. 137

250 vgl. Garette (1989), S. 8

251 Zu weiteren Gestaltungsmöglichkeiten des Informations- und Kommunikationsflusses, vgl. Abschnitt 5.2.6 dieser Arbeit.

Damit läßt sich als eine weitere Anforderung an die Führungskräfte die Fähigkeit *sinnvermittelnd* zu wirken anführen.

Vor dem Hintergrund, daß die personelle Besetzung von Führungspositionen insbesondere in strategischen Allianzen bislang noch nicht theoretisch durchdrungen ist und darüber hinaus Operationalisierungsprobleme eine aufgabengerechte Ermittlung der Fähigkeitsprofile erschweren, können die angeführten Qualifikationsmerkmale nur als ein erster pragmatischer Schritt verstanden und als grobe Leitlinien für die Auswahl herangezogen werden.

Verfügen die vorhandenen Führungskräfte nicht über die geforderten Eigenschaften, Fähigkeiten und Kenntnisse, so können durch *Management Development Programme* diese erlernt, vertieft oder gefördert werden, sofern keine zeitlichen Beschränkungen bestehen. Eine Verminderung der kulturellen Distanz, kann aus personalpolitischer Sicht durch einen *reziproken Personaltransfer* zwischen den Partnerunternehmungen erreicht werden, da hierdurch ein Kennenlernen der partnerspezifischen Unternehmenskulturen vor Ort ermöglicht wird. Bei Cross-border-Allianzen kann darüber hinaus Wissen über die nationalen Kulturen angeeignet oder vertieft werden. Das Wissen um nationale Unterschiedlichkeiten stellt eine wesentliche Voraussetzung zur Überbrückung der kulturellen Distanz dar. Als weitere Maßnahme zur Reduzierung der kulturellen Distanz, führt Doz (1988) die reziproke Partizipation an Management-Development-Programmen an.[252] In der strategischen Allianz von AT&T und Olivetti waren beispielsweise gemeinsame Schulungen explizit mit ein Bestandteil des Allianzabkommens.[253] Ein vorhandenes Qualifikationsdefizit kann ferner extern durch *Neueinstellungen* oder intern durch *Beförderung* potentiell geeigneter Führungskräfte beseitigt werden. Eventuell bietet sich auch die Möglichkeit an, aufgrund der zeitlichen Begrenzung strategischer Allianzen, *Zeitmanager* einzusetzen, welche extern rekrutiert werden und nur für die Dauer der Allianz für die Unternehmung arbeiten. Abschließend kann festgehalten werden, daß personalpolitischen Aspekten bereits im Rahmen der Planung strategischer Allianzen entscheidende Bedeutung zukommt; denn treten Qualifikationsdefizite im Rahmen der Implementierung auf, so kommen sämtlich angeführten Maßnahmen sehr wahrscheinlich zu spät.

Eine bislang noch nicht berücksichtigte Gestaltungsoption ist die **zeitliche Dimension**. Im Vordergrund steht hierbei die Frage, ob die selektierten Führungskräfte temporär oder dauerhaft bzw. bis zur Auflösung der Partnerschaft der Allianz zugeteilt werden sollten. Im Schriftum herrscht weitgehend Einigkeit darüber, daß eine dauerhafte Zuteilung zur Sicherung einer gewissen Kontinuität und Stabilität zu bevorzugen sei.[254] Nach Harrigan (1986)

252 vgl. Doz (1988), S. 336
253 vgl. hierzu Taucher (1989), S. 89
254 vgl. Harrigan (1986), S. 181, Lyles (1987), S. 82

kann ein Wechsel auf der Führungsebene dramatische Folgen für die Beziehungen haben, wenn die nicht seit Beginn der Allianz involvierten neuen Manager die Partnerschaftsvision nicht teilen. Eine vorzeitige Beendigung der Allianz ist insbesondere nach Harrigan dann zu erwarten, wenn der Führungswechsel aufgrund negativer Erfolgsmeldungen durchgeführt wird - was in praxi sicherlich eine Hauptinitiierungsfaktor hierfür ist -, da der neu zur Verantwortung heranzuziehende Manager eher zur Auflösung der Allianz tendieren wird, als diese aus der Talsohle heraus zu manövrieren.[255]

Ein weiteres gewichtiges Problemfeld strategischer Allianzen läßt sich auf Entscheidungsinterdependenzen, welche ex definitione strategische Allianzen kennzeichnen, zurückführen. Obgleich der jeweilige Umfang der Entscheidungsautonomie mit Tröndle (1987) von der Art und dem Ausmaß des Kooperationsprojektes abhängig ist, bedürfen strategische Entscheidungen jedoch immer der gegenseitigen Abstimmung im Rahmen einer gemeinsamen Entscheidungsfindung, da direkte Weisungsbefugnisse als Koordinationsmechanismen ex definitione nicht eingesetzt werden können.

5.2.4 Gestaltung der Entscheidungsprozesse

Gemeinsame Entscheidungsfindungsprozesse stellen gerade in strategischen Allianzen ein häufiges Problemfeld dar.[256] Nach Boettcher (1974) ist die Senkung der Entscheidungskosten sogar einer der vordringlichsten Aufgaben bei Unternehmenskooperationen.[257] Damit stellt sich hier die Frage wie Entscheidungsprozesse kanalisiert und das immanente Koordinationsproblem gehandhabt werden kann.

Die Maßnahmen zur Gestaltung der Entscheidungsprozesse beziehen sich zum einen auf die Institutionalisierung einer Entscheidungsarena und zum anderen auf den Einsatz von Abstimmungsinstrumenten sowie verschiedene Formen von Verhaltensweisen zur Handhabung der mit den existenten Entscheidungsinterdependenzen verbundenen Koordinationsproblemen.[258] Dabei können interdependente Entscheidungen nach Lindblom dann als koordiniert bezeichnet werden, wenn:

> "... die Entscheidungen in der Weise aufeinander abgestimmt sind, daß für jede einzelne der abgestimmten Entscheidungen die Abstimmung in der Sicht der Werte von

255 vgl. Harrigan (1986), S. 181

256 vgl. Grochla (1972), S. 9, Schubert, Küting (1981), S. 7, Bleicher (1989b), S. 5 ff., Boettcher (1974), S. 65, Bea (1988), S. 2525, Taucher (1988), S. 87 ff., Johnston, Lawrence (1989), S. 87, Permutter, Heenan (1986), S. 138, Norbrun, Schoenberg (1990), 79 ff., James (1985), S. 80

257 vgl. Boettcher (1974), S. 65

258 Hier steht weniger die Strukturierung der Entscheidungsarena im Fokus der Untersuchung als vielmehr die Prozesse selbst. Zur Ausgestaltung der Entscheidungsarena vgl. die Ausführungen in Abschnitt 5.2.2 dieses Kapitels.

mindestens einem der beteiligten Entscheidungsträger als besser erachtet wird als keine Abstimmung."[259]

Auf welche Werte dabei Bezug genommen wird, bleibt jedoch unklar. In der klassischen Literatur erfolgt in der Regel eine Bewertung im Hinblick auf die Organisationsziele. In strategischen Allianzen sind jedoch - wie bereits angeführt - Ziele der Allianz selbst Ergebnis von Zielentscheidungsprozessen. Wird mit Cyert und March (1963) demnach davon ausgegangen, daß Organisationsziele selbst Ergebnis von Entscheidungsprozessen sind und nicht als gegeben betrachtet,[260] so ist dieser Bewertungsansatz unzweckmäßig. Da spekulative Ansätze gleichfalls unzweckmäßig sind, muß an dieser Stelle auch offen gelassen werden nach welchen Faktoren eine Bewertung erfolgen sollte und könnte. Interdependente Entscheidungen werden dann hier allgemein mit Kirsch (1971) als koordiniert betrachtet, wenn die Entscheidungen in "wünschenswerter" Weise aufeinander abgestimmt sind. Ob eine Entscheidung realiter abgestimmt ist, verbleibt letztlich der empirischen Prüfung.

Bevor einzelne Gestaltungsmaßnahmen diskutiert werden können, bedarf es zunächst der Deskription kollektiver Entscheidungsprozesse, um einen Zugang zum Wesen solcher "Joint Decision Making" Prozesse zu gewinnen. Mit Pfeffer (1981) lassen sich allgemein vier Modelle organisatorischer Entscheidungsprozesse unterscheiden: Das Rational-Modell, das Bürokratie-Modell, das "Political Power Model" und das "Decision Process/Organized Anarchy Model". Es ist zu prüfen, welches dieser Modelle am ehesten geeignet ist, kollektive Entscheidungsprozesse in strategischen Allianzen zu beschreiben und damit transferierbar ist.

Von der Annahme, daß Organisationen als hierarchische Systeme mit genau definierten Zielen zu betrachten sind, geht das *Rational-Modell* aus. Entscheidungsprozesse werden von Wertmaximierungsabsichten gesteuert, wobei es um die Optimierung des Mitteleinsatzes zur Erreichung der Ziele geht. Unterschiedliche Ziele und damit Zielkonflikte werden ex definitione ausgeklammert. Das dieses Modell zur Beschreibung kollektiver Entscheidungsprozesse in strategischen Allianzen wenig geeignet ist, bedarf keiner weiteren Erläuterung. Das *Bürokratie-Modell* geht gleichfalls von einem rationalen Entscheidungsfindungsprozeß und konsistenten Zielen aus. Dagegen definieren die Verhaltenserwartungen für die Organisationsmitglieder innerorganisatorische Rollen und Normen. Auch das Bürokratiemodell ist nicht zuletzt aufgrund der Allianzen immanenten Zielkonflikte[261] zur Beschreibung kollektiver Entscheidungsprozesse in strategischen Allianzen ungeeignet. Das *"Political Power Model"* beschreibt dagegen Organisationen als interessenpluralistische Sy-

259 Lindblom (1965), S. 24
260 vgl. Abschnitt 1.2 dieser Arbeit.
261 Zu Zielkonflikten vgl. Abschnitt 5.1.1 dieser Arbeit und dort angegebene Literatur.

steme.[262] Entscheidungsprozesse werden als ungeordnete und von der Verfolgung von Selbstinteressen bestimmte Prozesse charakterisiert, welche durch Machtkämpfe und Konflikte zu kennzeichnen sind und in denen es Gewinner und Verlierer gibt. Die Entscheidungen selbst sind damit Ergebnis von Verhandlungen. Das "Political Power Model" kann im Gegensatz zu den anderen bisher zitierten Modellen von Pfeffer (1981) auf kollektive Entscheidungsprozesse in strategischen Allianzen transferiert werden. Jedoch impliziert dieses Modell, daß im Grunde nur zwei Variablen zur Analyse der Entscheidungsprozesse relevant sind: Macht und Konflikt. Eine allein durch Machtkämpfe und Konflikt zu kennzeichnende Entscheidungsepisode, in denen es Gewinner und Verlierer gibt, erscheint im Kontext strategischer Allianzen jedoch unzureichend. Ohne Konsens würde die strategische Allianz lahmgelegt. Zudem ist davon auszugehen, daß die in der Allianz beteiligten Organisationen eigene Ziele verfolgen. Gäbe es Verlierer, so würde dies bedeuten, daß zumindest ein Partner von seinen eigenen Zielen zur Findung eines Konsenses abrückt. Davon a priori auszugehen, erscheint nicht gerechtfertigt. Strategische Allianzen sind vorwiegend "loosely coupled systems" (Weick 1976), die u.a. dadurch gekennzeichnet sind, daß den Partner die Entscheidungsfreiheit zum Austritt aus der Allianz grundsätzlich erhalten bleibt, obgleich im Einzelfall bestehende Austrittsbarrieren[263] diese einzuschränken vermögen. Das *"Decision Process/Organized Anarchy Model"* als viertes Modell geht gegenüber den anderen Modellen davon aus, daß Ziele unklar und mehrdeutig sind sowie u.a. ex post zur Rationalisierung vorgenommener Handlungen getroffen werden.[264] Entscheidungsprozesse werden als sich ad hoc bildende Episoden im ongoing process angesehen; Macht und Kontrolle als dezentralisiert und anarchisch betrachtet. Entscheidungen sind nach dieser Sichtweise als Ergebnis kollektiver Entscheidungsprozesse nicht mit Intentionen gekoppelt, sondern Resultat von personellen Interaktionen und Schnittpunkt von Lösungen und Problemen. Vor dem Hintergrund dieses Modells kann auch die Beschreibung kollektiver Entscheidungsprozesse in strategischen Allianzen erfolgen, da dessen Elemente mit den charakteristischen Merkmalen strategischer Allianzen am weitgehendsten übereinstimmen. Im folgenden wird daher davon ausgegangen, daß kollektive Entscheidungsprozesse Episoden im ongoing process darstellen, welche aus diesem organisatorischen Geschehen ausgrenzbar sind. Mit Kirsch (1988) besitzen solche Episoden

> "... einen Anfang und ein Ende und dienen der Herbeiführung, Spezifizierung und gegebenfalls auch der Sicherung von bewußten Festlegungen (commitments) in der

---

262 Dieses Modell entspricht dem Koalitions-Modell von Cyert und March (1963), vgl. hierzu auch die Ausführungen in Abschnitt 3.2.4 dieser Arbeit.

263 vgl. hierzu Abschnitt 4.3.2 dieser Arbeit.

264 Diese Sichtweise entspricht weitgehend dem in Abschnitt 3.2.5 vorgestellten symbolischen Ansatz und kann damit unter dieser Perspektive subsumiert werden.

Organisation. Die Entscheidungsepisoden können dabei selbst Teilprozesse innerhalb umfassenderer Episoden des organisatorischen Geschehens sein."[265]

Inhaltlich können solche Episoden sich auf Transaktionen und Transformation physischer Objekte und der Produktion und Distribution von Aussagen, mit dem Aufbau, der Ausführung und der Sicherung von Macht, mit der Bildung von Konsens und mit der Herstellung von commitments erstrecken.[266] Mit der Abgrenzung von Episoden wird es ermöglicht, einen Scheinwerfer auf das Geflecht von Aktivitäten und Interaktionen zu richten, welches einer mikroskopischen Analyse zu unterziehen ist.

> "Alles was nicht zur Episode gerechnet wird (also was früher geschah und sich in bestimmten Strukturen niedergeschlagen hat, und was zeitlich parellel zur betrachteten Periode geschieht), gehört zum >Feld< der betrachteten Episode," in welches diese eingebettet ist und von welcher sie beeinflußt wird. (Die Episode selbst kann jedoch auch auf das Feld abstrahlen).[267]

Der Anfang und das Ende einer Episode können zum einen von aussen festgelegt werden oder aber die Episodenabgrenzung ergibt sich aus einem selbstorganisierenden Prozeß.[268] Bei letzterem läßt sich die Abgrenzung auf die Initiativen der Beteiligten zurückführen.[269]

Zur Kanalisierung der Entscheidungsprozesse bedarf es der Errichtung einer Entscheidungsarena, innerhalb deren Rahmen die kollektiven Entscheidungsprozesse ablaufen können. Die Entscheidungsarena kann sich ad hoc bilden und bedarfsinduziert sein oder zu einem festgelegten Termin gebildet werden und dann wieder ad hoc ins Leben gerufen werden oder periodisch festgeschrieben sein. In dynamischen Umwelten und damit einhergehenden Unvorhersehbarkeiten, in welche strategischen Allianzen in der Regel eingebettet sind,[270] ist davon auszugehen, daß strategische Entscheidungen modifiziert oder revidiert werden müssen, oftmals in kurzen Zeitperioden.[271] Die Errichtung von Entscheidungsarenen stellt damit für die Aufrechterhaltung der strategischen Allianz eine Notwendigkeit und für die Sicherung der Flexibilität eine Voraussetzung dar. Meetings sollten dabei auf allen "Hierarchieebenen" stattfinden und Zeitraum lassen für informale Kommunikation und sonstige soziale Aktivitäten und Sozialisierungsprozesse. Die Involvierung der operativen Führungskräfte in den strategischen Entscheidungsprozeß[272] wurde bereits zur Stei-

---

265 Kirsch (1988), S. 164
266 vgl. Kirsch (1990), S. 131 ff.
267 Kirsch (1988), S. 164
268 vgl. hierzu Knyphausen (1991), S. 53
269 vgl. ebd.
270 vgl. hierzu die empirischen Untersuchungen zitiert in Abschnitt 1.1 dieser Arbeit und dort angegebene Literatur.
271 vgl. Ansoff (1979), S. 49 ff.
272 Zur Differenzierung von Entscheidungen in politische, administrative und operative Entscheidungen, vgl. Kirsch (1988), S. 144 ff.

gerung der Identifikation dieser mit der strategischen Allianz und zur Nutzung ihres Wissens über potentielle Probleme in der Realisierungsphase zur Senkung der Implementierungsprobleme hervorgehoben. Dabei sollte es sich jedoch nicht um eine "Pseudo-Partizipation" handeln.[273] Trade-off-Beziehungen in Bezug auf die Gewährleistung der Handlungsfähigkeit sind dabei zu berücksichtigen.[274]

Zur Exploration der Instrumente und Verhaltensweisen zur Beeinflussung der Entscheidungsprozesse selbst bedarf es einer näheren Beschreibung der Aktivitäten und Interaktionen innerhalb der Episode. Nach Kirsch (1988) haben die Aktivitäten und Interaktionen, wird von der Produktion, Transformation und Distribution physischer Objekte abgesehen, "... mit der Produktion und Distribution von Erkenntnis, mit dem Aufbau, der Ausübung und der Sicherung von Macht sowie mit der Bildung von Konsens zu tun."[275]

Unter "*Erkenntnis*" versteht Kirsch (1988) eine "... spezielle Form eines Wissens über die Welt ...".[276] Dieses Wissen umfaßt dabei sämtliche Tatsachenbehauptungen, Theorien, Gesetzesaussagen und dergleichen über die "objektive" Welt sowie subjektive Werturteile und soziale Normen. Dasjenige Wissen, welches gleichsam außerhalb der Köpfe des Menschen gespeichert ist, sei es temporär oder permanent wird als Erkenntnis bezeichnet. Es ist damit unabhängig von Individuum zugänglich. Wird diese Erkenntnis im Rahmen der Aktivitäten und Interaktionen produziert, distribuiert und vermittelt, so liegt "Aufklärung" vor. Der erfolgreichen Vermittlung kann jedoch die beschränkte Rationalität[277] entgegen stehen und sich als Wissensvermittlungsbarriere erweisen. Unter *Macht* bzw. Machtprozesse werden Machtpotentiale[278], ihre Pflege und Sicherung,[279] die Ausübung von Macht und die Vernichtung von Machtpotentialen[280] subsumiert.[281] Die dritte Klasse von Aktivitäten und Interaktionen bezieht sich auf die Bildung aber auch Zerstörung von *Konsens* sowie auf die Produktion und Sicherung der dafür erforderlichen Voraussetzungen. Konsens liegt nach Kirsch vor, wenn "... unterschiedliche Standpunkte angenähert werden oder über et-

273 vgl. zu den idealtypischen Arten von Partizipation Kirsch (1990), S. 161 f. und dort angegebene Literatur.

274 Zur Diskussion, ob Partizipation zur Gefährdung der Handlungsfähigkeit führt, vgl. Kirsch (1990), S. 163 ff.

275 Kirsch (1988), S. 173

276 Kirsch (1988), S. 174

277 vgl. hierzu Abschnitt 5.1.2 dieser Arbeit.

278 vgl. zu möglichen Machtgrundlagen Abschnitt 5.1.3 dieser Arbeit und dort angegebene Literatur.

279 Vorhandene Machtgrundlagen unterliegen unter Umständen Abnutzungserscheinungen im Zeitablauf. Sicherungs- und Pflegeaktivitäten können dies zu verhindern oder abzuschwächen versuchen.

280 Eine Vernichtung von Informationsmacht beispielsweise kann dadurch erfolgen, daß der Machtunterworfene Zugang zu den Erkenntnissen erhält, die dem anderen als Machtgrundlage dienten.

281 vgl. Kirsch (1988), S. 175 f.

was eine Übereinstimmung herbeigeführt wird."[282] Konsens kann dabei zustande kommen durch: Gegenseitige Aufklärung, Machtausübung oder "gemeinsames Erleben" einer Situation, was zu einer Art "kollektiven Gleichgestimmtheit" führt.[283] Grundsätzlich kann in strategischen Allianzen davon ausgegangen werden, daß ein Konsens dann erreichbar ist, wenn ein Anreiz-Beitrags-Gleichgewicht zwischen den Partnerorganisationen vorliegt.[284] An beiden Komponenten kann demnach zur gestalterischen Einflußnahme auf den Verlauf des Entscheidungsprozesses angesetzt werden, denn konsens-, erkenntnis- und machtbezogene Aktivitäten und Interaktionen beeinflussen die commitments (wie Vorhaben, Pläne oder Ziele).

In welchem Umfang einzelne Teilnehmer der Entscheidungsarena derartige generelle Aktivitäten ausüben, ist eine empirische Frage. Welche Aktivitäten dominieren werden, ist eng mit der Art der Entscheidungsprozesse verbunden. Walton (1966) unterscheidet in Anlehnung an March und Simon (1958) zwischen integrativen und distributiven Entscheidungsprozessen. Während in *integrativen Entscheidungsprozessen* Bemühungen um Problemlösungen vorherrschen und Konfliktreduktion durch kooperative Diskussion zu erreichen versucht wird, dominiert in *distributiven Entscheidungsprozessen* strategisches Handeln; Überredungsversuche und Aushandeln kennzeichnen den Prozeß. Integrative Entscheidungsprozesse werden demnach eher von erkenntnis- und konsensbildungsbezogenen Aktivitäten dominiert im Gegensatz zu distributiven Entscheidungsprozessen, in denen Machtaktivitäten den Prozeß determinieren. Zwischen diesen Extremas können mit March und Simon (1958) "Persuasions-" und "Bargainings"-Aktivitäten den Prozeß bestimmen. Während bei "Persuasion" Überzeugungsaktivitäten die konträren Ansichten, Meinungen oder Ziele in Diskussionen abzustimmen versuchen, kennzeichnen Verhandlungen den Einsatz von Drohungen, Versprechungen und sonstige Aktivitäten zur Annahme einer Alternative. Diese vier Formen der Konflikthandhabung können allgemein als Verhaltensweisen zur Handhabung der existenten Entscheidungsinterdependenzen herangezogen werden.[285] Welche Aktivitäten den Entscheidungsprozeß im Einzelfall determinieren wird auch von der sie umgebenden Atmosphäre beeinflußt. Eine vertrauensvolle Atmosphäre, wechselseitige Anerkennung und Respekt sowie interpersonelle Sympathie und damit verbundene Kooperationsbereitschaft fördern die Entstehung integrativer Entscheidungsprozesse. Während eine von Konkurrenz und von Mißtrauen zu kennzeichnende Atmosphäre sowie unkooperative Einstellungen der Teilnehmer das Auftauchen distributiver Entscheidungsprozesse sehr wahrscheinlich werden läßt. Grundsätzlich sollten die Mittel zur Einflußnahme so gewählt werden, daß diese die Beziehung nicht gefährden. Es sei denn,

282 Kirsch (1988), S. 177
283 vgl. Kirsch (1988), S. 177
284 vgl. hierzu auch Vizjak (1990), S. 174
285 vgl. zu Verhandlungen in multiorganisationalen Entscheidungsprozessen allgemein Kutschker, Kirsch (1978)

daß dies beabsichtigt wird. Fisher und Brown (1986) geben folgende weitere praxisorientierte Verhaltensempfehlungen:

(1) *Konstruktive Argumentation*. Selbst wenn der Verhandlungspartner versucht Druck auszuüben, sollte man sich offen für Überzeugungsaktivitäten zeigen und nicht versuchen Zwang auszuüben.

(2) *Rationales agieren*; in dem Sinne, daß Argumente verwendet werden sollten, auch wenn Emotionen die Verhandlungsatmosphäre beherrschen.

(3) *Gute Kommunikation*. Selbst wenn die Verhandlungspartner der Diskussion nicht folgen, sollten sie mit Punkten angesprochen werden, welche sie angehen.

(4) *Zuverlässigkeit und Glaubwürdigkeit*. Auch wenn auf die Verhandlungspartner kein Verlaß ist, sollten sie nicht irregeführt werden.

(5) *Akzeptanz*. Auch wenn der einzelne und seine Anliegen abgelehnt werden, sollten die Verhandlungspartner akzeptiert und für die vorgeschlagenen Gesichtspunkte als würdig betrachtet werden.

Wird aufgrund des Gleichordnungsverhältnisses der Partner[286] von einer dezentralen Abstimmung, in der sich die interdependenten Entscheidungsträger selbst koordinieren ausgegangen,[287] so kann im Hinblick auf den Einsatz von Abstimmungsinstrumenten zur Erzielung von commitments grundsätzlich zwischen dem Direktoral- und dem Kollegialprinzip unterschieden werden.[288] Während beim Direktoralprinzip der zu wählende Vorsitzende der Entscheidungsarena über legitimierte Entscheidungskraft verfügt und bei unterschiedlichen Auffassungen nach seiner eigenen Meinung entscheiden kann, besteht beim Kollegialprinzip Gleichrangigkeit der Teilnehmer, und Beschlüsse können nur einstimmig getroffen werden. Das damit verbundene Vetorecht jedes einzelnen Teilnehmers kann somit jede Entscheidung blockieren. Hohe Einigungs- und Entscheidungskosten können die Folge sein und werden in strategischen Allianzen mit hoher Wahrscheinlichkeit anfallen. Darüber hinaus sind langwierige Entscheidungsprozesse die Konsequenz.[289] Nach Tröndle (1987) ist ein weit verbreitetes Mittel zur Senkung der Koordinationskosten die Einführung einer Mehrheitsvariante. Bei Stimmengleichheit kann ein "primus inter pares" eingerichtet werden, sodaß die Stimme des Vorsitzenden den Ausschlag gibt oder die Gruppe wird mit einer ungeraden Anzahl von Teilnehmern besetzt. Wird ein Vorsitzender gewählt, so sollte zur Wahrung des Interessen- und Machtausgleichs (zumindest formal) mit Tröndle (1987) ein Wechsel des Vorsitz zwischen den Partnern nach einem vorgegebenen Plan immer wie-

---

286 vgl. hierzu Kaptiel 2 dieser Arbeit.

287 vgl. hierzu auch Astley, Van de Ven (1983), S. 247 sowie die Ausführung hierzu in Kapitel 3 dieser Arbeit und zum "partisan mutual adjustment", als parteiische wechselseitige Abstimmung, Lindblom (1965)

288 vgl. hierzu und im folgenden Tröndle (1987), S. 104 ff.

289 Zum Problem der Zeitintensität vgl. James (1985), S. 80, Norbrun, Schoenberg (1990), S. 79 ff. sowie zu Entscheidungsfindungskosten Schubert, Küting (1981), S. 7, Bleicher (1989), S. 5 ff., Bea (1988), S. 2525, Taucher (1988), S. 87 ff., Johnston, Lawrence (1989), S. 87, Perlmutter, Heenan (1986), S. 138

der erfolgen. Zudem kann nicht davon ausgegangen werden, daß die Partner bereit sein werden, einem Vorsitzenden aus der Partnerunternehmung das letztendliche Entscheidungsrecht einzuräumen. Der Abstimmungsprozeß selbst kann dabei nach verschiedenen Regeln erfolgen.[290] Welche Abstimmungsinstrumente im Einzelfall zu verwenden sind, sollte grundsätzlich mit Saliger (1981) in Abhängigkeit von zwei eng miteinander verbundenen Faktoren entschieden werden. Der Modus sollte erstens von allen Beteiligten als gerecht empfunden und zweitens auch anerkannt werden.

5.2.5 Gestaltung interpersoneller Beziehungen

Aufgrund der Bedeutung interpersoneller Beziehungen für den Erfolg strategischer Allianzen dürfen auch diese nicht dem Zufall überlassen bleiben, vielmehr bedarf es des Einsatzes von Einflußaktivitäten der beteiligten Führungskräfte und sogenannter "weicher Kontrahierungsformen" zur Gestaltung der Sozialstruktur. Dabei ist jedoch auch hier von einer beschränkten Machbarkeit auszugehen.[291]

Das Ausmaß der erforderlichen Interaktionen variiert direkt mit der Erscheinungsform der Allianz und der Wertaktivität der Allianz.[292] Ein Joint Venture beispielsweise erfordert ein höheres Ausmaß an Interaktionen als eine Distributionspartnerschaft. Unter Interaktion wird hier mit Staehle (1989) eine wechselseitige interpersonale Beziehung zwischen mindestens zwei Interaktionspartnern verstanden.[293] Darüber hinaus beeinflussen Faktoren wie die strategische Bedeutung der Allianz für die Partner, die Art der im "Exchange-Network" ausgetauschten Ressourcen und der Grad der kulturellen Distanz das Ausmaß der erforderlichen Interaktionen. Jeder Allianztyp zieht verschiedene Implikationen für das Human-Ressourcen-Management nach sich. Mit Cascio, Serapio (1991) kann allgemein davon ausgegangen werden, daß "the HR (Human-Ressources, Anm.d.Verf.) issues involved vary with the degree of interaction among each firm‘s people."[294] Zentrale Probleme in strategischen Allianzen ergeben sich jedoch erst bei einem hohen Ausmaß an Interaktionen zwischen den Mitarbeitern der Partnerunternehmungen wie z.B. in gemeinsamen Projekten oder Joint Ventures. Solche Allianzformen sollen daher im Mittelpunkt der nachfolgenden Untersuchung stehen. Zudem sind gemeinsame Projekte und Joint Ventures auch die am häufigsten verwendeten Organisationsformen strategischer Allianzen.

Die Maßnahmen zur Gestaltung interpersoneller Beziehungen können von struktureller, personeller, politischer und symbolischer Natur sein.

---

290 Zu einzelnen Abstimmungsregeln im Rahmen der Mehrheitsvariante vgl. Tröndle (1987), S. 105

291 vgl. zur Position des gemäßigten Voluntarismus Abschnitt 3.1.6 sowie 3.3 dieser Arbeit.

292 vgl. Cascio, Serapio (1991), S. 66 f.

293 vgl. Staehle (1989), S. 329

294 Cascio, Serapio (1991), S. 67

Strukturelle Maßnahmen können sich zum einen - wie die bisherige Diskussion bereits zeigte - auf die Institutionalisierung von Meetings auf allen Ebenen erstrecken. Meetings dienen neben der Erzielung von commitments zur Koordination der Entscheidungen und Aktivitäten, dem Informationsaustausch und können so als Interaktionsarenen durch Kanalisierung der Kommunikationsprozesse das gegenseitige Kennenlernen und Verstehen fördern. So besser dabei die Unterschiedlichkeiten der Werte und Normen, Einstellungen, Interessen und Bedürfnisse der Partner verstanden werden, desto konstruktiver läßt sich die Zusammenarbeit im Implementierungsprozeß gestalten. "Understanding grow from good communication. Good communications take time."[295] Die Wissensaneigung über die strategische Grundhaltung,[296] Technologien, die von der Partnerunternehmung bedienten Märkte, Schlüsselpersonen und Machtstrukturen der Partnerorganisationen sind hierzu gleichfalls notwendige Voraussetzungen. Die in Cross-border-Allianzen bestehende geographische Distanz kann durch den Einsatz neuer Informations- und Kommunikationstechnologien ohne dabei den kommunikationsfördernden Blickkontakt missen zu lassen z.B. durch Videokonferenzen reduziert werden.[297]

Ist der Konfliktgrad zwischen den Mitarbeitern hoch und läßt er sich nicht durch Interaktionen oder Einflußaktivitäten der Führungskräfte reduzieren, sollte der interpersonale Kontakt so weit als möglich aufs äußerste beschränkt werden. Die Einrichtung von Koordinationsstellen bei den jeweiligen Partnerunternehmungen oder extern könnten dann den erforderlichen Informations- und Kommunikationsfluß kanalisieren.

Zur strukturellen Gestaltung ist auch die Gestaltung der Führungsstrukturen zuzurechnen.[298] Führung im vorliegenden Kontext wird mit Heinen (1984) hier als personenbezogene Handlung, als zielgerichtete Verhaltensbeeinflussung verstanden. "Eine Person (oder Personenmehrheit) führt insoweit, als es ihr gelingt, anderen Personen Ziele, Handlungsbeschränkungen oder Handlungsanweisungen vorzugeben".[299] Sofern nicht der Einsatz eines zentralen Allianzmanagementteams[300] vereinbart wurde, unterliegen die am Projekt beteiligten Mitarbeiter der Partnerfirmen nicht der Weisungsbefugnis der Kooperationsträger.[301] Führung im obigen Sinne kann demnach mit Ausnahme von Joint Ventures nicht für interorganisationale Führungsaktivitäten in strategischen Allianzen vollzogen werden. Während in Joint Ventures die Führungsmannschaft institutionalisiert wird, verfügen Projektmanager in der Regel nicht über operationale Durchgriffskraft in den Partnerorganisa-

295 Lewis (1990), S. 243
296 vgl. hierzu Abschnitt 4.4.1 dieser Arbeit.
297 vgl. zur vermehrten Nutzung von Videokonferenzen durch amerikanische Unternehmen, o.V. (1991s), S. 16
298 vgl. hierzu Abschnitt 5.2.2 dieser Arbeit.
299 Heinen (1984), S. 38
300 Wie dies für Joint Ventures als eine Form strategischer Allianzen gilt.
301 vgl. hierzu Kapitel 2 dieser Arbeit.

tionen und das Recht den Mitarbeitern der Partnerunternehmungen Ziele vorzugeben und Handlungsbeschränkungen oder -anweisungen zu erteilen. Mitarbeiterbezogene Maßnahmen können sich in interorganisationalen Projekten demnach primär nur auf intraorganisationale Maßnahmen erstrecken. Aufgrund der Bedeutung dieser Maßnahmen für den Erfolg der Allianz und der interorganisationalen Beziehung per se sollen im folgenden einzelne wesentlich erscheinende Maßnahmen kurz exkursartig betrachtet werden. Wie stark ein Partner von der Allianz profitiert hängt letztlich von den internen Mitarbeitern ab. Zentral für den Erfolg in diesem Zusammenhang sind insbesondere die Beeinflussung von folgenden Eigenschaften, Fähigkeiten und Verhaltensweisen der Mitarbeiter: Lernwille, Loyalität, ein gewisser Grad an Kooperationsbereitschaft, Motivation und Engagement für die Allianz.

Lernen vom Partner ist nicht nur in Transfer-Allianzen erklärtes Ziel der Zusammenarbeit, sondern für alle strategischen Allianzen erfolgskritisch. Verbinden sich doch idealerweise Partner mit unterschiedlichen Stärken und Schwächen, welche es in der Allianz so zu kompensieren gilt, daß die Stärken des Partners angeeignet und die eigenen Schwächen reduziert werden. "Whether cooperation helps or hurts depends on how well a firm learns compared with its partners."[302] Sind jedoch beide Partner stark daran interessiert vom anderen zu lernen, so entstehen nach Hamel et al. Konflikte.

> "Am reibungslosesten scheinen Allianzen dann zu funktionieren, wenn ein Partner interessiert ist zu lernen und der andere nicht - im Kern also, wenn ein Partner einverstanden ist, zunehmend vom anderen abhängig zu werden."[303]

Aber Reibungslosigkeit sollte - so auch Hamel et al. - nicht den Ausschlag geben. "...Vielmehr sollte einem Unternehmen daran gelegen sein, wettbewerbsfähiger aus einem Bündnis hervorzugehen, als es hineinging."[304] Eine notwendige Voraussetzung hierfür ist jedoch, daß die im operativen Tagesgeschäft involvierten Mitarbeiter bereit und willig sind die spezifischen Fähigkeiten des Allianz-Partners zu erlernen und an die eigene Organisation weiterzuleiten, um auf diese Weise die Zugänglichkeit des Wissens für das Kollektiv zu gewährleisten. Individuelles Wissen ist letztlich für die Organisation nur insofern von Bedeutung, als es ihr tatsächlich zur Verfügung gestellt wird und zur einer Transformation der organisatorischen Wissensbasis führt.[305] Unter organisatorischer Wissenbasis wird dabei "... dasjenige Wissen ..., das für die Aktoren einer Organisation prinzipiell erreichbar ist ..." verstanden.[306] Dieses Wissen kann sich nach Pautzke (1989) in der Organisationskultur, in legitimen institutionellen Ordnungen (z.B. Regeln) und in der Persönlichkeit der Organisationsmitglieder manifestieren. Organisatorisches Lernen bezeichnet vor dem Hin-

302 Lewis (1990), S. 289
303 Hamel et al. (1989), S. 89
304 Hamel et al. (1989), S. 89
305 vgl. hierzu Pautzke (1989), S. 76 ff.
306 Kirsch (1990), S. 500

tergrund dieses Begriffsverständnisses die "... Art und Weise, wie die Wissensbasis einer Organisation nutzbar gemacht, verändert und fortentwickelt wird."[307] Obgleich organisatorisches Lernen individuelles Lernen voraussetzt, kann es nach Kirsch (1990) jedoch nicht vollständig darauf reduziert werden.[308] Mit Pautzke (1989) können folgende Arten organisatorischen Lernens unterschieden werden.

> "*Organisatorisches Lernen (1)* dient der Überführung eines (der Organisation bereits zur Verfügung gestellten) Wissens der Mitglieder in ein von allen geteiltes Wissen. Durch Lernprozesse (z.B. Formalisierung) wird das ursprüngliche Wissen eines Mitglieds zum Wissen *der* Organisation und damit unabhängig von seinem bisherigen Träger.
>
> *Organisatorisches Lernen (2)* transferiert ein Wissen eines oder mehrerer Mitglieder, welches der Organisation bislang nicht zur Verfügung stand, in ein von allen geteiltes Wissen *der* Organisation.
>
> *Organisatorisches Lernen (3)* bewirkt, daß das Wissen eines oder mehrerer Mitglieder, mit dem die Organisation bislang nicht arbeiten konnte, nun für sie abrufbar ist.
>
> *Durch Lernen (4)* eignen sich die Mitglieder der Organisation Wissen aus der Umwelt an; sofern sich daran Prozesse der Art (1), (2) oder (3) anschließen, stellt auch dieses Lernen einen Teilprozeß des organisatorischen Lernens dar.
>
> *Organisatorisches Lernen (5)* verweist schließlich auf solche seltenen *Lernprozesse höherer Ordnung*, die zu einem Paradigmawechsel, Wandel des Sinnmodells und ähnlichem führen, und damit Prozesse der Evolution von Wissensbasis und Organisation bilden."[309]

Wie es zu einer kollektiven Überführung individuellen Wissens in organisatorisches Lernen der Art 1 und 2 kommen kann, läßt sich mit Pautzke im Anschluß an die Überlegungen von Habermas (1982) und Miller (1986) skizzieren. Die Basis für solche Prozesse des kollektiven Lernens ist nach Miller (1986) eine verständigungsorientierte Einstellung, die Teilnehmer veranlaßt auftretende Konflikte durch kollektive Argumentation und nicht durch Gewalt zu lösen. Argumentative Übermittlung individuellen Wissens fördert die Akzeptanz individueller Lernerfahrung und steigert so die Wahrscheinlichkeit der Übernahme durch die soziale Gruppe.[310] Konflikte aufgrund beiderseitigem Lernwille lassen sich demnach durch Argumentation reduzieren und zur Steigerung der Lernmöglichkeiten beider Partnerorganisationen einsetzen.

Ein ausgeprägter Lernwille ist jedoch grundlegende Voraussetzung. Während japanische Unternehmungen sich in der Regel durch eine hohe Lernwilligkeit und -fähigkeit auszeich-

---

307 Kirsch (1990), S. 500

308 vgl. hierzu und zur Begründung dieser Sichtweise Kirsch (1990), S. 503

309 Pautzke (1989), S. 113 f.

310 Zum Verlauf organisatorischer Lernprozesse allgemein und speziell zu den zitierten Arten 3-5 vgl. Pautzke (1989), S. 125 und dort angegebene Literatur.

nen,[311] mangelt es bei westlichen Unternehmungen nach Hamel et al. (1989) meist am Lernwille. Nach dem Autorengespann profitieren folglich japanische Unternehmen mehr von Allianzen als ihre westlichen Partner.[312]

> "Westlichen Unternehmen wird sich der volle Nutzen einer konkurrierenden Zusammenarbeit nicht erschließen, solange sie in ihrer Arroganz verharren, Folge jahrzehntelang ungefährdeter Marktvorherrschaft. Kurz gesagt: Westliche Unter-nehmen müssen lernwilliger werden."[313]

Eine von Hamel et al. zu den Ursachen warum japanische Unternehmen in der Regel mehr lernen als westliche Unternehmen befragte Führungskraft eines japanischen Elektronikkonzerns sieht den Hauptgrund hierfür darin, daß westliche Partner die Haltung von Lehrern einnehmen - "Wir sind ganz glücklich damit, weil wir die Einstellung von Lernenden haben".[314] Mit einer solchen Einstellung werden westliche Unternehmen jedoch zunehmend abhängiger und nicht gestärkt aus der Partnerschaft herausgehen. Es ist eine zentrale Aufgabe der Führungskräfte die Mitarbeiter auf den unteren Ebenen, denn hier kann am meisten gelernt werden, von der Dringlichkeit des Lernens zu überzeugen und die Auswirkungen einer einseitigen Abhängigkeit von den jeweiligen Partnern und dem damit verbundenen langfristigen Verlust der Wettbewerbsposition und damit wiederum verbundenen Rückwirkungen auf die Mitarbeiter selbst und deren Arbeitsplatz zu verdeutlichen. Um eine gezielte Wissensaneignung zu gewährleisten, bedarf es zudem der Einweisung in die spezifischen Stärken und Schwächen der Partner aber auch der eigenen Unternehmung. Eine Führungskraft einer japanischen Partnerunternehmung wendete sich beispielsweise wie folgt an seine Mitarbeiter:

> "Das ist schlecht (die Zusammenarbeit, Anm.d.Verf.), ich wünschte wir würden selber über die nötigen Fähigkeiten verfügen. Zusammenarbeit ist nur die zweitbeste Lösung. Aber ich werde mich noch schlechter fühlen, wenn wir nach vier Jahren nicht selbst machen könnten, was unser Partner schon jetzt kann. Wir müssen einfach sein Können in uns aufnehmen."[315]

Eine allianzorientierte Ausgestaltung des Anreizsystems zur Förderung der Lernbereitschaft und Schulungsmaßnahmen zur Steigerung der Lernfähigkeit sollten diesen Prozeß flankieren. Darüber hinaus sind Maßnahmen zu ergreifen, um das individuelle Wissen für die eigene Organisation zu nutzen. Die von Hamel et al. untersuchten Unternehmungen richteten hierzu Clearingstellen ein, in denen Informationen gesammelt und ausgewertet wurden

---

311 vgl. Hamel et al. (1989), S. 93 sowie Randall (1989), S. 31. Dabei zeigte die empirische Untersuchung von Harrigan (1986) über 895 Joint Ventures unter anderem, daß US-Manager nicht nur das einseitige Lernen seitens ihrer japanischen Partner beklagen, sondern auch ihre Vorgehensweise, wie sie sich das Wissen ihrer Partner aneignen: "When Japanese partners come to suck brains, they bring their own straw." Zit. nach Randall (1989), S. 31

312 vgl. hierzu auch Prahalad, Hamel (1990), S. 84

313 Hamel et al (1989), S. 93

314 Zitiert nach Hamel et al. (1989), S. 93

315 Zitiert nach Hamel et al. (1989), S. 89

oder führten regelmäßig Sitzungen durch, in denen das neue Wissen ausgetauscht und entschieden wurde, wer am ehesten an weitere Informationen kommen kann. In einem japanischen Unternehmen suchte der für die Zusammenarbeit zuständige Manager regelmäßig alle Mitarbeiter auf, die an der Zusammenarbeit beteiligt waren und stellte fest, welche Informationen von wem gesammelt worden waren und leitete diese an die entsprechenden Abteilungen weiter.[316]

Um Interdependenzverschiebungen in Richtung einseitiger Abhängigkeit zu vermeiden, gilt es andererseits die Lernmöglichkeiten des Partners festzuschreiben respektive einzuschränken und Sicherheitsschranken zu errichten. Dies kann institutionell zum einen durch vertragliche Regelungen, in denen genau festgehalten wird, was Gegenstand des Know-how-Transfers ist und zum anderen durch Kanalisierung des Informations- und Kommunikationsflusses erreicht werden.[317] Was jedoch im ongoing process tatsächlich an kritischen Informationen weitergegeben wird und was nicht, liegt jenseits formaler Regelungen. Hier kommt es auf die Loyalität und Selbstdisziplin der involvierten Mitarbeiter an.

Loyales Verhalten gegenüber der eigenen Organisation ist in Transfer-Allianzen eine Notwendigkeit, während in Pool-Allianzen, sofern die gemeinsamen Aktivitäten in einer "eigenständigen" Organisation zusammengeführt werden (Joint Venture Bildung), sich die Führungskräfte im Konfliktfall loyal gegenüber der Allianz verhalten sollten, damit diese erfolgreich ist. Nach Lorange (1986) tendieren Führungskräfte in langfristigen Joint Ventures dazu, sich loyal gegenüber dem Gemeinschaftsunternehmen zu verhalten, im Konfliktfall also gegen die Intentionen der Mutterorganisation zu handeln, wenn dies für den Erfolg des Joint Ventures notwendig ist.[318] Problematisch wird der intraindividuelle Konflikt bei gemeinsamen Projekten mit permanent komplementären Rollen zwischen den Partnern, in die die Mitarbeiter für eine begrenzte Zeit von der Mutterorganisation abdelegiert werden, jedoch erwarten nach Ablauf des Projektes zurückzukehren. Loyalität der Führungskräfte mit der eigenen Organisation und damit verbundene Karriereaussichten im Stammunternehmen, gleichzeitig aber auch Loyalität zur Allianz wird in solchen Situationen zu einem heiklen Balanceakt. Nach Taucher (1988) war ein solcher Loyalitätskonflikt in der Allianz von BP und Shell mit ein Grund für deren Mißerfolg, da sich die "abdelegierten" Manager im Hinblick auf ihre persönliche Karriere nicht zugunsten der Allianz einsetzten.[319] Bei auf Projekten basierenden Netzwerken hingegen, ist nach Lorange (1986) der Loyalitätskonflikt im allgemeinen gering, da die Mitarbeiter sich quasi natürlich loyal zu ihrer Unternehmung verhielten. Das ein solches Verhalten in praxi jedoch nicht immer natürlich ist, zeigen die

316 vgl. Hamel et al. (1989), S. 93
317 vgl. hierzu nachfolgenden Abschnitt 5.2.6 dieser Arbeit.
318 vgl. hierzu und im folgenden Lorange (1986), S. 144 f.
319 vgl. Taucher (1988), S. 87

Untersuchungen insbesondere für westliche Unternehmen von Hamel et al.[320] Demzufolge stellt sich hier die Frage, wie die Loyalität der Mitarbeiter gesteigert oder überhaupt erst erzeugt werden kann.

Nach der Einstellungs-Änderungs-Theorie von Kelman (1961) kann loyales Verhalten durch den Einsatz von Belohnungs- und Bestrafungsmacht[321] erzielt werden, selbst wenn das abverlangte loyale Verhalten der persönlichen Überzeugung zuwiderläuft. Ist letzteres jedoch der Fall, so zeigt der Beeinflußte nur so lange loyales Verhalten nach außen, wie es von ihm verlangt und er dabei beobachtet wird. In unbeobachteten Situationen hingegen ist es nicht mehr zu erwarten. Nach Presthus (1962) liegt die entscheidende Erklärung für ein loyales Verhalten von Individuen in Organisationen darin, daß damit Angst reduziert wird. Der Betroffene fügt sich aus Angst vor einem potentiellen Verlust der bisherigen Zuwendungen. Aus lerntheoretischer Sicht wird der Erwerb der Motivation zu loyalem Verhalten auf drei Prinzipien zurückgeführt: Das Prinzip der Bekräftigung, der Kontiguität sowie der Einsicht.[322] Der Mechanismus der *Bekräftigung* beinhaltet Informationen über die Folgen eines Verhaltens. Dabei müssen diese Informationen sich nicht auf die Folgen eigenen Verhaltens beziehen, sondern können auch durch Modell-Lernen[323] stellvertretend erworben werden.[324] Damit der Zusammenhang zwischen Verhalten und Verhaltensergebnis erlernbar ist, muß zusätzlich raumzeitliche Kontiguität gewährleistet sein. Das Prinzip der *Kontiguität* erhöht die Wahrscheinlichkeit, daß ein bestimmtes Verhalten und ein bestimmtes Verhaltensergebnis als zusammengehörig erlebt wird. Schließlich kann Motivation zu loyalem Verhalten durch Einsicht erfolgen. Von *Einsicht* im vorliegenden Kontext wird dann gesprochen, wenn ein Individuum die Beziehung zwischen Verhalten und Verhaltensergebnis nicht nur als Kontiguität zur Kenntnis nimmt, sondern in ihrer Bedingtheit versteht. Versteht das Individuum, daß loyales Verhalten gegenüber der Organisation die Führungsspitze stabilisiert und vor allem deswegen von der Führung belohnt wird, so wird das entsprechende Individuum leichter eine kritische Situation erkennen, in der loyales Verhalten erwartet wird und rechtzeitig loyales Verhalten zeigen. Die drei angeführten Prinzipien dienen nicht nur der Erklärung des Erwerbes der Motivation zu loyalem Verhalten, sondern gleichzeitig können sie auch als Ansatzpunkte zur Steuerung derselbigen herangezogen werden, um damit letztlich Einfluß auf das Verhalten der Mitarbeiter auszuüben. Eine Institutionalisierung könnte durch entsprechende Ausgestaltung des Anreiz- und Sanktionssystems erfolgen. Einsicht kann durch Sinnvermittlungsaktivitäten erreicht werden.

---

320 vgl. Hamel et al. (1989), S. 92

321 vgl. French, Raven (1959), Raven, Kruglanski (1970) sowie Abschnitt 5.1.3 dieser Arbeit.

322 vgl. hierzu und im folgenden Schiefele (1974), S. 167 ff.

323 vgl. hierzu Bandura (1969), dessen Forschungsergebnisse das Modell-Lernen bekannt machten.

324 Eine sogenannte stellvertretende Bekräftigung entsteht, wenn ein Individuum beobachtet, welche Informationen ein anderes Individuum über die Folgen seines Verhaltens erhalten hat, vgl. Schiefele (1974), S. 168.

Eng mit dem Grad der Loyalität verbunden ist das Ausmaß an *Kooperationsbereitschaft*. Während ein gewisses Maß an Kooperationsbereitschaft zwischen den Partner einer strategischen Allianz zur Erfüllung der gemeinsamen Aufgabe notwendig ist und eine Grundvoraussetzung für eine erfolgreiche Zusammenarbeit ist, kann eine uneingeschränkte Kooperationsbereitschaft die Wettbewerbsposition der Unternehmung gefährden. Hamel et al. zeigen an einem Fallbeispiel einer strategischen Allianz zwischen einem europäischen und einem japanischen Konkurrenten, welche zwecks Technologieaustausches geschlossen wurde, anschaulich auf, wie der japanische Partner nach und nach auf informelle Weise sich vom Partnerunternehmen Wettbewerbskenntnisse aneignete, obgleich dieser Wissenstransfer nicht Gegenstand der Allianz war.[325] Das japanische Unternehmen betrachtete die Allianz als Chance, Einblick in das gesamte Kompetenzspektrum des Partners zu bekommen. Dementsprechend nahmen sie engen Kontakt zu zahlreichen Mitarbeitern im Bereich Produktentwicklung und Marketing auf und nutzten jeden Kontakt um soviel wie möglich an Informationen zu gewinnen. Im Laufe der Allianz eignete sich der japanische Partner so ein Marketing-Know-How über den europäischen Markt an, das ihn befähigte eine eigene Markteroberungsstrategie zu fahren.

Als Schutzmaßnahmen vor einem solchen Abfluß an Wettbewerbskompetenz bieten sich zum einen strukturelle Maßnahmen zur Kanalisierung des Informations- und Kommunikationsflusses[326] und zum anderen personalpolitische Maßnahmen an. Ein grundsätzliches Erfordernis ist, daß die Unternehmensführung regelmäßig die Mitarbeiter darüber informiert welche Informationen verlangt und gegeben werden dürfen[327] und auch darüber aufklärt, daß eine Kooperationsbereitschaft außerhalb der Allianz für die Unternehmung kritisch sein kann. Werden die mit dem Abfluß an wettbewerbsrelevanten Kompetenzen verbundenen Gefahren verdeutlicht und bis zur letzten Einheit kommuniziert, so ist das Ausmaß des tatsächlichen Abflusses letztlich eine Frage der Loyalität, denn durch Informationsvermittlung muß noch keine tatsächliche Veränderung der Handlung des Einzelnen erreicht werden. Die Beeinflussung ist vielmehr erst dann vollzogen, wenn dieser motiviert wird, die von ihm verlangte Handlung vorzunehmen. Daher muß die Information an den zu Beeinflussenden motivierenden Charakter haben. Welche Ansatzpunkte zur Steigerung der Motivation zu loyalen Verhalten aus theoretischer Sicht bestehen, wurde bereits oben aufgezeigt.

Engagement für die Allianz als eine weitere Voraussetzung zur Steigerung der Erfolgswahrscheinlichkeit der Allianz kann für alle Mitarbeiter nicht a priori vorausgesetzt werden. Vielmehr ist es eine Aufgabe der Führungskräfte, die im Projekt involvierten Mitarbeiter zu motivieren. "Motivation ist Voraussetzung für zielorientiertes Verhalten und deshalb aus Mana-

325 vgl. hierzu Hamel et al. (1989), S. 91 f.
326 vgl. hierzu den folgenden Abschnitt 5.2.6 dieser Arbeit.
327 vgl. Hamel et al. (1989), S. 92

gementperspektive Hauptansatzpunkt für leistungssteigernde Beeinflussungsstrategien."[328] Motivation liegt dann vor, "... wenn eine Person Anregungsbedingungen in der umgebenden Situation so wahrnimmt, daß dadurch Verhalten ausgelöst wird."[329] Motivationstheorien lassen sich in Inhaltstheorien und Prozeßtheorien unterscheiden. Inhaltstheorien untersuchen, welche Bedürfnisse individuelles Handeln erzeugen und aufrechterhalten. Die Ansätze von Maslow, Herzberg, Mc Clelland sind hierzu zurechnen.[330] Prozeßtheorien dagegen versuchen zu erklären "... wie ein bestimmtes Verhalten hervorgebracht, gelenkt, erhalten und abgebrochen wird."[331] Die Ansätze von Vroom und Porter, Lawler sind hierzu zu zählen.[332] Im vorliegenden Zusammenhang erscheinen insbesondere die Prozeßtheorien von Interesse.

Die **V**alenz-**I**nstrumentalitäts-**E**rwartungs-Theorie (VIE-Theorie) von Vroom (1964) ein Grundmodell neuerer Prozeßtheorien[333] beruht auf dem Weg-Ziel-Ansatz, wonach beispielsweise Leistung (Weg) von Individuen nur dann als erstrebenswert wahrgenommen wird, wenn damit ein erwünschtes Ziel erreicht werden kann. Als eine psychologisch orientierte ökonomische Entscheidungstheorie geht sie davon aus, daß Menschen solche Alternativen wählen, die den subjektiv erwarteten Nutzen maximieren. Leistungsmotivation wird folglich in situativer Abhängigkeit von der Wahrnehmung des relativen Nutzens der Leistung für die individuelle Zielerreichung betrachtet und vom Mittel-Zweck-Denken dominiert. Valenz (Wertigkeit) drückt die affektive Orientierung eines Individuums gegenüber den Ergebnissen einer Handlung aus, welche positiv, negativ oder indifferent sein können. Instrumentalität steht für die Erwartung, daß das Ergebnis eines bestimmten Verhaltens zur Erreichung des Zieles führt und bringt zum Ausdruck, inwieweit eine bestimmte Handlung als geeignetes Mittel (Instrument) zur Erreichung des Zieles gehalten wird. Erwartung bezeichnet die subjektive Einschätzung der Wahrscheinlichkeit, daß auf eine bestimmte Handlung ein bestimmtes Ergebnis folgen wird. Die Erwartungs-Valenz-Theorie verdeutlicht, daß eine verbesserte Motivation nicht nur durch Anreize möglich ist, sondern auch durch eine engere Beziehung zwischen Leistung und Belohnung oder durch eine erwartungsbezogene Anreizgestaltung. In strategischen Allianzen sind jedoch die zu erbringende Leistung meist Ergebnis von Teamarbeit, sodaß eine Bewertung der Leistung einzelner Individuen nicht möglich ist. Zudem wird die erwartungsbezogene Anreizgestaltung in der

---

328 Staehle (1989), S. 200

329 von Rosenstiel (1980), S. 103 f.

330 vgl. Maslow's Bedürfnistheorie, ders. (1954), Herzberg's Zwei-Faktoren-Theorie der Arbeitszufriedenheit, in welcher er zwischen Motivatoren und Hygiene-Faktoren unterscheidet, in Herzberg et al. (1959), Mc Clelland's Leistungsmotivationstheorie, nach welchem insbesondere drei Bedürfnisse menschliche Motivation erklären: Leistungsstreben, soziales Streben und Machtstreben, Mc Clelland (1953/1971) sowie Murray (1938), S. 151

331 Staehle (1989), S. 202

332 vgl. Vroom's VIE-Theorie (1964), Porter, Lawler's Motivationsmodell, ders. (1968), welche auf der Erwartungstheorie aufbauen.

333 vgl. Greif (1983), S. 228 ff.

Praxis nicht ohne weiteres möglich sein, so daß diese Theorie nur von geringer praktischer Nutzbarkeit ist.[334]

Auf die Beziehung zwischen Motivation, Leistung und Zufriedenheit bezieht sich das Modell von Porter, Lawler (1968). Die zentralen Variablen dieses Motivationsmodells sind: Anstrengung (effort), Leistung (performance), Belohnung (rewards) und Zufriedenheit (satisfaction). Anstrengung bezeichnet das Maß an Energie, das von einem Mitarbeiter zur Erfüllung einer Aufgabe aufgewendet wird (Engagement). Dabei wird davon ausgegangen, daß diese von der Belohnung und der wahrgenommenen Wahrscheinlichkeit, daß auf eine bestimmte Anstrengung auch eine Belohnung folgt, abhängt. Leistung ist der von der Organisation meßbare Output einer Handlung. Dieser muß keineswegs mit der Anstrengung übereinstimmen, da daß Ergebnis auch von den Fähigkeiten, Fertigkeiten und Persönlichkeitszügen abhängt. Belohnung als Folge von Leistungsverhalten können zum einen intrinsischer Art (z.B. Erfolgserlebnis) und zum andern extrinsischer Art (z.B Bezahlung) sein. Zufriedenheit tritt nach Porter, Lawler ein, wenn die effektive Belohnung dem als angemessen Erlebten bzw. Erwarteten entspricht oder übersteigt. Die wahrgenommene Gerechtigkeit der Belohnung ist dabei entscheidend für das Ausmaß an empfundener Zufriedenheit. Das zitierte Modell von Porter, Lawler ist durch sie selbst und durch dritte Untersuchungen weitgehend in den Grundannahmen bestätigt worden.[335] Der Gestaltung von leistungsbezogenen und als angemessen empfundenen Anreizsystemen kommt auch nach diesem Modell demnach entscheidende Bedeutung zu. Der leistungsorientierten Ausgestaltung steht jedoch - wie bereits angeführt - das Teamkonzept entgegen. Folglich ist eine teambezogene angemessene Belohnung zur Steigerung des Engagements vorzunehmen. Neben personalen Maßnahmen lassen sich auch symbolische oder kulturelle Maßnahmen zur Gestaltung der interpersonalen Beziehungen einsetzen.

Symbolische Maßnahmen richten sich insbesondere auf die bereits hervorgehobenen Sinnvermittlungsaktivitäten respektive Legitimierung der institutionellen Ordnung. Legitimierung ist mit Berger, Luckmann (1972) der Prozeß des Erklärens und Rechtfertigens.

> "Legitimation >erklärt< die institutionelle Ordnung dadurch, daß sie ihrem objektiven Sinn kognitive Gültigkeit zuschreibt. Sie rechtfertigt die institutionale Ordnung dadurch, daß sie ihren pragmatischen Imperativen die Würde des Normativen verleiht."[336]

Legitimierung hat damit nach Berger, Luckmann (1972) eine kognitive und eine normative Seite, wobei die Wissens- der Wertvermittlung vorausgeht.

---

334 vgl. hierzu auch Kupsch, Marr (1983), S. 640
335 vgl. Weinert (1987), S. 279
336 Berger, Luckmann (1972), S. 356

> "Legitimation sagt dem Einzelnen nicht nur, warum er eine Handlung ausführen *soll* und die andere nicht ausführen darf. Sie sagt ihm auch, warum die Dinge sind, *was* sie sind. Mit anderen Worten: bei der Legitimierung von Institutionen geht das >Wissen< den >Werten< voraus."[337]

Durch eine solche Art des Erklärens und Rechtfertigens können auf einer argumentativen Basis die Mitarbeiter durch Überzeugung beeinflusst werden. Darüber hinaus ist es Aufgabe der Führungskräfte ein konstruktives und innovatives Klima der Zusammenarbeit zu schaffen. Die bisherigen Untersuchungergebnisse zeigten, daß hierfür ein interorganisationaler Machtausgleich anzustreben ist und gezielt eine Vertrauensbasis auf- und/oder auszubauen ist.[338] Nach Tröndle (1987) kann nur auf der Basis eines *Machtausgleiches* die Entwicklung eines offenen und konstruktiven Kooperationsklimas erfolgen. Als Maßnahmen und Instrumente zur Gewährleistung eines Machtausgleichs werden von ihm angeführt: geeignete Verhandlungsregeln wie demokratische Abstimmung, Doppelstimmrecht des Vorsitzenden im Konfliktfall, periodisch wechselnde Gruppenführerschaft, Einrichtung von Schlichtungsstellen mit unparteiischen Dritten, auf objektiven Grundlagen wie z.B. Gutachten basierende Verhandlungen sowie konsensorientierte Konflikthandhabungsformen.[339] Diese Maßnahmen können jedoch nur formal einen Machtausgleich symbolisieren.

Ansatzpunkte zum Ausgleich von Macht im ongoing process der Zusammenarbeit können dagegen bei den diversen Machtgrundlagen gefunden werden. Die Diskussion zu Machtpotentialen zeigte, daß Expertenmacht, Belohnungs- und Bestrafungsmacht, Informationsmacht und ein asymmetrischer Interdependenzgrad als Machtgrundlagen in Allianzen dienen können.[340] Expertenmacht auf der Grundlage von Sachverständigkeit stärkt die Verhandlungsposition der Unternehmung und verleiht dem Aktor im Implementierungsprozeß Durchsetzungsvermögen. Durch entsprechende Personalauswahl und Management-Development-Programme kann diese Machtgrundlage beeinflußt werden. Vor diesem Hintergrund erscheint es kritisch Führungskräfte mit geringer allianzspezifischer Sachverständigkeit der Allianz zuzuordnen. Dabei ist jedoch zu berücksichtigen, daß ein relativer Machtvorteil ausreichend ist und daß es nicht der Vorlage einer objektiven Sachverständigkeit bedarf, sondern einer subjektiven Wahrnehmung der in der Allianz involvierten Personen. Belohnungs- und Bestrafungsmacht kann auf verschiedene Weise zur Beeinflussung der Entscheidungsprozesse und des Verhaltens der Partnerunternehmung eingesetzt werden. Zum einen kann an der Steuerung der Ressourcenströme angesetzt werden und zum anderen am Verhalten selbst. Ein schrittweises Vorgehen, auf dem Reziprozitätsprinzip[341]

337 Berger, Luckmann (1972), S. 357
338 vgl. Abschnitt 5.1.3 dieser Arbeit.
339 vgl. Tröndle (1987), S. 121 sowie S. 149 ff.
340 vgl. Abschnitt 5.1.3 dieser Arbeit.
341 vgl. zu Reziprozität in sozialen Interaktionen als Norm, Gouldner (1960), S. 161 ff.

basierende Leistungserfüllung kann die Entwicklung eines einseitigen Machtvorteils verhindern. Motorola und Toshiba gehen beispielsweise in ihrer Technologie-Transfer-Allianz nach einem solchem schrittweise, anreizorientierten Verfahren vor.[342]

> "Die Vereinbarung verlangt von Motorola, daß es seine Mikroprozessor-Technologie in dem Maß stufenweise freigibt, wie Toshiba sein Versprechen einlöst, Motorolas Marktanteile auf dem japanischen Halbleitermarkt zu steigern - je größer Motorolas Marktanteil, desto mehr Zugang zu Motorolas Technologien für Toshiba."[343]

Gouldner (1960) verweist darauf, daß Reziprozität in unterschiedlichen Kulturen in verschiedenem Ausmaß funktioniert. Während beispielsweise auf den Phillipinen Reziprozität über die Geschäftstransaktion hinaus sich auch auf den privaten Bereich erstreckt, ist in den Vereinigten Staaten von Amerika Reziprozität nach Gouldner auf den geschäftlichen Bereich beschränkt.

> "... a norm of reciprocity is not imposed on Americans by the dominant cultural profil, although it is commonly found in the latent or substitute culture structure in all institutional sectors, even the most rationalized, in the United States."[344]

Nichtdestoletzt nimmt Reziprozität eine bedeutende Rolle für die Stabilität der Allianz ein. Sanktionsmöglichkeiten in strategischen Allianzen sind weitgehend begrenzt. Äußerstenfalls können sich solche Aktivitäten, sofern es im Rahmen der Vereinbarung möglich ist, auf die Zurückbehaltung von Informationen, sozialen Entzug, Androhungen von Imagebeeinträchtigungen durch entsprechende PR-Maßnahmen und damit Vernichtung von Reputation und im extrem auf die Drohung des Ausstiegs aus der strategischen Allianz beziehen. Letzteres ist jedoch nur bei geringen Austrittsbarrieren glaubwürdig. Informationsmacht durch Steuerungsmöglichkeiten des Informationsflusses und damit Macht durch Informationskontrolle kann gleichfalls durch ein schrittweises Vorgehen bei der Informationsfreigabe ausgeglichen werden. Ist das Know-how eines Partners jedoch leicht und in kurzer Zeit transferierbar und dasjenige des anderen nicht, so kann es im Zeitablauf jedoch zu Verschiebungen des Machtgleichgewichtes kommen. Das bereits internalisierte Wissen läßt den Partner unter solchen Bedingungen zunehmend uninteressanter werden, was zu einem einseitig induzierten Abbruch der Allianz kommen kann, bevor der andere Partner sein Ziel erreicht. In einer solchen Situation lassen sich durch vertragliche Schutzvorkehrungen die Beitragsleistung des anderen formal sicherstellen; Schutz vor opportunistischen Verhalten dagegen nur durch eine sorgfältige Partnerauswahl. Wobei Reputationsnachweise den Partnerauswahlprozeß erleichtern und beschleunigen können. Mit einer guten Reputation wächst mit Picot (1989) die Wahrscheinlichkeit, daß qualitätsvolle Partner die Kooperation zu solchen Unternehmungen suchen. Die steigende Anzahl strategischer Allianzen und

342 vgl. Hamel et al. (1989), S. 91
343 Hamel et al. (1989), S. 91
344 Gouldner (1960), S. 171

die zu erwartende weitere Zunahme[345] solcher Formen der Zusammenarbeit lassen diese Eigenschaft an steigender Bedeutung im interorganisationalen Umfeld gewinnen.

> "The reputation of a participant is the most visible signal of its reliability. Reputation bulks large in importance because in many network-like work settings, there is limited separation of formal business roles and personal social roles. *One's standing in one arena determines one's place in the other.*"[346]

Reputation wird aufgebaut, wenn sich die von einem Partner gezeigte Sorgfalt und Berechenbarkeit des Ergebnisses einer früheren Zusammenarbeit bei potentiellen Partnern herumspricht.[347] Gezielte und überzeugende PR-Maßnahmen nach außen können diesen Prozeß flankierend unterstützen.

Nicht nur eine ungleichgewichtige Situation in der Bedeutung der Ressourcen für den Partner und die "discretion" über Ressourcenallokation und Nutzung kann eine Machtvorteil sein, sondern auch die Konzentration der Ressourcenkontrolle.[348] Letztere kann dadurch reduziert werden, indem zusätzliche Ressourcenquellen erschlossen werden. Grundsätzlich kann auch hier Reziprozität der Asymmetrie entgegenwirken. Letztlich sind Machtverschiebungen im ongoing process auf einseitige Lernprozesse zurückführbar. Schutzvorkehrungen hierfür beziehen sich zum einem auf Begrenzungsmaßnahmen der Lernmöglichkeiten der Partner, sodaß eine Ausgewogenheit in der Allianz gewährleistet ist und zum anderen auf eine gezielte Aktivierung des operativen Personals zur Internalisierung der Fähigkeiten und Kenntnisse des Partnerunternehmens. Wie eine solche Aktivierung hervorgerufen werden kann, wurde bereits explorativ diskutiert.

Die Wahl der Machtausgleichsaktivitäten und des erforderlichen Ausmasses steht in Abhängigkeit zur der die Transaktionsbeziehung umgebenden Atmosphäre. Die Transferierung von Gamson's Analyse von politischen Prozessen in Organisationen zeigte, daß die Wahrscheinlichkeit der Ausübung von Macht in enger Beziehung zur Atmosphäre steht.[349] Zur Ausgestaltung dieser Komponente ist zum einen eine vertrauensvolle Atmosphäre zu schaffen[350] und zum anderen das Klima insgesamt so zu beeinflussen, daß eine konstruktive Zusammenarbeit erfolgen kann. Dabei können sich die Aktivitäten aufgrund der beschränkten Machbarkeit nur auf die Schaffung von Rahmenbedingungen erstrecken. Personalpolitische Maßnahmen wie ein kooperativer Führungsstil können den Aufbau einer konstruktiven Beziehung fördern.[351] Kompatible Unternehmenskulturen erleichtern dabei

345 vgl. hierzu Abschnitt 1.1 und dort angeführte empirische Untersuchungen.
346 Powell (1987), S. 82. Hervorhebung nicht im Orginal.
347 Spremann (1988), S. 619
348 vgl. Pfeffer, Salancik (1978), S. 45 ff.
349 vgl. hierzu Abschnitt 5.1.3 dieser Arbeit.
350 vgl. hierzu die Diskussion in Abschnitt 5.1.3 dieser Arbeit.
351 vgl. zu Führungsstilen stellvertretend Schindel, Wenger (1984), S. 225 ff., Staehle (1989), S. 309 ff. sowie Hinterhuber (1989), S. 116 ff.

den Klima-Aufbau-Prozeß. Eine weitgehende Interessenidentität ist jedoch Voraussetzung zum Aufbau einer gemeinsamen Netzkultur in langfristig orientierten strategischen Allianzen. Ein "clan type" (Ouchi, 1980) oder was Durkheim als eine "organic solidarity" bezeichnet[352] ist jedoch in horizontalen strategischen Allianzen nur schwer herzustellen und realiter sicherlich selten zu finden. Der begrenzte Zeithorizont strategischer Allianzen, Interessenkonflikte, Zielveränderungen und multikulturelle Aspekte stehen diesem entgegen.[353] Vielmehr sollten sich die Bemühungen in horizontalen strategischen Allianzen auf Überbrückungsaktivitäten erstrecken. Zentrale Voraussetzung zur Schaffung eines konstruktiven und kooperativen Allianzklimas ist ein Verstehen der spezifischen Unternehmenskulturen und in Cross-border-Allianzen auch der nationalen Kulturen sowie Akzeptanz und entsprechende Verhaltensweisen. Eine gute Beziehung entsteht letztlich aus gegenseitigen Verstehen, Akzeptanz und Vertrauen.[354] Eine offene Kommunikation ist hierfür u.a. eine wesentliche Voraussetzung.

5.2.6 Gestaltung des Informations- und Kommunikationsflusses

Der Gestaltung des Informations- und Kommunikationsflusses kommt in strategischen Allianzen herausragende Bedeutung zu. Die Notwendigkeit der Gestaltung ergibt sich aus organisationstheoretischer Sicht allgemein aus dem Tatbestand, daß Interaktionsprozesse immer auch zugleich Kommunikationsprozesse sind.[355] In interorganisationalen Beziehungsstrukturen dienen Gestaltungsmaßnahmen zur Sicherstellung ausreichender Kommunikation zwischen den Partnern einerseits und zur Kanalisierung des Informationsflusses andererseits, um das Ausmaß unbeabsichtigter Weitergabe wettbewerbskritischer Informationen gering zu halten bzw. soweit als möglich zu verhindern. Das Ziel letzteres ist, aufgrund der beschränkten Machbarkeit, der "... Durchsichtigkeit der eigenen Betriebsabläufe Grenzen zu setzen."[356] Das Ausmaß der Maßnahmen hängt mit Tröndle (1987) von der externen (z.B. Veränderungsdynamik) und internen (wie der Grad der kulturellen Diskrepanz, Ressourcenausstattung) Situation der Partner ab sowie von der konkreten Aufgabe als auch von der Bereitschaft und Fähigkeit der entsandten Kooperationsträger. Da strategische Allianzen in die gesamte Organisation beider Partner eingebaut sind, ist ein umfassender, aber kanalisierter Informationsfluß an beide Unternehmungen und von bei-

352 vgl. Durkheim (1933), S. 365, Ouchi (1980), S. 129 ff.

353 Dagegen transferiert Sydow (1991) diese auf Zielkongruenz, gemeinsamen Werten und Normen beruhenden Organisationsformen auf Netzwerke und kennzeichnet diese durch die Existenz einer Interorganisationskultur. Jedoch beschränken sich seine Ausführungen auf vertikale Netzwerke.

354 vgl. Lewis (1990), S. 240 f.

355 vgl. Hill et al. (1976), S. 75, Kroeber-Riel (1984), S. 495

356 Hamel et al. (1989), S. 91

den Unternehmungen notwendig.[357] "Nur durch eine adäquate Organisation eines derartigen Informationsflusses wird die Stabilität einer strategischen Allianz gewährleistet."[358]

Informationen können mit Dietel, Müller-Bader (1984) bezeichnet werden als

> "zweckgerichtetes Wissen oder zweckgerichtete Nachrichten. Sie bestehen aus Signalen, die eine Bedeutung besitzen und für den Empfänger zu Entscheidungsprämissen werden können."[359]

Der Austausch von Informationen wird auch als Kommunikation bezeichnet.[360] Soziale Kommunikation geht jedoch über den verbalen zwischenmenschlichen Austausch von Mitteilungen hinaus und umfaßt zudem die Übermittlung von Gefühlen und Gedanken unterstützt durch die Körpersprache als nonverbales Verständigungssystem.[361] Der Begriff soziale Kommunikation umfaßt darüber hinaus nach Staehle (1989) auch die Fähigkeit von Menschen, in Gruppen soziale Beziehungen zu unterhalten (soziale oder kommunikative Kompetenz).[362] Der Prozeß zwischenmenschlicher Informationsverarbeitung beginnt mit der Auswahl derjenigen Nachricht, die der "Sender" an den "Empfänger" übermitteln will.[363] Die Nachricht wird dabei in einer bestimmten Folge von Signalen zum Ausdruck gebracht und über einen Informationskanal an den Empfänger übertragen. Dort werden dann die Signale entschlüsselt und gedeutet. Wobei die Deutung durch den Empfänger nicht in einem vom Sender beabsichtigten Sinne erfolgen kann, da intraindividuelle Prozesse zwischengeschaltet sind, die zudem miteinander verknüpft sind. Nach dem Modell von Karlsson (1967) sind Merkmale des Kommunikators (Glaubwürdigkeit), Merkmale des Kommunikanten (Einstellung) und Merkmale der Kommunikationssituation (geographische und soziale Distanz) bestimmend für die Kommunikationswirkung. Dabei werden mit Kroeber-Riel (1984) folgende Beziehungen zwischen den Determinanten und der Kommunkationswirkung angenommen:

> "Mit zunehmender Glaubwürdigkeit steigt die Wahrscheinlichkeit, daß eine Kommunikation wirksam wird. Je stärker die Übereinstimmung (Konsistenz) der dargebotenen Informationen mit den vorhandenen Einstellungen der Empfänger ist, um so höher ist die Übernahmewahrscheinlichkeit für die Nachricht. Die Wahrscheinlichkeit, daß es zu einem Kontakt zwischen den Personen kommt, ist um so größer, je kleiner die räumliche und soziale Distanz zwischen den Personen sind."[364]

357 vgl. Pohle (1990), S. 75
358 Pohle (1990), S. 75
359 Dietel, Müller-Bader (1984), S. 158
360 vgl. Kroeber-Riel (1984), S. 495
361 vgl. Staehle (1989), S. 275 sowie ausführlicher in Kroeber-Riel (1984), S. 495 ff. sowie zur nonverbalen Kommunikation, S. 510 ff. welche im wesentlichen Gesichtsausdruck (Mimik), Blickkontakt, Gestik und Körperhaltung, -bewegung und -orientierung umfaßt.
362 vgl. Staehle (1989), S. 275
363 vgl. hierzu und im folgenden Dietel, Müller-Bader (1984), S. 159
364 Kroeber-Riel (1984), S. 501, S. 504, S. 507

Mit Dietel, Müller-Bader (1984) können zwei Einflußstrategien unterschieden werden, um den Empfänger zur Übernahme der mitgeteilten Informationen zu veranlassen. Manipulation und Überzeugung. Dabei wird unter Manipulation im vorliegenden Kontext eine Beeinflussung des Empfängers auf eine solche Weise verstanden, daß dieser unbewußt zur Übernahme veranlasst wird.[365] Überzeugungsaktivitäten führen im erfolgreichen Fall dagegen zur freiwilligen und bewußten Übernahme. Das Problem der unterschiedlichen Deutung von Informationen und damit verbundene Mißverständnisse behindert jedoch auch diesen Prozeß und kann in eine vom Sender nicht intendierte Richtung führen.

Die Kanäle über die Informationen ausgetauscht werden, bestimmen die Kommunikationsstruktur. Hierbei muß zwischen formalen und informalen Kommunikationswegen unterschieden werden.[366] Die Gesamtheit der formalen Kommunikationswege ergibt die offizielle Kommunikationsstruktur. Aufgrund der geringen Plan- und Steuerbarkeit der Informationswege ergeben sich stets auch informale Kommunikationswege. Obgleich zum einen informale Informationswege unabdingbar für die Abstimmung arbeitsteilig zu erfüllender Aufgaben und Teilentscheidungen sind, können zum anderen auf diesen Wegen unkontrollierbare kritische Informationen fließen, die den Zielen der Partner entgegenstehen.[367] Das Ausmaß informell weitergeleiteter kritischer Informationen ist letztlich eine Frage der Loyalität der Mitarbeiter.[368] Jedoch können auch strukturelle Regelungen einen Beitrag zur Reduzierung leisten, welche im folgenden zu beleuchten sind. Aufgrund des vorherrschenden Wissensdefizites in diesem Bereich können die nachfolgenden Ausführungen leider nur in weiten Teilen von explorativer Natur sein.

Die größte Gefahr einer unbeabsichtigten Weitergabe von Schlüsselkenntnissen besteht mit Hamel et al. (1989) auf operativer Ebene. Welche Möglichkeiten zur Kanalisierung des Informations- und Kommunikationsflusses hier bestehen, ist direkt abhängig vom Typ der Allianz.

Sollen die Aktivitäten in einer Pool-Allianz an einem gemeinsamen Standort zusammengeführt werden und die Arbeitserfüllung gemeinschaftlich erfolgen, so stellt bereits die Teamstruktur ausreichende Möglichkeiten zur Kommunikation sicher. Strukturelle Maßnahmen zur Kanalisierung informaler Informationsaustauschprozesse sind hier so gut wie nicht

365 vgl. Dietel, Müller-Bader (1984), S. 160
366 vgl. Dietel, Müller-Bader (1984), S. 159
367 vgl. zu einem Fallbeispiel Hamel et al. (1989), S. 92, wo dieses Autorenteam neben der bereits zitierten Allianz zwischen einem europäischen Unternehmen und einem Japanischen die Allianz zwischen einem amerikanischen und Europäischen schildern, in welchem einzelne Manager des US-Unternehmens ihnen nicht sagen konnten, wieviel an Informationen weitergegeben worden sind und sich nicht in der Lage sahen, die Wege nachzuzeichnen, auf denen die Informationen flossen.
368 vgl. zur Loyalität als eine kritische Dimension, die soweit als möglich zu beeinflussen ist, Abschnitt 5.2.5 dieser Arbeit.

möglich. Die Aktionen zur Reduzierung der unbeabsichtigten kritischen Informationsweitergabe beschränken sich hier auf die weiter unten noch zu diskutierenden personalistischen, symbolischen und politischen Maßnahmen. Ex post Kontrollmöglichkeiten des Informationsflusses können sich auf die Feststellung der weitergeleiteten Informationen durch periodisch vorzunehmende direkte Befragung der Involvierten erstrecken oder bei geringer Anzahl der Mitarbeiter durch meetings eruiert werden. Diese Maßnahmen wirken jedoch nur im nachhinein und können den eventuell bereits stattgefundenen Abfluß kritischer Informationen nicht mehr verhindern. Sie können damit nur der Durchsichtigkeit des Informationsflusses dienen und eine Bestandsaufnahme gewährleisten.

In Transfer-Allianzen dagegen, in denen die Partner arbeitsteilig in ihren eigenen Organisationen ihre Beiträge erfüllen, sind Informations- und Kommunikationskanäle zur Überbrückung der organisationalen Grenzen zu errichten. Bei strategischen Allianzen, die dem wechselseitigen Informationstransfer dienen, wie beispielsweise Technologie-Know-how gegen Marketing-Know-how, kommt dabei der gleichgewichtigen Ausgestaltung entscheidende Bedeutung für die Stabilität der Allianz zu, da - wie bereits hervorgehoben - Abhängigkeitsverschiebungen durch schnellere Wissensaneignung seitens eines Partners den anderen von diesem zunehmend abhängiger werden läßt und ersterer zunehmend an Interesse an der strategischen Allianz verliert und nach Zielerreichung, der vollständigen Internalisierung des Know-hows des Partners, kein Anreiz mehr zur Aufrechterhaltung der Beziehung hat. Servatius (1990) bezeichnet ein solche Allianz als "Zweckbündnis", als ein "Spiel um Informationsvorteile".[369] Seine Empfehlung Informationsprozesse demzufolge auf der Grundlage einer langfristigen "Überhol-Perspektive" zu gestalten, kann sich jedoch als Bumerang erweisen und Mißtrauen bei allianzkompetenten und lernwilligen sowie -fähigen Partnern hervorrufen, wenn diese Strategie durchschaut wird; was in letzter Konsequenz zu einem vorzeitigen Abbruch der Beziehungen führen kann, bevor die Partner ihre Ziele erreichen konnten. Für eine für beide Seiten erfolgreiche Beziehung erscheint es vielmehr von Vorteil, einen gleichgewichtigen Informationsaustauschprozeß sicherzustellen, welcher nach einem Anreiz-Beitrags-Gleichgewicht gesteuert wird. Nach einem solchen schrittweise, anreiz-, beitragsorientierten Verfahren gehen beispielsweise - wie bereits angeführt - Motorola und Toshiba in ihrer Transfer-Allianz vor.[370] Diese Zug um Zug auf dem Reziprozitätsprinzip basierenden Beitragsleistungen sind durch klare vertragliche Regelungen über die jeweiligen zu erbringenden Leistungen und -anforderungen auf eine rechtliche Basis zu stellen. Auch sollte geklärt und nach unten vermittelt werden, wer Zugang zu welchen Anlagen hat und wer mit wem und über was kommunizieren darf.[371] Um eine bessere Kontrolle über den Informationsfluß zu gewährleisten, kann ein "gatekeeper" einge-

---

369 Servatius (1990), S. 63
370 vgl. Hamel et al. (1989), S. 91
371 vgl. Hamel et al. (1989), S. 92

setzt werden, dessen Aufgabe es ist, zu kontrollieren, welche Informationen an den Partner weitergegeben werden. Dabei kann mit Hamel et al. (1989) ein solcher Wächter nur erfolgreich sein, "... wenn die Anzahl der Tore, durch die der Partner Zugang zu Mitarbeitern und Anlagen bekommt, sehr begrenzt sind."[372] So größer der für die Kontrollmaßnahmen erforderliche Aufwand und der Heterogenitätsgrad der Aufgabe, desto eher bietet es sich an, diese Position mit mehreren Mitarbeitern zu besetzen. Die hierfür auszuwählenden Mitarbeiter sollten insbesondere neben der fachlichen Qualifikation zuverlässig sein, über einen hohen Loyalitätsgrad und über interkulturelle Überbrückungsfähigkeiten verfügen. Fujitsu richtete, um den Zugang zu entscheidenden Kenntnissen und Technologien zu überwachen und unter Kontrolle zu halten, eine "Abteilung für Zusammenarbeit" ein. Die Partner konnten nur über diese Abteilung Informationen oder Hilfe von verschiedenen Abteilungen anfordern.[373] In der weitreichenden strategischen Allianz zwischen Daimler-Benz und Mitsubishi richtete Daimler-Benz zur Koordination einen sogenannten KOM-Kreis (Koordination Mitsubishi) ein, der von Linienmanager geführt und mit 20 Mitglieder ausgestattet ist. Mitsubishi errichtete sogar ein eigenes Büro "Daimler-Benz Project Department" in Tokio ein, in welchem derzeit zwanzig hochqualifizierte Mitarbeiter beschäftigt sind.[374]

Wird die strategische Allianz über ein Gemeinschaftsunternehmen institutionalisiert (Joint Venture), ergibt sich bereits durch die Separation ein räumlicher Schutz vor nicht die Allianz betreffenden Fähigkeiten, Kenntnissen und Anlagen. IBM wählte diese Institutionalisierungsform bei seiner Zusammenarbeit mit Fujitsu, um den Zugang von Fujitsu zu kritischen Informationen räumlich zu begrenzen und kontrollieren zu können, welche Informationen weitergeleitet werden.[375] Einfluß auf die Transparenz hat dabei auch die Standortwahl. Die geographische Ansiedlung des neu zu gründenden Unternehmens in weiter Entfernung von den Mutterunternehmungen und die physikalische Separation von anderen Subsystemen der Partner stellt eine Schutzmaßnahme vor unbeabsichtigten Wissenstransfer dar.[376] Lernmöglichkeiten und Informationskontrolle stehen dabei jedoch in einer Trade-off-Beziehung. "Wenn das gemeinschaftliche Team nahe dem Hauptsitz eines der Partner angesiedelt ist, wird der andere größere Lernchancen haben - aber weniger Einfluß darauf, welche Informationen ausgetauscht werden."[377]

Strukturelle Informations- und Kommunikationsflußkanalisierungen können jedoch nicht den informalen Informationsabfluß strukturieren. Zur Beeinflussung des Ausmaßes an informalen kritischen Informationsaustauschprozessen zwischen den Mitarbeitern der Part-

372 Hamel et al. (1989), S. 92
373 vgl. Hamel et al. (1989), S. 92
374 vgl. Hunger (1991), S. 5
375 vgl. o.V. (1989), S. 14
376 vgl. Harrigan (1986), S. 152, Hamel et al. (1989), S. 92
377 Hamel et al. (1989), S. 92

nerunternehmungen sind die bereits angeführten politischen Maßnahmen in Abhängigkeit der jeweiligen Machtgrundlage sowie personelle und symbolische einsetzbar.

Personelle Maßnahmen können neben den Maßnahmen zur Steigerung der Loyalität der Mitarbeiter[378] und geeigneten Personalauswahlaktivitäten, die letztlich jedoch im operativen Bereich aufgrund der aufgabenbezogenen Selektion begrenzt sind, sich zum einen auf die Aufrechterhaltung des Wettbewerbsdenkens bei gleichzeitiger Gewährleistung eines notwendigen Grades an Kooperationsbereitschaft und zum anderen auf Sinnvermittlungsaktivitäten erstrecken. Obgleich ein gewisser Grad von Kooperationsbereitschaft zwischen Mitarbeitern zur Zielerreichung notwendig ist, erscheint es vor dem Hintergrund der bisherigen Untersuchungsergebnisse erfolgsversprechend, daß ein konkurrenzorientiertes Denken bei den Mitarbeitern aufrechterhalten bleibt, um nicht von den Partnern langfristig abhängig zu werden und einen neuen Wettbewerber durch die strategische Allianz zu kreieren. Es konnte bereits festgehalten werden, daß uneingeschränkte Kooperationsbereitschaft die Wettbewerbsposition einer Unternehmung unterminieren kann, wenn dadurch für die Unternehmung kritische Informationen weitergegeben werden. Der ausgeprägte Lernwille und die Lernfähigkeit japanischer Unternehmen und damit verbundene oft vorzeitige und einseitige Wissensaneignung lassen strategische Allianzen weniger als eine neue Form der Kooperation als eine neue Form des Wettbewerbs erscheinen, in der es nach Servatius um ein "Spiel der Informationsvorteile"[379] geht. In strategischen Allianzen, in denen sich aktuelle Wettbewerber temporär zusammenschließen, dürfte die Aufrechterhaltung des Konkurrenzgedankens keine besonderen Anstrengung seitens der Führungskräfte erfordern. Eine Sichtbarmachung potentieller Folgen für die Unternehmung und den Mitarbeiter selbst erscheint ausreichend zu sein. In strategischen Allianzen mit potentiellen Wettbewerbern, bedarf es darüber hinaus der Informationsvermittlung, warum der derzeitige Partner ein späterer Konkurrent werden könnte und auf welche Weise dies durch die Allianz bzw. durch die Weiterleitung welcher kritischen Informationen, die nicht zur Aufgabenerfüllung des Partners notwendig sind, geschehen kann. Damit kann einerseits eine Sensibilität für kritische Informationen geschaffen und andererseits die potentiellen Folgen sichtbar gemacht werden. Mit den Sinnvermittlungsaktivitäten der Führungskräfte sind bereits symbolische Maßnahmen angesprochen.

Symbolische Maßnahmen richten sich neben den Sinnvermittlungsaktivitäten respektive der Legitimierung der institutionellen Ordnung[380] intraorganisatorisch auf die Überwindung des "not-invented-here" Syndroms.[381] Der Sinn der Allianz und die Ziele der Partner sind

---

378 vgl. hierzu Abschnitt 5.2.5 dieser Arbeit.

379 vgl. Servatius (1990), S. 63

380 vgl. hierzu die Begriffsbestimmung in Abschnitt 5.2.5 dieser Arbeit und Abschnitt 3.2.5 dieser Arbeit.

381 Zum "not-invented-here-Syndrom", vgl. Harrigan (1986), S. 151

bis zur letzten Einheit zu vermitteln, da auf diese Weise ein Engagement für die Allianz und ein zielgerichtetes Verhalten erzeugt werden kann. Interorganisatorisch ist hierbei vor allem die Position des Partners zu vermitteln. Im vorliegenden Kontext der Gestaltung des Informations- und Kommunikationsflusses sind zum einen zur Reduzierung der unbeabsichtigten Weitergabe von wettbewerbsrelevanten Informationen an die Partner den eigenen Mitarbeiter zu vermitteln, wer mit wem über was kommunizieren darf und zum anderen Maßnahmen zur Sicherstellung einer reibungslosen Kommunikation zutreffen. Wie letzteres erfolgen kann, kann mit Hilfe des symbolischen Interaktionismus verdeutlicht werden.

Unter dem Begriff "symbolischer Interaktionismus" wird ein sozialwissenschaftlicher Ansatz bezeichnet, dessen Fokus sich auf die Erforschung des menschlichen Zusammenlebens richtet.[382] Seine Vertreter gehen von der grundlegenden Annahme aus, daß Menschen handeln aufgrund der Bedeutungen, die sie Erscheinungen beimessen.[383] Der Mensch wird damit nicht als nur ein reaktiv Handelnder gesehen, sondern es wird ihm die Fähigkeit zuerkannt, daß er in einem Interpretationsprozeß die Bedeutung der Handlungen anderer deuten kann und seine eigene Handlung im Hinblick auf diese Interpretation situativ entwirft.[384] Die Bedeutung wird dabei aus den sozialen Interaktionsprozessen, die mit anderen Menschen eingegangen werden, abgeleitet oder entstehen daraus.

> " Für den symbolischen Interaktionismus sind Bedeutungen daher soziale Produkte, sie sind Schöpfungen, die in den und durch die definierten Aktivitäten miteinander interagierender Personen hervorgebracht werden.[385]

Diese Bedeutungen werden in einem Interpretationsprozeß benutzt, gehandhabt und abgeändert. "Benutzt" heißt, daß "... Bedeutungen als Mittel für die Steuerung und den Aufbau von Handlungen gebraucht ... werden."[386] Die "Handhabung" und "Abänderung" erfolgt in sozialen Interaktionsprozessen, die eine Person mit sich selbst eingeht. Der Handelnde interagiert mit sich selbst, indem er mit sich selbst in Kommunikationsprozesse eintritt. Aufgrund dieser Kommunikationsprozesse des einzelnen mit sich selbst wird das Ereignis oder die Erscheinung interpretiert und in Blumers Worten erfolgt so eine "Handhabung" von "Bedeutungen". Wichtig ist, daß unter "Interpretation" keine automatische Anwendung bestehender Bedeutungen zu verstehen ist, sondern es sich um einen - wie bereits angeführt - formenden Prozeß handelt, der intrapersonell stattfindet und in dessen Verlauf Bedeutungen gehandhabt und abgeändert werden.

Wie die Welt subjektiv wahrgenommen, interpretiert und Bedeutung gegeben wird, ist folglich - aus der Sicht des symbolischen Interaktionismus - ausschlaggebend für das Verhal-

382 vgl. Blumer (1973), S. 80 ff.
383 vgl. Blumer (1969), S. 2 ff., ders. (1973), S. 81 ff.
384 vgl. Blumer (1973), S. 92 ff.
385 Blumer (1973), S. 83 f.
386 Blumer (1973), S. 84

ten und Handeln von Menschen und nicht die objektiven Ereignisse und Erscheinungsformen. Das gleiche Bild ergibt sich bei der Beschreibung und Erklärung sozialen Handelns einer Gesamtheit. Aus der Perspektive des symbolischen Interaktionismus setzen sich Netzwerke aus Gruppen von Teilnehmern zusammen, die in den Netzwerken unterschiedliche Positionen innehaben. Ihr Handeln in diesen Positionen basiert dabei auf der Grundlage der Bedeutung gegebener Sets von Bedeutungen.[387] Das Funktionieren von Netzwerken wird dabei nicht auf irgendeine inneren Dynamik oder irgendwelche Mechanismen zurückgeführt, sondern aufgrund von Aktionen der involvierten Individuen. Wird davon ausgegangen, daß eine strategische Allianz aus dem Zusammenschluß von Personen besteht,[388] so besteht solch ein Zusammenschluß nach dem symbolischen Interaktionismus notwendigerweise in der Form, daß Personen ihre Handlungen aufeinander ausrichten und so soziale Interaktion eingehen.

> "Solch eine Interaktion ... erfolgt charakteristischerweise und vorwiegend auf der symbolischen Ebene; wenn Individuen individuell oder kollektiv handeln, oder wenn Vertreter beliebiger Organisationen sich treffen, sind sie notwendigerweise dazu gezwungen, die Handlungen des jeweils anderen zu berücksichtigen, wenn sie ihre eigene Handlung ausbilden."[389]

Zur Gewährleistung einer reibungslosen Kommunikation ergeben sich aus dieser Perspektive demnach, um auf die Eingangs gestellte Frage zurückzukommen, folgende Verhaltens- und Handlungsempfehlungen: Zunächst ist zu versuchen, die Bedeutung der Handlung des jeweils anderen zu verstehen. Denn bei der Vorlage von Mißverständnissen ist die Kommunikation unwirksam, die Interaktion verhindert und die Entwicklung einer gemeinsamen Handlung blockiert.[390] Desweiteren gilt es, den Standpunkt des jeweils anderen einzunehmen und die Absicht der bevorstehenden Handlung zu erfassen und damit letztlich die Rolle des jeweils anderen zu übernehmen. "Solch gegenseitige Rollenübernahme ist das sine qua non von Kommunikation und wirksamer symbolischer Interaktion."[391]

Soziale Interaktion ist letztlich aus dieser Perspektive dann gegeben, wenn die Aktoren ihre Handlungen gegenseitig aufeinander ausrichten.

---

387 vgl. Blumer (1973), S. 99 f.

388 Wie in jeder Organisation sind auch in strategischen Allianzen als interorganisationale Beziehungsgefüge, Menschen die Elemente. Vgl. zur sozialwissenschaftlichen Diskussion: Methodologischer Individualismus versus methodologischer Kollektivismus zu Knyphausen (1987), S. 121 ff., welcher im Anschluß daran versucht, diese kontroversen Sichtweisen insofern zu verbinden, als er eine Komplementarität zwischen diesen Forschungsstandpunkten postuliert. Vgl. hierzu auch die kontroversen Sichtweisen makroorientierter Vertreter gegenüber mikroorientierten Vertreter in Astley, Van de Ven (1983), S. 245 ff. sowie Abschnitt 3.1. und die Auflösung dieser Dichtonomie durch das Konzept der Koevolution in Abschnitt 3.3 dieser Arbeit.

389 Blumer (1973), S. 89

390 vgl. Blumer (1973), S. 89

391 Blumer (1973), S. 89

"Einfach ausgedrückt, müssen Menschen, die miteinander interagieren, darauf achtgeben, was der jeweils andere tut oder tun will; sie sind gezwungen, im Rahmen der Dinge, denen sie Beachtung schenken, ihr Handeln auszurichten oder ihre Situationen zu handhaben. Auf diese Weise treten die Aktivitäten anderer als positive Faktoren in die Entwicklung ihres eigenen Verhaltens ein; angesichts der Handlungen anderer kann man eine Absicht oder ein Vorhaben fallenlassen, man kann sie abändern, prüfen oder aussetzen, verstärken oder durch andere ersetzen."[392]

5.2.7 Gestaltung des Anreiz- und Sanktionssystems

Eng verbunden mit der Forderung nach Responsiveness ist die Ausgestaltung einer ausgewogenen Anreiz-Beitrags-Struktur zur Gestaltung der Beziehungen zwischen den Partnern und letztlich für die Stabilität[393] der strategischen Allianz. Der Entwicklung eines allianzspezifischen Anreiz- und Sanktionssystems kommt hierfür eine entscheidende Rolle zu. Denn: "Alliances are held together by fear, not by love."[394] Mit der Erarbeitung eines adäquaten und ausgefeilten Anreiz- und Sanktionssystems kann zudem opportunistisches Verhalten[395] reduziert oder in Grenzen gehalten werden. Welche interorganisationalen Anreizmöglichkeiten einerseits und Sanktionsmaßnahmen andererseits hierfür potentiell in Frage kommen, sind im folgenden zu diskutieren und explorativ zu erforschen. Dabei können Erkenntnisse zur intraorganisationalen Gestaltung von Anreiz-Beitrags-Systemen partiell transferiert und damit darauf aufgebaut sowie bisher gewonnene Erkenntnisse in diesem Zusammenhang genutzt werden.

Analog der Anreiz-Beitrags-Theorie von March und Simon (1958),[396] nach welcher ein Individuum nur so lange sein Arbeitsverhältnis aufrechterhält, wie die von der Organisation gewährten Anreize, den gelieferten Beiträgen entsprechen oder diese übersteigen, kann auf interorganisationaler Ebene davon ausgegangen werden, daß Partner nur solange eine Interesse an der Allianz haben, als ihre Partner im Minimum den geforderten Beitrag leisten und die Allianz eine positiv wahrgenommene Nutzendifferenz stiftet. Wird March und Simon gefolgt, wonach das Anreizsystem einer Organisation nicht nur die Entscheidung von Individuen über die Teilnahme an dieser Organisation beeinflussen, sondern auch sämtliche Entscheidungen und damit ihr Verhalten[397], gewinnt eine ausgewogene Ausgestaltung von einem Anreiz-Beitrags-System über den Stabilitätsaspekt hinaus auch für die oben bereits angeführte Gestaltung der Beziehung entscheidende Bedeutung. Allgemein gesehen

---

392 Blumer (1973), S. 87

393 In strategischen Allianzen stellt ein ausgewogenes Anreiz-Beitrags-Gleichgewicht ex ante eine Voraussetzung für das Eingehen der Verbindung dar. Es kann insofern davon ausgegangen werden, daß es, wenn dieses nicht mehr gegeben ist, zur Auflösung der Allianz kommen wird.

394 Harold Macmillan (1959), zitiert nach James (1985), S. 76

395 Zu opportunistischen Verhalten vgl. Abschnitt 5.1.2 dieser Arbeit und dort angegebene Literatur.

396 Erstmals formuliert wurden die Anreiz-Beitrags-Überlegungen von Barnard (1938), welche durch March und Simon weiterentwickelt wurden, vgl. March, Simon (1958), ders. (1976)

397 vgl. March, Simon (1966), S. 61 ff.

besteht letztlich der Gegenstand von Transaktionen aus Beiträgen von Teilnehmern bzw. an Teilnehmer fließende Leistungen.[398]

Der Begriff **Anreizsystem** umfaßt das Konglomerat an Anreizen, welches von der Organisation den Organisationsmitgliedern offiziell als Ausgleich für die geforderten Beiträge angeboten werden.[399] Neben diesem formalen Anreizsystem besteht die Möglichkeit durch informale Anreize, welche vorwiegend von sozialer Natur sind, die Mitglieder zu beeinflussen. Anreize können positiv oder negativ definiert sein.[400] Letztere werden als Belastungen empfunden. Anreize selbst können als wahrgenommene Umweltbedingungen bezeichnet werden, die Motive aktivieren können und sich im Verhalten und Handlungen manifestieren.[401]

Folgende grundsätzliche Gestaltungsdimensionen möglicher Anreiztypen können unterschieden werden. Im Hinblick auf die Objektdimension unterscheidet Bleicher (1985) wer oder was gratifiziert wird. Liegt die Priorität beim Individuum, kann dies eine positive Verstärkung der Individualmotivation nachsichziehen, aber auch den Wettbewerb zwischen einzelnen Mitarbeiter intensivieren.[402] Eine weitere Möglichkeit besteht darin, das Anreizsystem auf die Gruppe auszurichten, wie beispielsweise auf das Projektteam. Wird die Unternehmung als Objekt gewählt, gehen leicht individuelle und gruppenbezogene Beiträge verloren. In strategischen Allianzen sollte sich das interorganisationale Anreizsystem auf die Partnerunternehmungen (Unternehmung als Objekt) richten, während individual- und gruppenorientierte Anreize intraorganisational in den beteiligten Partnerunternehmungen zu generieren und zu vermitteln sind. Im Hinblick auf die Zeitdimension kann zwischen kurzfristig, mittelfristig und langfristig orientierten Anreizsystemen unterschieden werden. Während bei kurzfristigen Beurteilungen auf Erfolgsgrößen des Rechnungswesens zurückgegriffen werden können, können bei langfristig orientierter Ausgestaltung Marktindices und ökonomische Werte, wie Marktanteil als Erfolgsfaktoren herangezogen werden. Mit Ohmae (1989) ist der ROS (**r**eturn **o**n **s**ales) eine geeignete Kontrollgröße für strategische Allianzen, da eine ROS-Orientierung die Blickrichtung des Managements auf das ongoing business richtet. Mittelfristig erscheint eine Bewertung anhand von strategischen Meilensteinen geeignet. Wird nach den eingesetzten Mitteln unterschieden, so kann grundsätzlich zwischen materiellen Anreiztypen (monetäre und sachorientierte Zuwendungen) und immateriellen (soziale Anreize, Anreize der Arbeit und des organisatorischen Umfeldes) differenziert werden.[403] In neueren Ansätzen wird darüber hinaus noch zwischen strategischen und

---

398 vgl. Kirsch (1990), S. 21
399 vgl. Breit, Kellermann (1984), S. 292
400 vgl. Kirsch et al. (1985), S. 154, Kirsch (1990), S. 321
401 vgl. v. Rosenstiel (1975), S. 39
402 vgl. Bleicher (1985), S. 21 f.
403 vgl. zu dieser Differenzierung, v. Rosenstiel (1975), S. 231

operativen Anreiztypen unterschieden. Während bei ersterem das strategisch intendierte (wirkungsorientierte) Verhalten belohnt wird, wird bei letzteren das operativ richtige Verhalten gratifiziert.[404]

Da strategische Allianzen dynamische Gebilde sind, ist das Anreizsystem dynamisch zu konzipieren, wobei neben einem stabilen Kern auch flexible Elemente einzubauen sind. Die konkrete Ausgestaltung ist dabei insbesondere in Abhängigkeit des Typs der Allianz, der Unternehmenskulturen und der jeweiligen Bedürfnisse zu sehen. Werden die Aktivitäten an einem gemeinsamen Standort im Rahmen einer Pool-Allianz zusammengelegt, ergeben sich andere Möglichkeiten als bei getrennter Aufgabenerfüllung.

Vor dem Hintergrund der bisherigen Untersuchungsergebnisse sollte ein interorganisatorisches Anreizsystem grundsätzlich zwei grundlegende Funktionen erfüllen: Erstens der Aufrechterhaltung der Allianz dienen und zweitens die Partner zur Beitragsleistung motivieren und mobilisieren und damit zum einen der Labilität strategischer Allianzen und zum anderen dem existenten Problem der Nichterfüllung des Arrangements[405] entgegenwirken. Das bereits angeführte Modell seitens der Unternehmenspraxis von Motorola und Toshiba, welches nach einem schrittweise anreizorientierten Verfahren vorgeht und auf dem Reziprozitätsprinzip basiert, kann als grundlegendes Leitbild für eine ausgewogene Anreiz-Beitrags-Strukturierung herangezogen werden.[406]

Während Anreize in enger Verbindung zur Zielerreichung stehen, sind **Sanktionen** in stärkerem Maße auf die vorhandenen Normen und Grundsätze bezogen.[407] Ein von den Normen abweichendes Verhalten kann negativ oder positiv sanktioniert werden.

> "Die positive Sanktionierung eines abweichenden Verhaltens kann als Bestätigung des Verhaltens aufgefaßt werden, was zu einer Etablierung einer neuen oder veränderten Norm führen kann. Ein Verhalten, das negativ sanktioniert wird, führt zu einer Bestrafung im weitesten Sinne, wobei gleichzeitig eine Beibehaltung oder sogar eine Verstärkung bzw. Stabilisierung der existierenden Normen die Folge wäre."[408]

Welche Art von Sanktionsoptionen im Sinne von "Bestrafung" oder ihrer Androhung interorganisational bestehen, ist in direkter Abhängigkeit mit den vorhandenen Machtgrundlagen zu sehen. Da legitimierte Sanktionsmöglichkeiten in strategischen Allianzen zwischen den Partnern nicht bestehen, kommen potentiell - wie die Diskussion zu den Machtpotentialen zeigte[409] - Expertenmacht, Belohnungs- und Bestrafungsmacht, Informations-

---

404 vgl. hierzu Brantl, Hinder et al. (1984), S. 474 f. sowie Kirsch et al (1985), S. 95 ff.
405 vgl. zu diesem Problem, Root (1988), S. 74 f., Harrigan (1986), S. 181
406 vgl. zu diesem Verfahren Hamel et al. (1989), S. 91
407 vgl. Kirsch et al. (1985), S. 154, Kirsch (1990), S. 321
408 Kirsch (1990), S. 321
409 vgl. hierzu Abschnitt 5.1.3 dieser Arbeit.

macht und Macht aufgrund von einseitiger Abhängigkeit als Machtgrundlagen in strategischen Allianzen in Frage.

Expertenmacht aufgrund von Sachverständigkeit und damit Macht durch kognitives Wissen als Basis für Sanktionsmaßnahmen ist eng verbunden mit einer Asymmetrie in der Austauschbeziehung und damit interdependent mit Macht durch Abhängigkeit. Nach Pfeffer, Salancik (1978) entstehen Machtvorteile erst bei Vorliegen von Asymmetrie in der Transaktionsbeziehung. Ohne Asymmetrie in der Austauschbeziehung würde keiner Machtvorteile haben und die Wahrscheinlichkeit damit reduzieren, daß eine Organisation dominierenden Einfluß ausüben kann. Darüber hinaus wird Expertenmacht auch auf Macht über wichtige Informationen zurückgeführt. Sie stellt damit eine Form der Informationsmacht dar. Diese Komponente kann somit im Rahmen der Informationsmacht mit untersucht werden. Wissensmacht befähigt eine Unternehmung respektive ihre Mitglieder Druck auf diejenigen Partner auszuüben, welche an der Übernahme des Know-hows interessiert sind. Die Androhung der Einstellung des Know-how-Transfers und damit einseitige Beeinflussung des Informations- und Kommunikationsflusses, sofern dies vertraglich möglich ist oder Vertragsstrafen und eventuell damit verbundene Imageverluste in Kauf genommen werden können, kann für die Partner als Bestrafung wahrgenommen werden. Da ein solches Verhalten jedoch Mißtrauen hervorrufen und die Beziehung gefährden kann, erscheint eine solche Sanktionsmöglichkeit nur dann als adäquat, sofern die Partner im Rückstand mit ihrer Beitragsleistung sind. In einem solchen Fall kann ein Bezug auf die Norm der Reziprozität diese Aktion legitimieren.

Legitimierte Belohnungs- und Bestrafungsmacht ist in strategischen Allianzen aufgrund des Gleichordnungsverhältnisses der Partner[410] nicht existent. Direkte materielle "Belohnung" wie Erfolgsbeteiligung oder Verrechnungspreise werden bereits vertraglich zu Beginn der Allianz geregelt. Immaterielle Anreize sozialer Natur kommt zwischen Wettbewerbern in der Regel nur eine äußerst geringe, wenn nicht gar keine Bedeutung zu. Bestrafungsmacht direkter Natur kann in dem Autonomiemerkmal "Freiheit der Austrittsentscheidung",[411] wenn diese vorliegt, gesehen werden. Die Androhung des Ausstiegs aus der Allianz bevor der Partner sein Ziel erreicht hat, kann von den Partnern als eine Form der "Bestrafung" aufgefaßt werden. Jedoch ist die Wirkung neben der subjektiven Wahrnehmung von dem Grad der Bedeutung der Allianz für den Partner mit diesen Partnern und von der Glaubwürdigkeit abhängig. Die strategische Allianz kann grundsätzlich für die Alliierten und dies insbesondere, wenn die Partnerunternehmungen von unterschiedlicher Größe sind, von verschiedener strategischer Bedeutung sein. Dabei kann davon ausgegangen werden, daß die relative Bedeutung für das kleinere Unternehmen größer ist und vice versa. Die Glaubwürdig-

410 vgl. hierzu Kapitel 2 dieser Arbeit und dort angegebene Literatur.
411 vgl. hierzu Abschnitt 2.1.2 dieser Arbeit.

keit wird insbesondere durch häufige Androhungen, die nicht vollzogen werden sowie hohen Austrittsbarrieren[412] untergraben und führen in Konsequenz zu keiner verhaltensbeeinflussenden Wirkung bei den Partnern. Indirekte Bestrafungsmacht kann über die anderen Formen der angeführten Machtgrundlagen erfolgen.

Informationsmacht (Macht über wichtige Informationen) und damit Macht durch Informationskontrolle und Steuerungsmöglichkeiten des Informationsflusses sollte nicht zur Unterstützung opportunistischen Verhaltens eingesetzt werden. Falsche, verzerrte oder unvollständige Informationsübermittlung an den Transaktionspartner steigern das Mißtrauen und belasten die Interaktionsbeziehungen und sind letztlich ein möglicher Grund für eine einseitige Auflösung der Allianz. Möglichkeiten des Einsatzes von Informationsmacht können dagegen in Maßnahmen zur Steuerung des Informations- und Kommunikationsflusses gesehen werden. Die Zurückbehaltung von für den Partner kritische Informationen und damit verbundene Initiierung von Verhandlungen kann dabei als eine mögliche Form zur Ausübung von Informationsmacht herangezogen werden. Jedoch sollte auch hier die Norm der Reziprozität als Maßstab dienen. Ungerechtfertigte Zurückbehaltung von Informationen, die Bestandteil des vereinbarten Informationstransfers der Allianz sind, erscheinen dagegen ungeeignet.

Machtpotentiale aufgrund von einseitiger Abhängigkeit ergeben sich im ongoing process der Zusammenarbeit. Maßnahmen zur gezielten Gestaltung der Interdependenzbeziehungen können sich zum einen auf die Schaffung von idiosynkratischen Abhängigkeiten und zum anderen auf die Forcierung von einseitigen Lernprozessen beziehen. Als "idiosynkratisch" werden mit Williamson (1981) Transaktionen bezeichnet, bei denen zur Stützung der Transaktion, transaktionsspezifische Investitionen vorgenommen werden.[413] Die bewußte Herbeiführung von Abhängigkeiten aufgrund transaktionsspezifischer Investitionen kann sich jedoch als Bumerang erweisen, da der Partner aufgrund der erzielten Spezifität an Verhandlungsstärke gewinnt und eine "small-numbers-bargaining" Situation schaffen kann, wenn keine substitutiven Quellen zur Verfügung stehen.[414] Für horizontale strategische Allianzen kann dieses Problem jedoch nur dann auftreten, falls diese transaktionsspezifischen Investitionen für weitere Allianzen mit diesem Partner relevant sind.[415] Dies erfordert einen weiten Zeithorizont sowie Absichtserklärungen über weitere Formen der Zusammenarbeit, da ansonsten aus ökonomischen Gründen die Investitionen sich nicht amortisieren

412 vgl. hierzu Abschnitt 4.3.2 dieser Arbeit und dort angegebene Literatur.

413 vgl. Williamson (1981), S. 555, welcher hierbei zwischen drei Arten von Spezifität unterscheidet: Standortspezifität, Spezifität des Sachkapitals, des Humankapitals und zweckgebundener Sachwerte, vgl. hierzu auch die Ausführungen nach Williamson in Abschnitt 4.3.2 dieser Arbeit, wo diese Spezifitätsarten näher erläutert sind.

414 vgl. Williamson (1981), S. 555

415 Die Überlegungen von Williamson beziehen sich in seinen Publikationen ausschließlich auf vertikale Verbindungen.

lassen oder das spezifische Wissen (Spezifität des Humankapitals) der Mitarbeiter nicht weiter genutzt werden kann. Letzterer Lerneffekt kann auch gezielt beeinflußt werden. Bewußte Forcierung einseitiger Lernprozesse und damit Schaffung von Abhängigkeit des langsamer oder gar nicht lernenden Partners ist jedoch in Allianzen, in denen beide Partner am Lernen interessiert sind, kritisch und über einen längeren Zeitraum, sofern die Unternehmung in der Lage ist, den Wissensabfluß zu kontrollieren, nicht durchführbar, da der Partner Sanktionsmöglichkeiten aktivieren wird. Macht durch Expertenwissen bietet sich als Machtgrundlage hierfür an. Das Lernen erfolgskritisch ist, wurde mehrfach hervorgehoben. An einer strategischen Allianz interessierte Unternehmungen sind daher aufgefordert, ihre Lernwilligkeit und -fähigkeit zu steigern. Wird darüber hinaus berücksichtigt, daß der lernende Partner in zunehmenden Maße Macht über den anderen aufbaut und nach einer Wissensinternalisierung das Interesse an der strategischen Allianz verliert, bevor der andere sein Ziel erreicht hat, gewinnt dieser Aspekt zunehmende Bedeutung. Ein ausgewogenes Anreiz- und Sanktionssystem muß einseitige Lernprozesse zu verhindern helfen. Sanktionsmöglichkeiten für einseitig den Lernprozeß forcierende Partner liegen insbesondere in der Zurückhaltung von weiter nachgefragten Informationen und damit in der Ausübung von Informationsmacht und Expertenmacht. Die diskutierten Schutzvorkehrungen gegen einseitige Lernprozesse und damit gegen einen Abfluß an Kompetenz[416] sollten dagegen grundsätzlich Element der Ausgestaltung von strategischen Allianzen sein.

416 vgl. hierzu Abschnitt 5.2.5 sowie 5.2.6 dieser Arbeit.

6. Schlußbetrachtung

Ausgehend von dem existenten Theoriedefizit in der Betriebswirtschaftslehre zu dem Phänomen horizontale strategische Allianzen und ihrer hohen Mißerfolgsquote in der Unternehmenspraxis, welche zu einem erheblichen Maß auf eine unzureichende interorganisationale Institutionalisierung zurückgeführt wurde, war zu untersuchen, welche Probleme potentiell der Verwirklichung der strategischen Potentiale entgegenstehen und wie diese in einer organisatorischen Konzeption zu reduzieren oder zu handhaben sind. Die hierfür entwickelten Ansatzpunkte für eine interorganisationale Institutionalisierung können einen Beitrag zur Reduzierung des existenten Theoriedefizits liefern und der Praxis Hilfestellung für den organisatorischen Verankerungsprozeß von horizontalen strategischen Allianzen geben.

Auf dem Weg zum Ziel der Arbeit bedurfte es der begrifflichen Fassung und Differenzierung des Phänomens horizontaler strategischer Allianzen, was in einer Typologie endete sowie der Entwicklung eines Multiperspektivenansatzes als theoretischen Bezugsrahmen zur systematisierten Erfassung von erfolgskritischen Einflußfaktoren, Explikation von Problem- und Risikofeldern und Anleitung der explorativen Untersuchung zur Entwicklung von Bausteinen für eine organisatorische Konzeption. Die identifizierten Typen horizontaler strategischer Allianzen stellen, wie gezeigt werden konnte, unterschiedliche Anforderungen an die Institutionalisierung und weisen partiell auch die angeführten Problem- und Risikofelder in unterschiedlichem Ausmaß auf. Mit dem entwickelten theoretischen Bezugsrahmen konnten zunächst fünf erfolgskritische Einflußfaktoren identifiziert werden: die globale Umwelt mit ihrer ökonomischen Dimension und Infrastruktur, politisch/rechtlichen, gesellschaftlichen und technologischen Dimension; das interorganisationale Feld mit seinen Komponenten und Eigenschaftsdimensionen sowie den darin eingebetteten interorganisationalen Netzwerken; die interne Situation der beteiligten Partner und hierbei insbesondere deren Strategien, Strukturen und Kulturen; die Eigenschaften der Transaktion, von denen als potentielle Problemfelder im Institutionalisierungsprozeß Unsicherheit, Komplexität und Interdependenz identifiziert wurden und schließlich die involvierten Aktoren, ihre Eigenschaften, Kenntnissen und Fähigkeiten und die Qualität ihrer Interaktionen. Während die externe und interne Situation der Partner sich den Einflußaktivitäten der Aktoren weitgehend entziehen und sich der Implementierung als Rahmenbedingungen stellen, sind Eigenschaften der Transaktion, Interaktionen und involvierten Aktoren Gestaltungs- und Lenkungsaktivitäten zugänglich. Wobei jedoch gemäß der Position eines gemäßigten Voluntarismus von einer beschränkten Machbarkeit auszugehen ist und ausgegangen wurde. Als zentrale, erfolgskritische interorganisationale Gestaltungs- und Lenkungsbereiche wurden die Gestaltung der Führungsstrukturen und der Kompetenzverteilung, die personelle Besetzung der Führungspositionen, die Gestaltung der Arbeitskonstellationen, der Entscheidungsprozesse, der interpersonellen Beziehungen, des Informations- und Kommunikationsflusses und die eines Anreiz- und Sanktionssystems aus dem zugrundegelegten theoretischen Bezugsrahmen abgeleitet.

Welche Erkenntnisse für eine erfolgreiche interorganisationale Institutionalisierung lassen sich nun abschließend aus der Untersuchung zusammenfassen.

1. Gestaltungs- und Lenkungsaktivitäten sind aus vier Perspektiven zu betrachten und vorzunehmen.

Zur Vermeidung einer Partialperspektive und zur Ausschöpfung des gesamten Aktionsspektrums sind die Gestaltungs- und Lenkungsaktivitäten aus: Politischer, struktureller, symbolischer und Human-Ressourcen orientierter Sicht vorzunehmen. Jede dieser Perspektiven filtert nur einen Teilaspekt der Realität aus und in Konsequenz bestimmen sie was gesehen und was als Empfehlungen nahegelegt wird. Bei einseitiger Sicht können somit eine falsche Diagnose und ineffektive Handlungsempfehlungen entstehen.

2. Die zentralen Gestaltungsoptionen sind sorgfältigen Entscheidungsprozessen zu unterziehen, da sie den Erfolg und die Institutionalisierungsform beeinflussen.

Das Phänomen strategische Allianzen ist - wie gezeigt werden konnte - von vielfältiger Konstitution. Der vorgenommene Differenzierungsansatz und die nachfolgende Untersuchung zeigten, daß fünf zentrale *Gestaltungsoptionen* Gegenstand von Entscheidungsprozessen für die Ausgestaltung der Allianz sein sollten und daß diese die erfolgreiche Institutionalisierung und die Form der unternehmerischen Zusammenarbeit beeinflussen. Nach der Entscheidung für eine strategische Allianz und der Wahl eines oder mehrerer Partner, mit welcher gleichzeitig zwei Optionen "Die Richtung der Allianz" und "der Nationalisierungsgrad" festgelegt werden, gilt es sich über die Wertaktivität(en) der Allianz einig zu werden; die Bindungsintensität festzulegen, wobei - wie zu zeigen war - dem Zeithorizont entscheidende Bedeutung dabei zukommt und die Größe der Allianz durch die Anzahl der Partner gemeinsam zu bestimmen oder gegebenenfalls im Einvernehmen auch für weitere Partner offen zu lassen. Zentrale Voraussetzung hierfür und für die gemeinsame Festlegung der Ziele der Allianz ist, daß die Führungskräfte, die eine strategische Allianz einzugehen wünschen, im Vorfeld nicht nur eine klare Vorstellung von den vorhandenen Fähigkeiten und Kenntnissen ihrer Unternehmung und der der Partner haben, sondern auch von den Zukünftigen. Letzteres ist für die Institutionalisierung strategischer Allianzen insofern von Bedeutung, da nur auf dieser Basis die so wichtigen Lernprozesse gezielt aktiviert werden können. Hierbei gilt es auch aufgrund der temporären Eigenschaft strategischer Allianzen bereits zu Anfang das Ende der Allianz zu bedenken und im Vertrag zu berücksichtigen.

Die Einbettung der strategischen Allianz in das sie umgebende Umfeld zeigte desweiteren, daß ein Scanning und Monitoring der relevanten Umwelt erforderlich ist.

3. Scanning und Monitoring der relevanten Umwelt

Beim Scanning und Monitoring darf es sich nicht um einen einmaligen Akt handeln, sondern vielmehr bedarf es aufgrund der zunehmenden Dynamik, mit der sich einzelne Veränderungsprozesse vollziehen, der permanenten Beobachtung von Entwicklungstendenzen in der globalen und aufgabenspezifischen Umwelt. Nur auf dieser Basis können sich abzeichnende Chancen und Risiken antizipativ erkannt und rechtzeitig präventive Maßnahmen ergriffen werden sowie die strategische Allianz gegenüber externen Veränderungen angepaßt, abgeändert oder gegebenenfalls rechtzeitig aufgelöst werden, bevor weitere vermeidbare Kosten verursacht werden. Hierbei gilt es darüber hinaus eine neue Umweltdimension zu beachten: Die interorganisationalen Netzwerke, die in zunehmenden Maße Branchengrenzen überspannen und die Weltwirtschaft kennzeichnen. Diese interorganisationalen Verknüpfungen sind selbst wieder als dynamische Gebilde zu begreifen, die entstehen, sich verändern und vergehen. Dabei können sie verdeckt, für den externen Beobachter nicht sichtbar, oder der Wahrnehmung zugänglich sein. Letztere gilt es zu beobachten und ihre Auswirkungen für die strategische Allianz und die Unternehmung zu beurteilen. Auf dieser Basis können dann in einem zweiten Schritt eventuelle Einflußaktivitäten formuliert und vorgenommen werden.

4. Analyse der Eigenschaften der Partnerunternehmungen

Aufgrund der Einbettung strategischer Allianzen in die Partnerunternehmungen stellen sich die Eigenschaften der beteiligten Organisationen der organisatorischen Verankerung als Rahmenbedingungen dar. Ein Zugang zur spezifischen Identität von Unternehmungen wurde über die Subelemente Strategie, Struktur und Kultur gesucht. Da eine weitgehende Übereinstimmung in diesen Bereichen zentrale Problemfelder in strategischen Allianzen reduzieren, wurde sich der im Schriftum vorzufindenden Forderung nach *"Fits" zwischen Strategie, Struktur und Kultur der Partnerunternehmungen als eine zentrale Erfolgsvoraussetzung* weitgehend angeschlossen. Bei der Partnerwahl und Bewertung sind folglich diese "Fits" zu untersuchen und zu bewerten. Im Hinblick auf die strategische Grundhaltung wurde auf der Basis der Typologie von Kirsch (1990) der *"Synergist"* als vorteilhafter Typ für strategische Allianzen identifiziert. Die Organisationsstrukturdiskussion zeigte, daß eine *Holdingstruktur* beste Voraussetzungen für das Eingehen von strategischen Allianzen verkörpert, aber auch potentielle Probleme mit sich bringen kann. Im Hinblick auf die *Unternehmenskultur* konnte der bei der Partnerwahl zu beachtende unternehmenskulturelle Fit insofern relativiert werden, als - wird der im Schriftum zur Unternehmenskultur aufgestellten These gefolgt, wonach Unternehmungen durch eine spezifische Kultur zu kennzeichnen sind - nicht a priori von einer weitgehenden Übereinstimmung ausgegangen werden kann, weil dies, der These zufolge, unrealistisch wäre. Vielmehr sind strategische Allianzen durch eine multikulturelle Dimension zu kennzeichnen. Diese Ausgangssituation bleibt zum größten Teil auch im ongoing process der Zusammenarbeit in unterschiedlichen Ausmaß bestehen, da aufgrund der ex definitione temporären Eigenschaft strategischer Allianzen und der unternehmenspolitischen Autonomie der Partner strategische Allianzen sich Akkulturationsprozessen weitgehend entziehen.[1] Zudem ist eine a priori Kompatibilität insofern nicht überzubewerten, da unterschiedliche Unternehmenskulturen sich zu einem beiderseitigen Vorteil ergänzen können. Vereinzelte vom Partner zu erlernende Fähigkeiten und Kenntnisse können sogar eine kulturelle Transformation in der lernenden Organisation erfordern. Demzufolge kommen unternehmenskulturellen Überbrückungsaktivitäten im Institutionalisierungsprozeß herausragende Bedeutung zur Handhabung des unternehmenskulturellen Problemfeldes zu.

5. Unternehmenskulturelle Überbrückungsaktivitäten

Das Ausmaß der erforderlichen unternehmenskulturellen Überbrückungsaktivitäten ist von Allianzformation zu Allianzformation verschieden. Es kann allgemein davon ausgegangen werden, daß so mehr der jeweilige Leistungserstellungsprozeß koordiniert werden muß und so mehr Individuen involviert sind, desto größer sind die Anforderungen an die Überbrükkungsfähigkeit und das Ausmaß an erforderlichen Überbrückungsaktivitäten. Ist dabei das Übereinstimmungsmaß gering und der Verankerungsgrad in den Partnerunternehmungen hoch, so steigen die Anforderungen an die Überbrückungsfähigkeit und das Ausmaß der erforderlichen Überbrückungsaktivitäten. Zentrale Voraussetzung für Überbrückungsfähigkeit und effektive Überbrückungsaktivitäten ist, daß *kulturelle Unterschiede verstanden* werden. Mitarbeiteraustausch als personalpolitische Maßnahme, um ein Lernen vor Ort zu ermöglichen, externe Schulungen und hierfür konzipierte interne Management-Development-Programme können die Schaffung oder Weiterentwicklung eines solchen Verständnisse unterstützen. Zentral ist auch, daß kulturell sensitive Führungskräfte in Schlüsselpositionen eingesetzt werden. Als strukturelle Gestaltungsmaßnahmen zur Reduzierung von Überbrückungsmaßnahmen kommen zum einen - sofern technische und Synergieerfordernisse nicht im Wege stehen - eine Separation der Leistungserstellung in Frage und zum anderen die Institutionalisierung von "cross-cultural" Teams. Zudem kann durch ein schrittweises Vorgehen das Risiko reduziert werden, indem zunächst in einem kleinen Projekt

1 In einem Joint Venture dagegen, in welchem die jeweiligen Mitarbeiter der Partnerunternehmungen an einem gemeinsamen Standort und in einer gemeinsamen Organisation über einen längeren Zeitraum zusammenarbeiten, kann es im Zeitablauf durchaus zu Akkulturationsprozessen kommen. Die Wahrscheinlichkeit des Auftretens, ist dabei in Abhängigkeit des Übereinstimmungsausmasses, des Verankerungsgrades bei den Mitarbeitern und der Systemvereinbarkeit zu sehen.

zusammengearbeitet wird, welches auch dazu genutzt wird, die Unternehmens- und bei Cross-border-Allianzen darüber hinaus auch die nationalen Kulturen kennenzulernen. Die Schaffung eines konstruktiven und kooperativen Allianzklimas und offene Kommunikation zwischen den Partnern können dabei den Prozeß unterstützen.

6. Angemessene Reduktion von Unsicherheit und Komplexität

Unsicherheit und Komplexität erschweren die Führung von strategischen Allianzen und stellen erhöhte Anforderungen an die Führungskräfte. Der *Umweltunsicherheit kann durch Frühaufklärung* und unter bestimmten Bedingungen durch *vertragliche Fixierungen*[2] begegnet werden. *Verhaltensunsicherheit* läßt sich neben einer "*richtigen Partnerwahl*" durch *Verträge*, in denen klare und eindeutige Vereinbarungen über die Rechte und Pflichten der Partner festgehalten sind, reduzieren, wenn kein opportunistisches Verhalten und eine "small numbers" Situation vorliegt oder entstehen wird. Desweiteren kann durch die Schaffung einer *offenen Atmosphäre* und *durch Sicherstellung genügender Kommunikation* Verhaltensunsicherheit abgebaut werden. Opportunistisches Verhalten und Umweltunsicherheit begrenzen die Erfolgsträchtigkeit dieser Maßnahmen jedoch. *Komplexität* läßt sich - so konnte festgestellt werden - durch eine geringe Anzahl von beteiligten Unternehmungen, sofern Ressourcen- und Zeiterfordernisse dies erlauben; durch einen geringen Heterogenitätsgrad, welcher durch eine gezielte Partnerauswahl und -bewertung sowie mittelbar durch Interaktionsmaßnahmen beeinflußt werden kann; durch einen geringen Interdependenzgrad; durch eine geringe Reichweite der Allianz; durch hohe Ressourcenkapazitäten und Fähigkeiten der Partner, welche im Partnerauswahlprozeß zu beachten sind und letztlich durch eine flexible Konzipierung der Allianz in Grenzen halten respektive reduzieren.

7. Risiken erkennen, die sich aus opportunistischen Verhalten gekoppelt mit Unsicherheit, Komplexität und begrenzter Rationalität für die strategische Allianz ergeben.

Obgleich Opportunismus jegliche Allianz zum Scheitern bringen und die Wettbewerbsposition des Partners unterminieren kann, beeinträchtigen Opportunismus und Eigeninteresse in Transfer-Allianzen darüber hinaus den Wissenstransfer und erweisen sich damit als ein heikles Problem im Lernprozeß. Maßnahmen zur Reduzierung opportunistischen Verhaltens können sich ex ante auf eine sorgfältige Partnerauswahl erstrecken und im Institutionalisierungsprozeß auf die Kanalisierung von Informations- und Kommunikationsflüssen, so daß ein Abfluß an Wettbewerbskompetenz so gering wie möglich gehalten und der Freiraum für opportunistisches Verhalten begrenzt werden kann bei gleichzeitiger Sicherstellung des erforderlichen Ausmasses an notwendiger Kommunikation. Opportunistisches

---

2 vgl. hierzu die damit verbundenen Transaktionskosten, Opportunismus, begrenzte Rationalität und unterschiedliche Wahrnehmungen als Probleme sowie strategische Inflexibilität als potentielle Folgekosten, in Abschnitt 5.1.1 dieser Arbeit.

Verhalten kann desweiteren durch die Gestaltung der atmosphärischen Komponente und durch ein sorgfältig ausgearbeitetes Anreiz- und Sanktions-System reduziert werden. Während in der Schaffung einer offenen und kooperativen Atmosphäre eher eine indirekte Möglichkeit zur Verringerung opportunistischen Verhaltens gesehen werden kann, wirkt ein Anreiz- und Sanktions-System direkter auf das Verhalten ein.[3] Den Risiken, welche durch Umweltunsicherheit für die Allianz entstehen, kann - wie bereits hervorgehoben - unter bestimmten Bedingungen durch vertragliche Fixierungen und durch Frühaufklärung begegnet werden. Durch letztere kann eine Obsolenz der in der Allianz zu entwickelnden oder zu produzierenden Produkte rechtzeitig vorausgesehen und damit weitere Kosten vermieden werden. Begrenzte Rationalität und begrenzte Vorhersehbarkeit stellen sich hierbei jedoch als kaum überwindbare Barrieren dar, so daß ein Restrisiko verbleibt. Ein gewisser Grad an Risikofreudigkeit sollte damit eine Eigenschaft der in strategischen Allianzen involvierten Führungskräfte sein.[4]

8. Aufrechterhaltung der Unabhängigkeit und damit der strategischen Flexibilität

Aufgaben- und Ressourcen-, Entscheidungs- und Zielinterdependenzen lassen sich nicht vermeiden, vielmehr sind diese Interdependenzarten konstitutiv für strategische Allianzen. Gegen Interdependenzverschiebungen im ongoing process der Zusammenarbeit durch einseitige Lernprozesse sind jedoch Schutzmaßnahmen zu ergreifen und können auch ergriffen werden. Um Interdependenzverschiebungen in Richtung einseitiger Abhängigkeit zu vermeiden, gilt es die Lernmöglichkeiten der Partner festzuschreiben respektive einzuschränken und Sicherheitsschranken zu errichten. Dies kann institutionell zum einen durch vertragliche Regelungen, in denen genau festgehalten wird, was Gegenstand des Know-how-Transfers ist, zum anderen durch Kanalisierung des Informations- und Kommunikationsflusses sowie durch Regelungen des Zugangs des Partners zu Mitarbeitern und Anlagen erreicht werden. Desweiteren kann durch das zitierte schrittweise anreizorientierte, auf dem Reziprozitätsprinzip basierende Verfahren von Motorola und Toshiba einseitigen Lernprozessen entgegengewirkt und ein gleichgerichtetes Lernen ermöglicht werden.[5]

Was jedoch im ongoing process tatsächlich an kritischen Informationen weitergegeben wird und was nicht, liegt jenseits formaler Regelungen. Hier kommt es letztlich auf die Loyalität[6] und Selbstdisziplin der Mitarbeiter an. Zentral für die Aufrechterhaltung der Unabhängigkeit von dem Partner und für die zukünftige Wettbewerbsposition der an der Alli-

---

3 Zu Leitlinien zur Ausgestaltung eines Anreiz- und Sanktionssystems vgl. Abschnitt 5.2.7 dieser Arbeit sowie weiter hinten in diesem Abschnitt, Empfehlung 13.

4 Zu den Anforderungen an die Fähigkeiten, Kenntnisse und Eigenschaften von Führungskräften, vgl. Abschnitt 5.2.3 dieser Arbeit sowie zur Qualifikation der Involvierten als kritische Einflußgröße für den Erfolg der strategischen Allianz Abschnitt 5.1.2 dieser Arbeit.

5 Im Original zitiert in Hamel et al. (1989), S. 91

6 vgl. hierzu Abschnitt 5.2.5 dieser Arbeit.

anz beteiligten Unternehmungen ist, daß diese lernwillig und -fähig sind. Strategische Allianzen sollten nicht als Ersatz für interne Weiterentwicklungen, sondern zur Unterstützung und Verbesserung der eigenen Stärken und zur Reduzierung der Schwächen eingesetzt werden. Lernwilligkeit und -fähigkeit sind hierfür zentrale Voraussetzungen.

9. Lernwilligkeit schaffen und Lernfähigkeit ausbauen

Empirische Untersuchungen von Hamel et al. (1989) zeigten, daß es westlichen Unternehmungen im Gegensatz zu Japanischen am Lernwille fehlt. Lernwille und Lernfähigkeit sind jedoch eine zentrale Voraussetzung für Erfolge durch strategische Allianzen. Insbesondere in Transfer-Allianzen kann Lernen sogar das zentrale Ziel der Partner sein. Die Unabhängigkeit gewährleisten und gestärkt aus einer strategischen Allianz herausgehen, kann nur derjenige Partner, welcher seine Mitarbeiter zum Lernen motiviert, mobilisiert und dieses Wissen der Organisation zur Verfügung stellt und auf diese Weise eine Transformation der organisatorischen Wissensbasis einleitet. Um eine gezielte Wissensaneignung zu gewährleisten, bedarf es neben der Motivation und Mobilisierung der Mitarbeiter, der Einweisung der Mitarbeiter in die spezifischen Stärken und Schwächen der Partner, aber auch in die der eigenen Unternehmung. Eine entsprechend orientierte Ausgestaltung des Anreizsystems zur Förderung der Lernbereitschaft und Schulungsmaßnahmen zur Steigerung der Lernfähigkeit sollten diesen Prozeß flankieren. Individuelles Wissen ist jedoch nur dann für eine Unternehmung von Nutzen, wenn dieses dieser auch zur Verfügung gestellt wird und diese die Informationen auch aufnehmen kann und aufnimmt; sich also selbst als lernfähig erweist. Damit die Organisation für Lernprozesse durch die Allianz offen ist, sind vorbereitende Maßnahmen in unterschiedlichem Ausmaß erforderlich. Im ongoing process der Zusammenarbeit ist eine notwendige Voraussetzung zur Sicherstellung dieses Transformationsprozesses, daß eine Bestandsaufnahme der gesammelten Informationen entweder durch die zuständigen Manager vorgenommen wird, welche diese an die entsprechenden Abteilungen weiterleiten, oder durch hierfür spezifisch errichtete Clearingstellen, welche die Informationen sammeln, auswerten und weiterleiten. Auch regelmäßige Meetings können zum Informationsaustausch und zur Bestandsaufnahme der gesammel-ten Informationen institutionalisiert werden. Ist Know-how-Transfer erklärtes Ziel der Zusammenarbeit, wird von den Partnern erwartet, daß diese den Wissenstransfer im Rahmen der Vereinbarung ermöglichen. Nicht intendierter Know-how-Abfluß ist dabei jedoch so weit als möglich zu vermeiden, insbesondere, wenn dieser zur Verschlechterung der Wettbewerbsposition der Unternehmung führt. In horizontalen strategischen Allianzen verbinden sich aktuelle oder potentielle Wettbewerber. Daher ist es erforderlich Schutzmaßnahmen gegen den Abfluß von Wettbewerbskompetenz vorzunehmen.

10. Schutzmaßnahmen gegen den Abfluß von Wettbewerbskompetenz

Als Schutzmaßnahmen vor einem Abfluß an Wettbewerbskompetenz bieten sich strukturelle, symbolische und personalpolitische Maßnahmen an. Welche Maßnahmen einsetzbar sind, ist unmittelbar von dem Typ der Allianz abhängig. Werden die Aktivitäten in einer Pool-Allianz an einem gemeinsamen Standort zusammengeführt und erfolgt die Arbeitserfüllung gemeinschaftlich, sind strukturelle Maßnahmen zur Kanalisierung der Informations- und Kommunikationsflüsse auf operativer Ebene, wo die größte Gefahr des Abflusses an Wettbewerbskompetenz zu lokalisieren ist, so gut wie nicht möglich. In Transfer-Allianzen, in denen die Partner arbeitsteilig in ihren Organisationen ihre Beiträge erfüllen, sind dagegen Informations- und Kommunikationskanäle zu errichten, die zum einen zur Überbrückung der organisationalen Grenzen dienen und zum anderen den unbeabsichtigten Know-How-Abfluß verhindern sollen. Um eine bessere Kontrolle über den Informationsfluß zu gewährleisten, kann ein "gatekeeper" eingesetzt werden, dessen Aufgabe es ist, zu kontrollieren, welche Informationen an den Partner weitergegeben werden. Dabei kann mit Hamel et al. (1989) ein solcher Wächter nur erfolgreich sein, "... wenn die Anzahl der Tore, durch die der Partner Zugang zu Mitarbeitern und Anlagen bekommt, sehr begrenzt sind."[7] Einen hohen Grad an Kontrolle kann durch die Errichtung einer "Abteilung für Zusammenarbeit" erreicht werden, über die der gesamte Informations- und Kommunikationsfluß zwischen den Partnern erfolgt. So größer der hierfür erforderliche Aufwand und der Heterogenitätsgrad der Aufgabe, desto mehr Mitarbeiter von unterschiedlicher Qualifikation sollte diese Koordinationsstelle aufweisen.[8] Eine weitere strukturelle Maßnahme ist die Errichtung einer Gemeinschaftsunternehmung. Durch diese Separation ergibt sich bereits ein räumlicher Schutz vor den nicht die Allianz betreffenden Anlagen, Fähigkeiten und Kenntnissen. IBM wählte diese Institutionalisierungsform bei seiner Zusammenarbeit mit Fujitsu, um den Zugang zu kritischen Informationen räumlich zu begrenzen und kontrollieren zu können, welche Informationen weitergeleitet werden.[9] Der Standortwahl, welche auch die Lernmöglichkeiten beeinflußt, kommt dabei entscheidende Bedeutung zu. Mit Hamel et al. (1989) kann hierbei von folgender Beziehung ausgegangen werden: "Wenn das gemeinschaftliche Team nahe dem Hauptsitz eines Partners angesiedelt ist, wird der andere größere Lernchancen haben - aber weniger Einfluß darauf, welche Informationen ausgetauscht werden."[10]

7 Hamel et al. (1989), S. 92
8 vgl. hierzu Abschnitt 5.2.6 dieser Arbeit.
9 vgl. hierzu Abschnitt 5.2.6 dieser Arbeit und dort angegebene Literatur.
10 Hamel et al. (1989), S. 92

Strukturelle Informations- und Kommunikationsflußkanalisierungen können jedoch nicht den informalen Informationsabfluß strukturieren.[11] Zur Beeinflussung des Ausmasses an informalen kritischen Informationsaustauschprozessen zwischen den Mitarbeitern der Partnerunternehmungen sind, ohne die Beziehung zu gefährden, insbesondere personalpolitische und symbolische Maßnahmen einsetzbar. Personelle intraorganisationale Maßnahmen können neben den Maßnahmen zur Steigerung der Loyalität der Mitarbeiter[12] und geeigneten Personalauswahlaktivitäten, die letztlich jedoch im operativen Bereich aufgrund der aufgabenbezogenen Selektion begrenzt sind, sich zum einen auf die Aufrechterhaltung des Wettbewerbsdenkens bei gleichzeitiger Gewährleistung eines notwendigen Grades an Kooperationsbereitschaft und zum anderen auf Sinnvermittlungsaktivitäten erstrecken.[13] Bei letzterem kommt es darauf an, daß der Sinn der Allianz und die Ziele der Partner bis zur letzten Einheit vermittelt, die Auswirkungen eines nicht intendierten Know-how-Abflusses für die Unternehmung und in Konsequenz für die Mitarbeiter aufgezeigt werden und klar gelegt wird, wer mit wem über was kommunizieren darf.

11. Schaffung einer offenen, von Vertrauen geprägten kooperativen Atmosphäre bei gleichzeitiger Aufrechterhaltung eines gewissen Grades an Konkurrenzdenken

Eine von offener Kommunikation und Vertrauen geprägte kooperative Atmosphäre ist von zentraler Bedeutung für den Erfolg strategischer Allianzen und wird in nahezu jeder einschlägigen Publikation hervorgehoben. Die Aneignung der Stärken der Partner setzt offene Kommunikation und Kooperationsfähigkeit für den Wissenstransfer voraus. Das Vorhandensein von Vertrauen zwischen Wettbewerbern in strategischen Allianzen ist jedoch auch kritisch zu betrachten. Einige angeführte Fallbeispiele, in denen ein Partner zu Lasten des anderen seine Fähigkeiten und Kenntnisse stärkte, lassen auch strategische Allianzen weniger als eine spezifische Form der Kooperation als eine neue Form des Wettbewerbs erscheinen, in der es um die Gewinnung von Informationsvorteilen[14] geht. Welche Maßnahmen zum Schutz vor solch einem opportunistischen Verhalten zu ergreifen sind, wurde bereits diskutiert, so daß sich die Empfehlungen gegenseitig nicht ausschließen. Nach Jarillo (1988) ist die Existenz von Problemen aufgrund von Opportunismus, begrenzter Rationalität, Unsicherheit und "small numbers" Situationen auf das Nichtvorhandensein von Vertrauen zurückzuführen. Zudem konnte abgeleitet werden, daß Vertrauen die Aktivierung von Machtpotentialen verringert und gezeigt werden, daß Machtvorteile und ihre Ausübung sowie der damit verbundene Wunsch nach Kontrolle die Allianz gefährden und die Interakti-

---

11 Wie auf informalen Wege die Wettbewerbsposition einer Unternehmung durch den Partner unterminiert werden kann und aus einem potentiellen einen aktuellen Wettbewerber werden läßt, vgl. Abschnitt 5.2.5 dieser Arbeit, wo ein Fallbeispiel nach Hamel et al. (1989) zitiert ist.

12 vgl. hierzu die Ausführungen in Abschnitt 5.2.5 dieser Arbeit.

13 vgl. hierzu Abschnitt 5.2.5 dieser Arbeit.

14 vgl. hierzu Abschnitt 5.2.6 dieser Arbeit.

onsbeziehungen belasten. Der Aufbau von Vertrauen ist jedoch ein langandauernder Prozeß, sofern sich die Partner nicht von früheren Transaktionen kennen und positive Erfahrungen miteinander gemacht haben. Eine Vertrauensbeziehung muß sich entwickeln und kann nicht ex ante gegeben sein. Erst eine gewisse Konstanz in den Entscheidungen und Handlungen des Partners läßt Verhaltensweisen vorhersehen, die als Basis für die Generierung von Vertrauen dienen kann. Langfristig orientierte strategische Allianzen oder Absichtserklärungen für weitere Formen der Zusammenarbeit bergen daher eher ein Vertrauensentwicklungspotential in sich als kurzfristig orientierte strategische Allianzen. Eine weitere Möglichkeit zur Verkürzung dieses Prozesses kann in der Wahl eines Partners mit ähnlichen Werten und Normen gesehen werden. Eine Senkung des Risikogrades, kann durch eine schrittweise Herantastung an den Partner, durch Begrenzung der Reichweite der Allianz und Kooperation mit zunehmenderen Intensitätsstufen, gekoppelt an den Erfolg der vorherigen strategischen Allianz, erfolgen. Vertrauen kann jedoch nicht und das ist ein zentraler Ausgangspunkt dieser Arbeit die organisatorische Gestaltung der Zusammenarbeit ersetzen.

12. Schaffung einer eigenen Organisation für die strategische Allianz

Für die Koordination der arbeitsteilig zu erfüllenden Aufgaben und damit die langfristige Wettbewerbsstellung nicht unterminiert und eine "reibungslose" Zusammenarbeit weitgehend gesichert werden kann, bedarf es der Organisation der gemeinsamen Aktivitäten zur Senkung der Koordinations-, Flexibilitäts- und Kompromißkosten. Es konnte gezeigt werden, daß hierbei eine Balance zwischen Integrationsmaßnahmen und Flexibilitätsanforderungen zu finden ist, um einerseits die Implementierung zu erleichtern, andererseits aber die strategische Flexibilität nicht zu verlieren. Als zentrale Module zur Gestaltung der Schnittstellen wurden in dieser Arbeit die Gestaltung der Aufgaben- und Kompetenzverteilung; die Zuordnung und Anordnung der Arbeitsgruppen; der Aufbau des Steuerungs- und Entscheidungsträgerapparates, also die Gestaltung der Führungsstrukturen und der Führungspositionen sowie die Errichtung von Entscheidungsarenen; die Ressourcenzuordnung zur Allianz; die Gestaltung der interpersonellen Beziehungen; die Gestaltung des Informations- und Kommunikationsflusses sowie die Gestaltung des Anreiz- und Sanktionssystems hervorgehoben und mögliche Ausgestaltungsformen differenziert diskutiert.

Eine Allianz sollte über eine klare Aufgabe und spezifische Leistungsziele, klare und sinnvolle Aufgabenteilung und -synthese, eigene Ressourcen und Kontrollsysteme verfügen. Darüber hinaus zeigt sich in praxi immer wieder, daß eine klare Kompetenzverteilung kritisch für den Erfolg ist. Kompetenzprobleme und schwache Verantwortlichkeiten sind eine Frage der Organisation. Eindeutige Abgrenzung von Entscheidungsbefugnissen und Regelungen wie bei gemeinsamen Entscheidungen zu verfahren ist sowie eine eindeutige

Zuordnung von Verantwortlichkeiten durch Festlegung welche Personen für was verantwortlich sind, kann dieses Problem lösen. Der personellen Besetzung der Führungspositionen kommt dabei eine entscheidende Bedeutung zu. Obgleich die Entscheidungsbefugnisse für die Allianz an einen Partner abgegeben werden können, sind wichtige, insbesondere strategische Entscheidungen mit den Partnern abzustimmen. Die Institutionalisierung von Entscheidungsarenen zur Schaffung eines Forums, in denen die existenten Entscheidungsinterdependenzen gehandhabt werden können, nimmt hierbei eine entscheidende Rolle ein. Dabei gilt es Kompromißkosten, politische Machtkämpfe und Konsensfindungsprobleme gering zu halten sowie langwierige Entscheidungsprozesse zu vermeiden. Klare Regelungen, welche Ressourcen von welchen Partnern der Allianz zugeführt werden, verringern die Gefahr, daß ein Partner illegitime Ansprüche geltend machen kann. Eine genügende Ressourcenausstattung der Allianz ist dabei für den Erfolg kritisch. Es ist in der Regel davon auszugehen, daß a priori Festlegungen sich im ongoing process quantitativ und qualitativ verändern können. Ein gewisser slack ist damit bei der Ressourcenzuordnung von besonderer Bedeutung. Multiorganisationalität, Multipersonalität und Multikulturalität ohne daß einseitige, formale Weisungsrechte bestehen, lassen soziale Interaktionen in strategische Allianzen zu einem diffizilen Problem werden. Der Gestaltung der interpersonellen Beziehungen kommt deswegen entscheidende Bedeutung für den Erfolg strategischer Allianzen zu. Zahlreiche formale und informale Meetings auf allen Ebenen können neben der Erzielung von commitments zur Koordination der Entscheidungen und Aktivitäten (Entscheidungsarenen) dem Informationsaustausch dienen und so als Interaktionsarenen durch Kanalisierung der Informations- und Kommunikationsprozesse das gegenseitige Kennenlernen und Verstehen fördern, welche notwendige Voraussetzungen für soziale Interaktionen sind.[15] Der Konfliktgrad sozialer Interaktionen ist darüber hinaus durch Maßnahmen zur Erzielung eines Machtausgleichs zwischen den Partnern zu reduzieren. Eine vertrauensvolle Atmosphäre fördert diesen Prozeß.[16] Zur Unterstützung der Gestaltung interpersoneller Beziehungen sind die diskutierten intraorganisationalen Maßnahmen vorzunehmen. Interaktionsprozesse sind zugleich Kommunikationsprozesse. Die Gestaltung der Informations- und Kommunikationsflüsse in strategischen Allianzen dient insbesondere zwei Funktionen: Erstens zur Sicherstellung ausreichender Kommunikation zwischen den Partnern und zweitens zur Kanalisierung des Informationsflusses, um das Ausmaß unintendierter Weitergabe kritischer Informationen gering zu halten. Zur Sicherstellung ausreichender Kommunikation sind Entscheidungs- und Kommunikationsarenen zu errichten. Welche strukturellen, personellen und symbolischen Möglichkeiten zur Kanalisierung der Informations- und Kommunikationsflüsse bestehen, ist in direkter Abhängigkeit

15 vgl. hierzu die Ausführungen zum symbolischen Interaktionismus in Abschnitt 5.2.6 dieser Arbeit.

16 vgl. hierzu die transferierten Aussagen von Gamson's Analyse politischer Prozesse in Organisationen in Abschnitt 5.1.3 dieser Arbeit.

vom Typ der Allianz zu sehen.[17] Letztlich kommt der Entwicklung eines Anreiz- und Sanktionssystems für die Ausgestaltung einer ausgewogenen Anreiz-Beitrags-Struktur eine entscheidende Rolle im ongoing process der Zusammenarbeit zu.

13. Gestaltung einer ausgewogenen Anreiz-Beitrags-Struktur

Für eine ausgewogene Anreiz-Beitrags-Strukturierung und zur Ausgestaltung des Anreizsystems sollte ein schrittweises, anreizorientiertes, auf dem Reziprozitätsprinzip basierendes Verfahren eingesetzt werden. Als grundlegendes Leitbild hierfür kann daß bereits angeführte Modell seitens der Unternehmenspraxis von Motorola und Toshiba herangezogen werden. Das Sanktionssystem ist in Abhängigkeit der vorhandenen Machtgrundlagen auszugestalten und nach der Reziprozitätsnorm zu steuern. Die Diskussion zu den Machtgrundlagen zeigte, daß insbesondere Expertenmacht, Belohnungs- und Bestrafungsmacht im eingeschänkten Ausmaß, Informationsmacht und Macht aufgrund einseitiger Abhängigkeit als Machtgrundlagen potentiell in Frage kommen. Letztere sollte jedoch im beiderseitigen Interesse in ihrer Entstehung verhindert werden. Das Anreiz- und Sanktionssystem ist dynamisch und in situativer Abhängigkeit zu konzipieren. Es sollte drei grundlegende Funktionen erfüllen: Erstens der Aufrechterhaltung der Allianz dienen, zweitens die Partner zur Beitragsleistung motivieren und mobilisieren und drittens opportunistisches Verhalten reduzieren bzw. in Grenzen halten und damit zum einen der Labilität strategischer Allianzen und zum anderen dem existenten Problem der Nichterfüllung der Arrangements entgegenwirken. Erfolgskritisch ist letztlich, daß das Top-Management während des Bestehens der strategischen Allianz engagiert bleibt und sich nicht - wie empirische Untersuchungen zeigen - auf die Anbahnung der Vereinbarung beschränkt.

14. Das Top-Management muß während des gesamten Prozesses involviert bleiben.

Selbst eine hervorragende Organisation sichert noch nicht den Erfolg. Vielmehr ist es neben engagierten, motivierten, lernwilligen und -fähigen und loyalen Mitarbeitern erforderlich, daß das Top-Management während des Bestehens der Allianz involviert bleibt. Strategische Allianzen sind nicht vollständig an das Middle-Management delegierbar. Zentrale und spezifische Aufgaben im Institutionalisierungsprozeß des Top-Managements sind dabei, den Sinn der Allianz zu vermitteln und interne und externe Legitimation zu gewinnen[18] (unterstützt durch die Public-Relations-Abteilung) sowie mit Engagement zu zeigen, wie viel der Erfolg der Allianz für die Unternehmung bedeutet.

---

17 vgl. hierzu die Ausführungen in Abschnitt 5.2.6 dieser Arbeit.
18 vgl. hierzu die Ausführungen zur symbolischen Perspektive in Abschnitt 3.2.5 sowie die Ausführungen zu symbolischen Maßnahmen in dieser Arbeit.

Es verbleibt die Hoffnung, daß die vorliegende Arbeit eine Quelle für weitere wissenschaftliche Arbeiten auf diesem Gebiet verkörpert. Die in der vorliegenden explorativen Arbeit aufgestellten Thesen könnten dabei einer empirischen Untersuchung unterzogen werden, um auf diese Weise die Wissenschaft in diesem noch relativ unerforschten und komplexen Gebiet unternehmerischer Zusammenarbeit einen Schritt weiter voranzubringen und der Praxis weitere Leitlinien für eine erfolgreiche Institutionalisierung zur Verfügung zu stellen.

Literaturverzeichnis

Ache, A. (1985), Die Grenzen der Planung - Strategische Führung als zentrale Unternehmeraufgabe, in: Blick durch die Wirtschaft v. 20.06.1985, Nr. 115, S. 1-4

Adler, L., Hlavacek, J.D. (1976), Joint Ventures for Product Innovation, New York 1976

Aiken, M., Hage, J. (1968), Organizational Interdependence and Intra-Organizational Structure, in: ASR, 33/1968, S. 912-930

Akinbode, I.A., Clark, R.C. (1976), A Framework for Analyzing Interorganizational Relationships, in: HR, 29/1976, S. 101-114

Alderfer, C.P. (1977), Critique of Salancik and Pfeffer's Examination of Need-Satisfaction Theories, in: ASQ, 22/1977, S. 658-669

Aldrich, H. E., Whetten, D.A. (1981), Organization-sets, action-sets, and networks: making the most of simplicity, in: Nystrom, P.C., Starbuck, W.H. (Hrsg.), Handbook of Organizational Design, Vol. 1, London u.a. 1981, S. 385-408

Aldrich, H.E. (1979), Organizations and Environments, Englewood Cliffs, New Jersey 1979

Alexis, M., Wilson, Ch.Z. (1967), Organizational Decision Making, Englewood Cliffs, (NJ.), 1967

Alsmöller, H. (1982), Wettbewerbspolitische Ziele und koordinationstheoretische Hypothesen im Wandel der Zeit - Eine dogmengeschichtliche Untersuchung von Einstellungen zu Verbundsystemen und von Gründen für diese Einstellungen, Tübingen 1982

Amt für amtliche Veröffenlichung der Europäischen Gemeinschaft (1989), Die Wettbewerbspolitik im Europäischen Binnenmarkt, 2. Ausg., Luxemburg, 1/1989

Anderson, E., Weitz, B.A. (1986), Make-or-Buy Decisions: Vertical Integration and Marketing Productivity, in: SMR, Spring 1986, S. 3-19

Ansoff, H.I. (1965), The Firm of the Future, in: HBR, 5/1965, S. 162-178

Ansoff, H.I. (1976), Managing Surprise and Discontinuity - Strategic Responce to Weak Signals in: ZfbF, 28/1976

Ansoff, H.I. (1979), Strategic Management, London 1979

Ansoff, H.I., Weston, J.F. (1963), Merger objectives and organization structure, in: Quarterly Review of Economics and Business, 1963, S.49-58

Ansoff, H.I., Brandenburg, R.G. (1969), A Language for Organization Design, in: Jantsch, E. (Hrsg.), Perspectives of Planning, Paris 1969, S. 349-393

Ansoff, H.I., Brandenburg, R.G. (1971), A Language for Organization Design, Part I u. II, in: MS, 17/1971, 12, S. B-705-B-731

Argyris, C. (1957), Personality and Organization, New York 1957

Argyris, C. (1960), Understanding Organizational Behaviour, Tavistock, London 1960

Argyris, C. (1964), Integrating the Individual and the Organization, New York 1964

Arrow, K.J. (1969), The Organization of Economic Activity, The Analysis and Evaluation of Public Expenditure: The PPB System, Joint Economic Committee, 91st Cong., 1st Sess., 1969, S. 59-73

Arthur Anderson & Co., Wildemann, H. (1988), Die deutsche Automobilindustrie - Ein Blick in die Zukunft, Frankfurt/M. 1988

Astley, W.G. (1984) Toward an Appreciation of Collective Strategy, in: AMR, 1984, Vol. 9, No. 3, S. 526-535

Astley, W.G., Fombrun, C.J. (1983), Collective Strategy: Social Ecology of Organizational Environments, in: AMR, 1983, Vol. 8, No. 4, S. 576-587

Astley, W.G., Van de Ven, A.H. (1983), Central Perspectives and Debates in Organization Theory, in: ASQ 28/1983, S. 245-273

Auster, E. R. (1987), International Corporate Linkages: Dynamik Forms in Changing Environment, in: CJWB 1987, Vol. XXII, No.2, S. 3-6

Axelrod, R. (1984), The Evolution of Cooperation, New York 1984

Backhaus, K. (1987), Die Macht der Allianz, in: Absatzwirtschaft 11/1987, S. 122-130

Backhaus, K., Piltz, K. (1990), Strategische Allianzen - Eine neue Form kooperativen Wettbewerbs?, in: ZfbF, Sonderheft 27, 1990, S. 1-10

Backhaus, K., Plinke, W. (1990), Strategische Allianzen als Antwort auf veränderte Wettbewerbsstrukturen, in: ZfbF, Sonderheft 27, 1990, S. 21-33

Baganz, A. (1989), Vernetztes Denken in der Projektabwicklung, in: Probst., G.J.B, Gomez, P. (Hrsg.), Vernetztes Denken - Unternehmen ganzheitlich führen, Wiesbaden 1989

Bahrami, H., Evans, S. (1987), Stratocracy in High-Technology Firms, in: CMR, Fall 1987, S. 51-66

Baldridge, J.V. (1971), Power and Conflict in the University, New York 1971

Baldridge, J.V., Deal, T.E. (1975), Managing Change in Educational Organizations, Berkeley 1975

Bandura, A. (1969), Principles of behavior modification, London, Sidney 1969

Barein, K. (1969), Praktische Wege zur Kooperation - Ergebnisse einer Untersuchung, Bad Wörishofen 1969

Barnard, C. (1938), The Functions of the executive, Cambridge 1938

Bartlett, C.A. (1989), Aufbau und Management der transnationalen Unternehmung: Die neue organisatorische Herausforderung, in: Porter, M.E. (Hrsg.), Globaler Wettbewerb - Strategien der neuen Internationalisierung, Wiesbaden 1989, S. 425-464

Baur, C. (1990), Make-or-Buy-Entscheidungen in einem Unternehmen der Automobilindustrie - Empirische Anmalyse und Gestaltung der Fertigungstiefe aus transaktionskostentheoretischer Sicht, München 1990

Bea, F.X. (1988), Diversifikation durch Kooperation, in: DB, 12/1988, Heft 50, 41. Jg., S. 2521-2526

Beckurts, K.H. (1984), Chancen für einen zweiten Aufbruch, in: MM, 14 Jg., Nr. 9, 1984, S. 154-164

Benedetti, C. de (1988), Weltweite Bündnis- und Wettbewerbsstrategie, in: Henzler, H. (Hrsg.), Handbuch der Strategischen Führung, Wiesbaden 1988, S. 165-181

Benisch, W. (1973), Kooperationsfibel, in: Bundesverband der Deutschen Industrie (Hrsg), 4. Aufl., Bergisch Gladbach 1973

Bennis, W.G. (1966), Changing Organizations, New York 1966

Benson, J.K. (1975), The Interorganizational Network as a Political Economy, in: ASQ, June 1975, Vol. 20, S. 229-249

Benson, J.K. (1982), A Framework for Policy Analysis, in: Rogers, D.L., Whetten, D.A. (Hrsg.), Interorganizational Coordination: Theory, Research, and Implementation, Iowa 1982, S.137-176

Berger, P.L., Luckmann, T. (1972), Alltagswissen, Institutionen, Legitimierung, in: Steinert, H. (Hrsg.), Symbolische Interaktion - Arbeiten zu einer reflexiven Soziologie, Wiesbaden 1972, S. 344-362

Bertalanffy, L. von, (1965), General System Theory, in: Bertalanffy, L., Rapoport A., General Systems: Yearbook of the Society for the Advancement of General Systems Theory, 1956, S. 1-10

Bierich, M. (1990), Strategische Allianzen in der Elektorindustrie, in: ZfbF, Sonderheft 27, 1990, S. 77-84

Bircher, B. (1990), Strategische Allianzen, Anforderungen der 90 er Jahre: Wettbewerbsposition nachhaltig stärken, in: GM, 9/1990, S. 15-19

BKA (1989/91), Strategische Allianzen, in: Tätigkeitsbericht des Bundeskartellamt, 1989/91, S. 66-70

Black, B., Kase, H.M. (1963), Interagency Cooperation in Rehabilitation Mental Health, in: SSR, 37/1963, S. 26-32

Bleicher, K., (1972), Zur organisatorischen Entwicklung multinationaler Unternehmungen, in: ZO, 7, 1972, S. 330-338

Bleicher, K. (1980), Probleme und Entwicklungstendenzen der Organisationspolitik industrieller Großunternehmen, in: Hahn, D. (Hrsg.), Führungsprobleme industrieller Unternehmen, Thomee-Festschrift, Berlin, New York 1980

Bleicher, K. (1981), Organisationsformen und -modelle, Wiesbaden 1981

Bleicher, K. (1985), Zur strategischen Ausgestaltung von Anreizsystemen für die Führungsgruppe in Unternehmungen, in: ZfO 54/1985, S. 21-27

Bleicher, K. (1989), Zum Management zwischenbetrieblicher Kooperation: Vom Joint Venture zur strategischen Allianz, in: Bühner, R. (Hrsg.), Führungsorganisation und Technologie-Management, Berlin 1990, S. 77-89

Bleicher, K. (1989a), Chancen für Europas Zukunft - Führung als internationaler Wettbewerbsfaktor, Frankfurt 1989

Bleicher, K. (1989b), Kritische Aspekte des Managements zwischenbetrieblicher Kooperation, in: Thexis 3/1989, S. 4-8

Bleicher, K., Paul, H. (1987), The External Corporate Venture Capital Fund-A Valuable Vehicle for Growth, in: LRP, Vol.20, No.6, 1987, S. 64-70

Bleicher, K., Hermann, R. (1991), Joint-Venture-Management - Erweiterung des eigenen strategischen Aktionsradius, IfB Schriftenreihe: Entwicklungstendenzen im Management; Band 6, Stuttgart, Zürich 1991

Blohm, H. (1980), Kooperation, in: Grochla, E. (Hrsg.), HWO, 4. völlig neu gest. Aufl., Stuttgart 1980, Sp. 1112-1117

Blumer, H. (1969), Symbolic Interactionism - Perspective and Method, Englewood Cliffs (NJ.) 1969

Blumer, H. (1973), Der methodologische Standort des Symbolischen Interaktionismus, in: Arbeitsgruppe Bielefelder Soziologen (Hrsg.), Alltagswissen, Interaktion und gesellschaftliche Wirklichkeit, Reinbek 1973, S. 80-146

Boehm-Tettelbach, P. (1990), Unternehmenspolitischer Rahmen und Strategisches Management, Diss., München 1990

Boehme, J. (1986), Innovationsförderung durch Kooperation - Zwischenbetriebliche Zusammenarbeit als Instrument des Innovationsmanagements in kleinen und mittleren Unternehmen bei Einführung der Mikroelektronik in Produkte und Verfahren, Berlin 1986

Boettcher, E. (1974), Kooperation und Demokratie in der Wirtschaft, Tübingen 1974

Boje, D.M., Whetten, D.A. (1981), Effects of Organizational Strategies and Contextual Constrains on Centrality and Attributions of Influence in Interorganizational Networks, in: ASQ, 26, 1981, S. 378-395

Bolman, L. G., Deal, T.E. (1984), Modern Approaches to Understanding and Managing Organizations, San Francisco, London 1984

Borys, B., Jemison, D.B., (1989), Hybrid Arrangements as Strategic Alliances: Theoretical Issues in Organizational Combinations, in: AMR 1989, Vol. 14, No. 2, S. 234-249

Boss, R.W. (1978), Trust and managerial problem solving revisited, in: Group and Organizational Studies, Sept. 1978, S. 331-342

Bowersox, D.J. (1990), The Stategic Benefits of Logistic Alliances, in: HBR, No. 4, July-August 1990, S. 36-42

Böckel, J.J. (1971), Die Auswahl der Planungsmethode bei industriellen Diversifikationen durch Unternehmungserwerb, Diss., München 1971

Brantl, S. (1985), Management and Ethik - Unternehmenspolitische Rahmenplanung und moralisch-praktische Rationalisierung der Unternehmensführung, Diss., München 1985

Brantl, St., Hinder, W. (1984), Operative Planungs- und Kontrollsysteme im Dienste der strategischen Steuerung, in: Trux, W., Müller, G., Kirsch, W. (Hrsg.), Das Management Strategischer Programme, 1. Aufl., 1. Halbband, München 1984, S. 400-489

Breit, C., Kellermann, H. (1984), Personalinformation als Voraussetzung zielorientierter Führung, in: Heinen, E. (Hrsg.), Betriebswirtschaftliche Führungslehre, Grundlagen - Strategien - Modelle - Ein entscheidungsorientierter Ansatz, 2., verb., u. erw. Aufl., Wiesbaden 1984, S. 277-376

Bresser, R.K.F. (1989), Kollektive Unternehmensstrategien, in: ZfB, 59.Jg., H.5, 1989, S. 545-564

Bresser, R.K.F., Harl, J.E. (1986), Collective strategy: Vice or virtue, in: AMR, 11/1986, S. 408-427

Bressmer, C., Moser, A., Sertl, W. (1989), Mergers & Acquisitions 1 - Vorbereitung und Abwicklung der Übernahme von Unternehmen, Stuttgart u.a. 1989

Bronder, Ch., Pritzl, R., (1991), Leitfaden für strategische Allianzen, in: HM, 1/1991, S. 44-53

Bruderer, H. (1989), Spezialisiertes Konstruktions-Know-how des Lieferanten, in: Hess, W., Tschirky, H., Lang, P. (Hrsg.), Make-or-Buy, Zürich 1988, S. 75-92

Buckley, P.J., Casson, M. (1988), A Theory of Co-Operation in International Business, in: MIR, Special Issue 1988, S. 19-38

Buckley, W. (1967), Sociology and Modern Systems Theory, Englewood Cliffs (NJ.) 1967

Bundeskartellamt (1987), Tätigkeitsbericht des Bundeskartellamtes, Wiesbaden 1987

Burnett, R., Waters, J. (1984), The action profile: A practical aid to career development and succession planning, in: Business Horizons, 3/1984, S.15-21

Burns, T., Stalker, G.M. (1961), The Management of Innovation, London 1961

Burrell, G., Morgan, G. (1979), Sociological Paradigms and Organisational Analysis - Elements of the Sociology of Corporate Life, London 1979

Bühl, W. L. (1982), Struktur und Dynamik des menschlichen Sozialverhaltens, Tübingen 1982

Bühner, R. (1985), Strategie und Organisation - Analyse und Planung der Unternehmensdiversifikation mit Fallbeispielen, Wiesbaden 1985

Bühner, R. (1987), Management Holding, in: DBW, 47/1987, S. 40-49

Bühner, R., Walter, H. (1977), Divisionalisierung in der Bundesrepublik Deutschland, in: DB, 30. Jg., 1977, S. 1205-1207

Büschemann, K.H. (1991), Liebe auf den zweiten Blick, in: Die Zeit v. 14.06.1991, S.29

Bygrave, W.D. (1988), The Structure of the Investment Networks of Venture Capital Firms, in: JBV, 3, 1988, S. 137-157

Cascio, W.F., Serapio, M.G (1991), Human Resources Systems in an International Alliance: The Undoing of a Done Deal?, in: Organizational Dynamics, Vol.19, No.3, Winter 1991, S. 63-75

Cash, J., Konsynski, B. (1985), Die Datenkommunikation verändert den Wettbewerb, in: HM, 4/1985, S. 54-60

Caves, R., E., Porter, M.E. (1977), From entry barriers to mobility barriers: Conjectural decisions and contrived deterrence to new competition, in: Quarterly Journal of Economics, 91/1977, S. 241-462

Chan Kim, W., Mauborgne, R.A. (1987), Cross-Cultural Strategies, in: JBS, Spring 1987, Vol.7, No.4, S. 28-35

Chandler, A.D. (1962), Strategy and Structure - Chapters in the historie of the industrial enterprise, Cambridge u.a. 1962

Chanut, R. (1985), A European Joint Venture in Aerospace, in: EMJ, Vol.3, No.2, 1985, S. 67-72

Child, J. (1972), Organizational Structure, Environment and Perfomance: The Role of Strategic Choice, in: Sociology, 6/1972, S. 1-22

Child, J. (1987), Information Technology, Organization, and the Response to Strategic Challenges, in: CMR, Fall 1987, S. 33-50

Clark, B. (1972), The Organizational Saga in Higher Education, in: ASQ, 17/1972, S. 178-184

Clarke, Ch.J. (1987), Acqusitions-Techniques for Measuring Strategic Fit, in: LRP, Vol.20, No.3, 1987, S. 12-18

Clegg, S. (1981), Organization and Control, in: ASQ, December 1981, Vol. 26, S. 545-562

Coase, R.H. (1937), The Nature of the Firm, in: Economica, Vol.4, 1937, S. 386-405

Cohen, M.D., March, J.G. (1974), Leadership and ambiguity: The american college president, New York 1974

Cohen, M.D., March, J.G., Olsen, J.P. (1976), Peoples, Problems, Solutions and the Ambiguity of Relevance, in: March, J.G., Olsen, J.P., (Hrsg.), Ambiguity and Choice in Organizations, Bergen u.a. 1976, S. 24-37

Conrad, P. (1988), Involvement-Forschung, Berlin, New York 1988

Conrad, P., Sydow, J. (1984), Organisationsklima, Berlin, New York 1984

Conrads, R.J. (1983), Strategic Partnering: A new formula to crack new marktes in the 80s, in: Electronic Business, März 1983, S. 123-126

Contractor, F.J., Lorange, P. (1988), Competition vs. Cooperation: A Benefit/Cost Framework for Choosing Between Fully-Owned Investments and Cooperative Relationships, in: MIR, Special Issue 1988, S. 5-17

Cook, K.S. (1977), Exchanges and Power in Networks of Interorganizational Relations, in: Sociological Quarterly, 18, Winter 1977, S. 62-82

Cooley, C. H. (1956), Human nature and the social order, Glencoe, 1956

Coopers & Lybrand (1986), Corporate Odd Couples, in: Business Week v. 21.07.1986, S. 99

Crozier, M. (1964), The bureaucratic phenomenon, Chicago 1964

Cyert, R.M., March, J.G. (1963), A Behavioral Theory of the Firm, Englewood Cliffs (N.J.) 1963

Dahl, R.A. (1957), The Concept of Power, in: Behavioral Science, 2. Jg. 1957, S. 201-215

Davidson, St.M. (1976), Planning and Coordination of social Service in multiorganizational Contexts, in SSR, 50/1976, S. 117-137

Davis, S.M. (1984), Managing Corporate Culture, Cambridge 1984

De Noble, A.F., Gustafson, L.T., Hergert, M. (1988), Planning for Post-merger Integration - Eight Lessons for Merger Success, in: LRP, Vol. 21, No. 4, 1988, S. 82-85

Deal, T., Kennedy, A. (1982), Corporate Cultures - The Rites and Rituals of Corporate Life, Massachusetts u.a. 1982

Delvin, G., Bleackley, M. (1988), Strategic Alliances-Guidelines for Success, in: LRP, Vol.21, No.5, 1988, S. 18-23

Deutsch, M. (1949a), A Theory of Cooperation and Competition, in: HR, 2/1949, S. 129-152

Deutsch, M. (1949b), An experimental study of the effects of cooperation and competition upon group processes, in: HR, 2/1949, S. 199-231

Deutsch, M. (1973), The Resolution of Conflict, New Haven 1973

Dietel, B., Müller-Bader, P. (1984), Elemente einer Theorie der Führung, in: Heinen, E. (Hrsg.), Betriebswirtschaftliche Führungslehre - Grundlagen - Strategien - Modelle, 2. Aufl., Wiesbaden 1984, S. 138-187

Dill, P. (1986), Unternehmenskultur - Grundlagen und Anknüpfungspunkte für ein Kulturmanagement, Diss., München 1986

Dill, W.R. (1958), Environments as an Influence on Managerial Autonomy, in: ASQ, 3/1958, S. 409-443

DiMaggio, P.J., Powell, W.W. (1983), The iron cage revisited: Institutional isomorphism and collective Rationality in Organizational Fields, in: ASR, Vol. 48, April 1983, S. 147-160

Dittmer, L. (1977), Political Symbolism: Toward a Theoretical Synthesis, in: World Politics, 1977, 29, S. 552-583

Dooley, P.C. (1969), The interlocking directorates, in: AER, 59/1969, S. 314-323

Dormeyer, H.J., Kettern, T. (1987), Kulturkonzepte in der allgemeinen Kulturforschung - Grundlage konzeptioneller Überlegungen zur Unternehmenskultur, in: Heinen, E. (Hrsg.), Unternehmenskultur - Perspektiven für Wissenschaft und Praxis, München 1987, S. 49-66

Dornbusch, S.M., Scott, W.R. (1975), Evaluation and the Exercise of Authority, San Francisco 1975

Dorow, W. Weiermair, K. (1984), Markt versus Unternehmung: Anmerkung zu methodischen und inhaltlichen Problemen des Transaktionskostenansatzes, in: Schanz, G. (Hrsg.), Nationalökonomie und Betriebswirtschaftslehre, Wiesbaden 1984, S. 177-188

Doz, Y. (1988), Technology partnerships between larger and smaller firms: Some critical issues, in: Contractor, F.J., Lorange, P. (Hrsg.), Cooperative Strategies in international Business, Lexington 1988, S. 317-338

Dörler, K. (1983), Zum Begriff der Organisation, in: DU, 37. Jg., Nr.2, 1983, S. 152-165

Drosdowski, G. (1989), Duden Etymologie, Herkunftswörterbuch der deutschen Sprache, 2.Aufl., Bd.7, Mannhein u.a. 1989

Drucker, P.F. (1954), The Practice of Management, New York 1954

Drucker, P.F. (1980), Management in turbulenter Zeit, 1. Aufl., Dusseldorf, Wien 1980

Drumm, H.J. (1978), Planungs- und Anpassungsprobleme der Geschäftsbereichsorganisation, in: ZfB, 48. Jg., 1978, S. 87-104

Duncan, R. B. (1972), Characteristics or Organizational Environment and Perceived Enivronmental Uncertainty, in: ASQ, Vol 17, 1972, S. 313-327

Durkheim, E. (1933), The division of labor in society, New York 1933

Dyas, G.P. (1973), The Strategy and Structure of French Industrial Enterprise, Ann Arbor 1973

Dyas, G.P., Tannheiser, H.T. (1976), The Emerging European Enterprise - Strategy and Structure in French and German Industry, London, Basingstoke 1976

Dyllick, T. (1982), Gesellschaftliche Instabilität und Unternehmungsführung, Diss., Bern, Stuttgart 1982

Easton, D. (1965), A Framework for Political Analysis, Englewood Cliffs (NJ.) 1965

Eccles, R.G. (1981), The quasi-firm in the construction industry, in: JEBO 2/1981, S. 335-357

Edelman, M. (1977), The Symbolic Uses of Politics, Madison 1977

Eichinger, F. (1971), Unternehmenswachstum durch Fusion als organisatorischer Konfliktprozeß, München 1971

Eisenhofer, A. (1970), Beteiligungen: Der Erfolgsweg zu Wachstum und Diversifikation, Wiesbaden 1970

Elsner, D. (1986), Risiken bei Unternehmensübernahmen in den USA, in: ZfbF, 4/1986, Heft 4, S.317-335

Emerson, R.M. (1972), Exchange theory, part I: A psychological basis for social exchange und Exchange theory, part II: Exchange relations, exchange networks and groups as exchange systems, in: Berger, J., Zelditch, M., Anderson, B. (Hrsg.), Sociological Theories in Progress, Vol. II, Boston 1972, S. 38-87

Emery, F. E., Trist, E.L. (1973), Towards a social ecology: Contextual appreciations of the future in the present, New York 1973

Emery, F.E. (1969), System thinking, London 1969

Endress, R. (1975), Strategie und Taktik der Kooperation: Grundlagen der zwischen- und innerbetrieblichen Zusammenarbeit, Berlin 1975

England, G.W. (1983), Japanese and American Management: Theory Z and Beyond, in: JIBS, Fall 1983, S. 131-143

Eßlinger, A.E. (1990), Strategische Allianzen, Instrument im Wettbewerb: Drum prüfe ewig, wer sich bindet, in: GM, 9/1990, S. 20-21

Etzioni, A. (1964), Modern Organizations, Englewood Cliffs (N.J.) 1964

Etzioni, A. (1967), Soziologie der Organisation, München 1967

Evan, W.M. (1966), The organization-set: toward a theory of interorganizational relations, in: Thompson, J.D. (Hrsg.), Approaches to Organizational Design, Pittsburgh 1966, S. 174-191

Fayol, H. (1916/1929), Administration industrielle et générale, Paris 1916, deutsche Fassung: Allgemeine und industrielle Verwaltung, München, Berlin 1929

Festinger, L. (1957), A theory of cognitive dissonance, Stanford 1957

Fisher, R., Brown, S. (1986), Getting Together, Boston 1986

Fisher, R., Ury, W. (1981), Getting to Yes, Boston 1981

Flöther, E. (1990), Strategische Allianzen und Personal: Wie sag ich's meinen Mitarbeitern, in: GM, 9/1990, S. 29

Fogg, D.C. (1975), The New Businesss Planning Process, in: Industrial Marketing Management, Vol. 4, 1975, S. 293-303

Foster, R.N. (1982), A call for vision in managing technology, in: The Mc Kinsey Quarterly, Summer 1982, S. 26-36

Foster, R.N. (1986), Attacking through innovation, in: The Mc Kinsey Quarterly, Summer 1986, S. 2-12

Franko, L.G. (1971), Joint Venture Survival in Multinational Corporations, New York, 1971

Franko, L.G. (1987), New Forms of Investment in Developing Countries by US Companies: A five Industry Comparison, in: CJWB, Summer 1987, S. 39-56

Frazier, G.L., Spekman, E., O'Neal, C.R. (1988), Just-in-time exchange relationships in industrial markets, in: Journal of Marketing, Vol. 52, Oct. 1988, S. 52-67

Freeman, J. (1982), Organizational Life Cycles and Natural Selection Processes, in: Staw, B.M., Cummings, L.L. (Hrsg.), Research in Organizational Behavior, Band 4, Greenwich/ London 1982, S. 1-32

French, J.R.P., Raven, B.H. (1959), The bases of social power, in: Cartwright, D. (Hrsg.), Studies in social power, Ann Arbor, Mich. 1959, S. 150-167

French, W., Bell, C. (1978), Organization Development, 2. Aufl., Englewood Cliffs 1978

Frese, E. (1988), Grundlagen der Organisation, 4. Aufl., Wiesbaden 1988

Friedlander, F., Brown, L.D. (1974), Organization Development, in: Annual Review of Psychology, 1974, 25, S. 313-341

Fronz, M. (1972), Verhaltenswissenschaftliche Aspekte des Projekt-Managements, in: ZO, Heft 4, 1972, S. 175-182

Fusfeld, H., Haklisch, C. (1985), Cooperative R&D for competitors, in: HBR, Nov./Dec. 1985, S. 60-76

Gabele, E, Kretschmer, H. (1983), Unternehmensgrundsätze als Instrument der Unternehmensführung, in: ZfbF, 8/1983, S. 716-726

Gahl, A. (1989), Strategische Allianzen, Arbeitspapier, Münster 1989

Gahl, A. (1990), Die Konzeption der strategischen Allianz im Spannungsfeld zwischen Flexibilität und Funktionalität, in: ZfbF, Sonderheft 27, 1990, S. 35-48

Galaskiewicz, J. (1979), Exchange networks and community politics, Beverly Hills 1979

Gamson, W. A. (1961), A Theory of Coalition Formation, in: ASR, 26/1961, S. 373-382

Gamson, W.A. (1968), Power and Discontent, Dorsey 1968

Gareth, R.J. (1983), Transaction Costs, Property Rights and Organizational Culture: An Exchange Perspektive, in: ASQ, September 1983, Vol. 28, S. 454-467

Garette, B. (1989), Complementary Assets and Complementary Capabilities: An Analysis of Alliances Strategies, Arbeitspapier der Centre HEC-ISA, Paris 1989

Gebert, D. (1978), Organisation und Umwelt - Probleme der Gestaltung innovationsfähiger Organisationen, Stuttgart u.a. 1978

Georgescu-Roegen, N. (1971), The Entropy Law and Economic Process, Cambridge 1971

Gephart, R.P. (1978), Status Degradation and Organizational Succesion: An Ethnomethodological Approach, in: ASQ, 1978, 23, S. 553-581

Gerlach, M. (1987), Business Alliances and the Strategy of the Japanese Firm, in: CMR, Vol XXX, No.1, Fall 1987, S. 126-142

Gerth, E. (1971), Zwischenbetriebliche Kooperation, Stuttgart 1971

Gerth, E. (1975), Kooperation, zwischenbetriebliche, in: Grochla, E., Wittmann (Hrsg.), HWB., 4. völlig neu gest. Aufl., Stuttgart 1976, Sp. 2257-2263

Ghemawat, P., Porter, M.E., Rawlinson, R.A. (1989), Das strukturelle Gefüge internationaler Koalitionen, in: Porter, M. E. (Hrsg.) Globaler Wettbewerb, Wiesbaden 1989, S. 401-424

Goffman, E. (1969), Wir alle spielen Theater - Die Selbstdarstellung im Alltag, München 1969

Gomes-Casseres, B. (1987), Joint Venture Instability: Is It A Problem ?, in: CJWB Summer 1987, S. 97-102

Gomez, P. (1988), Die Organisation der Atonomie - Neue Denkmodelle für die Unternehmensführung, in: ZFO, 6/1988, S.389-393

Gomez, P., Probst, G.J.B. (1984), Organizational Closure in Management, Arbeitspapier, St. Gallen 1984

Gomez, P., Weber, B. (1989), Akquisitionsstrategie - Wertsteigerung durch Übernahme von Unternehmungen, Stuttgart 1989

Goslich, L. (1990), Die Engländer mit den Japanern im Hintergrund - Der Vorstand des Jessi-Projektes muß eine heikle Entscheidung fällen, in: FAZ v. 09.11.1990, S. 21

Gouldner, A. W. (1960), The Norm of Reciprocity: A preliminary Statement, in: ASR, Vol. 25, No. 2 April 1960, S. 161-178

Greif, S. (1983), Konzepte der Organisationspsychologie, Bern u.a. 1983

Grimm, A. (1987), Motive konglomerate Zusammenschlüsse - Analyse der theoretischen Erklärungsansätze und Fallstudien großer Zusammenschlüsse in den USA, Göttingen 1987

Grochla, E. (1972), Die Kooperation von Unternehmungen aus organisationstheoretischer Sicht, in: Boettcher, E. (Hrsg.), Theorie und Praxis der Kooperation, Tübingen 1972, S. 1-18

Grochla, E. (1974), Neue Konzepte der Unternehmungsorganisation - Eine Strukturanalyse, in: Wild, J. (Hrsg.), Unternehmungsführung, Festschrift für E. Kosiol zu seinem 75. Geburtstag, Berlin 1974, S. 299-322

Gross, H.F., (1963), Mensch und Organisation in der Unternehmung, Wiesbaden 1963

Grüter, H. (1991), Unternehmungsakquisitionen - Bausteine eines Integrationsmanagements, Bern, Stuttgart 1991

Guiniven, J.J. (1985), Establishing an Acquisition Policy, in: EMJ, Vol.3, No.2, 1985, S. 79-84

Gulick, L.H., Urwick, L. (1937), Papers on the Science of Administration, New York 1937

Gussmann, B., Breit, C. (1987), Ansatzpunkte für eine Theorie der Unternehmenskultur, in: Heinen, E. (Hrsg.), Unternehmenskultur - Perspektiven für Wissenschaft und Praxis, München 1987, S. 107-140

Gutenberg, E. (1962), Unternehmensführung, Organisation und Entscheidungen, Wiesbaden 1962

Haase, R. (1990), Strategische Partnerschaften bringen neuartige Chancen, in: io MZ 59/1990, S. 30-32

Habermas, J. (1973), Legitimationsprobleme im Spätkapitalismus, Frankfurt 1973

Habermas, J. (1981), Theorie des kommunikativen Handelns, Bd. 1 u. 2, Frankfurt/M. 1981

Habermas, J. (1982), Zur Rekonstruktion des historischen Materialismus, Frankfurt 1982

Habermas, J. (1984), Vorstudien und Ergänzungen zur Theorie des kommunikativen Handelns, Frankfurt/Main 1984

Habib, G.M. (1984), Conflict Measurement in the Distribution Channel of Joint Ventures: An Empirical Investigation, Diss., Texas 1984

Hadaschik, M. (1979), Die Einsatzbedingungen organisierter langfristiger Unternehmensplanung, Diss., Berlin 1979

Hakansson, H. (1987), Industrial Technological Development - A Network Approach, London u.a. 1987

Hakansson, H., Johanson, J. (1988), Formal and Informal Cooperation Strategies in International Industrial Networks, in: Cotractor, F.J., Lorange, P. (Hrsg.), Cooperative Strategies in International Business, Lexington 1988, S. 369-379

Hall, R.H. (1968), Die dimensionale Natur bürokratischer Strukturen, in: Mayntz, R. (Hrsg.), Bürokratische Organisation, Köln, Berlin 1968, S. 69-93

Hall, R. H. (1972), Organizations, Structure and Process, Englewood Cliffs (N.J.) 1972

Hall, R.H. et al. (1977), Patterns of Interorganizational relationships, in: ASQ, September 1977, Vol. 22, S. 457-474

Halpert, B.A. (1982), Antecedents, in: Rogers, D.L., Whetten, D.A. (Hrsg.), Interorganizational Coordination: Theory, Research, and Implementation, Iowa 1982, S. 54-72

Hamel, G., Doz, Y., Prahalad, C.K. (1989), Collaborate with your Competitors - and win, in: Havard Business Review, 1-2/1989, S.133-138; deutsche Fassung: Mit Marktrivalen zusammenarbeiten - und dabei gewinnen, in: HM, 3/1989, S.87-94

Hamel, G., Prahalad, C.K. (1989), "Strategic Intent" - aber jetzt gegen die Japaner, in: HM, 4/1989, S. 90-102

Hannan, T., Freeman, J. (1977), The population ecology of organizations, in: AJS, Vol. 82, No. 5, 1977, S. 929-964

Harrigan, K.R. (1985), Strategies for Joint Ventures, and Strategic Flexibility: A Management Guide for Changing Times, Lexington 1985

Harrigan, K.R. (1986), Managing for Joint Venture Success, Lexington, Massachusetts/ Toronto 1986

Harrigan, K.R. (1987), Strategic Alliances: Their New Role in Global Competition, in: CJWB, Vol. XXII, No.2, Summer 1987, S. 67-77

Harrigan, K.R. (1988), Strategic Alliances and Partner Asymmetries, in: MIR, Special Issue 1988, S. 53-72

Harris, J.M., Shaw, W., Sommers, W.P. (1981), The Strategic Management of Technology, in: Outlook, puplished by Booz, Allen & Hamilton, Nr. 5, Fall/Winter 1981, S. 20-26

Harrison, J.S. (1987), Alternatives to Merger-Joint Ventures and Other Strategies, in: LRP, Vol.20, No.6, 1987, S. 78-83

Harsanyi, J.C. (1962), Measurement of Social Power, Opportunity Costs, and the Theory of Two-Person Bargaining Games, in: Behavioral Science, 7. Jg. 1962, S. 67-92

Hawley, A. (1950), Human Ecology, New York 1950

Hawley, A. (1968), "Human ecology", in: Sills, D.L. (Hrsg.), The International Encyclopedia of the Social Sciences, 4, New York 1968, S. 328-337

Hax, A.C., Majluf, N.S. (1981), Organizational Design: A Survey and an Approach, in: OR, Vol.29, May-June 1981, S. 417-447

Hayes, R. H. (1979), The human side of acquisitions, in: MR November 1979, S. 41-45

Häussler, W. (1977), Neue Formen, gesetzliche Möglichkeiten und Finanzierungshilfen für die zwischenbetriebliche Zusammenarbeit, Kissing 1977

Heckhausen, H. (1980), Motivation und Handeln, Berlin, Heidelberg, New York 1980

Heinen, E. (1966), Das Zielsystem der Unternehmung, Grundlagen betriebswirtschaftlicher Entscheidungen, Wiesbaden 1966

Heinen, E. (1976), Grundlagen betriebswirtschaftlicher Entscheidungen - Das Zielsystem der Unternehmung. 3. Aufl., Wiesbaden 1976

Heinen, E. (1981), Industriebetriebslehre als Entscheidungslehre, in: Heinen, E. (Hrsg.), Industriebetriebslehre - Entscheidungen im Industriebetrieb, 6. unveränderte Aufl., Wiesbaden 1981

Heinen, E. (1982/1985), Einführung in die Betriebswirtschaftslehre, 8., durchges. Aufl., Wiesbaden 1982, 9. Aufl., Wiesbaden 1985

Heinen, E. (1984), Betriebswirtschaftliche Führungslehre, Grundlagen-Strategien-Modelle - Ein entscheidungsorientierter Ansatz, 2. verb. u. erw. Aufl., Wiesbaden 1984

Heinen, E. (1987), Unternehmenskultur als Gegenstand der Betriebswirtschaftslehre, in: Heinen, E. (Hrsg.), Unternehmenskultur - Perspektiven für Wissenschaft und Praxis, München 1987, S. 1-48

Heinen, E., Dill (1986), Unternehmenskultur - Überlegungen aus betriebswirtschaftlicher Sicht, in: ZfB 3/1986, S. 202-218

Hermann, R. (1988), Joint Venture-Management: Strategien, Strukturen, Systeme und Kulturen, Giessen 1988

Hermann, R. (1989), Dynamik strategischer Allianzen: Entstehung und Entwicklung, in: Thexis, 3/1989, S. 39-41

Hermsen, Ch., Salecker, J., Spickers, J. (1990), Strategische Allianzen, Akquisitions- und Kooperationsverhalten: Kooperations-Boom in Richtung neuer Märkte, in: GM 9/1990, S. 22-24

Herzberg, F., Mausner, F., Snyderman, B. (1959), The motivation to work, New York u.a. 1959

Hickson, D.J., Hinings, C.R., Lee, C.A., Schneck, R.E., Pennings, J.M. (1971), A strategic contingencies' theory of intraorganizational power, in: ASQ, 16/1971, S. 216-229

Hill, W., Fehlbaum, R., Ulrich, P. (1976/1989), Organisationslehre 1 - Ziele, Instrumente und Bedingungen der Organisation sozialer Systeme, 2. Aufl., Bern, Stuttgart 1976, 4. Aufl., Bern, Stuttgart 1989

Hinterhuber, H. (1989), Strategische Unternehmungsführung - II. Strategisches Handeln, 4. Aufl., Berlin, New York 1989

Hoffman, F. (1980), Führungsorganisation, Band I, Tübingen 1980

Hofmann, J.H.O. (1988), So entwickelt man strategische Allianzen zur Diversifikationsbeschleunigung, in: io MZ 57/1988, S. 18-21

Hofstede, G. (1980), Culture's Consequences: International Differences in Work-Related Values, Beverly Hills 1980

Hofstede, G. (1983), The Cultural Relativity of Organizational Practices and Theories, in: JIBS, Fall 1983, S. 75-89

Hofstede, G. (1985), The Interaction between National and Organizational Value Systems, in: Journal of Management Studies, Vol. 22, No. 4, 1985, S. 347-257

Homans, G. C. (1951), The Human Group, New York u.a. 1951

Högberg, B. (1977), Interfirm Cooperation and Strategic Development, Diss., Göteborg 1977

Hrebiniak, L.G., Joyce, W.F. (1985), Organizational Adaptation: Strategic Choice and Environmental Determinism, in: ASQ, September 1985, 30, S. 336-349

Humble, J. W. (1967), Management by Objectives, London 1967

Hunger, A. (1991), Der Stern des Samurai - Allianz Mitsubishi-Daimler-Benz, in: IM v. 05.05.1991, S. 24-28

Ihde, G.B. (1988), Die relative Betriebstiefe als strategischer Erfolgsfaktor, in: ZfB, 1988, S.13-17

Imai, K., Itami, H., (1984), Interpenetration of Organization an Market, in: International Journal of Industrial Organization 1984, S. 285-310

Jacobs, D. (198), Dependency and Vulnerability: An Exchange Approach to the Control of Organizations, in: ASQ, 19, 1974, S. 45-59

Jagoda, F. Strategische Allianzen: Die Wahl des Partners ist entscheidend, in GM 9/1990, S. 10-14

James, B.G. (1985), Alliance: The New Strategic Focus, in: LRP, Vol. 18, No.3, S. 76-81

Janger, A.R. (1980), Organization of International Joint Ventures, New York 1980

Jantsch, E. (1979), Die Selbstorganisation des Universums - Vom Urknall zum menschlichen Geist, München, Wien 1979

Jaques, E. (1990), In Praise of Hierarchy, in: HBR, No. 1, January-February 1990, S. 127-133

Jarillo, J.C. (1988), On strategic networks, in: SMJ, Vol 9, 1988, S. 31-41

Jarillo, J.C., Ricart, J.E. (1987), Sustaining Networks, in: Interfaces 17:5, September-October 1987; S. 82-91

Jay, E.J. (1964), The concepts of field and network, in: Anthropological Research, 64/1964, S. 137-139

Jäger, H. (1973), Modell zur Formulierung einer Wachstumspolitik, Diss., St. Gallen 1973

Jemison, D.B., Sitkin, S.B. (1986), Acquisitions: The process can be a problem, in: HBR, March-April 1986, S.107-116

Johnston, R., Lawrence, P.R. (1988), Beyond Vertical Integration - the Rise of the Value-Adding Partnership, in: Harvard Business Review, 7-8/1988, No. 4, S. 94-101

Johnston, R., Lawrence, P.R. (1989), Vertikale Integration II: Wertschöpfungs-Partnerschaften leisten mehr, in: HM, 1/1989, S. 81-88

Kamens, D.H. (1977), Legitimating Mythos and Education Organizations-Relationship between Organizational Ideology and Formal Structure, in: ASR, 1977, 42, S. 208-219

Kanter, R. (1977), Men and Women of the Corporation, New York 1977

Kappler, E., Wegmann, M. (1983), Kostitutive Entscheidungen, in: Heinen, E. (Hrsg.) Industriebetriebslehre - Entscheidungen im Industriebetrieb, 7. vollst. überarb. u. erw. Aufl., Wiesbaden 1981, S. 77-272

Karlsson, G. (1967), Ein mathematisches Modell der Nachrichtenverbreitung, in: Mayntz, R. (Hrsg.), Formalisierte Modelle in der Soziologie, Neuwied, Berlin 1967, S. 73-82

Kaufmann, H. (1973), The direction of organizational evolution, in: Puplic Administration Review, 33, 1973, S. 300-307

Keller, Th. (1990), Unternehmungsführung mit Holdingkonzepten, Köln 1990

Keller, Th. (1990a), Gleichberechtigte Partner statt Übernahmekandidaten - Neue Formen der Unternehmenskooperation setzen auf Partnerschaft, in: Blick durch die Wirtschaft v. 25.05.1990, S.7

Kelly, G. (1976), Seducing the Elites: The Politics of Decision Making and Innovation in Organizational Networks, in: AMR, July 1976, Vol. 1, No.3, S. 66-74

Kelman, H. (1958), Compliance, identification, and internalization : Three process of attitude change, in: Journal of Conflict Resolution, 2/1958, S. 51-60

Khandwalla, P.N. (1977), The Design of Organizations, New York 1977

Kieser, A, Kubicek, H. (1978), Organisationstheorien I u.II Stuttgart u.a. 1978

Kieser, A., Kubicek, H. (1983), Organisation, 2. neub. und erw. Aufl., Berlin, New York 1983

Killing, J.P.(1982), How to make a global joint venture work?, in: HBR, May-June 1982, S. 120-127

Killing, J.P. (1988), Understanding Alliances: The role of task and organizational Complexity, in: Contractor, F.J., Lorange, P. (Hrsg.), Cooperative Strategies in international Business, Lexington 1988, S. 55-67

Kirsch, W. (1970), Entscheidungsprozesse. Verhaltenswissenschaftliche Ansätze der Entscheidungstheorie, Bd.1, Wiesbaden 1970

Kirsch, W. (1971), Entscheidungsprozesse. Entscheidungen in Organisationen, Bd. 3., Wiesbaden 1971

Kirsch, W. (1976), Entscheidungsverhalten und Handhabung von Problemen, München 1976

Kirsch, W. (1977), Die Betriebswirtschaftslehre als Führungslehre. Erkenntnisperspektiven, Aussagensysteme, Wissenschaftlicher Standort, München 1977

Kirsch, W. (1984), Wissenschaftliche Unternehmensführung oder Freiheit vor der Wissenschaft ?, 2 Halbbände, München 1984

Kirsch, W. (1988), Die Handhabung von Entscheidungsproblemen - Einführung in die Theorie der Entscheidungsprozesse, 3. Aufl., München 1988

Kirsch, W. (1990), Unternehmenspolitik und strategische Unternehmensführung, München 1990

Kirsch, W. (A-1987), Abhandlungen zu den Grundlagen der Führungslehre, Teil III: Zur Bedeutung der neueren Systemtheorie für die Analyse von Organisationen, Arbeitspapier, München 1987

Kirsch, W., Mayer, G. (1976), Die Handhabung komplexer Probleme in Organisationen, in: Kirsch, W. (Hrsg.), Entscheidungsverhalten und Handhabung von Problemen, München 1976, S. 99-219

Kirsch, W., Esser, W.M., Gabele, E. (1979), Das Management des geplanten Wandels von Organisationen, Stuttgart 1979

Kirsch, W., Trux, W. (1981), Perspektiven eines strategischen Managements, in: Kirsch, W. (Hrsg.), Unternehmenspolitik: Von der Zielforschung zum strategischen Management, München 1981, S. 290-396

Kirsch, W. et al. (1985), Planungs- und Kontrollsysteme - Vorüberlegungen zu einer Gesamtarchitektur von Systemen für das Management, München 1985

Kirsch, W., zu Knyphausen, D. (1988), Unternehmen und Gesellschaft. Die Standortbestimmung des Unternehmens als Problem eines Strategischen Managements, in: DBW, Heft 4, 1988, S. 489-507

Kirsch, W. Maaßen, H. (1989), Managementsysteme - Planung und Kontrolle, München 1989

Kitching, J. (1967), Why do mergers miscarry ? - Useful lessons can be learned from the "track record" of companies with acquistion programs, in: HBR, November-December 1967, S. 84-101

Kitching, J. (1974), Winning and losing with European acquisitions, in: HBR, March-April 1974, S. 124-136

Klages, H. (1984), Wertorientierungen im Wandel: Rückblick, Gegenwartsanalyse, Prognosen, Frankfurt am Main u.a. 1984

Kleinaltenkamp, M. (1990), Der Einfluß der Normung und Standardisierung auf die Diffusion technischer Innovationen, Arbeitspapier des Sonderforschungsbereichs 187 an der Ruhr-Universität Bochum, Bochum 1990

Kmieciak, P. (1976), Wertstrukturen und Wertewandel in der Bundesrepublik Deutschland, Göttingen 1976

Knappe, K. (1976) Fusion industrieller Unternehmungen als Wachstumsalternative, Gießen 1976

Knyphausen, D. zu (1988), Unternehmungen als evolutionsfähige Systeme - Überlegungen zu einem evolutionären Konzept für die Organisationstheorie, München 1988

Kobayashi, N. (1988), Strategic Alliances with Japanese Firms, in: LRP, Vol. 21, No. 2, S. 22-34

Kogut, B. (1988), A Study of the Life Cycle of Joint Ventures, in: MIR, Special Issue 1988, S. 39-51

Kommission der Europäischen Gemeinschaften (1990), Kontrolle von Unternehmenszusammenschlüssen im Gemeinschaftsrecht, Bulletin der Europäischen Gemeinschaften, Luxemburg, Beilage 2/1990

Korbmacher, E.-M. (1991), Organisationsstrukturelle Problemfelder im überbetrieblichen Projektmanagement, Duisburger Betriebswirtschaftliche Schriften Band 1, Hamburg 1991

Kosiol, E. (1962), Organisation der Unternehmung, Wiesbaden 1962

Kotter, J.P. (1979), Managing External Dependence, in: AMR, Vol.4, No. 1., S. 87-92

Krieg, W. (1971), Kybernetische Grundlagen der Unternehmensführung, Bern 1971

Kroeber-Riel, W. (1984), Konsumentenverhalten, 3. Aufl., München 1984

Krubasik, E.G. (1982), Technologie-Strategische Waffe, in: WiWo v. 18.06.1982, Nr. 25, S.28-33

Krüger, W. (1979), Zur methodischen und inhaltlichen Problematik der Analyse von Zielbildungsprozessen, in: Dlugos, 1979, S. 377-395

Krüger, W. (1980), Konflikt in der Organisation, in: Grochla, E. (Hrsg.), HWO, 2. völlig neu gest. Aufl., Stuttgart 1980, Sp. 1070-1082

Krüger, W. (1984), Problemfelder der organisatorischen Gestaltung, in: ZfB, 54. Jg., H.2, 1984, S. 200-209

Krüger, W. (1988), Management von Akquisitionsprojekten, Probleme, Erfolgsfaktoren und Aufgaben bei der Durchführung von Unternehmenszusammenschlüssen, in: Zfo 6/1988, S. 371-377

Krystek, U., Minke, M. (1990), Strategische Allianzen, Unternehmenskultur: Die Kulturen müssen zusammenpassen, in: GM, 9/1990, S. 30-34

Krystek, U., Müller-Stewens, G. (1990), Grundzüge einer strategischen Frühaufklärung, in: Hahn, D., Taylor, B. (Hrsg.), Strategische Unternehmungsplanung, Strategische Unternehmungsführung - Stand und Entwicklungstendenzen, 5. Aufl., Heidelberg 1990, S.337-364

Krystek, U., Zur, E. (1990), Kultur versus Strategie, eine überlebensnotwendige Verbindung: Verträglichkeit von Kultur und Strategie, in: GM, 10/1990, S. 17-21

Kubicek, H., Thom, N. (1976), Umsystem, betriebliches, in: Grochla, E., Wittmann, W. (Hrsg.), HWB, 4. Aufl. 1976, Sp. 3977-4017

Kuhn, T.S. (1976), Die Struktur wissenschaftlicher Revolution, 2. Aufl., Frankfurt/Main 1976

Kupsch, P.U., Marr, R. (1983), Personalwirtschaft, in: Heinen, E. (Hrsg.), Industriebetriebslehre - Entscheidungen im Industriebetrieb, 7., vollst. überarb. u. erw. Aufl., Wiesbaden 1983, S. 623-767

Kutschker, M. (1980), Feldtheoretische Perspektiven für den Interaktionsansatz des Investitionsgütermarketings, unver. Habil., München 1980

Kutschker, M., Gabele, E. (1974), Projekt-Management, in: MJ, 4/1974, S. 286-291

Kutschker, M., Kirsch, W. (1978), Verhandlungen in multiorganisationalen Entscheidungsprozessen - Eine empirische Untersuchung der Absatz- und Beschaffungsentscheidungen von Investitionsgütern, München 1978

Kütting, K., Zink, K.J. (1983), Unternehmerische Zusammenarbeit - Beiträge zu Grundsatzfragen bei Kooperation und Zusammenschluß, Berlin 1983

Lasserre, Ph., (1982), Co-ordinate pratices in Technology Transfer, in: EMJ, Vol. 1, No. 1, Summer 1982, S. 28-37

Laumann, E. O., Pappi, F. (1976), Networks of Collective Action: A Perspective on Community Influence Systems, New York 1976

Lawrence, P.R. Lorsch, J.W., (1967), Differentiation and Integration in complex Organizations, in: ASQ, Vol 12, S. 1-47

Leavitt, H.J. (1962), Managerial Psychology, Chicago 1962

Leder, Th. (1990), Strategische Allianzen, Erfolgssicherung: Mißerfolge können vermieden werden, in: GM, 9/1990, S. 25-28

Lei, D. (1989), Strategies for Global Competition, in: LRP, Vol. 22, No. 1, S. 102-109

Levi-Strauss, C. (1969), The elementary structures of kinship, Boston, 1969

Levine, J.B., Byrne, J.A. (1986), Corporate Odd Couples: Beware The Wrong Partner - The Rage For Joint Ventures Has Its Pitfalls-A Lot Of Them Don't Work Out, in: BW, July 21, 1986, S.98-103

Levitt, Th. (1983), The Globalization of Markets, in: HBR, Vol 61, 1983, S. 92-102

Lewis, J.D. (1990), Partnerships for Profit - Structuring and Managing Strategic Alliances, New York 1990

Leysen, A. (1990), Strategische Allianzen in der fotographischen Industrie - Das Fallbeispiel Agfa-Gevaert, in: ZfbF, Sonderheft 27, 1990, S. 91-100

Lietz, J. (1990), Kultur versus Strategie, Unternehmenskultur und Ethik: Ohne Mikro-Ethik kein Erfolg, in: GM, 10/1990, S. 26-28

Likert, R. (1961), New Patterns of Management, New York 1961

Likert, R. (1967), The Human Organization, New York 1967

Lindblom, C.E. (1965), The Intelligence of Democracy, New York 1965

Litwak, E., Hylton, L.F., (1962), Interorganizational Analysis: A Hypothesis on Co-ordinating Agencies, in: ASQ, 6/1962, S. 395-420

Lorange, P. (1980), Corporate Planning: An Executive Viewpoint, Englwood Cliffs 1980

Lorange, P. (1985), Human Ressource Management in Multinational Cooperative Ventures. Unpublished paper, The Wharton School, University of Pennsylvania, Philadelphia, Oct. 1985

Lorange, P. (1986), Human Resource Management in Multinational Cooperative Ventures, in: HRM, spring 1986, Vol. 25, No.1, S. 133-148

Lorange, P., Probst, G. (1987), Joint Ventures as Self-Organizing Systems: A Key to successful Joint Venture Design and Implementation, in: CJWB, Vol. XXII, No.2, Summer 1987, S. 71-77

Lorange, P., Roos, J. (1991), Why Some Strategic Alliances Succeed and Others Fail, in: JBS January/February 1991, S. 25-30

Lorenzoni, G., Ornati, O.A. (1988), Constellations of Firms and New Ventures, in: JBV, 3, 1088, S. 41-57

Lorsch, J.W., Morse, J.J. (1974), Organizations and Their Members. A Contingency Approach, New York, u.a. 1974

Luber, Th. (1990), Tanz der einsamen Herzen - Strategische Allianzen, in: Industriemagazin, Juli 1990, S. 97-104

Lück, W., Trommsdorff, V. (1982), Internationalisierung der Unternehmung als Problem der Betriebswirtschaftslehre, Berlin 1982

Lützig, W.-P. (1982), Die Vieldimensionale Kalkulation der Kooperation, Berlin 1982

Lyles, M.A. (1987), Common mistakes of Joint Venture experienced firms, in: CJWB, Summer 1987, S. 79-85

Lyles, M.A. (1988), Learning Among Joint Venture Sophisticated Firms, in: MIR, Special Issue 1988, S. 85-97

Lynch, R.P., (1990), Building Alliances to Penetrate European Markets, in: The JBS, March/April 1990, S. 4-8

Maaßen, H. (1985), Die Mitarbeiterbezogene Planung, Diss., München 1985

Macneil, I.R. (1978), Contracts: Adjustment of Long-Term Economic Relations under Classical, Neo-Classical and Relational Contract Law, in: Northwestern University Law Review, 6/1978, S. 854-905

Madauss, B.J., Projektmanagement, Stuttgart 1984

Malik, F., Probst, G. (1981), Evolutionäres Management, in: DU, Nr. 2, 1981, S. 121-140

March, J.G., Olsen, J.P. (1976), Ambiguity and Choice in Organizations, Bergen 1976

March, J.G., Simon, H.A. (1958/1966), Organizations, New York 1958, 7. Aufl., New York, u.a. 1966

March, J.G., Simon, H.A. (1976), Organisation und Individuum - Menschliches Verhalten in Organisationen, Wiesbaden 1976

Mariti, P., Smiley, R.H., Co-Operative Agreements and the Organization of Industry, in: JIE, Vol XXXI, June 1983, S. 437-451

Marschak, J. (1955), Elements for a Theory of Teams, in: MS, 1/1955, S. 127-137

Maslow, A. (1954), Motivation and Personality, New York 1954

Masterman, M. (1970), The nature of a paradigm, in: Lakatos, I., Musgrave, A. (Hrsg.), Criticism and the growth of knowledge, Cambridge 1970, S.59-89

Matenaar, D. (1983), Organisationskultur und organisatorische Gestaltung - Die Gestaltungsrelevanz der Kultur des Organisationssystems der Unternehmung, Berlin 1983

Matthiesen, J. (1988), Gestaltungsmöglichkeiten von FuE-Gemeinschaftsunternehmen, Diss. Hamburg 1988

Maturana, H. (1981), Autopoiese, in: Zeleny, M. (Hrsg.), Autopoiesis: A Theory of Living Organization, New York 1981, S.21-33

Maturana, H. (1982), Erkennen: Die Organisation und Verkörperung von Wirklichkeit - Ausgewählte Arbeiten zur biologischen Epistemologie, Braunschweig u.a. 1982

Mauthe, K.D. (1984), Strategische Analyse - Darstellung und kritische Würdigung bestehender Ansätze zur Strategischen Unternehmens- und Umweltanalyse, München 1984

Mayntz, R. (1963), Soziologie der Organisation, Reinbek 1963

Mayntz, R. (1969), Organisationssoziologie, in: HWO, Sp. 1211 ff.

Mayo, E. (1945), The social problems of an industrial civilization, Boston 1945

Mc Clelland, D.C., Atkinson, J.W., Clark, R.A., Lowell, E.L. (1953), The achievement motive, New York 1953

Mc Clelland, D.C. (1971), Assessing human motivation, Morristown, New York 1971

Mc Gregor, D. (1960), The Human Side of Enterprise, New York 1960

Mc Gregor, D. (1966), Leadership and Motivation, Cambridge Mass. 1966

McKelvey, B. (1982), Organizational Systematics - Taxonomy, Evolution, Classification, Berkeley 1982

McKelvey, B., Aldrich, H. (1983), Populations, natural selection, and applied organizational science, in: ASQ, 28, 1983, S. 101-128

Meffert, H. (1986), Marketing im Spannungsfeld von weltweiten Wettbewerb und nationalen Bedürfnissen, in: ZfB, 56.Jg., Heft 8, 1986, S. 689-712

Meffert, H. (1989), Globalisierungsstrategie und ihre Umsetzung im Internationalen Wettbewerb, in: DBW, 49/1989, S.445-463

Merkli, B. (1988), Joint Venture: Die Partnersuche ist nicht einfach, in: io MZ, Nr. 4, 57/1988, S. 166-168

Metcalfe, J.L. (1974), Systems models, economic models and the causal texture of organizational environments: An approach to macro-organization theory, in: HR, 27, S. 639-663

Metcalfe, J.L. (1976), Organizational Strategies and Interorganizational Networks, in: HR, Vol. 29, Nr. 4, 1976, S. 327-343

Meyer, J.W., Rowan, B. (1977), Institutionalized organizations: Formal Structure as Myth and Ceremony, in: AJS, Vol. 83, No. 2, 1977, S. 340-363

Meyer, J.W., Rowan, B. (1978), The Structure of Educational Organizations, in: Meyer, M.W. et al., Environments and Organizations: Theoretical and Empirical Perspektives, San Francisco 1978

Miles, R.E. (1985), The Future of Business Education, in: CMR, Vol. XXVII, Nr. 3, Spring 1985, S. 63-73

Miles, R.E., Snow, C.C. (1978), Organizational strategy, structure and process, New York u.a. 1978

Miles, R.E., Snow, C.C. (1984), Fit, Failure and the Hall of Fame, in: CMR, Vol. XXVI, Nr. 3, Spring 1984, S. 10-28

Miles, R.E., Snow, C.C. (1986), Organizations: New Concepts for New Forms, in: California Management Review, Vol. XXVIII, No. 3, Spring 1986, S. 62-73

Miller, M. (1986), Kollektive Lernprozesse - Studien zur Grundlegung einer soziologischen Lerntheorie, Frankfurt 1986

Mintzberg, H. (1979), The Structuring of Organizations, Englewood Cliffs (NJ.) 1979

Mintzberg, H. (1982), Organisationstruktur: modisch oder passend ?, in: HM, II. Quartal 1982, S. 7-19

Mitchell, J. C. (1969), The concept and use of social networks, in: Mitchell, J.C. (Hrsg.), Social networks in urban situations, Manchester 1969, S. 1-50

Mitchell, J.C. (1973), Networks, Norms and Institutions, in: Boissevain, J., Mitchell, J.S. (Hrsg.), Network Analysis - Studies in Human Interaction, Hague 1973, S. 15-35

Montgomery, C.A., Wilson, V.A. (1984), Research Note and Communication - Mergers that Last: a Predictable Pattern?, in: SMJ, Vol. 7, 1986, S. 91-96

Morgan, G. (1986), Images of organization, London 1986

Morris, D., Hergert, M. (1987), Trends in International Collaborative Agreements, in: CJWB, Vol. XXII, No. 2, Summer 1987, S. 15-21

Morris, E. (1987), Vision and Strategy: A Focus for the Future, in: JBS, Vol. 8, No. 2, Fall 1987, S. 51-63

Möller, W.-P. (1983), Der Erfolg von Unternehmenszusammenschluüssen - Eine empirische Untersuchung, München 1983

Murray, H.A. (1938), Explorations in personality, New York, Oxford 1938

Murray, M. (1985), Timing is a critical factor in the high-technology industry, in: Marketing News, Heft 10, 1985, S, 23-27

Müller, G. (1981), Strategische Frühaufklärung, München 1981

Müller, G. (1984), Trends im strategischen Management, in: HM, II. Quartal 1984, S. 106-112

Müller, G. (1985), Die Identifikation neuer Geschäfte: Strategische Suchfeldanalysen zur Überwindung struktureller Stagnation, Stuttgart 1985

Müller-Stewens, G. (1988), Entwicklung von Strategien für den Eintritt in neue Geschäfte, in: Henzler, H.A. (Hrsg.), Handbuch Strategische Führung, Wiesbaden 1988, S. 219-241

Müller-Stewens, G. (1990), Strategische Allianzen, Workshop, Brau und Brunnen AG, Duisburg 1990, S. 1-37

Müller-Stewens, G. (1990a), M&A Report, Duisburg 1/1990

Müller-Stewens, G. (1990b), Weniger spekulative Übernahmen, dafür mehr strategische Allianzen, in: Handelsblatt v. 18.04.1990, S. B1-B2

Müller-Stewens, G. (1990c), Machtverschiebungen durch Bündnisse und neue Netzwerke: Nimmt die Wirtschaft der Politik das Heft weg ?, in: GM, 10, 1990, S. 6-8

Müller-Stewens, G. (1991), Editorial, in: Müller-Stewens (Hrsg.), M&A Review, Mar 3/1991, S. 202

Müller-Stewens, G. (1991a), Strategische Allianzen, in: Müller-Stewens, G. (Hrsg.), M&A Review, Mar 4/1991, S. 311-320

Müller-Stewens, G. (1991b), Die mittelständische Wirtschaft zieht nach - starkes Interesse der Ausländer, in: Handelsblatt v. 18.04.1991, S. B1-B2

Müthing, M. (1981), Wachstumsorientierte Unternehmensplanung, Frankfurt, Bern 1981

Nahavandi, A., Malekzadeh, A.R (1988), Acculturation in Mergers and Acquisitions, in: AMR, 1/1988, S. 79-90

Naisbitt, J. (1984), Megatrends - 10 Perspektiven, die unser Leben verändern werden, Bayreuth 1984

Negandi, A.R., Donhowe, P.A (1989), It's time to explore new global trade options, in: JBS, Jan/Feb 1989, S. 27-31

Neuberger, O., Kompa, A. (1987), Wir die Firma - Der Kult um die Unternehmenskultur, Weinheim u.a. 1987

Neumann, J. von, Morgenstern, O. (1944), Theory of Games and Economic Behavior, Princeton 1944

Neumann, Th. (1990), Kultur versus Strategie, Tips aus dem Unternehmensalltag: Positive Strategie-Selektion, in: GM, 10/1990, S. 28-30

Nocke, J. (1986), Autopoiesis - Rechtssoziologie in seltsamen Schleifen, in: Kritische Justiz 19/1986, S. 363-389

Nonaka, I. (1988), Creating Organizational Order Out of Chaos, in: CMR, Vol. XXX, No.3, Spring 1988, S.57-73

Norburn, D., Schoenberg (1990), Acquisitions and Joint Ventures - Similar Arrows in the Strategic Quiver, in: BSR, Vol., No.3, Autumn 1990, S. 75-90

Nordsieck, F. (1931), Funktionenverteilung und Stellenbildung im Betrieb, in: DBW, 24. Jg., 1931, S. 232-238

Nordsieck, F. (1934), Grundlagen der Organisationslehre, Stuttgart 1934

Nueno, P., Oosterveld, J. (1988), Managing Technology Alliances, in: LRP, Vol.21, No.3, 1988, S. 11-17

o.V. (1986), US Konzern ITT sucht über tochter SEL in Europa nach partnern, in: WiWo v. 07.03.1986, S. 136-140

o.V. (1989), Erecting barriers - japanese partners, in: FT v. 09.01.1989, S.14

o.V. (1990), Japanische Beteiligung veranlaßt Jessi zur Neubewertung, in: FAZ v. 30.11.1990, S.20

o.V. (1990a), Siemens: Hoher Verlust bei Halbleitern, in: FAZ v. 12.11.1990, S.18

o.V. (1990b), Bei der Übernahme verschluckt, in: FAZ v. 06.11.1990, S.21

o.V. (1990c), Japan zögert bei Investitionen in der DDR, in: FAZ v. 05.09.1990, S.17

o.V. (1990d), Fiat zieht zurück, in: FAZ v. 06.11.1990, S.17

o.V. (1991), Wirtschaftsraum für 360 Millionen Einwohner, in: FAZ v. 07.02.1991, S.14

o.V. (1991a), Verhaltenes Wachstum bei Bauelementen, in: FAZ v. 02.05.1991, S.18

o.V. (1991b), Am amerikanischen Computermarkt ist ein Preiskrieg entbrannt, in: FAZ v. 23.05.1991, S.18

o.V. (1991c), IBM und Apple gehen Allianz ein, in: SZ v. 04.10.1991, S.35

o.V. (1991d), IBM und Apple kündigen weitgehende Zusammenarbeit an, in: FAZ v. 05.07.1991, S.20

o.V. (1991e), Computer-Riese IBM warnt vor schlechten Quartalsergebnissen, in: FAZ v. 24.06.1991, S.22

o.V. (1991f), Siemens und IBM kooperieren bei Chips, in: FAZ v. 05.07.1991, S.20

o.V. (1991g), Die Fusionswelle verliert nur wenig von ihrer Kraft, in: FAZ v. 05.01.1991, S.9

o.V. (1991h), Gemeinschaftsunternehmen in der Sowjetunion ist am Ende, in: FAZ v. 18.07.1991, S.14

o.V. (1991i), Japans Autoindustrie soll sich bis 2000 mäßigen, in: FAZ v. 29.07.1991, S.9

o.V. (1991j), Japans Autohersteller sollen sich im EG-Binnenmarkt bis 1998 zügeln, in: FAZ v. 02.05.1991, S.17

o.V. (1991k), Japan stimmt der Auto-Vereinbarung zu, in: FAZ v. 02.08.1991, S.12

o.V. (1991l), Japan tut sich mit Rußland-Geschäft schwer, in: FAZ v. 20.04.1991, S.12

o.V. (1991m), Varta und Bosch gründen Tochtergesellschaft, in: FAZ v. 26.02.1991, S.18

o.V. (1991n), Varta-Bosch wird genehmigt, in: FAZ v. 29.07.1991, S.12

o.V. (1991o), Die EG genehmigt Batteriefusion Varta-Bosch, in: FAZ v. 01.02.1991, S.9

o.V. (1991p), Kirche fordert Nestle-Boykott, in: FAZ v. 18.07.1991; S. 16

o.V. (1991q), BMW Rolls-Royce: Erstes Triebwerk 1996 in Serie, in: FAZ v. 29.04.1991, S.23

o.V. (1991r), Pratt & Whitney und MTU Partner, in: Börsen-Zeitung v. 12.03.1991, S.10

o.V. (1991s), Statt Geschäftsreisen mit dem Flugzeug Konferenzen über Video, in: FAZ v. 01.03.1991, S.16

Ochsenbauer, Ch., (1988), Organisatorische Alternativen zur Hierarchie - Überlegungen zur Überwindung der Hierarchie in Theorie und Praxis der betriebswirtschaftlichen Organisation, Diss., München 1988

Ochsenbauer, Ch., Klofat, B. (1987), Überlegungen zur paradimatischen Dimension der aktuellen Unternehmenskulturdiskussion in der Betriebswirtschaftslehre, in: Heinen, E. (Hrsg.), Unternehmenskultur - Perspektiven für Wissenschaft und Praxis, München 1987, S. 67-106

Odiorne, G.S. (1965), Management by Objectives. A System of Managerial Leadership, New York, u.a. 1965

Oetinger, B. von (1989), "Make or Buy": Flexibilität durch Wertschöpfungspartnerschaften, in: Hess, W., Tschirky, H., Lang, P. (Hrsg.) Make or Buy, Zürich 1989, S. 147-155

Ohmae, K. (1982), The Strategic Triangle: A New Perspective on Business Unit Strategy, in: EMJ, Vol. 1, No. 1, Summer 1982, S. 38-48

Ohmae, K. (1985), Macht der Triade - Die neue Form weltweiten Wettbewerbs, Wiesbaden 1985

Ohmae, K. (1987), The Triad World View, in: The Journal of Business Strategy, Vol. 7, No.4, Spring 1987, S. 8-19

Ohmae, K. (1989), Globalization makes alliances an essential tool for serving customers. The Global Logic of Strategic Alliances, in: HBR, March, April 1989, S. 143-154

Oldag, A. (1991), Die Privatisierung bringt kaum noch Geld - Angespannte Finanzlage bei der Treuhandanstalt/Verlängerung von Bürgschaften, in: SZ v. 13./14.04.191, S. 33

Oliver, C. (1988), The Collective Strategy Framework: An Application to Competing Predictions of Isomorphism, in: ASQ, 33/1988, S. 543-561

Olleros, F.-J., Macdonald, R.J. (1988), Strategic alliances: managing complementarity to capitalize on emerging technologies, in: Technovation, 7/1988, S. 155-176

Olsen, M.E: (1968), The Process of Social Organization, New York 1968

Ortner, S. (1973), On Key Symbols, in: American Anthropologist, 75/1973, S. 1338-1346

Osborn, R.N., Baughn, C.C. (1987), New Patterns in the Formation of US/Japanese Cooperative Ventures: The Role of Technology, in: CJWB, Summer 1987, S. 57-65

Ouchi, W.G. (1980), Markets, Bureaucracies and Clans, in: ASQ, Vol. 25, March 1980, S. 129-141

Ouchi, W.G., Maguire, M.A. (1975), Organizational Control: Two Functions, in: ASQ, Vol. 20, December 1975, S. 559-569

Ouchi, W.G., Johnson, J.B. (1978), Types of Organizational Control and their Relationship to Emotional Well-Being, in: ASQ, Vol. 23, June 1978, S. 293-317

Palmer, D. (1983), Brocken Ties: Interlocking Directorates and Intercorporate Coordination, in: ASQ, 28/1983, S. 40-55

Park, K.-K. (1983), Führungsverhalten in unterschiedlichen Kulturen, Mannheim 1983

Pascale, R.T. (1978), Zen and the Art of Management, in: HBR, 1978, S. 153ff.

Pate, J.L. (1969), Joint Venture Activity, in: Economic Review, Federal Reserve Bank of Cleveland, 1969, S. 16-23

Pausenberger, E. (1989), Zur Systematik von Unternehmenszusammenschlüssen, in: WISU 11/1989, S. 621-626

Pautzke, G. (1989), Die Evolution der organisatorischen Wissensbasis - Bausteine zu einer Theorie des organisatorischen Lernens, Diss., München 1989

Pekar, P. (1989), How battle-tested Managers assess Strategic Alliances, in: Planning Review, Vol. 17, No.4, July/Aug. 1989, S. 34-37

Pennings, J. (1980) Interlocking Directorates, San Francisco 1980

Perlmutter, H.V., Heenan, D.A. (1986), Thinking Ahead - Cooperate to compete globally, in: HBR, 3-4/1986, S.136-152

Perrow, C. (1981), Markets, hierachies and hegemony, in: Van de Ven, A.H., Joyce, W. (Hrsg.), Perspectives on Organization Design and Behavior, New York 1981, S. 371-386

Perry, J.L., Angle, H.L. (1979), The Politics of Organizational Boundary Roles in Collective Bargaining, in: AMR, Vol.4, No. 4., 1979, S. 487-496

Peters, T.J., Watermann, R.H. (1982), In Search of Exellence, New York 1982

Pettigrew, A.M. (1972), Information Control as a Power Resource, in: Sociology, 6/1972, 2, S. 187-204

Pfeffer, J. (1972), Merger as a Resonse to Organizational Interdependence, in: ASQ, Vol.17, No. 3, September 1972, S. 382-394

Pfeffer, J. (1978), Organizational Design, Arlington Heights 1978

Pfeffer, J. (1981), Power in Organizations, Boston u.a. 1981

Pfeffer, J. (1982), Organizations and Organization Theory, Boston u.a. 1982

Pfeffer, J., Nowak, P. (1976), Joint Ventures and Interorganizational Interdependence, in: ASQ, Vol. 21, September 1976, S. 398-418

Pfeffer, J., Salancik, G. R. (1978), The External Control of Organizations - A Resource Dependence Perspective, New York 1978

Pfeiffer, W., Dögl, R. (1986), Das Technologie-Portfolio-Konzept zur Beherrschung der Schnittstelle Technik und Unternehmensstrategie, in: Hahn, D., Taylor, B. (Hrsg.), Strategische Unternemungsplanung - Stand und Entwicklungstendenzen, 4. Aufl., Heidelberg, Wien 1986, S. 149-175

Pfeiffer W., Metze, G., Schneider, W., Amler, R. (1987), Technologie-Portfolio zum Management strategischer Zukunftsgeschäftsfelder - Innovative Unternehmensführung, 4. Aufl., Göttingen 1987

Phillips, A. (1960), A Theory of Interfirm Organization, in: Quarterly Journal of Economics, 74/1960, S. 602-613

Picot, A. (1982) Transaktionskostenansatz in der Organisationstheorie: Stand der Diskussion und Aussagewert, in: DBW 42/2, 1982, S. 267-284

Picot, A. (1989), Zur Bedeutung allgemeiner Theorieansätze für die betriebswirtschaftliche Information und Kommunikation: Der Beitrag der Transaktionskosten- und Principal-Agent-Theorie, in: Kirsch, W., Picot, A. (Hrsg), Die Betriebswirtschaftslehre im Spannungsfeld zwischen Generalisierung und Spezialisierung, Wiesbaden 1989, S. 361-379

Pinkenburg, H.F.W. (1980), Projektmanagement als Führungskonzeption in Prozessen tiefgreifenden organisatorischen Wandels - Theoretische Perspektiven und praktische Erfahrungen bei Reorganisationen dargestellt am Beispiel der Einführung von EDV-Systemen, München 1980

Piore, M.J., Sabel, Ch.F. (1985), Das Ende der Massenproduktion. Studie über die Requalifizierung der Arbeit und die Rückkehr der Ökonomie in die Gesellschaft, Berlin 1985

Plaßmann, M. (1974), Die Kooperationsentscheidung des Unternehmers, Diss. Münster 1974

Pohle, K. (1990), Strategische Allianzen in der chemisch-pharmazeutischen Industrie, in: ZfbF, Sonderheft 27, 1990, S. 67-76

Pondy, L.R., Mitroff, J.J. (1979), Beyond open Systems Models of Organization, in: Research in Organizational Behavior, 1/1979, S. 3-39

Pondy, L.R., Frost, P.J., Mogan, G., Dandridge, T.C. (1983), (Hrsg.), Organizational Symbolism, Greenwich, 1983

Porter, L.W., Lawler, E.E. (1968), Mangerial attitudes and performance, Homewood, Ill, 1968

Porter, M. (1981), The contribution of industrial organization to strategic management, in: AMR 1981, S. 609-620

Porter, M. E. (1980/1988), Competitive strategy: techniques for analyzing industries and competitors, New York 1980, deutsche Fassung: Wettbewerbsstrategie, 5. Aufl., Frankfurt/Main, New York 1988

Porter, M. E. (1986), Wettbewerbsvorteile, Frankfurt/Main, New York 1986

Porter, M.E. (1989), Globaler Wettbewerb - Strategien der neuen Internationalisierung, Wiesbaden 1989

Porter, M.E., Millar, V.E. (1986), Wettbewerbsvorteile durch Information, in: HM 1/1986, S. 26-35

Porter, M.E., Fuller, M.B. (1989), Koalitionen und globale Strategien, in: Porter, M.E. (Hrsg.), Globaler Wettbewerb, Wiesbaden 1989, S. 363-399

Powell, W.W. (1987), Hybrid Organizational Arrangements, in: CMR, Vol. XXX, No.1, Fall 1987, S. 67-87

Prahalad, C. K., Hamel, G. (1990), The Core Competence of the Corporation, in: HBR, May-June 1990, S. 79-91

Presthus, R. (1962), The organizational society, New York 1962

Probst, G.J.B. (1981), Kypernetische Gesetzeshypothesen als Basis für Gestaltungs- und Lenkungsregeln im Management, Bern, Stuttgart 1981

Probst, G.J.B. (1987), Selbst-Organisation - Ordnungsprozesse in sozialen Systemen aus ganzheitlicher Sicht, Berlin u.a. 1987

Probst, G.J.B., Gomez, P. (1989), Vernetztes Denken - Unternehmen ganzheitlich führen, Wiesbaden 1989

Quinn, J.B., Mintzberg, H., James, R.M. (1988), The strategy process, concepts, contexts and cases, Englewood Cliffs 1988

Rath, H. (1990), Neue Formen der internationalen Unternehmenskooperation, Duisburger Volkswirtschaftliche Schriften, Band 8, Hamburg 1990

Rall, W. (1989), Organisation für den Weltmarkt, in: ZfB, Nr. 10, Oktober 1989, S. 1074-1089

Randall, R.M. (1989), Upping the Odds for Strategic Alliance Success, in: Planing Review, Vol. 17, No.4, July/Aug. 1989, S. 30-33

Rappaport, A. (1987), Linking Competetive Strategy And Shareholder Value Analysis, in: JBS, Spring 1987, Vol. 7, No. 4, S. 58-67

Rasche, H.O. (1970), Kooperation - Chance und Gewinn - Einführung und Leitfaden für wirtschaftliche Zusammenarbeit, Heidelberg 1970

Raven, B.H., Kruglansky, A.W. (1970), Conflict and Power, in: Swingle, P. (Hrsg.), The structure of conflict, New York 1970

Reed, R., Buckley, M.R. (1988), Strategy in Action-Techniques for Implenting Strategy, in: LRP, Vol.21, No.3, 1988, S. 67-74

Reich, R.B., Mankin, E.D. (1986), Joint ventures with Japan give away our Future, in: HBR, March-April 1986, S. 271-279

Reineke, R.D. (1989), Akkulturation von Auslandsakquisitionen - Eine Untersuchung zur unternehmenskulturellen Anpassung, Diss., Wiesbaden 1989

Reinhard, R., Weidermann, P. (1984), Planung als Voraussetzung der Führung, in: Heinen, E. (Hrsg.), Betriebswirtschaftliche Führung, 2. Aufl., Wiesbaden 1984, S. 51-137

Reinhard, W. (1983), Die Identität von Organisationen, Diss., München 1983

Renard, P. (1985), Joint Ventures - The Keys to Success and Some Cautions, in: EMJ, Vol.3, No.1, 1985, S. 39-47

Reuter, E. (1991), Führung und Partnerschaft, in: Müller-Stewens (Hrsg.), M&A Review, März 1991, S. 203-206

Reve, T. Stern, L.W. (1979), Interorganizational Relations in Marketing Channels, in: AMR, 4/1979, S. 405-416

Richardson, G.B. (1972), The Organisation of Industry, in: The Economic Journal, September 1972, S. 883-896

Riordan, M.H., Williamson, O.E. (1985), Asset specificity and economic organization, in: International Journal of Industrial Organization, 1985, S. 365-378

Ritzer, G. (1975), Sociology: A multiple paradigm science, in: The American Sociologist, Vol. 10, 1975, S. 156-167

Robin, R.J. (1982), Consensus, the Japanese Way - Collective Energy at Work, in: EMJ, Vol. 1, No. 2, Winter 1982, S. 10-26

Rock, M. (1987), The Mergers and Acquisitions Handbook, New York 1987

Roehl, T.W., Truitt, J.F. (1987), Stormy Open Marriages are Better: Evidence From US, Japanese and French Cooperative Ventures in Commercial Aircraft, in: CJWB, Summer 1987, S. 87-95

Roethlisberger, F.J., Dickson, W.J. (1939), Management and the worker, Cambridge 1939

Rogers, D.L., Glick, E. (1973), Planning for Interagency Cooperation in Rural Development, Card Report US., Ames, Iowa 1973

Rogers., D. L., Molnar, J. (1976), Organizational Antecedents of Role Conflict and Ambiguity in Top Level Administrators, in: ASQ, 21/1976, S. 598-610

Rogers, D.L., Whetten, D. (1982), Interorganizational Coordination: Theorie, Research and Implementation, Iowa 1982

Root, F.R. (1988), Some taxonomies of inernational cooperative arrangements, in: Contractor, F.J., Lorange, P. (Hrsg.), Cooperative strategies in international business, Massachusetts 1988, S. 69-80

Rosenstiel, L. von (1975), Die motivationalen Grundlagen des Verhaltens in Organisationen - Leistung und Zufriedenheit, Berlin 1975

Rosenstiel, L. von (1980), Grundlagen der Organisationspsychologie, Stuttgart 1980

Rosenstiel, L. von (1984), Wandel der Werte - Zielkonflikte bei Führungskräften?, in: Blum, R. Steiner, M. (Hrsg.), Aktuelle Probleme der Marktwirtschaft in gesamt- und einzelwirtschaftlicher Sicht, Festgabe zum 65. Geburtstag von L. Perridon, Berlin 1984, S. 203-234

Rosenstiel, L. von, Neumann, P. (1982), Einführung in die Markt- und Werbepsychologie, Darmstadt 1982

Roth, G. (1986), Selbstorganisation - Selbsterhaltung - Selbstreferentialität: Prinzipien der Organisation der Lebewesen und ihre Folgen für die Beziehung zwischen Organismus und Umwelt, in: Dress, A. et al. (Hrsg.), Selbstorganisation - Die Entstehung von Ordnung in Natur und Gesellschaft, München 1986, S. 149-180

Rumelt, R.P. (1974), Strategy, Structure, and Economic Performance, Boston 1974

Sackmann, S. (1983), Organisationskultur: Die unsichtbare Einflußgröße, in: Gruppendynamik 14, 4/1983, S. 393-406

Saliger, E. (1981), Betriebswirtschaftliche Entscheidungstheorie - Eine Einführung in die Logik individueller und kollektiver Entscheidungen, München, Wien 1981

Salter, M.S., Weinhold, W.A. (1978), Diversification via acquisition: creating value, in: HBR, July-August 1978, S. 166-176

Salter, M.S., Weinhold, W.A. (1981), Choosing compatible acquisitions, in: HBR, 1-2/1981, S.117-127

Satori, A., Schmitz, W. (1990), Ein neuer Stern, in: WiWO, Nr. 12, v. 16.03.1990, S.215-221

Schanz, G. (1982), Organisationsgestaltung - Struktur und Verhalten, München 1982

Schiefele, H. (1974), Lernmotivation und Motivlernen, München 1974

Schierenbeck, H. (1973), Beteiligungsentscheidungen - Betriebswirtschaftliche Grundlagen des Erwerbs und der Veräußerung von Unternehmensbeteiligungen, Berlin 1973

Schindel, V., Wenger, E. (1984), Führungsmodelle, in: Heinen, E. (Hrsg.), Betriebswirtschaftliche Führungslehre, Grundlagen-Strategien-Modelle - Ein entscheidungsorientierter Ansatz, 2., verb. u. erw. Aufl., Wiesbaden 1984, S. 189-276

Schmidt, M. (1987), Autopoiese und soziales System: Eine Standortbestimmung in: Haferkamp, H., Schmid, M. (Hrsg.), Sinn, Kommunikation und soziale Differenzierung. Beiträge zu Luhmanns Theorie sozialer Systeme, Frankfurt am Main 1987, S. 25-50

Schmidt, S.M., Kochan, Th.A., (1977), Interorganizational Relationships: Patterns and Motivations, in: ASQ June 1977, Vol. 22, S. 220-234

Schmitz, W. (1990), Siemens: Auf dem Sprung nach Osten. An allen Fronten - Neue Partnerschaften und Integration bestimmen die Siemens Aktivitäten, in: WiWo v. 16.03.1990, S. 233

Schon, D. (1971), Beyond the Stable State, New York 1971

Schönpflug, W., Schönpflug, U. (1983), Psychologie - Allgemeine Psychologie und ihre Verzweigung in die Entwicklungs-, Persönlichkeits- und Sozialpsychologie, München u.a. 1983

Schröder, H.J. (1969), Projekt-Management. Eine Führungskonzeption zur Durchführung außergewöhnlicher Vorhaben im Rahmen des normalen Betriebsgeschehens, Diss. Berlin 1969

Schubert, W., Küting, K. (1981), Unternehmungszusammenschlüsse, München 1981

Schütz, A., Luckmann, Th. (1975), Strukturen der Lebenswelt, Darmstadt 1975

Schwartz, M., Davis, S.M. (1981), Matching Corporate Culture and Business Strategy, in: Organizational Dynamics, Summer 1981, S. 30-48

Scott, W.R. (1986), Grundlagen der Organisationstheorie, Frankfurt/New York 1986

Selwyn, M., Valigra, L. (1991), Making marriages of convenience; Fuji-Xerox: Example worth copying, in: Asian Business (Hong Kong), Vol. 27, No.1, Jan. 1991, S. 26-29

Selznik, Ph., (1949), Tennessee-Valley-Authority and the Grass Roots, Berkely, 1949

Semmel, M. (1984), Die Unternehmung aus evolutionstheoretischer Sicht - Eine kritische Bestandsaufnahme aktueller evolutionärer Ansätze der Organisations- und Managementlehre, Bern, Stuttgart 1984

Servatius, H.G. (1985), Methodik des strategischen Technologie-Managements - Grundlagen für erfolgreiche Innovationen, Berlin 1985

Servatius, H.G. (1987), Internationales Technologie-Management zur Koordination von strategischen Allianzen und F&E-Netzwerken, in: Strategische Planung, Band 3, 1987, S. 218-243

Servatius, H.G. (1990), Koordination internationaler strategischer Allianzen, in: ZfbF, Sonderheft 27, 1990, S. 49-66

Shepard, H.,A. (1965), Changing Interpersonal and Intergroup Relationships in Organizations, in: March, J. G. (Hrsg.), Handbook of Organizations, Chicago 1965, S. 1115 ff.

Shrivastava, P. (1986), Postmerger Integration, in: JBS, Summer 1986, Vol.7, No.1, S. 65-76

Siegloch, J. (1974), Unternehmenswachstum durch Fusion - Grundlagen einer Erklärung und Beurteilung des Unternehmenswachstums durch Fusion, Berlin 1974

Silverman, D. (1970), The Theory of Organizations, Exeter 1970

Simmel, G. (1950), The sociology of Georg Simmel, Glencoe 1950

Simon, H. (1989), Die Zeit als strategischer Erfolgsfaktor, in: ZfB, Heft 1, 1989, S. 70-93

Simon, H., Tacke, G. (1990), Kultur versus Strategie: Klare Orientierung und Werte schaffen, in GM, 10/1990, S. 10-15

Simon, H. A. (1947/1961/1981), Administrative Behavior, New York, 1947, 2. Aufl., New York 1961, deutsche Fassung: Entscheidungsverhalten in Organisationen, Landsberg am Lech 1981

Simon, H.A. (1957/1967), Models of Man, New York, 1957, 5. Aufl. New York 1967

Simon, H.A. (1962), The architecture of complexity, in: Proceedings of the American Philosophical Society, 106/1962, S. 467-482

Sommerlatte, T., Walsh, S.I. (1983), Das strategische Management von Technologien, in: Töpfer, A., Afheld, H. (Hrsg.), Praxis der strategischen Unternehmensplanung, Frankfurt/ Main 1983, S. 298-321

Sommerlatte, T., Deschamps, J.P. (1985), Der strategische Einsatz von Technologien - Konzepte und Methoden zur Einbeziehung von Technologien in die Strategieentwicklung des Unternehmens, in: Arther D. Little International (Hrsg.), Management im Zeitalter der strategischen Führung, Wiesbaden 1985, S. 39-80

Spremann, K. (1988), Reputation, Garantie, Information, in: ZFB, 1988, S. 613-629

Staehle, W.H. (1989), Management - Eine verhaltenswissenschaftliche Perspektive, 4. Aufl., München 1989

Stalk, Jr., G., Hout, Th.M. (1990), Competing Against Time, New York 1990

Steinle, C. (1982), Organisationsforschung und Mehr-Ebenen-Analyse (MEA), in: DBW 42, 1/1982, S. 85-106

Steinmann, H., Oppenrieder, B. (1985), Brauchen wir eine Unternehmensethik? Ein thesenartiger Aufriß einzulösender Argumentationspflichten, in: DBW, 45/1985, S. 170-183

Stopford, J.M., Wells, L.J. (1972), Managing the Multinationale Enterprise. Organization of the Firm and Ownership of the Subsidiaries, London 1972

Straube, M. (1972), Zwischenbetriebliche Kooperation, Wiesbaden 1972

Sydow, J. (1991), Strategische Netzwerke in Japan - Ein Leitbild für die Gestaltung interorganisationaler Beziehungen europäischer Unternehmungen, in: ZfbF, 43, 3/1991, S. 238-254

Szyperski, N., Roth, P. (1990), Entrepreneurship - Innovative Unternehmensgründung als Aufgabe, Stuttgart 1990

Tannheiser, H.T. (1972), Strategy and Structure of German Industrial Enterprise, Boston 1972

Taucher, G. (1988), Der dornige Weg strategischer Allianzen, in: HM, 3/1988, S. 86-91

Taylor, F. W. (1911), The Principles of Scientific Management, New York 1911

Teece, D. (1988), Capturing Value from Technological Innovation: Integration, Strategic Partnering, and Licensing Decisions, in: Interfaces 18, May-June 1988, S. 46-61

Teubner, G. (1987), Hyperzyklus in Recht und Organisation - Zum Verhältnis von Selbstbeobachtung, Selbstkonstitution und Autopoiese, in: Haferkamp, H., Schmid, M. (Hrsg.), Sinn, Kommunikation und soziale Differenzierung - Beiträge zu Luhmanns Theorie sozialer Systeme, Frankfurt/M. 1987, S. 87-128

Thompson, J. D. (1967), Organizations in action - Social science bases of administrative Theory, New York u.a. 1967

Thorelli, H.B. (1986), Networks: Between Markets and Hierarchies, in: SMJ, 1986, Vol. 7, S. 37-51

Thorn, N. (1973), Zur Leistungsfähigkeit der Projekt-Matrix-Organisation, in: iO MZ, 42. Jg., 1973, S. 123-128

Tichy, N., Fombrun, Ch. (1979), Network Analysis in Organizational Settings, in HR, Vol. 32, No.11, 1979, S. 923-965

Tichy, N.M., Tushman, M.L., Fombrun, Ch. (1979), Social Network Analysis For Organizations, in: AMR, Vol.4, No. 4., 1979, S. 507-519

Trist, E.A., Higgen, G.W., Murray, H., Pollock, A.B. (1963), Organizational Choice, London 1963

Trist, E. (1979), Referent organizations and the development of interorganizational domains, Paper presented as Distinguished Lecture, Organization and Management Theory Division, 39th Annual Convention, Academy of Management, Atlanta 1979

Tröndle, D., (1987), Kooperationsmanagement - Steuerung interaktioneller Prozesse bei Unternehmenskooperationen, Bergisch Gladbach; Köln 1987

Trux, W., Müller, G., Kirsch, W. (1985), Das Management Strategischer Programme, 1. Halbband, 2. Aufl., München 1985

Turk, H. (1973), Comparative Urban Structure from an Interorganizational Perspektive, in: ASQ, 18/1973, S. 37-55

Turk, H. (1977), Organizations in Modern Life, San Francisco 1977

Tushman, M. L. (1977), Special Boundary Roles in the Innovation Process, in: ASQ, Vol. 22, December 1977, S. 587-605

Tyebjee, T.T. (1986), Japan's Joint Ventures in the United States, in: Working Paper Leavey School of Business, Sta. Clara Univ., Oct. 1986

Ulrich, H. (1949), Betriebswirtschaftliche Organisationslehre - Eine Einfühung, Bern 1949

Ulrich, H. (1968), Die Unternehmung als produktives soziales System, Bern, Stuttgart 1968

Ulrich, H. (1981), Management-Philosophie für die Zukunft - Gesellschaftlicher Wertewandel als Herausforderung an das Management, Bern, Stuttgart 1981

Ulrich, H. (1983), Management - eine unverstandene gesellschaftliche Funktion, in: Siegwart, H., Probst, G. (Hrsg.), Mitarbeiterführung und gesellschaftlicher Wandel, Festschrift, Bern, Stuttgart 1983, S. 133-152

Ulrich, H. (1984), Management, Bern 1984

Ulrich, H. (1987), Unternehmenspolitik, 2. Aufl., Bern, Stuttgart 1987

Ulrich, H. Krieg, W. (1974), St. Gallener Management Modell, Bern 1974

Ulrich, H., Probst, G.J.B. (1988), Anleitung zum ganzheitlichen Denken und Handeln - Ein Brevier für Führungskräfte, Bern, Stuttgart 1988

Urwick, L.F. (1938), Scientific Principles of Organization, New York 1938

Van de Ven, A.H. (1976), On the Nature, Formation, and Maintenance of Relations Among Organizations, in: AMR, Vol 1, No. 4, October 1976, S. 24-36

Van de Ven, A.H., Emmett, D., Koenig, R. (1974), Frameworks for Interorganizational Analysis, in: Organization and Administrative Sciences Journal, 5/1974, S. 113-129

Van de Ven, A.H., Emmett, D.C., Koenig, R. (1975), Frameworks for Interorganizational Analysis, in: Neghandi, A.R. (Hrsg.), Interorganization Theory, Kent 1975, S. 19-38

Van de Ven, A.H., Delbeqc, A., Koenig, R. (1976), Determinants of coordination modes in organizations, in: ASR 41/1976, S. 322-338

Van de Ven, A.H., Walker G. Liston, J. (1979), Coordination Patterns Within an Interorganizational Network, in: HR, 1979, Vol. 32, No. 1, S. 19-36

Van de Ven, A.H., Astley, W.G. (1981), Mapping the field to create a dynamic perspective on organization design and behavior, in: Van de Ven, A.H., Joyce, W.F. (Hrsg.), Perspectives on Organization Design and Behavior, New York 1981, S. 427-468

Van Maanen, J. (1977), Organizational Careers: Some New Perspektives, London 1977

Varela, F.J. (1984), Two Principles of Self-Organization, in: Ulrich, H., Probst, G.J.B. (Hrsg.) Self-Organization and Management of Social Systems. Insights an Promisses, Doubst and Questions, Berlin u.a. 1984, S. 25-32

Varela, F.J. (1987), Autonomie und Autopoiese, in: Schmidt, S.J. (Hrsg.), Der Diskurs des Radikalen Kostruktivismus, Frankfurt am Main 1987, S. 119-132

Vickers, Sir G. (1965), The Art of Judgment, New York 1965

Vitorovich, N. (1982), Higher Productivity Through Shared Scale, in: EMJ, Vol.1, No.2, Winter 1982, S. 52-64

Vizjak, A. (1990), Wachstumspotentiale durch Strategische Partnerschaften - Bausteine einer Theorie externer Synergie, Diss. München 1990

Vossenkuhl, W. (1979), Werte und Handlungen, in: Klages, H., Kmieciak, P. (Hrsg.), Wertewandel und gesellschaftlicher Wandel, Frankfurt am Main, New York 1979, S. 136-144

Vroom, V.H. (1964), Work and Motivation, New York u.a. 1964

Walsh, I. (1986), Die Mitarbeiter gewinnen - motivieren wir unternehmerisch und zukunftsorientiert?, in: Arther D. Little (Hrsg.), Management der Geschäfte von morgen, Wiesbaden 1986, S. 145-155

Walton, R.E. (1966), Theory of conflict in lateral organizational relationahips, in: Lawrence, J.R. (Hrsg.), Oprerational Research and the Social Sciences, London u.a. 1966, S. 409-426

Warren, R.L. (1967), The Interorganizational Field as a Focus for Investigation, in: ASQ, December 1967, S. 396-419

Warren, R., Rose, S., Bergunder, A. (1974), The Structure of Urban Reform, Lexington 1974

Weber, E. (1980), Grundsätze ordnungsgemäßer Bilanzierung für Beteiligungen, Düsseldorf 1980

Weber, J. (1985), Unternehmensidentität und unternehmenspolitische Rahmenplanung, Grundlagen, Methodik, Anwendung, Diss., München 1985

Weber, M. (1956/1972), Wirtschaft und Gesellschaft, 4. Aufl., Tübingen 1956, 5. Aufl., Tübingen 1972

Weder, R. (1989), Joint Venture - Theoretische und empirische Analyse unter besonderer Berücksichtigung der Chemischen Industrie der Schweiz, Diss., Grüsch 1989

Weick, K.E. (1969/1979), The social psychology of organizing, Mass. 1969, 2. Aufl., Mass. 1979

Weick, K. E. (1976), Educational Organizations as Loosely Coupled Systems, in: ASQ, Vol. 21, March 1976, S. 1-19

Weinert, A.B. (1987), Lehrbuch der Organisationspsychologie, 2. Aufl., München, Weinheim 1987

Welge, M.K. (1975), Profit-Center Organisation, Wiesbaden 1975

Welge, M.K. (1976), Synergie, in: Grochla, E., Wittmann (Hrsg.), HWB., 4. völlig neu gest. Aufl., Stuttgart 1976, Sp. 3800-3810

Welge, M.K. (1987), Unternehmungsführung, Stuttgart 1987

Werres, Th. (1991), Ende der wilden Ehen, in: Die Zeit v. 14. Juni 1991, S. 30

Westerlund, G., Sjöstrand, S.E. (1981), Organisationsmythen, Stuttgart 1981

Whetten, D.A. (1977), Toward a Contingency Model for Designing Interorganizational Service Delivery Systems, in: Organization and Administrative Science, 8/1977, S. 77-96

Whetten, D.A. (1982), Issues in Conducting Research, in: Rogers, D.L., Whetten, D. A. (Hrsg.), Interorganizational Coordination: Theory, Research, and Implementation, Ames 1982, S. 97-121

Wiener, N. (1948), Cybernetics, Cambridge, Mass. 1948

Wildemann, H. (1988), Das Just-In-Time Konzept - Produktion und Zulieferung auf Abruf, 1. Aufl., Aschaffenburg 1988

Wilkins, A.L., Ouchi, W.G. (1983), Efficient Cultures: Exploring the Relationship between Culture and Organizational Performance, in: ASQ, Sept. 1983, Vol. 28, S. 468-481

Williamson, O.E. (1970), Corporate Control and Business Behavior, Englewood Cliffs 1970

Williamson, O.E. (1975), Markets and Hierachies - Analysis and Antitrust Implications, New York, London 1975

Williamson, O.E. (1979), Transaction-Cost Economics - The Governance of contractual Relations, in: The Journal of Law and Economics, 12/1979, S. 233-261

Williamson, O.E. (1979a), Assessing Vertical Market Restriction - Antitrust Ramifications of the Transaction Cost Approach, in: University of Pennsylvania Law Review, 127/ 1979, S. 953-993

Williamson, O.E. (1981), The Economics of Organization: The Transaction Cost Approach, in: AJS, 87/1981, S. 548-575

Williamson, O.E. (1981a), The Modern Corporation: Origins, Evolution, Attributes, in: JEL, Vol 19/1981, S. 1537-1568

Williamson, O.E. (1985/1990), The Economic Institutions of Capitalism: Firms, Markets, Relational Contracting, New York 1985, deutsche Fassung: Die ökonomischen Institutionen des Kapitalismus, Tübingen 1990

Wilson, W. (1986), And now, the post-industrial corporation, in: BW, March 3, 1986, S. 60-63

Wimmer, R. (1990), Kultur versus Strategie, Strategieorientierung oder Kultur managen: Welchen Sinn diese Alternative macht, in: GM, 10/1990, S. 21-25

Winck, P (1987), Strategie in der Kooperation: Chancen und Risiken einer Kooperation rechtzeitig durchleuchten, in: CM 1/1987, S. 30-34

Wittek, B.F. (1980), Strategische Unternehmensführung bei Diversifikation, Berlin, New York 1980

Woodward, J. (1958), Management and Technology, London 1958

Woodward, J. (1965), Industrial Organization: Theory and Practice, London 1965

Woodward, J. (1970), Industrial Organizations: Behavior and Control, Oxford 1970

Wöhe, G. (1981), Einführung in die Allgemeine Betriebswirtschaftslehre, 14. Aufl., München 1981

Wray, M., Norbrun, D. (1987), Japan's Drive for the European Car Market-Lessons from U.S. Experiences, in: LRP, Vol.20, No. 4, 1987, S. 60-66

Wright, G. H. von (1979), Norm und Handlung - eine logische Untersuchung, Königstein am Taunus 1979

Yip, G.S. (1982), Barriers to entry, Lexington 1982

Zahn, E. (1985), Geleitwort, in: Servatius, H.G., Methodik des strategischen Technologie-Managements - Grundlagen für erfolgreiche Innovationen, Berlin 1985, S. I-III

Zörgiebel, W.W. (1983), Technologie in der Wettbewerbsstrategie - Strategische Auswirkungen technologischer Entscheidungen untersucht am Beispiel der Werkzeugmaschinenindustrie, Berlin 1983

Zucker, L.G. (1977), The Role of Institutionalization in Cultural Persistence, in: ASR, 42/1977, S. 726-743